臺灣史與海洋史 03

東亞海域一千年

（增訂新版）

陳國棟◆著

財團法人曹永和文教基金會◆策劃

遠流出版公司◆出版

【臺灣史與海洋史】系列叢書緣起

財團法人曹永和文教基金會

　　財團法人曹永和文教基金會成立於1999年7月，其宗旨主要在與相關學術機關或文教單位合作，提倡並促進臺灣史與海洋史相關之學術研究，並且將研究成果推廣、普及。因此，有關臺灣史或海洋史之學術著作、國外優秀著作的譯述及史料編纂等相關書籍的出版，皆是本基金會的重要業務。

　　曹永和文教基金會成立以來，本於前述宗旨，多次補助出版與臺灣史或海洋史相關的學術著作、史料的編纂或外文學術著作的翻譯。諸如，《東臺灣叢刊》、《臺灣重層近代化論文集》與其續集《跨界的臺灣史研究——與東亞史的交錯》，《曹永和先生八十壽慶論文集》，荷蘭萊登大學與中國廈門大學合作編輯之海外華人檔案資料《公案簿》第一輯、第二輯與第四輯、荷蘭萊登大學包樂史教授（Leonard Blussé）主編之《Aroundand about Formosa》、韓家寶先生（Pol Heyns）與鄭維中先生之《荷蘭時代臺灣相關史料——告令集、婚姻與洗禮登錄簿》。本會也贊助相關的學會活動、邀請外國著名學者作系列演講，提供研究者交流的場域。諸如，1999年與中央研究院合辦「東亞海洋史與臺灣島史座談會」，2000年於臺灣大學舉辦日本東京大學東洋文化研究所濱下武志教授演講「談論從海洋與陸地看亞洲」，2000年與中央研究院與行政院文建會合辦「近代早期東亞史與臺灣島史國際學術研討會」。此外，為了培養臺灣史及海洋史研究的人才，本會與中央研究院臺灣史研究所合辦「臺灣總督府公文類纂研讀班」之推廣活動。

　　為了使相關學術論述能　為普及，以便能有更多讀者分享臺灣史和

海洋史的研究成果，本基金會決定借重遠流出版公司專業的編輯、發行能力，雙方共同合作，出版【臺灣史與海洋史】系列書籍。每年度暫訂出版符合基金會宗旨之著作二至三冊。本系列書籍於2005年以許佩賢女士（現任臺灣師範大學臺灣史研究所副教授）之《殖民地臺灣的近代學校》，與中央研究院歷史語言研究所研究員陳國棟教授之《臺灣的山海經驗》《東亞海域一千年》爲首；2007年翻譯出版歐陽泰教授（Tonio Andrade）所著的《福爾摩沙如何變成臺灣府？》。同年又出版林玉茹研究員所著《殖民地的邊區：東臺灣的政治經濟發展》。2008年出版陳翠蓮教授《臺灣人的抵抗與認同：1920-1950》及林正慧博士《六堆客家與清代屏東平原》。2010出版黃紹恆教授《臺灣經濟史中的臺灣總督府》。2011年出版洪紹洋博士《近代臺灣造船業的技術轉移與學習》及曹永和院士研究手稿複刻對照本《近世臺灣鹿皮貿易考——青年曹永和的學術啓航》。2012年翻譯出版《利邦上尉東印度航海歷險記——一位傭兵的日誌（1617-1627）》及出版葉淑貞教授《臺灣日治時代的租佃制度》，出版成果可謂豐碩。

　　冀盼【臺灣史與海洋史】系列書籍之出版，得以促使臺灣史與海洋史的研究更加蓬勃發展，並能借重遠流出版公司將此類研究成果推廣普及，豐富大眾的歷史認識。

目錄

導言：
近代初期亞洲的海洋貿易網絡

　　本書收錄個人過去三十年間有關海洋史研究的一些作品。個人研究的重點原本放在明、清社會經濟史，但因為碩、博士論文都與國際貿易有關，不知不覺走進了海洋史的領域。海洋無限廣大，海洋史涉及的問題也茫然無際。因為我長期不在歷史學界就業，與本地的主流學者往來不夠頻繁，經常獨立摸索，也就難免異想天開，東衝西撞。不過，老天待我不薄，一路上還是得到國內、外很多朋友的啟發；而我也有機會接觸到許多珍貴的資料與資訊；有時候竟然也有機會親身到海上漂泊。由於海上的珍奇太多，常叫我流連徘徊，以致於多年來想完成的一本通論東亞海洋史的專書，一直無法殺青。現在藉著出版論文集的機會，把一篇講稿改寫如下，請讀者指正。因為是講稿，因此有時東拉西扯，內容不算均衡，也不夠周延。附註原本只供自己參考，因此有些出處並未註出。不過，我的目的只是陳述部分的想法，作為一個引子。稍微深入的研究，還是有勞讀者翻閱後面的文章吧。

　　我研究的時代，大致上以十七、八世紀為中心，往前後再推衍一些。往前，可以推到1540年代，往後則推到1840年代，實際上以1540-1840這三百年間為重點。這段期間相當於明代後期至清代中葉。選取這段期間的原因如下：（1）就中國來說，1567年以前實施海禁，法律上片板不許下海；（2）十六世紀中葉以前，琉球（沖繩）經營東南亞貿易，其所買賣之商品透過朝貢貿易，轉銷中國，使中國人民可以取得合法的南洋胡椒、蘇木等商品；（3）日本在十六世紀中葉以前未曾與南洋直接貿易，主要透過與中國的「勘合貿易」取得南洋商品，或者藉由鹿兒島薩摩地方與琉球之交易取得少量同樣的東西。但因1549年以後，「勘合貿易」永遠停止，同時琉球又中止其南洋貿易。這兩件事合起來使日本無法獲得南洋產品供應，於是日本船開始南下，發展成為所謂的「朱印船貿易」；（4）葡萄牙人在1514年首度出現在中國沿海，其後在廣東到舟山之間流竄，1548年被朱紈擊敗，逐出寧波雙嶼地區；1554年

佔領澳門，並在三年之後永久佔領該地，將它發展成為一個貿易中心；（5）西班牙人在1567年佔領菲律賓群島南部的宿霧（Cebu），1571年建立馬尼拉成為其東亞之交易中心。……（6）1840年代，中國因為鴉片戰爭而開放通商口岸；日本則在1852-53年間，因培理（Commodore Perry）來航而打開門戶；1858年英國取消東印度公司，將印度等東方殖民地移交給王室，也就是由英國政府接手管理。英國工業革命在1760年代發軔，但其在亞洲取得經濟上的優勢，也要等到十九世紀中葉才具體化。另一方面，英國在工業化開始之後，「自由貿易帝國主義」（free-trade imperialism）當道，主張藉由廉價商品打開市場，不以建立有形殖民地為目標。然而到了十九世紀中葉左右，因為法國、日耳曼及美國等國家也工業化成功，其產品加入競爭，英國被迫放棄「自由貿易帝國主義」而走回有形帝國的老路。

在這三百年間，活躍於東亞地區海域的海洋貿易家，主要為西歐、北歐來的商人與華人貿易家，其次則為其他的亞洲在地商人。這些人和他們所經營的貿易，也就是我個人的研究興趣所在。

不過，因為種種不擬細說的因緣，收在本書裡的文章，也有幾篇超出我平常研究的年代。這包括了〈談熙寧十年注輦與三佛齊入貢中國事——關於地華伽羅（Deva Kulottunga）〉、〈宋、元史籍中的丹流眉與單馬令——以出口沉香到中國聞名的一個馬來半島城邦〉與〈鄭和船隊下西洋的動機：蘇木、胡椒與長頸鹿〉等文。雖然逸出我的主要研究時代，倒也因為要寫這幾篇文章而讓自己有機會熟悉較早時代的海洋史，接觸更多的中、外文獻。此外的其他文章，大抵為有關近代初期東亞海洋史的作品。

* * *

亞洲是世界最大的洲，除了以烏拉山系與歐洲分隔的部分外，都被

海洋包絡。不過，鄂霍次克海及北極海通常不被利用來從事海上貿易，其他廣大的亞洲海域則都加入了近代初期的海上貿易。倫敦大學的教授喬都立（K. N. Chaudhuri）在其大作《印度洋的貿易與文明》（*Trade and Civilisation in the Indian Ocean*）一書中，稱呼這一部分的亞洲海域爲廣義的印度洋。在近代初期，歐洲人，特別是荷蘭東印度公司（*Verenigde Oostindische Compagnie*, the VOC）及英國東印度公司（East India Company, the EIC），就把這個區域稱作"de Indië"或"the Indies"。所以喬都立也不算錯，但是聽在東亞人士的耳中，可能不甚入耳吧。一般人還是認爲馬來半島以西到非洲東岸的海域，才是眞正的印度洋。

　　海洋四通八達，不易分界。對海洋史感興趣的人，更不想畫地自限。以下的敘事會提到涉及海洋貿易的全部亞洲臨海地區，不過重點會擺在東亞，也就是東北亞與東南亞。然而，在近代初期的亞洲海洋貿易史上，印度其實扮演過相當重要的角色，它一方面提供棉花、棉布、藍靛及鴉片等重要商品在亞洲範圍內行銷，另一方面也吸收了大量的亞洲金、銀，因此有關印度的問題不免也經常會被提到。印度以西的西部印度洋地區，包括紅海與非洲東部在內的海洋貿易也很發達，但是在近代初期對東亞貿易的影響較小，原則上也就暫且略過了。

　　「海洋貿易網絡」包含著豐富的內容。以下主要只講三個問題，分別是：一、航道與靠泊港；二、商品與人員的流動；三、貿易導致的文化交流。

　　十五世紀末年歐洲人開始由海路前來亞洲，十六世紀以後轉趨積極。直到十九世紀中葉蒸氣輪船發達以前，帆船爲主要的運輸工具。這三百年間的亞洲貿易，因爲有歐洲人的介入，因此在航道的部分，我們還可以細分成以下三個範疇來認識：（1）跨洲貿易，由歐洲船舶主導；（2）亞洲內部的國際貿易，英文稱作"intra-Asiatic trade"，但在近代初期的通行用法則稱作"country trade"，當時的中文譯作「港腳貿

易」，歐洲船舶與亞洲船舶共同經營此一範疇的貿易；（3）各國的沿海貿易或島際貿易（*nusantara* trade），由亞洲船舶來承載貿易商品。

就近代初期海洋貿易所涉及的國際貿易（包含跨洲貿易及亞洲境內的國際貿易在內）商品而言，名目繁多，不過絲綢、棉貨、香料及茶葉被當成是最大宗的商品。此外，蔗糖、食品和其他文化性的商品也同時在沿海貿易及島際貿易中佔有重要地位。人員伴隨著商品一起移動，暫時性的也罷、永久性的也罷，人口移動往往帶來文化上的相互學習與容受。這種學習與容受事實上是交互作用的，而非有所謂文化程度較高者向文化程度較低者灌輸的單邊現象。

以下將先行討論港口與航道，談一下航道的經營者，再談一下貿易商品的內容，最後則要講離散社群以及文化交流。因爲重點在貿易，所以花在處理商品的篇幅會多一點。

一、航道與靠泊港

航行是海洋貿易的先決條件。我們說過，在近代初期，航海的交通工具是帆船，而貿易商所使用的航道則受到以下三個因素來規範。第一、航行條件。諸如季風、海洋地形（沙洲、礁石之類），以及洋流（如黑潮）；第二、靠泊港（ports of call）的位置。一個港口會被航海貿易家選定前往停靠，那是因爲該港口可提供集中商品、分銷商品的服務，或者是可以避風以便等待季風的轉換，或是該地可提供新鮮飲水乃至於新鮮食物的補給；第三、在地政權的態度。

在近代初期，舟船是聯繫爲水面所隔開之陸地的唯一工具，因爲那時候還沒有飛機。各種形式的舟船，不管把它們被叫作ships、junks、perahus，或是其他的名稱，絕大多數的亞洲航海家都得想辦法利用季風以加快航速、都得留意規避淺灘、珊瑚礁以及其他的海洋地形條件。

如果行程不算短，這些航海家還得找地方補充生水，要是可能的話，也要找尋新鮮食物。[1]最後，因爲航行的根本目的不就是貿易嗎，所以決定靠泊港的最重要因素還是那個特定的港口有沒有可供出口的適當商品，或是那個港口是否有良好的腹地或具有不錯的行銷系統，能讓進口的商品銷售得出去。但是這也不能由航海貿易家單方面的一廂情願來決定，因爲每個港口都屬於某種政權，要不要讓外來者到某個港口貿易，就要看該港口政權的享有者怎麼想、願不願意。

基於以上的考量，近代初期東亞的貿易航道多少就已經被劃出來了。如果讀者有興趣，不妨去看一看1619年張燮所編輯的《東西洋考》這本小書，該書的卷九〈舟師考〉的一大部分，就記錄了十七世紀初中國貿易商船的航道，分成「西洋針路」與「東洋針路」。當然，向達從英國牛津大學抄到的《兩種海道針經》也是不可錯過的。

張燮在敘述針路，也就是航道時，爲每一個定點指出下一步航程所應選用的羅盤針指向。此外，他更提到了幾個關鍵性地點，所有的航海家都必須在那裡爲其續航的進程作一抉擇。我們把《嶺外代答》、《諸蕃志》、《島夷志略》、《東西洋考》、《海國聞見錄》、《海島逸志》、《海錄》……等等航海文獻合起來看，就很容易發現這些關鍵點，舉例來說，至少包括了中南半島南端外的崑崙山（Pulo Condor）、馬來半島東南端的地盤山（Pulau Tioman。今譯作潮滿島，古代文獻亦作地盆或茶盤）及竺嶼（Pulau Aur）、爪哇島西部雅加達港北邊的十二子石山（Kepulauan Seribu，意爲「千島群島」）……等地點，都是航海上的重

1　新鮮食物，特別是蔬菜、水果，是中國船員很少罹患敗血症(scurvy)的最大功臣。從歐洲來的海員往往在出海大約半年之後，開始出現敗血症的症狀，死亡率很高，就是欠缺蔬果中所含的維生素所致。一直要到十八世紀，英國人才發現吃檸檬可以預防敗血症。中國船通常儘量近岸航行，補充新鮮飲水及蔬果都相當容易；加上其航程通常不長，而且船上又不時攜帶蜜餞，不乏維生素的補給，是以罕患敗血症。

要地標，帆船必須鎖定這些地標才不致於迷航。

不只是中國航海家這樣做，就是歐洲船舶也不能例外。這在他們的文獻中也常有記載。在此不妨舉《巴達維亞城日記》的一條記錄作例子：在該書1653年1月12日條就提到Kepulauan Seribu（千島群島）爲一航行地標，書中用荷蘭文稱爲"Duysent Eilanden"。中村孝志在註中就說Duysent Eilanden「意指千島嶼，位於Djakarta灣外北北西五十公里，爪哇海上（南緯五度四十五分，東經一百六度三十五分）之小島嶼群。」[2] 其他如潮滿島、崑崙山等也經常被提到。

中國清代的著作者有時更明確地指出地點的關鍵性。這裡我們直接拿兩件十八世紀的中文文獻來給讀者參考。其一爲1730年陳倫炯著的《海國聞見錄》，該書云：

茶盤（Pulau Tioman）一島，居崑崙（Pulo Condor）之南，毗於萬古屢山（Pulau Bengkalis）之東，皆南洋總路、水程分途處。[3]

十八世紀末旅居爪哇的王大海在其《海島逸志》中也說：

噶喇吧（Kelapa）在中國西南洋中，從廈島揚帆，西過廣東外七洲洋[4]，至安南港口[5]轉南，經崑崙（Pulo Condor）、茶盤（Pulau Tioman），至萬古屢山（Pulau Bengkalis），又轉西經麻六甲、三笠，南過嶼城[6]，而至其地。[7]

2　村上直次郎日文譯注，中村孝志日文校注、程大學中文翻譯，《巴達維亞城日記》第三冊（臺中：臺灣省文獻委員會，1990），p. 116及p. 117，註二。

3　陳倫炯，《海國聞見錄》（臺北：商務，「四庫全書珍本五集」），上/27a。

4　一稱烏豬洋，在海南島東北方，附近港口南爲文昌，北爲海口。

5　其他文獻通常在此一場合會提到「尖筆蘿」（Cu Lao Cham），與臨近的港口會安(Hoi An)在咫尺之遙，因此推斷此處之安南港口即惠安，亦即《東西洋考》之廣南港。

6　嶼城當爲Pulau Karimun島上聚落Tanjungbalai ("tanjung"，海角；"balai"，廳、堂），而三笠則爲Pulau Bengkalis南端之聚落Sekodi。

7　王大海，《海島逸志》（鄭光祖編，「舟車所至」本。臺北：正中，1962）。

都指出崑崙島與潮滿島皆是重要的轉折點。專就中國船而言，不但在十七、八世紀時如此，其實打從宋、元以來也都以崑崙島、地盤山和鄰近地盤山的竺嶼爲轉折點。

其次，我們得考慮靠泊港的問題。在近代初期，也就是歐洲人東來之前，許多的亞洲貿易港早已存在。歐洲人介入亞洲貿易之後，有一些新的港口冒出來，也有一些舊有的港口被取而代之。我們翻一下地圖，可以發現以下的港口，在近代初期的國際貿易（包括跨洲貿易及亞洲內部貿易）中，都扮演過一定的角色。

對馬 Tsushima

長崎 Nagasaki （廣義而言，包括平戶 Hirado 與出島 Deshima）

沖繩 Okinawa （那霸；Naha）

上海 Shanghai

乍浦 Zhapu

廈門 Xiamen （Amoy）

廣州 Guangzhou （Canton）

臺灣府 （安平；鹿耳門；臺南）

馬尼拉 Manila

噶剌吧 Kelapa （Batavia；Jakarta）

泗水 Surabaya

三寶壟 Semarang

馬辰 Banjarmasin

錫江 Makassar （網加薩；Ujung Pandang）

下港 Banten （萬丹；Bantam）

會安 Hoi-an （Faifo）

大城 （Ayutthaya）

北大年 Patani（大泥；Pattani）

巴鄰龐 Palembang（舊港）

亞齊 Aceh

馬六甲 Melaka（Malacca）

吉打 Kedah（Alor Star）

丹老 Mergui（在緬甸Myanmar的Tenasserim）

繼續往西而去，接下來就是印度沿海各口岸。

我們拿十八世紀初年，清廷對南洋地區實施海禁時（1717-1727），學者藍鼎元的觀察來看，他提到當時中國船靠泊的國家與港口的情形如下：

南洋番族最多：呂宋、噶喇吧為大；文萊、蘇祿、麻六甲、丁機宜、啞齊、柔佛、馬承、吉里門等數十國皆渺小。……安南、占城勢與兩粵相接；此外有東（柬）埔寨、六坤、斜仔、大泥諸國，而暹羅為西南之最。[8]

引文提到的國度或港口，包括了呂宋（馬尼拉）、噶喇吧（巴達維亞、雅加達）、汶萊、蘇祿、馬六甲、丁機宜（Indragiri，在蘇門答臘）、亞齊（Aceh）、柔佛（Johor）、邦加馬辰（Banjarmasin）、吉里問（Cirebon）、安南（舖憲，Pho Hien）、占城（會安）、柬埔寨[9]、六坤（Ligor；Nakhon Si Thammarat）、斜仔（Chaiya，一稱赤野，今稱猜耶）、北大年（大泥，泰文Pattani、馬來文Patani）、暹羅（大城，阿猶

8　藍鼎元，〈論南洋事宜書〉，《鹿洲初集》(1880年閩漳素位堂刊本)，卷3，p. 2a。參考《清實錄》：康熙朝，卷277，pp. 20b-21a (康熙五十七年二月初八日丁亥條)。

9　柬埔寨的港口在湄公河的出口，當地為一冲積平原，港口特多，包括狪狔(Dong Nai)、美湫(My Tho)……等等。此外，柬埔寨在暹羅灣方面也有一個經常為外國船造訪的港口，就叫作「港口」，亦名河仙(Ha Tien)。參考陳荊和，〈鄭成功殘部之移殖南圻(上)〉，《新亞學報》，5：1 (1961)，pp. 437-438; 陳荊和，〈河仙鎮叶鎮鄭氏家譜注釋〉，《臺大文史哲學報》，第七期(1956)，pp. 77-139。

地亞Ayutthaya）。

不是每一座港口都向有意前來的貿易家開放。當地的統治者往往有一定的決定權。如果這個統治者實力堅強，則可逕行決定是否要開放貿易、對誰開放。舉個例來說，十七世紀上半期，由於荷蘭東印度公司與越南中圻的阮（Nguyen）氏政權不甚相得，因而無法在會安順利地展開貿易；相反地，他們倒能取悅北圻的鄭（Chin）氏，因此也成功地在舖憲建立起一座商館，並且維持到該世紀末年。另一個例子是西屬菲律賓群島及其主要港口馬尼拉。西班牙人只許澳門葡萄牙人、中國人及亞美尼亞人（the Armenians）的船舶進港。英國船因此經常僱用亞美尼亞人當名義上的船長（nakhoda）、掛亞美尼亞旗幟，以便順利進港貿易。一直要等到1780年代以後，馬尼拉港才陸續對各國開放。

二、商品與人員的流動

商人開發並且利用航運網絡來從事海洋貿易。如前所述，我們可以將船運及貿易的網絡區分成三個層次。跨洲貿易由歐洲人經營。在近代初期，那就是荷蘭東印度公司、英國東印度公司、瑞典東印度公司、丹麥亞細亞公司、法國印度公司（Compagnie des Indes）……等等。

來到東方以後，歐洲人也經營亞洲境內的跨國貿易。英國人把這種亞洲境內的跨國貿易稱作「港腳貿易」（the country trade）。亞洲境內的跨國貿易佔居歐洲人貿易的一大成分，特別是在十七世紀前半。不過，早在歐洲人到臨之前，亞洲境內的跨國貿易就已經長久存在了。因此，即使是在歐洲人現身東亞之後，也仍然有相當高比率的亞洲境內跨國貿易還是由亞洲人自己來操作，由不同國家的人在不同的單一或多條的航道上從事貿易。我們把這種亞洲人自己經營的亞洲境內的跨國貿易簡單概括如下：

1. 東亞
   （1）東北亞（主要由華人經營，有一小段時間日本人也南下從事南洋貿易）
   （2）東南亞（由華人及在地土著經營；後者特別指馬來人及武吉士人，the Bugis）
2. 南亞（主要經營者為印度人，印度教徒及伊斯蘭教徒都有，民族種類複雜）
3. 西南亞洲及東非（主要經營者為印度人及出身阿曼的阿拉伯人）

此外，還有一些沒有強大祖國可以歸屬的亞洲國際商人，例如亞美尼亞人、祆教徒（the Parsees，Parsi），甚至於猶太人[10]。他們都在亞洲的海洋貿易上擁有獨樹一格的地位。

當歐洲人來到亞洲時，他們得調適自己以加入這種亞洲境內國際貿易的架構。以下為了節省篇幅，稍後的論述將只舉荷蘭及英國兩家東印度公司為例。

若就亞洲海域各國的沿海貿易及島際貿易而言，它們幾乎全由該國的商人來經營。這裡也舉幾個事例說一下。例如日本就有所謂的「北前船」（kitamae-fune），從事以北方海產交易南方農產品的買賣；中國沿海及大陸與臺灣之間，也有名目繁多的各種帆船從事農產品、手工業品的買賣；至於印度尼西亞各島之間，則有當地船舶perahu運載糧食、香料、日用品（包括吃檳榔用的荖葉sirih）……等等。隨著時間下移，華人也加入了印尼的島際貿易，這多少也是因為喜歡「分而治之」（apartheid）的荷蘭人在背後支撐所致。

接著是有關商品的問題。以下將分成兩個部分來討論東亞海洋貿易

---

10 猶太人買賣香料、鑽石及珊瑚。關於猶太人在亞洲的鑽石及珊瑚交易，請參考 Gedalia Yogev, *Diamonds and Coral: Anglo-Dutch Jews and Eighteenth-Century Trade* (Leicester: Leicester University Press, 1978)。

的商品。第一部分針對歐洲人所交易的跨洲貿易及港腳貿易商品；第二
部分處理亞洲人所經營的亞洲內部貿易、沿岸貿易及島際貿易的商品。
請隨時記得：亞洲人所主導的貿易網絡同時也是歐洲人貿易的補給線。
換言之，亞洲人利用境內貿易、沿海貿易及島際貿易，一方面也爲歐洲
集中貨物，另一方面也行銷歐洲人進口到港的商品。

（一） 歐洲人所交易的跨洲貿易及港腳貿易

對歐洲人而言，其來到亞洲的最初目的，本是爲了取得特定的亞洲
產品運回歐洲以銷售牟利，因此在乎的是可在歐洲找到市場的亞洲商
品，一如達伽瑪（Vasco da Gama）回答到古里貿易的突尼西亞商人的
話，說葡萄牙人前來亞洲，爲的是「尋找香辛料（spices）及基督的信
徒」。以荷蘭東印度公司在十七世紀時的情況爲例，其買賣的內容可以
簡單摘要如下：

> 主要出口商品：香辛料（胡椒、荳蔻、丁香及肉桂）。
> 次要出口商品：藍靛、蔗糖、赤銅及瓷器。
> 交易媒介或支付手段：白銀、黃金、赤銅、絲綢及棉布。

再重複一次，荷蘭東印度公司或者其他的亞洲商人，在十七世紀上
半時，最主要的目的是在取得亞洲所產的香辛料，並且將之運回歐洲銷
售。四大香辛料當中，胡椒的主產地爲印度西南海岸（馬拉巴兒海岸，
the Malabar Coast）、蘇門答臘及爪哇，不過，東南亞其他地方亦有少量
產出；荳蔻主要產於班達群島（the Banda Islands），安汶（Ambon）爲
集結地。此外，附近的西蘭島（Pulau Seram）亦有所產；丁香產於大
部分的香料群島（the Spice Islands；亦稱摩鹿加群島，the Moluccas，
Maluku）地區，千子智（Ternate）及直羅里（Tidore）爲集結中心；肉
桂有兩種，cassia及cinnamon，中國及錫蘭皆有所產，蘇門答臘西部以
及爪哇島亦有產出。荷蘭人很快就發現：要取得主產於東南亞的胡椒、

丁香與荳蔻，尤其是只在印尼群島東部才有的丁香與荳蔻，首先就得弄到印度棉布。因為在香料群島一帶，貨幣經濟並不發達，丁香、荳蔻的生產者只在乎獲得稻米與棉布。棉布的主要產地為印度，印度的許多地方都生產棉布。在十七世紀初，主要的供應點為西北部的固加拉特（Gujerat）地區以及東南部的科羅曼德爾海岸（the Coromandel Coast）。前者以白銀為幣材，後者使用金幣。無疑地，在現代信用體系建立起來以前，金、銀本來就是國際支付上清償債務的主要工具。因此，荷蘭東印度公司若要取得印度棉布，少不了就得先設法籌措金、銀。方法之一是由歐洲運來，但當時有困難。一則是那是重商主義（mercantilism）的年代，歐洲各國都把金、銀視為國富的保障，不願輸出；再則是長程運送，風險也大，船難及海盜都是可怕的因素。十七世紀前半，世界上的白銀主要生產於中南美洲以及亞洲的日本。中南美洲為西班牙人的殖民地，而荷蘭正在從事獨立戰爭，與其領主西班牙對抗，不可能由西班牙或其殖民地獲得白銀。所以，日本成為荷蘭人就近在亞洲取得白銀的主要地點。產銀的日本在十六世紀末以來，經過戰國時代，諸侯兼併，只剩下一些霸主當權。霸主與其屬下競相奢侈，對生絲及絲綢織品有著廣大的需求，而中國恰巧又是生絲與絲綢的盛產地。早在十六世紀後半期，葡萄牙人對此已有深切體認，他們建立起澳門與長崎之間的貿易航道，將中國生絲與絲綢運入日本，換出大量的白銀。步武其後的荷蘭人想得更多，他們建立起一整套介入亞洲境內國際貿易的辦法，輾轉從日本輸出白銀，最後達成取得東南亞香辛料運回歐洲的目標。在介入亞洲境內的國際貿易之後，這一部分的貿易因為利潤可觀，因此也不勞從歐洲運出金銀到亞洲，也不用費心費力去另外籌措資金。

　　葡萄牙人展開的亞洲內部貿易，在荷蘭人東來以後更長足發展。1619年，荷蘭東印度公司的東印度總督昆恩（Jan Pietersz. Coen，1587-1629）寫信給阿姆斯特丹的理事會，描繪出利用亞洲內部貿易來活絡其

資金運用的構想如下：

1. 來自固加拉特的布疋，我們可以拿來在蘇門答臘的海岸交換胡椒與黃金；2. 來自（印度西部）海岸的銀幣（rials）與棉貨，（我們可以拿來）在萬丹（Banten）交換胡椒；3. 我們可以（用印度南部的）檀香木、胡椒與銀幣來交換中國商品與中國的黃金；4. 我們可以藉由中國的商品把白銀從日本弄出來；5. 用來自科羅曼德爾海岸的布疋以交易香辛料、其他商品與來自中國的黃金；6. 以來自蘇拉特（Surat）[11] 的布疋交易香辛料、其他商品及銀幣；7. 以來自阿拉伯的銀幣交換香辛料及其他形形色色的小東西。──環環相扣！所有這一切都不用從荷蘭送錢出來即可辦到，只要有船。[12]

我們看到在昆恩的構想中，黃金、白銀（銀塊與銀幣）、香辛料、棉貨（主要爲棉布）與中國商品（主要爲絲綢）是印度以及印度以東的東亞貿易的主要商品。印度以及印度以東的這個廣大的海域，是當時亞洲境內貿易的關鍵性區域。藉著掌握此一區域內這幾樣商品的供需狀況，荷蘭東印度公司可以藉由進行亞洲內部的貿易而獲利。如此不但獲得了購買香辛料回歐洲的資金，同時也擴大了公司的利潤。

我們以昆恩的構想爲基礎，加上我們對當時亞洲各地貿易狀況的理解，可以把十七世紀上半期亞洲境內貿易的情況進一步說明如下：

第一，胡椒盛產於馬拉巴兒海岸、蘇門答臘、爪哇，馬來半島也有所生產。丁香及荳蔲只產於摩鹿加群島。歐洲人所取得的胡椒及香辛料，主要運銷回歐洲。雖然我們也知道胡椒在中國也有很好的市場，不過中國人也自行進口胡椒，因此荷蘭人要平行輸入就不見得有利，所以雖然《巴達維亞城日記》與《熱蘭遮城日誌》都記載了一些荷蘭人賣胡

11　固加拉特的主要港口。

12　引在R. Steengaard, *The Asian Trade Revolution of the Seventeenth Century* (Chicago and London: The University of Chicago Press, 1973), p. 407。

椒給華商的事情，但規模畢竟不太大。

第二，黃金來自中國及蘇門答臘。荷人把黃金拿來賣給日本、科羅曼德爾海岸及阿拉伯世界。有一些黃金也被運回歐洲。

第三，布疋，也就是棉織品，出自印度次大陸的兩個地區，即西北角的固加拉特和東南角的科羅曼德爾海岸。不過，接近十七世紀中葉時，東北角孟加拉地區也開始供應歐洲人棉貨。在蘇門答臘北部也可獲得印度棉布，主要是因為在十七世紀初期，固加拉特商人也自行將棉布運到該地求售。[13] 棉織品是荷蘭人交換東南亞胡椒和香辛料的媒介，不過他們也拿印度棉布到阿曼及亞丁交換阿拉伯人的銀幣。其實，印度棉布在中國也有一定的市場。

第四，除了東南亞之外，在亞洲許多地方，白銀都是主要的支付工具。獲得白銀的途徑有二。其一是從阿拉伯地區，甚至於蘇門答臘北部，以阿拉伯銀幣的方式取得。不過，在十七世紀初期，最主要的途徑還是來自日本。中國及固加拉特分別吸收了荷蘭人到手的大多數白銀。

第五，雖然在昆恩的構想當中，生絲及絲綢的字樣並沒有具體出現，可是我們明白生絲及絲綢正構成昆恩所謂的「中國商品」的主要內容。就換取日本白銀這件事來說，中國絲綢扮演了至為重要的角色。中國航海貿易家從國內運出可觀數量的絲綢到東南亞，荷蘭人也是買主之一。不過，華人及澳門葡萄牙人也運出一些絲綢到菲律賓的馬尼拉以換取由西班牙大帆船從美洲運到的白銀。

第六，昆恩提到拿來交換中國商品的小東西當中有一項是檀香木。當時檀香木的主要產地為東印尼的帝汶島、東南諸小島[14]以及印度南部。

再把以上的分析精簡一下。我們發現除去黃金及次要商品不管（白

13　稍後不久，固加拉特商人就被荷蘭人逐出東亞市場了。

14　即Nusa Tenggara，指帝汶以東諸島。

銀則當成是一種商品），我們可以把所有相關的商品分成四大類，亦即胡椒與香辛料、棉貨、白銀與絲綢。這四大類商品是亞洲商品當中被捲入歐洲人交易的絕大部分。也就是在這四類商品的交易上，歐洲商人的貿易和亞洲在地人的貿易互有重疊。千萬記得：雖然荷蘭人也買賣胡椒與香辛料、棉貨、白銀與絲綢這四大類商品，但在同一時間，亞洲人經手這四大類商品的交易也很多。更重要的是，還有很多種類的商品依舊只有亞洲商人交易，荷蘭人或其他歐洲人根本無從染指。

　　以上所談幾乎針對十七世紀上半期，大約1600-1650年之間的情形。在該世紀的後半，荷蘭人不再那麼倚重中國絲綢或印度棉布來從事亞洲境內貿易的操作，他們也開始把這兩類商品大量地運回歐洲，並且在歐洲賣得很好，獲利不貲。也差不多就在這個時候，日本的銀礦產出迅速減少，以中國或其他亞洲絲綢交換日本白銀的作法變得行不通。湊巧，歐洲經過「三十年戰爭」（1618-1648年），結束了舊教與新教的對抗，荷蘭與西班牙握手言和，並且在「西發里亞條約」中獲得獨立的承認。此後，荷蘭人可以在歐洲取得西班牙人進口到歐洲的美洲白銀，運到亞洲，供其貿易週轉。

　　一般說來，就歐洲勢力在亞洲的活動而言，十七世紀是荷蘭人當令的時代，十八世紀則是英國東印度公司高居上風。不過，兩家公司，乃至其他歐洲公司，大都買賣以下商品：

主要出口商品：棉布、茶葉、瓷器。

次要出口商品：香辛料、絲綢、孟加拉硝石、暹羅、馬六甲及邦加島的錫。

交易媒介或支付手段：白銀、匯兌工具、棉花及鴉片。

　　如同以上所指出的那樣，十七世紀中葉以後日本不再出口大量白銀。有一段時間，赤銅被用為國際支付的工具。不過，當十八世紀降臨

時，我們發現在日本貿易的最主要的外國商人，也就是華商，已經不得不以出口越來越多的乾海產（日本人稱為「裱物，*tawara-mono*，裝在袋子裡的東西」，包括海參、鮑魚和魚翅等乾料）以平衡其貿易。此時赤銅的生產也已經減少，幕府不太願意中國人運出太多的日本銅。

就荷蘭東印度公司而言，亞洲不再提供資金及交易媒介給他們，因此只好在歐洲想辦法。他們在阿姆斯特丹購買西班牙人的墨西哥銀幣，熔鑄成銀錠，然後運到亞洲應用。此事意味深長。它表示：雖然荷蘭東印度公司還是繼續經營一部分亞洲境內的國際貿易，可是亞洲境內的國際貿易已經不再是公司事業不可或缺的一環。荷蘭東印度公司到亞洲貿易的重點，已經轉到跨洲貿易，以將亞洲商品直接賣到歐洲為目標。

我們可以把十七、八世紀時荷蘭東印度公司經營的概要摘述如下，以見其轉變：

十七世紀時，荷蘭東印度公司從萬丹及巴鄰龐購得蘇門答臘產的胡椒，他們也在馬拉巴兒取得胡椒。兩者加起來，每一年他們運回歐洲的胡椒就高達6,000,000荷蘭磅，約當2,700,000公斤；換成中國單位，差不多是4,500,000斤，或45,000擔。進口胡椒及其他香辛料到歐洲為公司帶來約60%的利潤。

這樣大的數量和這麼高的獲利率，到十八世紀時，全都不見了。在十八世紀時，荷蘭人運回歐洲的亞洲產品，由茶葉、咖啡及印度棉布構成其主要部分。荷蘭公司不再那麼積極介入亞洲境內的區間貿易。除了加強與歐洲地區的貿易外，其亞洲總部轉向致力於東印度殖民地，也就是印尼及錫蘭的農業發展。

對英國東印度公司來說，故事有些不同。十七世紀時，英國東印度公司介入亞洲境內貿易的情形並不嚴重，因為他們在整個東亞地區，包括東南亞和東北亞都沒有強大的據點。不過，英國東印度公司在1699年進入廣州貿易以後，快速立足，並且很快地就讓中國茶葉成為主要的出

口品。當然，這並不完全是英國東印度公司努力的成果，時代環境有以致之。英國東印度公司其實也要等到十八世紀末才完全支配歐洲的茶葉進口事業。

現在多說一點茶葉。早在十七世紀中葉，茶葉就已經少量出口到歐洲，並且可能是由荷蘭人引進的。同一世紀後期，英國東印度公司與臺灣鄭經磋商貿易時，鄭經也拿茶葉當禮物送給英國國王。令人好奇的是：葡萄牙人早在1557年就長期定居在澳門，可是為什麼把茶葉運銷到歐洲的卻不是他們？

當十八世紀揭開序幕時，曾經在東南亞香辛料貿易中扮演關鍵角色的印度棉布開始大量輸入歐洲。同時，比較粗糙，但更為厚實的中國松江棉布（歐洲人稱作"nankeen"），也有相當數量被歐洲公司出口，供其殖民地駐軍製作制服。曾經用來交換日本白銀、赤銅的中國生絲、絲綢、孟加拉生絲、絲綢，在十八世紀也運銷歐洲。胡椒及香辛料繼續銷往歐洲，但其獲利率已大幅度下降。茶葉在一時之間，成為歐洲人從亞洲進口最多、獲利率最高的商品。其實蔗糖、咖啡及巧克力也是十八世紀歐洲人從其海外殖民地進口的大宗商品，但不完全生產於亞洲，我們權且不進一步說明。

歐洲人為什麼在十八世紀時興起喝茶的風氣呢？部分的原因與「中國風尚」（*chinoiserie*）的流行有關。「中國風尚」的流行是明末以來，中國與西方長期交流下，透過傳教士及歐洲知識分子對中國文明的闡釋，以及中國文物在歐洲的大量出現，而使得歐洲人產生對中國人生活方式的想望。喝茶是體現這種想望的方式之一。而當時世界上只有中國產茶、出口茶葉。因為喝茶，使用茶具，因此中國瓷器也普遍流行。到十八世紀中葉時，不只是上流社會飲茶，下至庶民也都喝茶。不但有專門的茶店（teahouses），而且也有人沿街叫賣泡好的茶。歐洲原來的無酒精飲料只有白水，蔗糖、咖啡、茶葉及巧克力的輸入，大大豐富了他

們的生活情趣。但是茶價最為低廉，因此也就最容易普及。

英國人從1699年開始就已經在廣州立足，直接出口絲、茶和瓷器。1715年起，他們更在當地設立商館（factory）。可是荷蘭人因為早期與中國交涉，被列為朝貢國家之一，清朝體諒他們的國家遙遠，只要求他們「八年一貢」，也只有八年才能以朝貢的名義到中國朝貢一次，順便作生意。荷蘭人不能常到中國，因此就放棄與中國直接貿易。他們的亞洲總部就在中國貿易商稱之為噶喇吧的巴達維亞，中國帆船經常造訪。他們就在那裡等中國帆船從廈門或廣州把茶葉運來。巴達維亞相對靠近胡椒、丁香、荳蔻的產地。當香料貿易有利可圖時，真是個理想的地點。可是，在巴達維亞被動地等待中國商人供應茶葉，就遠不如英國人直接在中國採購所享有的優越條件了。

於是從1729年開始，荷蘭東印度公司也到廣州建立商館。清朝政府默許他們的貿易，不提朝貢那檔子事。他們也不算來得太晚，因為其他歐洲公司，如法國印度公司、丹麥亞細亞公司、瑞典東印度公司……等等，也都在1730年代初才到廣州設立商館。英國人在茶葉貿易上捷足先登了，但是沒有獨佔市場。以單一的國家來說，他們的出口價值及數量雖然最大，但是在1780年代以前，其他歐洲公司所出口的中國茶葉的全部數量加總起來，也還是大於英國公司。而在這些其他公司當中，出口中國茶最多的，也還是荷蘭東印度公司。【參考表一】

十八世紀時，包括英、荷在內的所有歐洲公司前來亞洲，雖然也出口絲綢、瓷器和其他次要商品，不過他們最主要的目的還是出口中國的茶葉。茶葉使得十八世紀歐洲人的亞洲貿易基本上成為一個以「中國貿易」（the China Trade）為重心的貿易。在十八世紀大部分的期間，英國東印度公司的出口總量都不及歐陸各公司的總和。如表一所示，在1770年代，英國公司的總出口量還不及其他公司合計的一半。不過，1784年發生的兩件事情卻迅速地改變了這種態勢。

表一 1772-1781年間英國東印度公司及其他歐陸公司出口中國茶葉的比較

貿易年份 (止於該年三月)	他國船數 (艘)	出口茶數量 (英磅)	英國船數 (艘)	出口茶數量 (英磅)	總船數 (艘)	出口茶總量 (英磅)
1772	8	9,407,564	20	12,712,283	28	22,119,847
1773	11	13,652,738	13	8,733,176	24	22,385,914
1774	12	13,838,267	8	3,762,594	20	17,600,861
1775	15	15,652,934	4	2,095,424	19	17,748,358
1776	12	12,841,596	5	3,334,416	17	16,176,012
1777	13	16,112,000	8	5,549,087	21	21,661,087
1778	15	13,302,265	9	6,199,283	24	19,501,548
1779	11	11,302,266	7	4,311,358	18	15,613,624
1780	10	12,673,781	5	4,061,830	15	16,735,611
1781	10	11,725,671	13	7,970,571	23	19,696,242
合計	117	130,509,082	92	58,730,022	209	189,239,104

英國私商出口量	1,450,000
歐陸公司出口量	130,509,082
總　計	190,689,104

原註：歐陸各國公司用來從事中國貿易的帆船皆較英國公司所用者為大。
說明：原數字的錯誤，已依平衡計算式的方式加以調整。
資料來源：Thomas Bates Rous, *Observations on the Commutation Project, with a Supplement*（London, 1786），p. 28.

　　第一件事是荷蘭東印度公司在第四次英荷戰爭（the 4th Anglo-Dutch War，1780-1784）中陷入財政危機，當戰爭結束時，該公司債務纏身，一蹶不振，終致在1799年宣告破產（1800/01/01起生效）。所謂第四次英荷戰爭指的是荷蘭獨立運動開始以後，英國與荷蘭的戰爭，前三次都發生在十七世紀，而這回則發生在十八世紀。在戰爭期間，荷蘭母國與東亞殖民地之間的聯絡，完全被英國海軍給切斷了，荷蘭人無法執行歐、亞之間的貿易，財務當然深受打擊。更嚴重的是當戰爭結束、荷蘭人想回中國市場時，他們發現所有的有利條件都已消失了。

　　第二件事則與英國的立法有關。英國在十八世紀後半，發展成為歐洲飲茶最多的國家。進口到歐洲的茶葉，不管經由那一國商人之手，最終都在英國被消費掉。可是在英國，茶葉的進口稅及內地通過稅都很

高，加起來超過茶價本身，因此歐陸各國就把從中國進口來的茶葉，透過沿海走私活動，轉售到英國。英國曾透過加強查緝走私與輕度減稅的方式來對付這個現象，收效不大。

幾經思慮，年輕的首相庇特（William Pitt）在1784年向國會提出新的立法，並且獲得兩院通過，是為「折抵法案」（the Commutation Act）。依據此一法案，茶葉稅總共約減收90%，因此大大降低了市場上的茶價。然而當時英國政府歲入的三分之一原本來自茶葉稅，這也意味著財政收入的減少。政府當然無法承受這種損失。因此在減收茶葉稅的同時，開徵一種名為「窗戶稅」（window tax）的新稅。其論點如下：喝茶不是維持生命所非做不可的事，一個人有能力喝茶，表示他至少擁有些微財產，或者說擁有房舍。既有房舍，必有窗戶。減收茶葉稅的目的是在避免走私，結果將使國庫遭受損失。因此，應該由有能力喝茶的人來分攤這筆損失。作法是把全部政府減收的數目除以全國的窗戶總數，得到一個基數；此一基數乘以家戶所擁有的窗戶數目就得出該戶人家應該分攤繳納的窗戶稅。聰明的臺灣人一定說，那我就把窗戶封死好了！的確有人這麼做，但不多，因此英國政府能以窗戶稅的收入彌補減收茶葉稅所造成的損失，「折抵法案」也就獲得原先設計時所想要的效果。

於是，當歐陸的公司從中國把茶葉運回歐洲時，他們發現不再能夠賣給英國的走私者。出口中國茶葉不再有利可圖[15]，對歐洲大陸的公司當然是嚴重的打擊，出口茶葉量快速下跌，他們只好淡出中國貿易。

【參考表二】

荷蘭東印度公司失去此一獲利管道，財務窘況也就雪上加霜。另一方面，茶價在英國下跌，英國人民普遍有能力買茶來喝，英國進口中國茶葉的數量也就水漲船高，使得英國東印度公司成為中國貿易中睥睨群

15　因為到十八世紀時，世界上咖啡的生產增加、歐洲進口得比以往多，售價也變得比以往低廉。歐陸人士不但覺得咖啡比較好喝，也喝得起。

表二　英國及其他外國貿易家自廣州出口之茶葉數量的比較

(單位：擔；1擔＝133.3英磅)

貿易年份	1776-80	1786-90
英國東印度公司	210,207 （31%）	774,386 （67%）
法國、荷蘭、丹麥及瑞典	488,372 （69%）	322,386 （28%）
美國	尚未加入廣州貿易	52,184 （5%）
合計	698,579 （100%）	1,148,645 （100%）

資料來源：H. B. Morse, *The Chronicles of the British East India Company trading to China* （Oxford: Oxford University Press, 1926-1929）, vol. II, p.118.

雄的外國商務機構。英國購買很多中國茶葉，其資金來源也就嚴重不足，於是英國便透過「港腳貿易」來籌措現金，彌補這個缺口。然而，英國東印度公司並不自己經營港腳貿易，他們讓印度當地居民及不屬於公司的英國公民來操作這個貿易。方法是將棉花及鴉片由印度運到中國，售予中國商人，所取得的現金或債權移轉給英國東印度公司的廣州商館，由公司商館開立支付憑證或匯票給當事人，讓他們在印度或在倫敦兌現。從印度來的港腳商人，從中國出口極少的商品，至多也不過是一些糖果之類的東西而已。所以移轉給公司的債權相當高。這一來，英國東印度公司就不用自備現金。

（二）亞洲人所經營的亞洲內部跨國貿易、沿岸貿易及島際貿易

綜上所述，在十八世紀末以前，歐洲人直接介入亞洲內部貿易的情況尚屬有限。可是講述十七、八世紀亞洲海上貿易史的人都太強調歐洲人的角色了，以致於我們往往有一個印象，好像說歐洲人來了以後，亞洲人自己經營的貿易就衰落了。其實不是這樣，而是我們對這一部分的歷史研究不多、認識不多。造成這樣的誤解，有一個原因是因為學者太過於倚重歐洲人所建立、所留下來的文獻。我們在此引用一段非洲史學者，同時也是「跨文化貿易史」研究的提倡者柯丁（Philip D. Curtin）的看法如下：

1. 亞洲以及歐洲的歷史學家們，一直都得利用歐洲文獻來做研究，因為在我們所擁有的描述亞洲商業的材料當中，這些材料最好；甚至連歐洲人沒有直接參與的那部分貿易亦復如是。

2. 有關這幾百年中海洋亞洲的歷史文獻傳達了一個印象，那就是歐洲人就是指導、支配貿易的動態因素，並且可能也從事當中大部分的交易。即便說在十七世紀初年，英國人及荷蘭人確實有辦法有效地支配銷往歐洲的香辛料貿易，到了致使前往地中海地區的香辛料商隊實質消失那樣的程度，在十八世紀以前，其實不是那樣，某種（將亞洲貿易）轉成「歐洲人的時代」的那種過渡世紀尚未來臨。[16]

這也就是說，在十七、十八世紀期間，存在著一個在地的亞洲人貿易網絡，甚至好幾個這樣的網絡，與歐洲來的闖入者所建立的網絡並駕齊驅。然而，如同柯丁所指出的，只有歐洲人留下來有系統的資料，所以所有的歷史故事都用這些資料來建構。不用說，這樣重建的歷史是不完整的。一方面，作為亞洲的歷史學家，我們不能忽略英國、荷蘭、瑞典、丹麥、法國……所藏的資料；另一方面，我們如果不設法開發亞洲自己的文獻的話，很多疑問還是無從獲得解答，而完整的眞相無從建立。我們現在就開始花一些時間來描述亞洲人所經營的亞洲內部跨國貿易、沿岸貿易及島際貿易，並且順便舉幾個例子以供參考。

首先，我還是要藉用他人的研究來開始。以下的引文是位在吉隆坡馬來亞大學（Universiti Malaya）的Mohammad Raduan bin Mohd Ariff教授研究蘇祿海地區的一些發現，他說：

1750-1850年間，（以和樂〔Jolo〕為中心的蘇祿地區）銷往中國的主要項目就是眞珠、玳瑁、海參、珠母貝、魚翅、燕窩、蠟、樟腦、肉桂、

16　Philip D. Curtin, *Cross-Cultural Trade in World History* (Cambridge: Cambridge University Press, 1984), p. 158.

胡椒、藤以及黑檀。這些東西體積、重量並不大,可是價值高,而且商人的獲利空間很大。中國帆船出口到此一地區的則有中國所製造的物品,諸如瓷器、磚瓦、絲綢衣物、黑白棉布、薄細棉布、印花棉布、銅器、熟鐵、武器彈藥、米、糖、植物油及豬油。[17]

「製造的物品」除外,亞洲人(中國人)所交易的商品可以分成四個範疇,即海洋產品、森林產品、農產品以及文化性商品。

海洋產品放到後面再說,先來看看另外三個範疇的東西。

森林產品包括了蘇枋木(蘇木,英文有sapanwood、Brazilwood、logwood 等種種叫法)、沉香(名目很多。英文叫作aloeswood或eaglewood)……等等。主要為薰香料(incenses)、香辛料(spices)、藥材(*materia medica*)及染料(dyes)。

農產品當中,稻米最屬重要。緬甸的亞拉干(Arakan)、暹羅、越南、菲律賓群島、臺灣以及印尼群島的畢馬(Bima)都是主要供應者;至於中國大陸和摩鹿加群島則是主要輸入者。其他農產品如兒茶(catechu、gambier)……等等,因時因地而異,但很容易辨認。

至於說到文化性商品,那是指在特定文化薰陶下,擁有那種文化的人才消費的東西。我們在此舉兩個例子:一是線香和紙錢。當華人移居海外時,也帶著他們原鄉的信仰,敬佛拜祖需要線香、金銀紙。若當地沒有生產,則由祖國進口。以臺灣為例,臺灣一直到日據初年都不自行製造金、銀紙,因此由福建石碼進口。日據之初,日本人禁止這種東西進口,南臺灣才開始製造。所謂「臺南幫」的創始人之一的吳修齊夫婦,年輕時即以販售金、銀紙為生。不過,線香倒是很早就在臺灣生產,臺南有一家很有名的線香店叫作「曾振明」,從康熙年間就已經開

---

17 "The Sulu Sea (1750-1990): The Regionalism of National Histories," paper presented in 13th IAHA (Tokyo, 1994).

業，道光時還在。當時臺南府城有一條街，還叫作「曾振明街」呢！另一個例子則是兒茶。兒茶的主要用途有二，一是用來當鞣革劑，也就是軟化皮革並且為皮革染色；另一用途則用來包到檳榔裡咀嚼。我們注意看人家吐檳榔渣，不是每一個人吐出來都是紅色、赭色的汁渣，只有吃加料檳榔的人才會吐出那樣的東西。吃檳榔所加的料，多時可包含荖葉、蜃灰（石灰）、兒茶及冰片（龍腦），連檳榔本身總共有五種成分。臺灣人賣檳榔，通常不加冰片，太奢侈了。包檳榔時，石灰與兒茶事先混合好，將檳榔切開，用刀子塗上石灰及兒茶的混合物。也就是這種混合物產生赭紅色的效果。清代中國大陸的人也吃檳榔，不加兒茶。東南亞居民則都加兒茶，所以兒茶又叫作「檳榔膏」。這只有東南亞文化有，所以也可以算是一種文化性商品，在馬來、印尼世界曾經有過廣大的市場。

現在我們回頭花多一些篇幅講海洋產品。本文開頭提到過喬都立和他的「印度洋」概念。他還在其名著一開始，就提到燕窩與海參兩項海洋產品。其實，這兩樣東西也可以當成是「文化性商品」。喬都立說：

> 從新幾內亞、還有從西蘭海域（the Ceram Sea）的阿盧群島（the Aru Islands）運過來的燕窩與海參，是很多人垂涎的佳餚，卻也是華人以外的人群所不能欣賞的東西。[18]

海參這種東西，英文有兩種叫法：一是「海蛞蝓」（sea slug），聽起來很噁心；另一是「海黃瓜」（sea cucumber），聽起來口感相差很多。英文也用法文的叫法，把海參稱作 *bêche-de-mer*，法文聽起來很美，好像很有學問，不過事實上 *bêche* 的意思卻是英文的 "grub"，因此 *bêche-de-mer* 翻成中文就成了「海蛆」，更噁心了吧。再說日本人怎麼說

18　K. N. Chaudhuri, *Trade and Civilisation in the Indian Ocean* (1985), p. 21.

吧。日本人把處理過、薰乾的海參稱作「煎海鼠」（iriko），把海參看作海鼠，聽起來都沒有海參高貴。馬來人把海參叫作*trepang*。

新幾內亞是座大島。西半部是一個獨立國家，東邊比較小的一半稱作Irian Jaya，屬於印度尼西亞共和國。Irian Jaya以及位在它西海岸外的阿盧群島（印尼文寫作Kepulauan Aru），都距離印尼世界的行政中心與商業大城巴達維亞十分遙遠。然而早在十八世紀，以爪哇島爲主要活動地區的印尼華人，早就來到阿盧群島，爲的是蒐集海參。華勒斯（Alfred Russell Wallace），他是達爾文（Charles Darwin）的同時代人，可能是演化論的首創者，曾經花了六年的時光在印尼諸島獵取動物的標本。他在1857年時也來到了阿盧群島。他很驚訝地發現：當適合貿易的季節開始時，華人就來到該地，暫時住在那裡。他們穿著白色的襯衫和藍色的褲子，乾淨整潔。他們是頭家、他們是商人。他們來從阿盧土著的手上購買海參！華勒斯也發現當地有華人的墳墓，墓碑是從新加坡運過來的。於是他詢問土著：華人何時開始來到阿盧購買海參？不用說，沒有任何土著說得出來確切的時間。他們回答說，早在他們的父親、他們的祖父在世時，華人就已經來到阿盧了！換言之，早在十八世紀末以前，爲了追逐海參，華人已經光臨這遙遠的阿盧群島。[19]

華人會跑到那麼遠的地方購買海參，無疑是因爲在中國方面有著強大的需求，而從事此業有著很不錯的利益可得。那麼，究竟打從什麼時候開始，中國人開始食用海參呢？這很難說吧。我們或許可以推斷，中國人食用海參的時間，大約在十六世紀中才開始，同時也可能是中、日之間貿易接觸的結果。就法律層面來說，十五世紀及十六世紀前面三分之二的期間，明朝實施海禁，中國人不許下海營生。不過，鋌而走險，

---

19 李若暉(Louise Lavathes)說華人因爲撈捕海參，因此早早就到了澳洲。這個說法，如果將時間點定在鄭和下西洋之時，恐怕不可能。澳洲地近阿盧，時間應在十八世紀吧。

違禁下海的人顯然也不會徹底消失。走私者的目的地之一爲日本，特別是九州的離島。在1567年海禁解除之前，前往東南亞的中國帆船比較少。雖然說東南亞地區已經有一些華人移民定居在該地，但是除了權充東南亞國家的朝貢使節團成員的場合外，他們也不會前往中國。再者，日本人早就食用海參，而東南亞人並沒有食用海參的傳統。既然如此，華人從日本人學會食用海參的可能性應該比較大吧！前面提過，十八世紀初以後，日本因爲銀、銅不足以應付出口，要求華商以出口「裱物」（tawara-mono）作爲替代物，其中包含了乾海參，可見得日本人亦早早就開始大量食用海參。日本人擅長處理海味，海參又多產於鄂霍次克海、日本海，應該也是「北前船」[20]的重要商品吧。

張燮的《東西洋考》前面已經提到過，在該書卷一至卷六記錄了當時中國貿易商船所造訪的各個邦國，記錄其形勝、貿易及物產，然而不管是物產還是貿易商品當中，都還沒有海參這項東西。相反地，不到兩百年之後，有一位名叫謝清高的人卻記錄了許多亞洲生產海參的地點。謝清高花了十四年的時間（1782-1795），搭乘歐洲人的船舶，造訪過世界上許多地方，包括亞洲臨海的許多港市，他也去過歐洲。他所指出的海參產地很多，舉幾個來說，至少包括了暹羅、宋卡、丁加奴、錫蘭、打冷莽柯（Travancore）、馬英（Mahé）、唧肚國（Kathiawar）⋯⋯等等。後面兩個地方都在西部印度洋。他既然觀察到亞洲海域有這麼多地方產海參，於是就下了一個結論說，亞洲海域的任何地方都出產海參了。事實上，他也發現在蘇辣（即蘇拉特）及孟買（Bombay，今稱Mumbai）都有人在交易海參。更令人驚奇的是，他發現在呢咕吧拉（尼克巴爾群島，the Nicobar Islands）也有華人從吉德（吉打，Kedah，

---

20 「北前船」主要往返於北海道與大阪之間，於諸多商品之外，也將大量海帶運到大阪，作爲日本料理湯頭的基礎。大阪之所以成爲日本的「天下的廚房」（天下の台所），與此甚有關係。

在馬來半島西岸）到那裡採集海參！尼克巴爾群島位在東部印度洋的主要群島安達曼群島（the Andaman Islands）稍南，中國古代文獻稱爲翠藍嶼，安達曼群島古代稱爲裸人國。兩處群島雖然位在航道上，但位置偏僻，文化落後，可是華人爲了採集海參，竟然也到了這樣的地方。所以，當我們看到華勒斯記載十九世紀時阿盧群島有中國商人前去蒐集海參時，也就不用感到意外了。

喬都立說華人是唯一消費海參的人群，或許還應該加上日本人。不過，即便是華人，在十六世紀初歐洲人出現於東亞海域之前，可能還不太認識海參這種東西。然而，就在往後兩百年之內，海參產業已經讓華人的足跡踏遍大部分亞洲海域，甚至於到達人跡罕到的地方。同時，他們也把薰製海參的技術教會了不同地方的土著，所以阿盧群島的人在非貿易季節就採集、薰製這種東西，靜待季風帶來華人貿易商。採購海參，讓華人延展了他們的航道、擴大了他們的貿易網絡。採購海參的華人所到之處，經常也是歐洲人的活動空間，但是後者並不參與這項產業，至多只是爲了財政的目的，而將他們的觸手伸進來罷了。

許多著作都常提到海參，可是很少有學術性的專著來探討，特別是其貿易以及因爲這項貿易而出現的貿易網絡。就個人所知，前面提到過的馬來亞大學倒是有一本博士論文研究馬來西亞的海參產業，可是重點放在當代的生產，而非歷史上的行銷。這本論文用馬來文書寫，對非馬來世界的人而言，也用不上。既然中國人食用大量海參，則近代初期由海參產業所造成的貿易網絡便是一個重要而有趣的議題。它涉及了亞洲人在歐洲勢力介入後，自行開發出來的新商品、新貿易網絡，與南亞及東南亞的亞洲內部貿易、沿岸貿易以及島際貿易都有所關聯，應該加以重視。

海洋產品當中，燕窩也是一個值得重視的東西，同時也應進一步再加以研究。我看過兩篇很有趣的文章。一篇是包樂史寫的，題目叫作

〈讚美商品：論跨文化貿易當中的燕窩〉[21]；另一篇是中央研究院民族
學研究所的蔣斌寫的，題目叫作〈岩燕之涎與筵宴之鮮——砂勞越的燕
窩生產與社會關係〉[22]。兩篇文章的重點都擺在生產關係，對因為燕窩
交易而形成的貿易網絡，包樂史的文章談得多些，指出燕窩產地與華人
貿易網絡的聯結，但未多加申論；蔣斌的文章則不大談貿易網絡。因為
燕窩的故事和海參差不了太多，在此便不贅言。我只是要指出，在類似
海參與燕窩這類的議題上，如果能下工夫研究，或許能進一步深入探討
近代初期亞洲人貿易網絡的發展吧。

　　只要一個地方生產海參或燕窩，那裡就會有華人活動。他們經常以
商人的身分出現，更勝於以生產者的方式。他買下當地生產者所能供應
的所有產品，好像在中國市場的需求永遠無法飽和一樣。他們提供給南
亞、東南亞的居民新的工作機會，也為統治當地的政權帶來新的租稅收
入。而對我們來說，要平衡近代初期亞洲貿易由歐洲人主導的這種觀
點，海參及燕窩所構成的貿易網絡實在是很值得切入探討的題材！

　　在結束有關貿易商品的敘述之前，且稍稍提一提前面略過的亞洲的
製造品。如同前面的引文提到過的那樣，中國出口瓷器、絲綢之類到亞
洲其他地方；可是另一項大量的製造品——印度棉布——通常都被認為
只銷到東南亞和西亞。其實日本也輾轉進口一些，同時中國也有相當數
量的進口。徐光啟就曾經觀察到印度棉布要比中國自身所產的棉布來得
細緻！另一方面，學術界都只注意到印度棉布在亞洲具有廣大的市場，
甚至於有一位印度史的專家還說，從好望角到日本，整個亞洲，所有的

21 Leonard Blussé, "In Praise of Commodities: An Essay on the Cross-Cultural Trade in
　Edible Bird's Nests," in Roderich Ptak et al. eds., *Emporia, Commodities and Entrepreneurs
　in Asian Maritime Trade, c. 1400-1750* (Stuttgart: Franz Steiner Verlag, 1991), pp. 316-335.
22 蔣斌，〈岩燕之涎與筵宴之鮮——砂勞越的燕窩生產與社會關係〉，收在張玉欣編，
　《中國飲食文化學術研討會論文集：第六屆》(臺北市：中國飲食文化基金會，
　2000)，pp. 383-425。

人都穿戴著由印度織機拿下來的布疋。這當然不對。在十四世紀的時候，也就是元、明之交，中國棉布已經長足發展，絕大多數的中國人如果穿著棉衣，一定是本國的產品。更應該注意的是，中國也出口棉布到亞洲其他地方。

中國棉布最早賣到韓國及日本，十八世紀初恰克圖條約以後也賣到俄國。然而，在東南亞世界，中國棉布也有一定的市場。稍早我們已經提及松江棉布。松江棉布在西方文獻中稱為"nankeen"，也就是南京棉布，經常出現在十八世紀以後的西方文獻，因為歐洲貿易公司或殖民統治者往往從中國出口松江棉布，運到他們的各處據點，供作製造軍服之用。中國棉布質地比較厚，既保暖又耐穿，適合縫製軍服。

不過，另外一種更加粗糙的中國棉布也早在十六、七世紀時，甚至於更早之前，就已經出口到東南亞地區。由於研究亞洲貿易網絡當中之棉布市場的人，大多數是歐美學者，一向認定亞洲貿易中的棉布都是印度棉布，因此歐洲東印度公司早期文獻當中的"cangan"這種商品，就被當成全都是印度的織物。幾乎所有的詮釋者都說"cangan"是印度科羅曼德爾海岸的粗製棉布。多年前，我在仔細閱讀中譯本的《巴達維亞城日記》時，發現至少在東亞所交易的"cangan"其實大多直接來自於中國。

傳統說法指出"cangan"這個字來自於原產地科羅曼德爾海岸的土語。由玉爾（Henry Yule）等人所編輯的*Hobson-Jobson*這本英文外來語辭典，專門提供來自印度、東南亞及中國等語源的辭彙，可是在該書中卻找不到"cangan"這個辭條或相關的說法。我個人認為"cangan"一詞不是源出於假定的原產地科羅曼德海岸，而是源出於消費它的東南亞，特別是印尼、馬來世界。馬來語稱單匹的布疋為"kain"，這個字重複一次，變成"kain-kain"，就成了布疋的集合名詞。而"kain-kain"應當就是"cangan"的字源。印尼、馬來世界對布疋十分講究，品質高、花色俏麗的布疋經常用於宗教性、政治性或社會性的儀式當中，並且也作為傳家

之寶（heirloom），因此這類布疋都有特殊的專有名稱。但是粗糙的、日常服用的、普通人家使用的布疋就是布疋，因此只用集合名詞來叫，那也就是"kain-kain"了。

"cangan"的品質粗糙，價格也相當低廉，東南亞的一般居民也有能力消費。菲律賓群島地區進口相當多，特別是呂宋島的北部。華商經常造訪這些地方，拿"cangan"與土著交易。這些"cangan"的產地極可能是中國，而且不是產於長江三角洲的松江棉布，大概是福建、廣東沿海地區所生產的土布。福建及廣東在明朝時，從長江三角洲一帶進口很多棉花，在十八世紀以後又從印度的孟買及孟加拉大量進口，用來織作土布，當地使用之外也用於再出口。所謂的"cangan"應該就是這種東西。

十分有趣的是，一直到十九世紀初期，在一本英國人編寫的貿易指南[23] 當中，我們還發現了以下的事實：菲律賓居民慣用中國粗棉布的歷史持續得非常地久。現在屬於菲律賓的蘇祿群島（the Sulu Islands）在當時尚無鑄幣；通貨使用*sanampoory*、*cangan*與*cowsoong*。*sanampoory*只是一個虛擬的名稱，四個單位的*sanampoories*換取一疋六噚（fathoms）長的*cangan*；*cowsoong*又名*nankeen*，也就是松江棉布，每四單位的*sanampoories*可換一疋四噚長的*cowsoong*。該商業指南還說：*cangan*「是一種粗糙的中國棉布，用於支付商品的對價，認定為相當於西班牙銀元一圓。」相對之下，松江棉布應該是指品質較為細緻的中國棉布了。這項記載顯示在蘇祿群島一帶，中國棉布是當地人的交易媒介，但也當成實物使用。*cangan*這種東西，在部分菲律賓群島，一用就長達四、五百年！在亞洲內部貿易、沿海貿易與島際貿易之中，*cangan*的確扮演過少許角色，這是我們在重建亞洲貿易網絡的歷史時不可忽視的一項訊息！

23　William Milburn, *Oriental Commerce* (London: Black, Parry & Co., 1813), p. 424.

（三）離散社群（diaspora）與貿易網絡

貿易網絡經常還涉及所謂「離散社群」的問題。這個所謂的「離散社群」與海外華人或華僑，乃至於他國的僑民有很大的關係。他們的存在，對貿易網絡的構成有不小的貢獻。

「離散社群」的英文"diaspora"這個字，源自於希臘文，本來是用來講紀元前猶太人被擄掠到巴比倫的「巴比倫大監禁」（the Babylonian Captivity）。研究非洲土著的人類學家首先使用這個字中所隱含的「脫離故國」的涵意來建構一種概念，用來說明跨文化、跨部族的貿易網絡的形成方式。研究非洲的歷史學家柯丁借來建構他的跨文化貿易理論，帶進了「文明世界」的歷史。對柯丁而言，隨著農業的發明，「離散社群」就已出現，而隨著工業時代的開始，「離散社群」也就逐步消失。他認為「離散社群」的概念與貿易網絡的概念沒有什麼差別。那麼，請問：什麼是「離散社群」呢？

「離散社群」是一種嵌入寄居地社會的暫時性或永久性的聚落，對寄居地而言，「離散社群」的成員都是外地人或外國人，皆是他族而非我族。離散社群之內的居民，擁有自我認同的文化，獨立於寄居社會之外。來自同一原鄉或者同一國度的人，可能在不同的異鄉建立起一個個的「離散社群」。「離散社群」的成員，一方面保存了原鄉的文化，另一方面也學習寄居地的部分文化，特別是當地語言，因此他們能充當在地人與新從原鄉來的人之間的溝通橋樑和貿易媒介。同一原鄉的人，在不同的異鄉分別建立「離散社群」。這些分散開來的「離散社群」因為分享相同的原鄉文化，所以不難串成一條條跨越空間的人際網絡；用於貿易，就組成了人際關係的貿易網絡。單一的「離散社群」提供服務給新從原鄉來的人，也提供同樣的服務給來自其他由同鄉所建立的另一個「離散社群」的成員。原鄉有時與「離散社群」失去聯繫，或者根本消失不見，都不會影響由「離散社群」所構成的網絡的運作。

　　舉例來說，多年前王賡武先生寫了一篇文章，叫作〈沒有帝國的商人〉，實際上講海外華人的貿易網絡。在近代初期，中國人若出國而不隨原船返航、居留他鄉異地，則永遠不能回國。另一方面，明、清政府也不支持華人在海外建立殖民地，原則上不會向海外華人伸出援手。因此，對照於歐洲人所建立的亞洲貿易網絡，背後總有強大的帝國在支持、居留地的成員擁有返國的權利，住在「離散社群」的華人雖然可以接待自祖國來訪的商人，自己卻回不了國，得不到祖國的關愛，所以他們是一群「沒有帝國的商人」，他們的貿易網絡是一種自然形成的網絡，不是一種有計劃、有組織的貿易網絡。

　　事實上，就近代初期的亞洲人貿易家而言，不只華商是「沒有帝國的商人」，其他民族亦復如是。不同的亞洲貿易家都在亞洲境內建立「離散社群」，形成貿易網絡。例如，前面很早就提過的亞美尼亞人、祆教徒以及猶太人，他們在很多港口都建立起「離散社群」；又如印度的坦米爾人就在蘇門答臘的亞齊、馬來半島的馬六甲……等地擁有「離散社群」聚落；十七世紀上半，日本人在越南會安、菲律賓馬尼拉、暹羅大城（阿猶地亞，Ayutthaya）……等地擁有其「離散社群」日本町（Nihomachi）；華人在爪哇有「八芝蘭」（pecinan）、在馬來世界有「中國村」（kampung cina）、在馬尼拉有「澗內」（parian），這些都是他們的「離散社群」。同樣的，馬來人與武吉士人也在島嶼東南亞各地擁有「離散社群」聚落。馬六甲是一個極為有趣的地方，因為它根本就是一個由數個「離散社群」聯合組成的港市，周邊住的才是在地的馬來人。

　　「離散社群」不只是商人的居所，它也吸引來自原鄉的其他職業的人，或者招致他們前來。王大海（《海島逸志》的作者）便是一例。他被招聘到爪哇教書，後來入贅於爪哇三寶壟（Semarang）的富商家中，最後跑回中國，一去不復返。另一方面，久居「離散社群」的人也可能與在地女子成親，哺育後代，因此「離散社群」中也充滿了混血的一

群。例如馬尼拉的mestizo、爪哇的*peranakan*和馬來世界的峇峇（baba）和娘惹（nyonya）。事實上，清代初期的臺灣也可以被視作是一些華人所構成的「離散社群」。華人與原住民也誕育了一些混血後代，稱作「土生仔」或「土生囝」。混血者及其父親們往往是在地跨文化貿易的最佳媒介人物。

三、文化交流

　　不論是因為暴露在異邦文化的人群環繞中，還是因為與土生仔母親的一方作文化上的抗衡，住在「離散社群」裡的人，都必須靠著原鄉的文化來強化社群的自我認同。即便祖國的政權不關愛他們，他們還是可以從祖國或其他的同民族「離散社群」獲得文化商品的補充，藉以維持或豐富其所執著的文化要素。十九世紀海峽殖民地（馬來半島附近一帶的檳城、馬六甲與新加坡）的華人，不斷地向廣東訂製所謂的「娘惹窯器」（*Nyonya* wares），可說是一件有名的個案。

　　然而貿易「離散社群」的存在就是要與別的民族進行貿易，為了溝通上的需要，或多或少都得學習一些對方的語言與文化，因此文化的交流終究不可避免。峇峇與娘惹就是一個顯著的例子。所謂的峇峇與娘惹，就是父親的一方為華人、母親的一方為馬來人，雙方結合所生下來的子女。這樣的家庭，其家庭語言係以馬來文為基礎，攙入一些華文語彙，構成其「母語」（mother tongue）；飲食也以馬來食物為主，因為主持中饋的畢竟是馬來人媽媽。然而在其他方面，則以華人文化為主，表現在物質文化上的，就是向中國訂購各種家具及擺設。造訪一位十九世紀的峇峇家庭，往往看到屋內吊掛著漢字對聯，書寫工整、辭義典雅，而家屋的主人卻一個字也不識得。這是因為文化認同還是華人文化，行禮如儀的緣故。當然，峇峇家庭內部也有互相調適、相互涵容的

地方，從而產生出折衷的文化。例如，前述的「娘惹窯器」，基本形制都是廣東瓷器，但其設色和圖案卻專屬於峇峇、娘惹的一群人所有。

進一步來說，彼此並不互相通婚，只是相互貿易往來的人群間，也會發生文化的交流，並且還將交流的結果傳回原鄉，再被原鄉文化吸收，成爲原鄉文化的一部分。舉一個例子來說。當葡萄牙人到日本、澳門等地貿易的時候，往往因資金不足，因此以葡萄牙人慣有的「海事保險借貸」（respondencia）的作法向當地人借貸。所謂「海事保險借貸」是指一種借貸方式，貸入款項的一方拿這筆錢來租船、辦貨，出海貿易。借出錢的一方，以一個航行來回向貸款者收取本利，其利率水準通常高於一般的借貸；不過，貸款者只在船舶安然返航時才歸還本利，若遭事故不能返回，則借出款項的金主不能主張其權利。在這樣的安排下，「海事保險借貸」也就具有保險的功能了。完全使用自己的錢去租船辦貨，一旦船隻失事，全部的資金都付諸流水。如果部分資金採用「海事保險借貸」，雖然要付出高額利息，但也分攤掉一些風險。顯然就海事貿易而言，「海事保險借貸」是一種很有創意、很具理性的作法。

於是，近代初期的亞洲海洋貿易家們就抄襲了葡萄牙人「海事保險借貸」的作法。荷蘭人稱之爲"bottomrij"、英國人稱爲"bottomry"、日本人稱爲「投銀」或「拋銀」，都讀作"nagegane"。中國人也學到這種作法。那麼，中國人怎麼叫這種「海事保險借貸」呢？答案是「海利」或「水利」。廣東人稱爲「海利」，臺灣人稱爲「水利」，後面的叫法與埤圳這類灌漑設施完全不相干。

在制度上，也還有多種現象可以觀察。例如，在《諸蕃志》、《島夷誌略》、《星槎勝覽》、《瀛涯勝覽》等十五世紀以前的中國文獻中，提到東南亞地區的公用度量衡，通常會提到「婆蘭」或「播荷」（Bahar），那是印度的量詞（unit）。可是十六世紀以後的歐洲文獻，卻經常提到 *pikul*（picul）、*kati*（catty）、*tahil*（tael），拼寫略有出入，其

實其內容就相當於中國度量衡當中的「擔」、「斤」、「兩」。這一方面說明了十六世紀以後，華人在東南亞的影響力取代了印度人，另一方面也說明了華人在東南亞世界的商業活動中扮演積極角色，從而使得中式度量衡成為普遍接受的用法。

當然，文化互動是雙向的。我們不能老是以為中華文化高於周邊國家。誰高誰低，其實很難說。況且，朝貢使節的往來其實對文化交流的貢獻很少，因為那是儀式性的、表象式的。真正從事往來的，其實以商人為主，以水手為主。而其間文化性的自我防衛比較少，交流的目的出於實用或者無心插柳，自然成蔭。所以我們看到波斯人的"nakhoda"制度，通行於全亞洲，成為中國人的「船主」或「出海」；馬來人的"abang"成為中國船上的職司「亞班」或「阿班」。另一方面，漢語當中的「公司」變成馬來字根"kongsi"，成為好幾個字的構字基礎。再回來提一提張燮的《東西洋考》卷九〈舟師考〉吧。在這一部分，張燮經常提到兩種海洋地形「坤身」與「老古」。「坤身」在現在的臺灣寫成「鯤鯓」，可能來自越南文，意指沙洲；「老古」我們寫作「硓𥑮」，源出於阿拉伯文，意思是珊瑚礁。這些名詞不只是名詞，背後還隱含著一些與海洋活動相關的知識。

四、結語

一位英年早逝的荷蘭社會學家梵勒（Jacob van Leur）在二十幾歲時寫了一篇論文，獲得了萊登大學的博士學位。這篇論文在1954年被譯成英文，收錄於他的書中，書名為《印度尼西亞的貿易與社會》。雖然說書名單獨點出「印度尼西亞」，梵勒倒認為他的論點適用於全部的東南亞社會。他主張：在現代資本主義，也就是工業資本主義降臨之前（十八世紀末以前），亞洲的海洋貿易擁有一個「歷史常數」（historical constant），雖經歐洲人的侵入，也不受影響。他所謂的「歷史常數」指的是亞洲人自己經營的海洋貿易，並且這個海洋貿易的特色就是一種由「小本經營的貿易」（peddling trade）所構成的。本錢不厚，載貨不多的小販們，共乘一船，在港口與港口間從事小規模的貿易。我們可以同意：近代初期的亞洲海洋貿易的確有許許多多的小商人參與，特別是在沿岸貿易與島際貿易上是如此，而亞洲境內貿易當中也常出現搭船貿易的小商人。可是梵勒只見其小，不見其大，他竟然忽視了每一艘貿易船上通常都有一「船主」，爲他自己或代表他的雇主經營大規模的交易。不過，如同前面所言，在歐洲人到達東亞之後，一直到十八世紀結束以前，亞洲內部各層次的海洋貿易不但沒有消失，反而還有新的發展。這點，梵勒的看法還是極爲可取。

由於歐洲人留下有系統的歷史文獻，並且向善意的讀者開放。由於學術界當中，能利用歐洲語文的人比能使用母語之外其他亞洲語文的人多，因此不管是歐洲學者還是亞洲學者，都傾向於利用歐洲文獻來重構亞洲的歷史圖像。然而梵勒早就提醒研究者，歐洲文獻是一群站在堡壘裡面、站在船艙甲板上向外觀察者所得到的記錄，既不客觀，且不周延。如果只憑藉這樣的記載來重建歷史，難免會落入「以歐洲爲中心」的思維。我們也發現，利用歐洲文獻的好處雖然很多，但不在歐洲人觀察範圍內的史實，就無法被找出來加以重建與認知。這是爲什麼過去的研究都認爲歐洲人來到東亞以後，亞洲人就退到歷史舞臺幕後的原因吧。想一想，當時有多少歐洲人到東方來呢？以十七世紀的臺灣爲例，當時住在臺灣的漢人有好幾萬，原住民人數更多，而荷蘭人卻只有一千出頭。然而，當我們參觀故宮博物院在2003年舉行的福爾摩沙特展時，我們卻只能看到不多的臺灣原住民、少數幾個漢人，好像十七世紀臺灣的歷史就是片斷的荷蘭史，或者是荷蘭殖民地史。是這樣嗎？歷史的真相真的是如此嗎？不是的。只是學者若不用盡各種辦法去均衡地重建一

個時代的歷史，而只是貪圖方便，或是缺乏反省能力，那就不免落入同樣的謬誤了。在近代初期的亞洲貿易網路中，參與者不只是歐洲人，也不只是華人。如何去開發更多的議題，尋找更多的文獻，特別是當地文獻，應該才是正確認知歷史事實的不二法門。

此回修訂，將原本收錄於第一版的三篇英文文章全數改寫爲中文。[2] 此外之其他各篇則只作了些微的訂正。相關的現代學術研究成果頗爲豐碩，難以遍覽。筆者雖然努力閱讀，失之交臂者亦必不少。本書所收雖係舊作，當時皆曾用心，略可供讀者批判。保存舊貌。幸望細心讀者指正。

陳國棟

2013年3月12日記

—— 原爲2005年1月22日在日本大阪大學的演講稿，此據英文稿本改寫。

---

2 〈十七世紀日本的絲割符制度與中日間的生絲貿易〉；〈1760-1833年間中國茶葉出口的習慣作法〉；〈舊中國貿易中的不確定性——廣東洋行福隆行的個案研究〉。

談熙寧十年注輦
與三佛齊入貢中國事
——關於地華伽囉
（Deva Kulottunga）

前言

注輦爲南印度的一個國家。其作爲一個政權存在的時間，約當西元850至1278年間。這個國家以坦焦耳（Thanjavur）爲首都，以那伽八丹（Nagapattinam）爲首要的港口。在羅荼羅乍（Rajaraja I，在位：984-1014）、羅闍印陀羅（Rajendra I，在位：1014-1044）與地華伽囉（Deva Kulottunga I，在位：1070-1118）三個名王統治時期，盛極一時，擁有南印度大部分的土地，曾經數度向中國朝貢。

三佛齊爲東南亞的一個國家。這個國家在西元第七世紀末出現時，中國文獻稱之爲「室利佛逝」；第九世紀末以後，「室利佛逝」一名不再出現於中國載籍，但對其原來佔有的地方，中國人給了「三佛齊」這樣的一個國名。十九世紀末以前，學術界對「室利佛逝」與「三佛齊」的認識，無法超出中國文獻的記載，對於它是怎樣的國家，是同一個政權還是兩個相續政權，也都沒有清楚的瞭解。然而，經過不斷的努力，在二十世紀初，學者已能證明「室利佛逝」與「三佛齊」正是同一個國家，並且以梵文Sri Vijaya（吉祥勝利）作爲它的國名。在其盛世，它擁有蘇門答臘島的東岸與馬來半島的南段，而影響力則超出這個範圍。[1] 無論是在「室利佛逝」還是在「三佛齊」階段，它都曾斷斷續續地遣使到中國朝貢。

依據《宋史》的〈三佛齊〉條及〈注輦〉條的記載，注輦與三佛齊適巧在北宋神宗熙寧十年（1077）都遣使入貢。更巧的是因爲所提到的人物頗爲雷同，大陸學者戴裔煊等人因此懷疑《宋史》可能有誤。大致上，戴裔煊一方面認爲兩個朝貢事件的關鍵人物，也就是派出使節團的

1　雖然學者已考訂室利佛逝＝三佛齊＝Sri Vijaya，但是相關的文獻有時候卻用"Kadaram"或近似的文字來稱呼這個國家。"Kadaram"指的應該是該國在馬來半島的部分，或在馬來半島的主要港市。至於其確切的地點，請參考本文第四節。

人「大首領地華伽囉」與「國王地華加羅」應該是同一個人，因為名字很接近；另一方面卻因為一個是三佛齊的「大首領」，其他一位卻是注輦的國王，既然分別為兩個不同國家的領袖，則不得不懷疑這兩位不會是同一個人。面對這樣一個奇怪的現象，他指出了《宋史》有「注輦役屬於三佛齊」的說法，同意注輦與三佛齊有相互依屬的關係、確認地華伽囉與地華加羅為同一人。但是，對於「注輦役屬於三佛齊」的記載，他認為是宋朝人弄錯了兩國的關係，作了錯誤的判斷，在儀節上給注輦較低的待遇。因為就在十一世紀初注輦才征服過三佛齊，注輦應該比三佛齊強，應該是「三佛齊役屬於注輦」才對。

　　戴裔煊的論證努力，值得讚許。但是他所依據的文獻，太過偏重中文材料。他本人對三佛齊與注輦歷史的認識可能也不夠充分，只能在中國文獻中打轉，結果是治絲愈棼，未能建立真正的理解。本文的目的就在結合中外的文獻與研究，釐清這個問題，並且藉此介紹這兩個東南亞與南亞的重要國家在第十一世紀時期的相互關係，並說明這兩個國家在宋代國際貿易上的地位。

一、熙寧十年注輦與三佛齊的聯合使節團

　　首先，我們先抄錄《宋史》的〈三佛齊〉與〈注輦〉條有關此次進貢事件的相關文字。〈三佛齊〉條云：

> 熙寧十年，使大首領地華伽囉來，以為保順慕化大將軍，賜詔寵之，曰：「吾以聲教覆露方域，不限遠邇，苟知夫忠義而來者，莫不錫之華爵，耀以美名，以寵異其國。爾悅慕皇化，浮海貢琛，吾用汝嘉，併超等秩，以昭忠義之勸。」[2]

2　《新校本宋史》，p. 14090。

〈注輦〉條云：

熙寧十年，國王地華加羅遣使奇囉囉、副使南卑琶打、判官麻圖華羅等二十七人來獻豌豆、真珠、麻珠、瑠璃大洗盤、白梅花腦、錦花、犀牙、乳香、瓶香、薔薇水、金蓮花、木香、阿魏、鵬砂、丁香。使副以真珠、龍腦登陛，跪而散之，謂之撒殿。既降，詔遣御藥宣勞之，以為懷化將軍、保順郎將，各賜衣服器幣有差；答賜其王錢八萬一千八百緡、銀五萬二千兩。[3]

這兩條記載都是講熙寧十年外國進貢之事。〈三佛齊〉條說是該國「使大首領地華伽囉來」。史筆簡略，不免令人誤以為「大首領地華伽囉」親自率領這個使節團。事實上並非如此，後文所引述的戴裔煊的文字即證明了「判官麻圖華羅」才是該團的代表人物。該條同時也指出，宋朝封給大首領地華伽囉的名號是「保順慕化大將軍」，並且「賜詔寵之」。然而該使節團呈進何種貢品？該使節團的成員為何？還有宋朝賞給他們個人的名號與財物如何？該條全部隻字未提。

〈注輦〉條則明確地說「國王地華加羅」並沒有親自來中國，而是派遣了「（正使）奇囉囉、副使南卑琶打、判官麻圖華羅等二十七人」組團來朝貢，朝貢團舉行過「撒殿」的儀式。幾位主要使節分別被賜給「懷化將軍」與「保順郎將」等名號，但未提到另外頒賜名號給「國王地華加羅」，只答賜他一些財物。這樣的訊息其實隱含著宋朝人確實認知「大首領地華伽囉」與「國王地華加羅」本為一人，所以沒有重複賜與名號的必要。

比較下來，除了「大首領地華伽囉」與「國王地華加羅」的名字極為接近，同時也都發生在熙寧十年外，〈三佛齊〉條與〈注輦〉條的記

3　《新校本宋史》，pp. 14098-14099。

載內容極少重複。原因很簡單：宋朝人確知這個使節團是個「雙重使節團」，同時代表注輦與三佛齊，從而把同一回朝貢的事實分割寫到不同的條目裡。

將「大首領地華伽囉」與「國王地華加羅」認定為同一人，戴裔煊還有更強的依據。他根據〈重修廣州天慶觀碑〉，首先論證「地華伽囉」這個人在熙寧十年以前就以三佛齊人士的身分和中國發生過朝貢關係。他說：

這個碑是神宗元豐二年重九日（西元1079年10月6日）三佛齊地方大首領地華迦羅捐貲修復廣州天慶觀落成時，住持何德順所立。……

根據〈廣州重修天慶觀碑記〉，三佛齊地主都首領地華伽羅在宋英宗治平年間（按、1064-1067）就已經遣親人至羅羅押舶至廣州。至治平四年（1067）又遣思離沙文來，熙寧元年（1068）回國；二年又來，又回國；三年又遣親人來，又回去了。在這以後，相隔了七年，到熙寧十年（1077），遣判官麻圖華羅來奉貢，正式具章奏，并申明捐貲修天慶觀事。得到朝廷的嘉許，封地華伽羅為保順慕化大將軍。……[4]

戴裔煊把得自〈廣州重修天慶觀碑記〉的資料加到《宋史》〈三佛齊〉條所記載的熙寧十年三佛齊入貢事以後，也發現該年三佛齊與注輦的進貢都是地華伽羅（地華加羅、地華伽囉）派遣的。既然地華伽羅同時為注輦與三佛齊的統治者，那麼，兩國之間的相對關係如何呢？孰強孰弱？那一國為上國，那一國為附庸呢？

從《宋史》〈三佛齊〉條記錄賜與統治者名號及詔書，〈注輦〉條卻著重在使節方面，已經隱隱約約地看出《宋史》的編者或宋朝人士是

4　戴裔煊，〈宋代三佛齊修廣州天慶觀碑記考釋〉，《東南亞歷史論叢》第二集(廣州：中山大學東南亞歷史研究所，1979)，pp. 105及118。

認定三佛齊的地位是在注輦之上。《宋史》〈蒲甘（今緬甸）〉條更明確地透露出這樣的訊息：

> 蒲甘國，崇寧五年（1106），遣使入貢，詔禮秩視注輦。尚書省言：「注輦役屬三佛齊，故熙寧中敕書以大背紙，緘以匣襆，今蒲甘乃大國王，不可下視附庸小國。欲如大食、交阯諸國禮，凡制詔並書以白背金花綾紙，貯以間金鍍管籥，用錦絹夾襆緘封以往。」從之。5

崇寧五年討論對待蒲甘國的禮儀問題時，提到了熙寧年間的案例，坐實當年確實以低於三佛齊的禮秩來對待注輦。（雖然這個使節團同時代表兩國，可是有些儀式顯然是分別舉行的。）

宋朝把注輦當成是「役屬（於）三佛齊」的「附庸小國」，就宋朝對待朝貢國家的禮儀，給予比大食（阿拉伯）、交阯（越南）為低的待遇，亦即低於三佛齊的待遇。換言之，宋朝宮廷認為三佛齊是注輦的上國。戴裔煊同意地華伽羅是三佛齊地主都首領（大首領），同時又為注輦國王，因此他的遣使雖然被分別記錄在三佛齊與注輦之下，其實是同時發生的一件事。可是，另一方面，針對宋朝宮廷分別給予三佛齊與注輦兩國的特定待遇而言，戴裔煊就認為宋朝人弄錯了。他認為注輦是大國，不可能是三佛齊的附庸，因為注輦曾經征服過三佛齊。6

沒錯，根據前引《宋史》各條記載，在熙寧十年的入貢事件中，注輦確實是被當成地位下於三佛齊一等的「附庸小國」。但是，宋朝人當時並沒有弄錯！宋神宗熙寧十年時，宋朝政府的確有理由以三佛齊之附庸的地位來對待注輦。關於這點，我們稍後再來證明。在此先總結一下熙寧十年兩國使節入貢的史實。

5　《宋史》，p. 14087，〈蒲甘〉條。

6　同上註，p. 122。所謂注輦曾經征服三佛齊這件事，也就是1025年左右注輦從海路而來，征服三佛齊屬下各港市這件事。相關的研究很多，暫不列舉。

依我個人的看法，熙寧十年三佛齊與注輦兩個使節團其實是同一個，都是地華伽囉派遣的，並且同時代表注輦與三佛齊兩個國家。因為〈廣州重修天慶觀碑記〉提到「判官麻圖華羅」是代表三佛齊都首領而來的，而《宋史》〈注輦〉條卻說注輦的使節為「奇囉囉、副使南卑琶打、判官麻圖華羅等二十七人」，也包括了麻圖華羅。而〈注輦〉條所提到的注輦使節團中的「奇囉囉」其實也可以看作是〈廣州重修天慶觀碑記〉所提到的長期代表三佛齊都首領地華伽囉的「親人至羅羅」。兩個使節團的成員至少有部分重複，因此可以看作是個雙重使節團。宋朝政府對待此一雙重性質的使節團的賞賜是：給三佛齊的大首領地華伽囉「保順慕化大將軍」的頭銜，並頒贈詔書；又以賞賜注輦國王的名義，給他「錢八萬一千八百緡、銀五萬二千兩」。至於在場的使節則既有財物賞賜，又有頭銜的頒給。值得注意的是：針對同一個人的賞賜卻完全沒有重複！

二、歷史謎團的答案

在上一節，我們肯定地說在熙寧十年的場合，北宋政府有理由把注輦當成是三佛齊的附庸小國。我們也說，當年的使節團既代表三佛齊，又代表注輦。可是，我們並沒有否認戴裔煊所說的：注輦是當時的大國，而且曾經征服過三佛齊。注輦既然征服過三佛齊，而不是三佛齊征服過注輦，為何我們說宋朝政府以三佛齊的附庸國地位對待注輦是有理由的呢？為什麼不是反過來說三佛齊是注輦的附庸呢？

這個問題的答案牽涉到十一世紀時，南亞與東南亞兩大政權的錯綜複雜的關係。直接的答案卻很簡單：那就是地華伽囉是三佛齊的王子，因為王室聯姻的關係，在1070年繼承了注輦的王位。因為同時是兩國的統治者，所以可以派出一個使節團（或部分成員相同的兩個使節團），

同時代表兩個國家。不過,因為他本人以三佛齊統治者的身分去統治注
輦,因此讓宋朝政府官員有注輦隸屬於三佛齊的印象。

答案很簡單,故事卻很複雜。且讓我們從十一世紀注輦作為海上大
國一事說起。

十一世紀初,跨世紀的注輦國王稱為羅荼羅乍,他在印度次大陸與
錫蘭四處征戰,把注輦變成南印度的大國。他的首要港口那伽八丹吸引
許多外國商人前來作生意,而本國人(坦米爾人)也前往三佛齊屬地作
生意。注輦國的基本宗教信仰為崇信濕婆(Siva)及毗濕奴(Vishnu)
的印度教(Hinduism),可是他採取了寬容的政策。拜此政策之賜,獲
益最大的就是已在發源地北印度失勢的佛教。

佛教的源生地在北印度。可是在吉慈尼(Ghanzi)[7] 入侵之後,佛
教就已絕跡。不過,在第十世紀以前,佛教早已傳佈到馬來半島及其以
東,包括中國在內的地方。佛教雖然在北印度消聲匿跡,但印度是佛教
創生地的信念卻在佛教徒心中屹立不搖。到印度從事佛教禮拜仍然是佛
教徒難以抹滅的願望。注輦國包容而且護持佛教,使印度仍然可以成為
佛教徒朝聖的去處。

三佛齊就是一個信仰大乘佛教的國家,他的王室也到南印度興造佛
寺,而注輦國王則加以護持。

當羅荼羅乍在位期間,三佛齊國王思離朱羅無尼佛麻調華(Sri
Culamanivarma-deva)請求在那伽八丹建立一座佛教叢林(*vihara*),稱
為「朱羅無尼佛麻叢林」(Chulamanivarma *Vihara*)。羅荼羅乍應允,並
且佈施了一個名叫Anaimangalam的村落給這個佛教叢林,把一切的租
稅徭役的徵收權賜給它,用為叢林的維持與僧眾的供養。這整個佛教叢
林花費許多時光才完成。落成時,注輦國王已經換成羅闍印陀羅,而三

---

7 在今阿富汗境內。

佛齊的王位也由摩羅毗闍瑜藤伽跋摩（Maravijayottungavarman，即《宋史》所載的思離麻羅皮）繼承了。不過，一切的佈施仍然照舊。

顯然羅闍印陀羅對三佛齊並沒有特別的惡意，可是在1025或1026年時，他卻發起了一場海軍遠征，攻陷了三佛齊大部分的港市。[8] 雖然如此，注輦軍隊並沒有在三佛齊的領土上停留很久。三佛齊很快地恢復自主，而且繼續成為東南亞的海上大國。它也與注輦維持友好的關係，而注輦國王對朱羅無尼佛麻叢林的佈施與護持也未曾改變。

其後注輦王朝與三佛齊的關係是：在羅闍印陀羅的一個兒子毗羅羅闍印陀羅（Vira Rajendra）在位的第七年（1069）的碑文，記載了第二度征服三佛齊之事。有關此一第七年的碑文內容，既有的研究都提到毗羅羅闍印陀羅「取得三佛齊，賜予俯伏於其裝飾美麗的腳板前的國王」。彼之遠征當為在1069年或者稍稍前面進行的吧。俯伏於其腳板前的國王究竟是誰？不得而知。[9]

羅闍印陀羅當國王一直當到1044年，這以後他的幾個兒子依序繼承了注輦的王位，但皆不永年。[10] 到了1069或1070年，我們卻看到另一回注輦攻擊三佛齊的事件！更奇怪的是，戰爭結束後，三佛齊王子地華伽囉卻成了注輦的新國王，並且也同時成為注輦西鄰遮婁其（Chalukya）東部的統治者。他的在位時間為1070至1118年。

關於1069或1070年注輦攻擊三佛齊事件的來龍去脈，史料記載的確不多。不過，至少可以確定的是地華伽囉確實原來是三佛齊王子。這也

8　有關此次遠征的背景或動機，討論得很多。遠征的記載主要為「大萊登銅版文書」。相關史事可參考K. A. Nilakanta Sastri, *History of Sri Vijaya* (University of Madras, 1949) 等文獻。

9　以上參考辛島昇，〈シュリ-ヴィジャヤ王國とチョ-ラ朝――一一世紀イント・東南アジア關係の一面――〉，收在石井米雄、辛島昇、和田久德編著，《東南亞アジア世界の歷史的位相》(東京：東京大學出版會，1992)，p. 12。

10　細節見V. Balambal, *Studies in Chola History* (Delhi: Kalinga Publications, 1998)。

由本文前一節的考證證實。因此，失落的歷史環節給我們留下廣大的想像空間，配合間接證據，我們作如下的推斷：

在第一次遠征三佛齊之後，注輦很快地撤軍。畢竟要跨越印度洋東部統治另外一個國家不是一件簡單的事情。然而，它可能沒有空手而回。除了擄獲金銀財寶之外，三佛齊的國王可能與注輦國王聯姻，娶了羅闍印陀羅的女兒注輦公主為后。這個聯姻所生下的王子就是地華伽囉！在1069年左右，先後繼承羅闍印陀羅的諸子都去世了。該誰來繼承王位，一時出現爭議。於是地華伽囉便因血統的因素提出繼位的主張。而在南印度方面，羅闍印陀羅雖無直系的繼承人，不免有旁系的爭位者吧。這位爭位者於是派遣海軍攻擊三佛齊，並且遭致失敗，於是地華伽囉順利地入主注輦。

地華伽囉在繼承注輦王位之前，中國文獻稱之為三佛齊「大首領」或「地主都首領」，南印度文獻稱之為三佛齊王子。顯然，他是以王子的身分治理三佛齊。依照東南亞古代國家的習慣，他當時的頭銜「大首領」或「都首領」其實就是「副王」（*uparaja*）。[11] 在他以副王名分治理三佛齊時，已經數度派遣親人至羅羅等到中國朝貢，並且捐錢修建廣州天慶觀。在他繼承注輦王位後，還惦記著這件事。因此，熙寧十年注輦與三佛齊的入貢，仍然以至羅羅為正使，同時代表兩國。至羅羅是三佛齊人，中國人當然知道。他以三佛齊人的身分兼作兩國代表，無論如何，是要向宋朝政府提出合理解釋的。於是，他報告了三佛齊王子出任注輦國王的這個事實，而宋朝皇帝與官員當然也就得到「注輦役屬三佛齊」、「附庸小國」的印象了。針對至羅羅所代表的三佛齊，宋朝以對待大國的方式處理，封給大首領地華伽囉「保順慕化大將軍」四字榮銜

11　陳國棟，〈宋、元史籍中的丹流眉與單馬令──以出口沉香到中國聞名的一個馬來半島城邦〉，收入本書，pp. 65-102。

和「大將軍」的名號。至於針對至羅羅也代表的注輦，宋朝則以「附庸小國」待之，只封給使節「懷化將軍」、「保順郎將」兩字的榮銜和低於「大將軍」的「將軍」、「郎將」等名號。

三、朝貢的目的

明太祖（在位：1368-1398）時制訂有名的「朝貢貿易」政策，規定「有貢有市，無貢無市」，以朝貢為外國人獲准在中國貿易的必要條件。然而，在此以前，外國對中國的朝貢與貿易，通常是各自分開的，至少不是非得合併舉行不可。

宋、元時代，海上國家遣使到中國朝貢，一般的說法是為了藉諸與中國的交往，樹立本國在鄰邦中的地位；另一方面也是為了貿易。不過，與在明代「朝貢貿易」體制下貿易由使節團的隨員進行的情形不同，宋、元時代前來中國朝貢的使節團通常不進行貿易。說他們遣使是為了貿易，只能說他們是藉諸進貢，把本國的商品介紹給中國人罷了。

我們只以十一世紀為限，看一下注輦與三佛齊貢使所呈獻的禮物清單。先看一下注輦這個國家。《宋史》〈注輦〉條記該國的物產為：

> 地產真珠、象牙、珊瑚、頗黎、檳榔、吉貝布。獸有山羊、黃牛。禽有山雞、鸚鵡。果有餘甘、藤羅、千年棗、椰子、甘羅、崑崙梅、婆羅蜜等。花有白茉莉、散絲、蛇臍、佛桑、麗秋、青黃碧娑羅、瑤蓮、蟬紫、水蕉之類。五穀有綠豆、黑豆、麥、稻。地宜竹。[12]

可以當成出口商品的就是「真珠、象牙、珊瑚、頗黎（玻璃）、檳榔、吉貝布（棉布）」。然後我們看一下該國歷次貢使所呈獻的禮物。

---

12 《宋史》，p. 14095。

　　注輦第一次向中國遣使是在羅茶羅乍在位期間。北宋仁宗大中祥符八年（1015）九月，派遣侍郎娑里三文（Sri Samanta）、副使蒲恕、判官翁勿、防援官亞勒加等來貢。三文等人「以盤奉眞珠、碧玻璃」走進金鑾殿，陳列在皇帝的座位前。[13] 其進貢表文說：

> 謹遣專使等五十二人，奉土物來貢，凡真珠衫帽各一、真珠二萬一千一百兩、象牙六十株、乳香六十斤。

此外，三文等使節又奉獻眞珠六千六百兩、香藥三千三百斤。[14]

　　這裡提到的貢品，分別有眞珠、玻璃、象牙、乳香和其他香藥。前三者數量頗多，正是南印度的特產。乳香產於阿拉伯半島與非洲東岸，是透過印度洋西部貿易而得到的。也可能是經過三佛齊時採買的。其他香藥則為印度和東南亞的產品，往往集中於三佛齊，也可能是在該地蒐集的。進貢乳香與其他香藥，純粹是為了投其所好，以取悅中國皇帝。

　　第二回進貢是在明道二年或景祐元年（1033-1034），注輦在位的國王為羅闍印陀羅一世（《宋史》記為「尸離囉茶印陁囉注囉」，即Sri Rajendra Chola）。他派遣了「蒲押陁離等以泥金表進眞珠衫帽及眞珠一百五兩、象牙百株。」[15] 貢品雖不豐厚，但全都是南印度特產。

　　再下一回的朝貢則是熙寧十年的事件了。這一回的貢品為「豌豆、眞珠、麻珠、瑠（琉）璃大洗盤、白梅花腦、錦花、犀牙（犀角、象牙）、乳香、瓶香、薔薇水、金蓮花、木香、阿魏、鵬砂、丁香。」[16] 看來種類繁多，其中眞珠、麻珠、琉璃大洗盤、象牙等顯然為南印度所產。其餘大部分的貢品則是在三佛齊蒐集的國際貿易商品了。這也反映

13　同上註，pp. 14096-14097。
14　同上註，p. 14098。
15　同上註。
16　同上註，p. 14099。

了該使節團分別代表兩個國家的事實。

三佛齊在北宋初年就已開始進貢。但是《宋史》並未完全加以記載。戴裔煊根據李攸，《宋朝事實》卷12〈儀注二〉說，由宋朝開國（960）至英宗治平年間（1064-1067）三佛齊大首領地華迦羅派遣親人至羅羅來中國奉貢以前，三佛齊派遣使者來中國總共就有十六次之多。[17]《宋史》〈三佛齊〉條則提到熙寧十年以後，三佛齊還有貢使前來。其文云：

> 元豐（1078-1085）中，使至者再，率以白金、真珠、婆律、薰陸香備方物。廣州受表入言，俟報，乃護至闕下。天子念其道里遙遠，每優賜遣歸。二年（1079），賜錢六萬四千緡、銀一萬五百兩，官其使群陀畢羅為寧遠將軍，官陀旁亞里為保順郎將。畢羅乞買金帶、白金器物，及僧紫衣、師號、牒，皆如所請給之。五年（1082），廣州南蕃綱首以其主管國事國王之女唐字書，寄龍腦及布與提舉市舶孫迥，迥不敢受，言於朝。詔令估直輸之官，悉市帛以報。[18]

這大概是十一世紀結束前的最後幾次交往了，雖然元豐五年的事很難說是朝貢，但也因孫迥上聞，而為朝廷所知。這裡提到三佛齊通常以「白金、真珠、婆律、薰陸香」作為貢品。其中白金，即銀子，為國際貿易通貨；真珠為南印度所產；「婆律」即龍腦，也叫作冰片，為蘇門答臘島西北部所產，產地並不屬於三佛齊管轄；薰陸香為乳香的別名，前面已經提到過了。三佛齊本身雖無特產，但是因為是海上貿易的十字路口，亞洲各地的商品在那裡集散，因此貢品內容雖不具本國特色，卻可以反映本國在國際貿易與交通上的重要地位。

---

17 戴裔煊，〈宋代三佛齊修廣州天慶觀碑記考釋〉，p. 113。
18 《宋史》，p. 14090。

　　總之無論是注輦還是三佛齊，其向中國朝貢，就貿易的目的來說，只能透過貢品的呈獻介紹本國商品而已。眞正的貿易事務仍得交給商人去進行。至於說突顯本國在鄰邦的地位，注輦與三佛齊本身都是區域性大國，應該沒有這方面的必要。不過，注輦與中國的外交往來，正好只發生在三大名王統治時期，我們或許可以說，在他們治下，注輦追求某種向外擴張的政策吧。

四、注輦、三佛齊與中國之間的船運與貿易

　　關於貿易的事情，需要稍微再細談一下。首先得說的是，亞洲船運的地理性結構變化。第十世紀的阿拉伯作家 Mas'udi（卒於956年）在所著的 *Muruj al-Dhahab*（黃金牧地）一書中有如下的記載：

　　（在回教紀元264年，亦即西元877-8年以前），來自巴斯拉（Basra）、栖拉甫（Siraf）、阿曼（Oman）、印度、闍婆格群島（Zabaj，爪哇、蘇門答臘及馬來半島南段），以及占城（Sanf，今越南中圻）的船隻，帶著他們的商品、他們的貨物前往廣府（廣州）的河口。隨後（這些貿易家）由海上到達箇羅（Killah，亦即Kalah）境內，這差不多是前往中國的半路。現在，這個城鎮正是來自栖拉甫和阿曼的伊斯蘭教船舶的終點。在那裡，它們與從中國下來的船隻相遭遇，以前可不是這樣啊！……這些貿易家接著便在箇羅城換搭中國船隻以便前往廣府的港口。19

說明了第九世紀以後，中國船主導箇羅以東的船運。箇羅（Killah），也拼作Kalah，一說爲今名Kedah，中文作吉礁或吉打的城市；亦有主張在

19　轉引自John S. Guy, *Oriental Trade Ceramics in South-East Asia: Ninth to Sixteenth Centuries, With a Catalogue of Chinese, Vietnamese and Thai Wares in Australian Collections* (Singapore: Oxford University Press, 1986), p. 13。

稍北或更南的,但都認為應在馬來半島西岸。關於這點,Kenneth R. Hall的主張或許很值得參考。他認為十一世紀中葉以前,阿拉伯方面的來船,以Takuapa(大瓜巴)為終點,其後則下移至吉礁。這一帶地方阿拉伯人都以"Kalah"呼之。[20]

從九世紀末開始,中國船西行以箇羅為終點的情形,在十二世紀中有了變化。最後的結果是:中國船將航程延展到南印度西海岸的故臨這個港市。在1225年著成的《諸蕃志》卷上〈南毗國‧故臨國〉條講到故臨其實為南毗之屬國。「其國最遠,番舶罕到」,說南毗(即馬拉巴兒〔Malabar〕,今印度喀拉剌〔Kerala〕省)離開中國很遠,外來船(「番」是「外來」的意思;此處之「番舶」顯然包括中國船。)很少前至這裡。該書接著又提到:

> 土產之物,本國運至吉囉達弄、三佛齊。[21]

引文中之「吉囉達弄」應該就是Kalah＝Kedah。Kedah在梵文中稱為Kadaram,讀音與吉囉達弄相近。依趙汝适的認知,到十三世紀初年的時候,中國船前往南毗的還不多。文中也說南毗以吉囉達弄和三佛齊為轉口港。

如果趙汝适的認知正確,中國船延航至故臨,或常川前往故臨靠港,應該是十三世紀初年以後的事情。不過,他所了解的或許只是泉州出航船的情形吧。因為1178年時,周去非已經明確指出故臨是中國船常往的地方。

---

20 Kenneth R. Hall and John K. Whitmore, "Southeast Asian Trade and the Isthmian Struggle, 1000-1200 A. D.," in Kenneth R. Hall and John K. Whitmore eds., *Explorations in Early Southeast Asian History: The Origins of Southeast Asian Statecraft* (Ann Arbor: Center for South and Southeast Asian Studies, The University of Michigan, 1976), p. 307.

21 馮承鈞校注,《諸蕃志校注》(臺北:商務,1986),p. 32。

周去非，《嶺外代答》，卷三〈航海外夷〉條云：

　大食國之來也，以小舟運而南行。至故臨國，易大舟而東行，至三佛齊國，乃復如三佛齊之入中國。22

同書，卷二〈故臨國〉條云：

　……中國舶商欲往大食，必自故臨易小舟而往。23

　　故臨，一稱俱藍（Quilon或Kulam），就在印度西岸、南毗境內。因為十二世紀後半時，故臨已經是阿拉伯船的主要終點港，因此周去非也說「其國有大食國蕃客寄居甚多」24。趙汝适也說「大食人多寓其國中」25。

　　即使周去非的觀察不能確定中國船完全支配故臨以東的海運，至少也可以證明中國帆船在十二世紀時延航至故臨的也已經不少了。這是南印度西海岸的情形。至於東岸注輦人的根據地呢？注輦的首都為坦焦耳，首要港口為那伽八丹，同屬卡維利（Kaveri）河流域。《諸蕃志》〈注輦國〉條云：「欲往其國，當自故臨易舟而行；或云蒲甘國亦可往。」26 換言之，所確定的走法是先到故臨，再從故臨（換當地船？）轉到那伽八丹。至於經過蒲甘（緬甸）前往的路徑，趙汝适只是聽說，未能證實。由以上的描述，我們可以想像：十二世紀以後，中國船前往故臨的已經不少。中國商人雖有前往南印度東海岸的那伽八丹者，但要經過換船轉運，可能不是很常有吧。但是注輦在十一世紀對中國的遣使，多少也有一些效果。元代汪大淵，《島夷誌略》〈土塔〉條就記錄了：

22　周去非，《嶺外代答》（上海：商務，1936），p. 32。

23　同上註，p. 23。

24　同上註。

25　馮承鈞校注，《諸蕃志校注》（臺北：商務，1986），p. 32。

26　同上註，p. 35。

居八丹之平原，木石圍繞，有土磚甃塔，高數丈。漢字書云：「咸淳三年八月畢工」。傳聞中國之人其年旼（？販）彼，為書於石以刻之，至今不磨滅焉。土瘠田少，氣候半熱，秋冬微冷。俗好善。民間多事桑香聖佛27，以金銀器皿事之。28

「八丹」即指那伽八丹；「咸淳」為南宋度宗的年號，三年即1267年。當年有中國商人到那伽八丹，立了那段銘文。這也證明1267年以前確實有中國人到那裡貿易。

無論如何，中國船在十二世紀往西延航以後，選擇造訪的主要南印度港口是西岸的故臨，而非東岸的那伽八丹。這一方面是因為季風與航向的便利所致，另一方面則是因為故臨所在的馬拉巴兒為胡椒產地的緣故。胡椒從十二、三世紀以來，開始成為中國的主要進口品。如果中國商人需要注輦的特產，可以就便在故臨或回航途中必經的三佛齊採買，不是太有造訪那伽八丹的必要。

至於中國商人前往三佛齊，根本不在話下。注輦與三佛齊的商人當然也可以搭乘中國船前往中國貿易。文獻上相關的記載很多，無庸在此引述。

五、結語

注輦進貢（與中國維持外交往來）與故臨成為亞洲世界的換船港這兩件事，促成了中、印之間較穩定的長期接觸，特別是國與國之間的往來，在元代以後仍然繼續。雖然到明初以後，由於商品需求和供給兩方面的改變，中國商人已不再前往印度，可是南印度與中國還是維持著外

27　Sangam，印度教神祇。
28　蘇繼廎，《島夷誌略校釋》(北京：中華，1981)，p. 285。

交上的關係。明成祖即位之初，西洋及注輦還是前來朝貢，成祖遣人報聘，開啓了鄭和七下西洋的壯舉。明代前期所謂的西洋，若指國家的話，實際上是指南印度的西海岸，阿拉伯人及西方人稱爲馬拉巴兒海岸，現在屬於喀拉剌省的地方，故臨就在那裡；所謂「西洋瑣里」的「瑣里」即是「注輦」（Chola）的異譯，「西洋瑣里」指南印度的東海岸，阿拉伯人稱之爲馬八兒（Ma'abar），歐洲人稱爲科羅曼德爾海岸（Coromandel Coast）[29]，而現在屬於坦米爾那度省（Tamilnadu）的地方。

因爲南印度與中國維持著外交上的往來，明成祖在爲帖木兒（Timur）侵擾中國一事煩心時，或許也獲知帖木兒也侵襲北印度，從而考慮加強與南印度的關係，以便搶到戰略上的優勢。或許是在這樣的考量下，鄭和奉使下西洋。雖然鄭和七下西洋，所去的地方從占城（越南中圻）、爪哇、蘇門答臘、馬六甲、南印度，一直延伸到非洲東岸；可是他原初幾次奉使的主要目標還是南印度的東、西兩岸。

至於馬六甲這個地方，則在鄭和第三次奉使之後被選爲他的艦隊分綜及會船的地點。此時馬六甲剛剛開始建國，得鄭和之助得以免除來自北方的大城（Ayutthaya）王國的威脅，迅速發展成爲控制馬六甲海峽的重要國家，填補了三佛齊解體以後的位置。馬六甲的興起，使它成爲亞洲海域東、西上船運的會合點：印度及其以西的船舶，原則上以止於該地爲常；中國及其以東的船舶，原則上也到了該地就不再續航。雙方來船在馬六甲會船與交易商品。就作爲一個轉口港的地位來說，馬六甲一如三佛齊時代的巴鄰龐；然而在三佛齊時代，中國船原來還走出馬六甲海峽，到箇羅與西方來船會合（九至十二世紀），後來更前進到故臨（十二至十四世紀），在那裡與阿拉伯船交換商品與乘客。在馬六甲興起

---

29 Coromandel就是Chola Mandala＝注輦人的國度之意。參考Henry Yule and A. C. Burnell, *Hobson-Jobson, The Anglo-Indian Dictionary* (London: Wordsworth, 1996), pp. 256-258。

以後,無論是船運或是交易,都以它爲轉口港了。

　　馬六甲的盛世維持一個世紀多。1511年葡萄牙人攻下它。亞洲世界的海上貿易從此以後有了革命性的改變。不過,回到那以前五百年,我們看到注輦、三佛齊與中國之間的密切往來,對中間五百年亞洲海上貿易的定性,不得不說是一件值得大書特書的事。

——原刊於《南洋學報》第五十六卷(2002年12月),pp. 17-29。

宋、元史籍中的丹流眉與單馬令
——以出口沉香到中國聞名的
一個馬來半島城邦[1]

現今泰國南部的大城那空是貪瑪叻（Nakhon Si Thammarat），位於馬來半島中段東岸，北緯8°29'，在克拉地峽（Kra Isthmus）附近。地理大發現以後到達東方的歐洲人將之稱爲"Ligor"，明、清時代的中國人將之稱爲六坤、陸坤或洛坤（坤有時也寫作昆）。宋、元時代南亞和東南亞，以梵文爲主的文獻，記錄其當時的地名爲 Tambralinga。因其統治者的稱號中有"Sri Dharmaraja"（吉祥法王）一語，同時也稱爲 Nagara Sri Dharmaraja（吉祥法王城）。今稱 Nakhon Si Thammarat 即由 Nagara Sri Dharmaraja 轉化而來。

以 Nagara Sri Dharmaraja 爲都城的 Tambralinga 爲一個傳國久遠的城邦（國家）。這個城邦的範圍，大致介於現在的赤野（一作斜仔，Chaiya）與北大年（一作大泥，泰文"Pattani"，馬來文"Patani"）之間。從泰國速古臺（Sukhothai）王朝以降，它以 Nakhon Si Thammarat 之名，作爲整個馬來半島的權力中心，在「十二生肖城」（"the Twelve Naksat Cities"）制度下，成爲馬來半島其他十二個城邦的共同領袖，代理北方的泰人王朝統治馬來半島。[2]

這個 Nagara Sri Dharmaraja 或 Tambralinga 應該就是宋、元文獻中的「登流眉」與「單馬令」。過去的學者已有這樣的主張，但學術界始終未能就此說法作一定論。本文的目的即在綜合過去的研究成果，配合新接觸到的中、外文獻，進一步肯定此一論點，並且探討這個城邦在宋、元進口貿易史上的重要地位。

1　本文係在蔣經國國際學術交流基金會補助下完成。補助計畫名稱「南宋和元代時期華南地區與泰國南部的雙向海洋貿易及區域經濟發展」，補助編號RG004-D-'94，計畫主持人劉翠溶教授。作者感謝基金會與劉教授的支持，並感謝審查人的細心指正。唯內容不妥之處當由作者本人負責，特此聲明。

2　伯希和(Paul Pelliot)著，馮承鈞譯，《交廣印度兩道考》(臺北：商務，1966)，pp. 75-76。

圖一　中南半島與馬來半島地圖

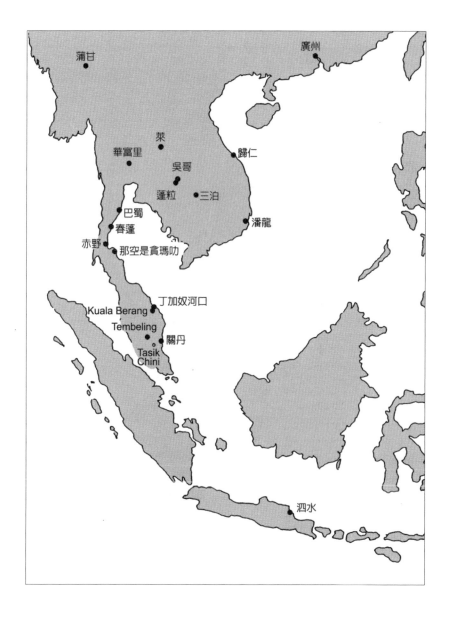

圖二 克拉地峽附近地圖

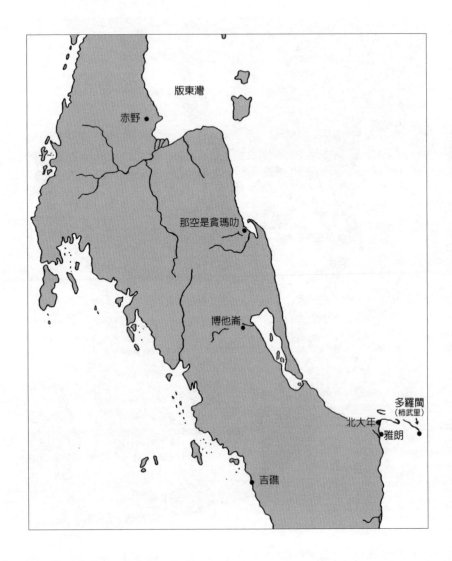

一、關於「登流眉」

有關「登流眉」的原始記載有兩個來源。其一是該國在北宋眞宗咸平四年（1001）遣使入貢，在官方留下有關記載，從而成爲部分著述的基礎。其中，《宋史》將其國名寫成「丹眉流」。首先，我們要證明「丹眉流」爲「丹流眉」或「登流眉」的誤寫。

《宋史》卷489〈丹眉流國〉條云：

> 四時炎熱，無霜雪，未嘗至中國。咸平四年，國主多須機遣使打吉馬、副使打臘、判官皮泥等九人來貢：木香千斤、鑰、鑲各百斤、胡黃連三十五斤、紫草百斤、紅氈一合、花布四段、蘇木萬斤、象牙六十一株。
>
> 召見崇德殿，賜以冠帶服物。及還，又賜多須機詔書以敦獎之。[3]

可能爲《宋史》史源的《宋會要》則記爲「丹流眉」。同一件事，《宋會要輯稿》〈蕃夷七〉則記爲：

> （眞宗咸平四年）七月三日，丹流眉國主多須機遣使打古馬、副使打臘、判官箚皮泥來貢。[4]

《宋會要輯稿》〈蕃夷七〉又提到十五年後（大中祥符九年，1016）的一項記事，但也還是用「丹流眉」這個國名：

> 四月二日，命禮儀院修四夷述職圖。……
>
> 七月七日，祕書少監知廣州陳世卿言：海外方國貢方物至廣州者，自今……每國使、副、判官各一人；其防援官：大食、注輦、三佛齊、闍婆等國勿過二十人；占城、丹流眉、渤泥、古邏、摩迦等國勿過十人，並來

3　脫脫等撰，《宋史》(上海：中華，1977)，p. 14099。

4　《宋會要輯稿》(臺北：新文豐，1976)，p. 7832。

往給券料。5

　禮儀院修「四夷述職圖」一事，係出於上一年直史館張復的建議。宋・王栐，《宋朝燕翼詒謀錄》云：

大中祥符八年九月，直史館張復上言：乞纂朝貢諸國衣冠，畫其形狀，錄其風俗，以備史官廣記。從之。

是時外夷來朝者，惟有高麗、西夏、注輦、占城、三佛齊、蒙國、達靼、女真而已。6

　隨後在1085年左右，龐元英的著作也還是把該國稱爲「丹流眉」。龐元英云：

主客司所掌諸番，東方有四……；西方有九……；南方十有五。其一曰交趾……。其二曰渤泥……。其三曰拂菻，一名大秦，在西海之北。其四曰住輦，在廣州之南，水營約四十萬里方至廣州。其五曰真臘，在海中，本扶南之屬國也。其六曰大食……。其七曰占城，在真臘北。其八曰三佛齊，蓋南蠻之別種，與占城為鄰。其九曰闍婆，在大食之北。其十曰丹流眉，在真臘西。其十一曰陀羅離，南荒之國也。其十二曰大理，在海南，亦接川界。其十三曰層檀，東至海，西至胡盧沒國，南至霞勿檀國，北至利吉蠻國。其十四曰勿巡，舟船順風泛海二十晝夜至層檀。其十五曰俞盧和，地在海南。……7

5　同上註，p. 7835。

6　收在「百川學海」（臺北：新興書局），p. 1290。

7　龐元英，《文昌雜錄》。「學津討原」，第十三集，第九冊，1/2b-4a。在龐元英任職主客郎中前十餘年(神宗熙寧三年，1070)，王應麟的《玉海》記載說：「是年八月丹流眉入貢。」(參考《宋會要輯稿》，p. 7841)因此，龐元英所記的「丹流眉」一名正確性無可置疑。可惜《玉海》的記載太過簡略，而其他文獻又完全未提及這個事件。

龐元英所著書爲《文昌雜錄》。依《四庫全書提要》，龐元英字懋賢，單州（今山東曹縣）人，丞相龐籍之子。於元豐末年官主客郎中，龐氏在該書「補遺」中云：「余自壬戌（元豐五年，1082）五月入省，至乙丑（元豐八年，1085）八月罷。每有所聞，私用編錄。」則所記爲1082-1085年間之見聞。易言之，到1085年時，政府檔案中還是使用「丹流眉」一名。

綜合以上資料所見，《宋史》之「丹眉流」顯然爲「丹流眉」之誤。亦即只有「丹流眉」國，沒有「丹眉流」國。

元初馬端臨的《文獻通考》卷332「四裔考九」〈州眉流〉條將該國記作「州眉流」，內容與《宋史》所記相仿。馮承鈞認爲馬端臨可能將「丹」當作「舟」，而又轉寫成與「舟」同音的「州」。[8] 因此仍應還原爲「丹眉流」。換言之，「州眉流」是「丹流眉」的嚴重誤寫。

一般而言，除官方史書外，宋代文獻大多很少收錄有關海外邦國的事情。僅有的例外爲來自市舶司的記錄。如趙彥衛，《雲麓漫鈔》〈福建市舶司常到諸國船舶〉條在提到一些海外國家時便云：「如上諸國，多不見史傳，惟市舶司有之。」市舶司之記錄也就成爲另一組撰述的主要來源。利用市舶司材料寫成的作品，最重要的有趙汝适的《諸蕃志》和陳元靚的《事林廣記》。

趙汝适爲宋宗室，依清代李調元的說法，《諸蕃志》是趙汝适在提舉福建市舶司任上（1225年）所完成的著作，除參考他人之撰述外，自然也利用了市舶司的檔案。《諸蕃志》以「登流眉」來稱呼「丹流眉」。其〈登流眉國〉條云：

登流眉國在真臘之西，地主椎髻簪花，肩紅蔽白，朝日登場。初無殿

8　馮承鈞，《諸蕃志校志》（臺北：商務，1986），pp. 10-11。

字，飲食以葵葉爲碗，不施匕箸，掬而食之。有山曰「無弄」，釋迦涅槃示化銅象在焉。[9]

《諸蕃志》的基本文義並不費解。唯一要指出的是所謂的「有山曰無弄」一句。在馬來文中，「無弄」（gunung）本來就是山的意思。說「有山曰無弄」並沒有指出那座山叫什麼名字。馬來半島最出名的山是吉礁（Kedah）的吉礁峰，英文寫作"Kedah Peak"；馬來文正寫作 *"Gunung Jerai"*（榕樹山）。然而除了吉礁峰外，馬來半島並不缺乏大大小小的山峰。[10]

較《諸蕃志》後出，完成於宋末（即十三世紀後半）的《事林廣記》一書，卷八，題爲〈島夷雜識〉。在其標題之下，特別以小字標出「此本符廣舶官本」。其義不外是說本卷的記載與廣東市舶司的檔案資料是相符的。藉諸特別標舉出其與廣東市舶司資料相符這點來加強其權威性。該卷〈登流眉〉條云：

> 登流眉屬真臘，選人作地主。堆髻，纏帛蔽形。每朝，蕃主出座，名曰「登場」，眾蕃皆拜。拜罷，同座交手抱兩膊爲禮，如中國叉手也。[11]

《諸蕃志》與《事林廣記》記述的重點不盡相同，因爲一個依據的是福建市舶司的材料，另一個是廣東市舶司的記載。市舶司資訊的來源，除了可能得自使節團的陳述外，也應該包括採訪自往來商人的描述。因此，與政府檔案有所出入，亦屬自然。

9　同上註，p. 1。

10　Paul Wheatley, *The Golden Khersonese: Studies in the Historical Geography of the Malay Peninsula before A.D. 1500* (Kuala Lumpur: University of Malaya Press, 1961), p. 65；參考鄭資約，《東南亞地理誌略》（臺北：正中，1972），pp. 147-148；264-266。

11　陳元靚，《新編(群書類要)事林廣記》，收在長澤規矩也編，「和刻本類書集成」（東京：汲古書院，1976）。

宋、元時代，提到登流眉，但無細節描述的文獻還有一些。其中與沉香有關的記載（如《嶺外代答》等書）留待在本文第四節再加以討論。在此須先提出的爲元・陳大震的《大德南海志》（約完成於1304年）。其〈諸蕃國〉條云：

真臘國管：真里富、登流眉、蒲甘、茸里、羅斛國。

暹國管：上水速孤底。

單馬令國管小西洋：日羅亭、達剌希、崧古囉、凌牙蘇加、沙里、佛羅官（安）、吉蘭丹、晏頭、丁伽蘆、迫嘉、朋亨、□蘭丹。[12]

《大德南海志》將登流眉列爲眞臘的屬國。《諸蕃志》〈眞臘國〉條亦將之列爲眞臘屬國。後者又說眞臘國的南境接三佛齊（古稱室利佛逝，Sri Vijaya）的屬國加羅希。加羅希即 Grahi，今之 Chaiya（赤野），並無爭議。赤野位於那空是貪瑪叻之北，《諸蕃志》說它是南方三佛齊的屬國。而據《諸蕃志》〈三佛齊國〉條的記載，凌牙斯加（Langkasuka，即《梁書》之狼牙脩，故城在今北大年附近之雅朗 Yarang）以南，幾乎全爲三佛齊之屬地，如果以登流眉爲 Tambralinga，則屬於眞臘之登流眉正好夾在兩塊三佛齊屬地加羅希與凌牙斯加之間。Paul Wheatley 認爲既然《諸蕃志》已經講明眞臘國的南境與加羅希（赤野）交界，則在加羅希以南不當再有眞臘的屬國。因此他認爲登流眉不會是在那空是貪瑪叻，必須是在赤野以北某處。[13] 這個意見乍看起來很有道理，但不能完全否定 Tambralinga 爲眞臘之屬國。因爲從眞臘到 Tambralinga 可以經由水路，聯繫上不成問題。那空是貪

---

12 邱玄煜，《大德南海志大典輯本》（臺北：蘭臺出版社，1994），p. 99。引文中的「□蘭丹」李長傅認爲是「馬蘭丹」（Malantan），在蘇門答臘島。參考李長傅，《中國殖民史》（臺北：商務，1990），pp. 73-74。

13 Paul Wheatley, op. cit., p. 65.

馬叻爲暹羅灣的重要港口可由「白血娘娘（Lady White Blood）[14] 和泰國速古臺（Sukhothai）朝 Luthai 王[15] 有關的兩個故事證明；因此其與眞臘其他部分來往可以方便地使用海路。至於登流眉是否爲眞臘屬國的問題，我們應該直接從歷史事實去解決。關於這點，我們留到第三節再處理。

如果純從讀音上來說"Tambralinga"就是登流眉，大概很難令人接受。倒不如說是「丹眉流」還接近些。但從史源上來說，我們又不能否定「丹流眉」或「登流眉」才是正確的名稱。無論如何，「丹流眉」或「登流眉」的讀音與"Tambralinga"不甚接近的事實，也成爲否定二者爲同一地的論據。不少學者因此主張應於那空是貪瑪叻之外去尋找另一個更可能是「丹流眉」或「登流眉」的地點。

Paul Wheatley 就曾指出 G. E. Gerini（著有 *Researches on Ptolemy's Geography of Eastern Asia*）曾將登流眉認定爲十三、四世紀之交暹羅文學作品 *Memoirs of Lady Revati Nobamas* 中的Taluma，而將之推定爲博他崙（Phatthalung，一譯高頭廊）附近某地或北大年南方的哆囉鬪（Telubin）。[16]

Telubin 是馬來文地名，泰文稱爲 Sai 或 Saiburi。吳翊麟云：

> 據《新唐書》卷二二〔當作222〕下〈單單傳〉：「單單在振州東南，多羅磨之西……。」今北大年府之東南，陶公（Narathivas〔當作

---

14 A. Teeuw and D. K. Wyatt *Hikayat Patani: the Story of Patani* (The Hague: Martinus Nijhoff, 1970), pp. 262-264. 有關「白血娘娘」的最新研究，請參考Lorraine M. Gesick, *In the Land of Lady White Blood: Southern Thailand and the Meaning of History* (Ithaca: Southeast Asia Program, Cornell University, 1995) 。這個故事的詳細內容，見該書，pp. 84-86。

15 Betty Gosling, *Sukhothai: Its History, Culture, and Art* (Singapore: Oxford University Press, 1991), p. 69.

16 Paul Wheatley, op. cit., p. 66.

Narathiwat〕）府城之西北，沿海地方有柿武里（Saiburi）者，今為縣，暹名而依閩南方言譯音，華僑又據巫語稱該地曰哆囉閩（Teluban〔當作Telubin〕），《新唐書》之多羅磨即此地，亦明《武備志》〈航海圖〉之西港也。[17]

依此一說則《新唐書》之多羅磨＝哆囉閩＝Telubin＝Saiburi，既在北大年之南，當然在那空是貪瑪叻之南，依 Paul Wheatley 真臘南境止於加羅希的主張，自然不可能是登流眉。雖然多羅磨、哆囉閩與登流眉讀音確實相當接近。不過，哆囉閩其地迄今尚無重大考古文物發現或出土。徵諸宋、元材料對登流眉的記載，登流眉與中國必然有過相當繁盛的貿易，也就應該有遺物可尋。個人也認為哆囉閩不可能為登流眉故地。

關於多羅磨，《新唐書》僅在卷222下，「列傳第一百四十七下・南蠻下」〈單單〉條順帶提及而已。其文云：

單單，在振州東南，多羅磨之西，亦有州縣。木多白檀。王姓剎利，名尸陵伽，日視事。有八大臣，號八坐。王以香塗身。冠雜寶瓔，近行乘車，遠乘象。戰必吹蠡、擊鼓。盜無輕重皆死。乾封、總章時獻方物。[18]

單單為馬來半島國家，《新唐書》說它在「振州〔海南島〕東南」，應作「西南」。這個方位認定的錯誤，可能也影響它與多羅磨的位置關係。至於多羅磨的正確位置究在何處，其實無法確定。事實上它可以不是今地哆囉閩，而有可能就是宋、元文獻中的登流眉。多羅磨或登（丹）流眉所譯的地名或許並不是"Tambralinga"，而是"Nagara Sri Dharmaraja"中"Dharma"這個字的音。換言之，其實還是等於

17 吳翊麟，《暹南別錄》（臺北：商務，1985），p. 200。參考 A. Teeuw and D. K. Wyatt, *Hikayat Patani: the Story of Patani*, p. 236。
18 歐陽修、宋祁，《新唐書》（上海：中華，1975），p. 6306。

Tambralinga，也就是那空是貪瑪叨。此湊巧與 Gerini 主張登流眉也可能在博他崙附近的說法相合。這個說法的可靠性也可以從 Tambralinga 在唐代時已以室利佛逝的屬邦存在於馬來半島版東灣（Bandon Bight）附近的事實得到旁證。[19]

將登流眉的所在認定在赤野以北的重要說法還有羅香林的一個主張。他根據其學生韓振華的碩士論文〈唐代賈耽所述廣州通海夷道考〉，認為當在今下緬甸，而為"Tan(a) Rahmy"或"Tan(a) Rahma"之對音。"Tana"為馬來語，意為「土角」（按：今馬來文拼作tanah，意為「土地」），"Rahma"則為地名。據阿拉伯人伊本霍達貝（Ibn Khordabeh）的記載，Rahma 出產一種名為"hindi"的沉香木。這個說法從對音上來看，說得過去，而出產沉香一事也與宋代大量進口登流眉沉香的史實不相抵觸。唯獨有一個問題就是："tanah"為馬來文。馬來人的影響力在十三世紀以前尚未到達克拉地峽以北，而「丹流眉」一名早在十一世紀一開始時就出現於中國文獻。Rahma 地方既非馬來人之地，使用馬來語 *tanah* 作為地名的一部分並不合理。[20]

在考訂丹流眉所在一事上，譯音的比定當然是免不了的，但既然不能徹底解決問題，由四至八到來推斷丹流眉的位置或許也可以作為有用的輔證。

---

19 O. W. Wolters, "Tambralinga," *Bulletin of the School of Oriental and African Studies* (University of London), XXI (1958), pp. 587-588.

20 羅香林，《蒲壽庚研究》（香港：中國學社，1959），pp. 117-118。關於「丹眉流」（而非「丹流眉」），Henry Yule 有一個類似的說法，不過他只是在一條註中簡單地主張 "Tanmoeilieu is perhaps Tana-Malayu, the Malay country." Tana-Malayu今馬來語拼作 Tanah Melayu，即「馬來人之土地」的意思，只是一個普通名詞，而非專指一特定地點的政治、地理名詞，應該不是「丹眉流」（這個詞本身就是一個錯誤）譯音的根據。參考 Henry Yule (trans. and ed.), *Cathay and the Way Thither* (London: Hakluyt Society, 1915), vol. I, p. 72, note 4。

《宋史》〈丹眉流國〉條云：

> 丹眉流國，東至占臘五十程，南至羅越水路十五程，西至西天三十五
> 程，北至程良六十程，東北至羅斛二十五程，東南至闍婆四十五程，西南
> 至程若十五程，西北至洛華二十五程，東北至廣州一百三十五程。[21]

《文獻通考》的文字與此大體相同，稍有差異處可能是兩項資料各
自有傳寫上的筆誤所致。其要者如《宋史》作「西至西天三十五程」，
《文獻通考》則作「西至西天竺三十五程」；《宋史》作「東南至闍婆
四十五程」，《文獻通考》則作「南至闍婆四十五程」；《宋史》作
「東北至廣州一百三十五程」，《文獻通考》則作「東北至廣州三十五
程」。[22]

1001年丹流眉的貢使，《文獻通考》與《宋會要輯稿》俱作打古
馬、打臘與剒皮泥，獨《宋史》作打吉馬、打臘與皮泥。從史源上來
看，《文獻通考》有可能比《宋史》抄得正確。因此據《文獻通考》的
四至八到來推斷丹流眉或登流眉的位置也就比較有意義。

不過，所謂的「程」究竟是地理的距離單位還是時間的距離單位，
並不能確定。而《文獻通考》所提到的相關國家的位置，也只有占臘
（即真臘）、羅斛、闍婆和廣州是可以確知的。假定廣州以外的國名指的
是其都城，我們當可以推斷丹流眉是在吳哥（Angkor）之西、華富里
（Lopburi，一名羅武里）之西南、泗水（Surabaya）西北、廣州西南。
泗水西北、廣州西南大約正交在那空是貪瑪叻附近。那空是貪瑪叻實際
位置在華富里的西南西，說是西南，勉強亦可通。吳哥城比較接近那空
是貪瑪叻的東北方，《宋史》〈丹眉流〉條和《文獻通考》雖說丹流眉

---

21 《宋史》，p. 14099。
22 馬端臨，《文獻通考》(臺北：商務，1987)，p. 2612。
23 馮承鈞，前引書，p. 10。

在「占臘之西」，《諸蕃志》〈登流眉國〉條也作「眞臘之西」。[23] 不過，《宋史》〈眞臘〉條卻又提到眞臘「其屬邑有眞里富，在西南隅……，西南與登流眉爲鄰」。[24] 眞里富當爲暹粒（Siem Reap），在吳哥附近。吳哥西南之西南仍爲西南，因此也可以說登流眉在眞臘之西南。如此一來，從方位上來說，丹流眉（登流眉）在那空是貪瑪叻一帶的可能性極高。

二、關於單馬令

「單馬令」一名，最早出現於十三世紀上半的《諸蕃志》，隨後又見於十三世紀後半編成的《事林廣記》。《諸蕃志》〈單馬令國〉條：

> 單馬令國，地主呼爲相公。以木作柵爲城，廣六、七尺，高二丈餘，上堪爭戰。國人乘牛，打鬃跣足。屋舍官場用木，民居用竹，障以葉，繫以藤。[25]

馮承鈞註云：

> 單馬令，梵名 Tambralinga 之對音也。《島夷志略》作丹馬令，謂與沙里佛來安爲鄰國。沙里未詳。佛來安本書作佛囉安，則此國亦在馬來半島中。
>
> 據1925年11月13日 Coedès 致巴黎亞洲協會報告書，主張單馬令即是昔之 Nagara Sridharmaraja，今之 Ligor 城。
>
> 惟伯希和曾主張《宋史》之「丹眉流」亦在同一地域。則亦得謂「丹

24 《宋史》，p. 14087。請注意《宋史》在這裡用了正確的用法「登流眉」。
25 馮承鈞，前引書，p. 17。
26 馮承鈞，前引書，pp. 17-18。

眉流」為單馬令之同名異譯矣。[26]

《宋史》之「丹眉流」為「丹流眉」之誤抄，已在上一小節依據《宋會要輯稿》等文獻證明之。事實上並無「丹眉流」一地（國、城）。若依伯希和及 Coedès 之主張，以為丹流眉與單馬令同在那空是貪瑪叻，亦即同為 Tambralinga 或 Nagara Sri Dharmaraja 之譯音，可能性其實很高。試申明如下：

《事林廣記》卷八〈島夷雜識〉，「單馬令」條云：

單馬令，唐舡自真臘風帆十晝夜方到其國。無王，有地主。國朝慶元二年（寧宗，1196）進金三埕、金傘一柄。[27]

這一段記載與1225年序的《諸蕃志》幾乎完全沒有重覆的地方，正可相互補充。尤其重要的是《事林廣記》提到了單馬令1196年入貢的事，彌足珍貴。這個文獻可能也可以說明：因為這一年有一個東南亞國家以「單馬令」之名入貢，因此才在市舶司之間流傳這個名字。

我們姑且先不討論單馬令與丹流眉是否為一的問題，而先去推定單馬令在馬來半島的位置。因為《諸蕃志》〈凌牙斯加國〉條云：「凌牙斯加國，自單馬令風帆六晝夜可到，亦有陸程。」「亦有陸程」表示在同一陸塊，可以不經海道來往。凌牙斯加的所在地，今已公認為北大年的雅朗，故而可以肯定單馬令必在馬來半島東岸，且可能為以下二地之一。[28]

---

27 陳元靚，前引書，p. 392。
28 藤田豐八，〈狼牙脩國考〉，《東西交涉史の研究：南海篇》（東京：荻原星文館，1943），p. 29；Stewart Wavell, *The Naga King's Daughter* (London: George Allen & Unwin, 1964)；H. G. Quaritch Wales, "Langkasuka and Tambralinga: Some Archaeological Notes," *Journal of the Malayan Branch, Royal Asiatic Society*, 47:1 (July，1974), pp. 15。

（一）自雅朗往北「風帆六晝夜」可到，且可能爲單馬令的地點當
爲今那空是貪瑪叻附近。如此一來，單馬令應該是 Tambralinga 的譯音
（梵文習慣，字尾的"a"常不發音）。上一小節已說明「丹流眉」可能譯
自（Sri）Dharma(raja)。因爲 Tambralinga＝Nagara Sri Dharmaraja，所
以單馬令＝登流眉。

若主張單馬令＝登流眉，則登流眉＝Telubin＝Saiburi 的說法完全
不成立。其理由：（1）Saiburi 雖然在馬來文中稱爲 Telubin，有可能譯
爲丹流眉，但絕無可能譯爲單馬令。（2）再者，Saiburi 距離雅朗水路
不過數十里，一日之間即可到達，也與（往南）「風帆六晝夜」可到的
說法不合。

Paul Wheatley 強烈主張單馬令應該是赤野所出土的「加羅希碑文」
（Grahi inscription）中的"Tambralinga"；也是南印度發現之「丹柔爾碑
文」（Tanjore〔今作Thanjavur〕inscription）中之"Madamalingam"；也
是《島夷志略》中之「丹馬令」。其實，Paul Wheatley 自己也聲明這是
最傳統的看法。對於其他主張，他也再未進一步討論。[29]

單馬令應是 Tambralinga，也可從其統治者的稱呼得到一些印證。
本節一開始時引《諸蕃志》〈單馬令〉條云：「地主呼爲相公」。宋代人
稱「相公」當指宰執，如稱王安石爲相公之類。宋・王瑩，《道山清話》
云：「陳瑩中云：嶺南之人，見逐客，不問官高卑，皆呼爲『相公』。
想是見相公常來也。」宋代失勢宰執經常被流放（安置）到嶺南，所以
嶺南之人把逐客通通叫作相公，其本義當仍指宰執。[30]

29　Paul Wheatley, op. cit., pp. 66-67.

30　王瑩，《道山清話》（臺北：新興書局，「續百川學海」三），p. 1208。

31　Friedrich Hirth & W. W. Rockhill, *CHAU JU-KUA: His Work on the Chinese and Arab Trade in the Twelfth and Thirteenth Centuries, Entitled Chu-fan-chi* (St. Petersburg: 1911), p. 58.

　　《諸蕃志》的「相公」一詞在單馬令國的原文為何，以往的注疏家都不曾得其正解。Hirth 及 Rockhill[31] 以為是"mantrin"（丞相）或"pangeran"（小王）的意譯。"Mantrin"一字來自梵文"mantri"，在今日的馬來文中拼作"menteri"，為英文"mandarin"一字的來源，意思是「大臣」，未必專指宰執；"Pangeran"在爪哇所使用的馬來文中，除「小王」之外也有「親王」或「王子」的意思，可是這些含意與「相公」都還有一段距離。蘇繼廎則以為「相公」可能是"sang kurung"之對音，為一種尊稱。然而此亦非僅次於統治者之專有稱謂。[32]

　　個人認為「相公」一詞相當於英文的"viceroy"，通譯為「總督」，本義為「副王」，即統治者一人之下最高的職位。梵文中有「旃陀羅跋奴」（Chandrabhanu）一語，直譯為「月光」。Tambralinga 的統治者在位時經常封給其王儲（uparaja，副王）「旃陀羅跋奴」這個尊號。至於 Tambralinga 王本人的尊號中，最重要的一個稱為"Thamasokaraja"（Dharmasokaraja），意即「法日王」。以「月」配「日」，用「旃陀羅跋奴」為王儲或副王的尊號，頗為恰當。有些王儲在即位為王後，繼續保持「旃陀羅跋奴」這個尊號。而在《諸蕃志》寫作前不久的一段期間，單馬令王正好被叫作「旃陀羅跋奴」。所以《諸蕃志》稱呼單馬令之「地主」（當地統治者）為「相公」，應該是意譯「旃陀羅跋奴」這個尊號。陳元靚則或許從「旃陀羅跋奴」這個稱號的涵意推斷單馬令有統治者，卻不使用王號，所以說「無王，有地主」，也是指該統治者未被直接稱呼為「王」（raja）的事實。[33]

32　Henry Yule & A. C. Burnell, *Hobson-Jobson: The Anglo-English Dictionary* (London: Wordsworth, 1996), pp. 550-552；蘇繼廎(校釋)，《(汪大淵)島夷誌略校釋》(北京：中華書局，1981)，p. 81。

33　M. C. Chand Chirayu Rajani, "Background to the Sri Vijaya Story, part IV," *The Journal of the Siam Society (JSS)*, 64:1 (Jan., 1976), pp. 275-325.

（二）自雅朗往南「風帆六晝夜」可到的地點為彭亨（Pahang）一帶地方。彭亨境內有一地名為"Tembeling"，讀起來也接近「單馬令」。因此，有人即主張單馬令＝Tembeling。

《諸蕃志》說單馬令地產腦子（樟腦或龍腦）。彭亨一帶確實生產樟腦。[34] 但凌牙斯加（北大年一帶）亦產腦子，如明・黃衷的《海語》就說佛打泥（北大年）產龍腦。[35] 故若以單馬令產腦子推定其為在彭亨境內之 Tembeling，雖然也有一定的合理性，但是北大年一帶既然也以出產腦子聞名，則距離北大年不遠的那空是貪瑪叻也有可能生產腦子。我們無法單從地產腦子一事確定單馬令是在彭亨。

同樣地，元・汪大淵，《島夷志略》（約撰於1349年），〈丹馬令〉條云：

地與沙里、佛來安為鄰國。山平互，田多，食粟有餘，新收者復留以待陳。

俗節儉，氣候溫和。男女椎髻，衣白衣衫，繫青布縵。定婚用緞錦、白錫若干塊。

民煮海為鹽，釀小米為酒。有酋長，產上等白錫、米腦、龜筒、鶴頂、降真香及黃熟香頭。

貿易之貨用甘理布、紅布、青白花碗、鼓之屬。[36]

則單馬令復以產錫著名。Tembeling 的確產錫，成為單馬令的可能性似乎又多了一項輔證。不過，彭亨以北的馬來半島也還有許多產錫的地方。[37] 以產錫一點來推斷《島夷志略》的「丹馬令」為 Tembeling，

34　Stewart Wavell, *op. cit*., pp. 80-81.

35　黃衷，《海語》(上海：文明書局，「寶顏堂秘笈」，1922)，中/4a。

36　蘇繼廎(校釋)，《(汪大淵)島夷誌略校釋》，p. 79。

37　H. Robinson, *Monsoon Asia* (London: MacDonald & Evans, 1966), p. 332.

理由也不夠充分。

《諸蕃志》，〈三佛齊國〉條又云：

> 蓬豐、登牙儂、凌牙斯加、吉蘭丹、佛羅安、日羅亭、潛邁、拔沓、
> 單馬令、加羅希、巴林馮、新拖、監（篦）、藍無里、細蘭皆其（三佛齊）
> 屬國也。[38]

《諸蕃志》一處說真臘的屬國之一為登流眉，但此處又說單馬令是三佛齊的屬國。如果說登流眉與單馬令都是 Tambralinga，其間有沒有矛盾呢？這個問題留到第三節再討論。先看上面這段引文。

《諸蕃志》雖然隔了幾頁才分別提到蓬豐和單馬令，不過這點並不重要，因為該書敘事的順序原本就不嚴謹。它們仍然有可能是鄰邦。換言之，單馬令還是有可能為位於彭亨的 Tembeling。《島夷志略》雖未提到蓬豐，卻提到彭坑，即彭亨境內另一小邦。如果以彭坑代表蓬豐，則丹（單）馬令有可能指彭坑之鄰國。

事實上，以「丹馬令」為 Tembeling 的說法並不乏其他佐證。《島夷志略》提到丹馬令地與沙里、佛來安為鄰。傳統說法以佛來（羅）安＝Kuala Berang，在丁加奴港口 Kuala Terengganu 附近，[39] 則《島夷志略》所述之「丹馬令」是有可能為 Tembeling。

F. Hirth及W. W. Rockhill 在譯註《諸蕃志》一書中，推定單馬令為馬來半島之關丹（Kwantan，今地圖作 Kuantan），但也作了保留。[40] 關丹在今彭亨境內，正與 Tembeling 相去不遠。Stewart Wavell 根據彭亨一帶的口語傳說，也認為單馬令極可能就是 Tembeling。彭亨境內有一

---

38 馮承鈞，前引書，pp. 13-14。

39 George Coedès, *Les États Hindouisés d'Indochine et d'Indonésie* (Paris: De Boccard, 1989), p. 334; Paul Wheatley, op. cit., p. 70.

40 Hirth & Rockhill, op. cit., pp. 67-68.

湖泊，名曰 Cheni （今地圖作 Tasik Chini），民間傳說有一古城沉埋在湖底，可能就是古代的單馬令。[41] 然而今 Tembeling 一帶並無多少有價值的考古發現足以證實以上的傳說與推測。單馬令＝Tembeling 的說法仍得存疑。

總之，單馬令＝Tembeling 的說法是有一些證據支持的。可是使其完全成立的證據還不夠周延。

除了那空是貪馬叻和 Tembeling 兩地之外，也有學者主張單馬令在蘇門答臘等等者。這類說法不能成立，已由《諸蕃志》「亦可遵陸」一語道破，不用再論。

對音之外，我們本應從四至八到來看，單馬令該在今地何處？可惜的是《諸蕃志》及《事林廣記》的〈單馬令〉條皆無進一步的資料。至於《島夷志略》，〈丹馬令〉條也只提到「地與沙里、佛來安爲鄰國。」我們已討論過了。

三、登流眉與單馬令

以上的論證尚未完全確立登流眉與單馬令都是指 Tambralinga＝Nagara Sri Dharmaraja，以下我們還得繼續檢證。不過，在此之前，另外還有一個問題有需要先加以澄清。那就是登流眉與單馬令這兩個名字有同時出現於同一年代或同一件資料的事實。如果說登流眉與單馬令是一而二、二而一，那麼這種同時出現（使用不同名稱稱呼同一個地方）的情形就需要進一步解釋。我們且先看一下蘇繼廎對兩個地名在各種史料中出現的情形所作的觀察：

41 Stewart Wavell, op. cit., pp. 60-61.

《諸蕃志》有單馬令，又有登流眉。

《嶺外代答》、《雲麓漫鈔》、《大德南海志》皆只有登流眉而無單馬令。

《宋會要輯稿》也只有丹流眉〔＝《宋史》之丹眉流〕。但《島夷志略》卻只有單馬令而無登流眉。[42]

蘇繼頏說十四世紀成書的《大德南海志》只有登流眉而無單馬令，其實不正確。在該書中，兩者皆被提及。至於登流眉與單（丹）馬令同時出現的情形，在十三世紀以後的文獻中也不只一見。最早當然是完成於1225年的《諸蕃志》。其次當為十三世紀下半編成的《事林廣記》。

《諸蕃志》及《事林廣記》兩書依據的都是市舶司的資料，不過前者的資料得自泉州市舶司，後者得自廣州市舶司而已。《大德南海志》的資料來源不詳，但以一般修撰志書之例衡之，應該也不出廣州市舶司、地方政府衙門之檔案，加上《諸蕃志》及《事林廣記》之類的史料及採訪所得之口述資料。換言之，三部書材料的一大部分都來自市舶司檔案。域外邦國所以會在市舶司留下檔案，一方面是來自主事官員主動採集貿易國家的資料；另一方面則是因為這些國家向中國皇帝朝貢，市舶司為第一線的接待機關，有必要建立各該國的基本檔案，以便向皇帝彙報。登流眉或單馬令向中國朝貢，與一般東南亞國家的情形相仿，經常帶有政治的目的。

登流眉入貢於宋，有詳細記錄的僅有一次，時為1001年（北宋真宗咸平四年）。單馬令入貢亦僅有一次，時在1196年（南宋寧宗慶元二年）。1001年與1196年左右，Tambralinga 都有相當大的政治變動。[43]

42　蘇繼頏(校釋)，前引書，p. 81。

43　Stanley J.O'Connor, Jr., "Tambralinga and the Khmer Empire," *JSS*, 63:1 (Jan., 1975); H. G. Quaritch Wales, "Langkasuka and Tambralinga: Some Archaeological Notes," *Journal of the Malayan Branch, Royal Asiatic Society*, 47:1 (July, 1974).

　　登流眉入貢的背景可作以下的推斷：1001年前後，以華富里（Lopburi）爲中心的墮羅波底（Dvaravati）地方，受到現今清邁南方的Haripuñjaya 國武力威脅。當時，眞臘王烏答耶的提耶跋摩（Udayadityavarman，1001-1002在位）出兵助華富里。此時，一位具有Tambralinga 王室血統的眞臘王子，乘機奪取了華富里一帶，進而東向爭奪眞臘王位。[44] Tambralinga＝登流眉可能支持這位眞臘王子的行動，從而向中國朝貢。

　　單馬令入貢的時機則發生於1196年。這一年前後，眞臘是在名王闍耶跋摩七世（Jayavarman VII，1181-ca.1218在位）統治下。在他即位以前，眞臘已不能有效地控制西部地方（相當於今日泰國南境），因此，即位之後，他就展開重新征服故土的工作。闍耶跋摩七世的軍事行動可能一時威脅到登流眉這個國家。H. G. Q. Wales 從考古資料推斷：在十二世紀末以前，Tambralinga 這個國家的都城極可能並不設在今日的那空是貪瑪叻現址，而是在赤野。當時 Tambralinga 指的是以赤野爲中心所統治的邦國；十二世紀末以後，爲了避開眞臘的攻擊才將其統治中心遷至現在的那空是貪瑪叻。[45]

　　不過，闍耶跋摩七世的再征服行動只獲得短暫的效果。當他移師他處時，眞臘西部又蠢蠢欲動了。華富里一帶遂致力於脫離眞臘的控制，並有向南朝單馬令擴充領土意圖。1200年左右，單馬令王時已年老，傾向於和平，於是與華富里的統治者協議分疆而治（以巴蜀 Prachuap

---

44　David K. Wyatt, *Thailand: A Short History*. (New Haven and London: Yale University Press, 1984), p. 28; M. C. Chand Chirayu Rajani, "Background to the Sri Vijaya Story, part III," *JSS*, 63:1 (Jan., 1975), p. 212; O. W. Wolters, "Chen-li-fu: A State on the Gulf of Siam at the Beginning of the 13th Century," *JSS*, 48:2 (Nov., 1960), p. 12.

45　H. G. Quaritch Wales, "Langkasuka and Tambralinga: Some Archaeological Notes," p. 36.

46　M. C. Chand Chirayu Rajani, "Background to the Sri Vijaya Story, part IV," *JSS*, 64:1 (Jan., 1976), p. 293.

Khirikhan 為界）。[46] 無論北方的武力威脅是來自真臘還是來自華富里，單馬令在1196年遣人向中國朝貢，都意味該國正面臨著強敵的侵擾。

1001年登流眉與1196年單馬令進貢中國的目的，不外是藉由展示與中國的關係來加強本國在鄰邦中的地位。雖然兩次略有較詳紀錄的入貢事件中間，登流眉曾在1070年另有一次入貢的簡略記載[47]，而史籍也可能有所遺漏，但其舉行絕對不頻繁則是事實。進貢不頻繁，當事官員在譯讀地名時未必能準確地將舊譯用到新的事件，因此在1196年時採用了一個新的譯名。這或許是1196年的紀錄出現「單馬令」的原因吧。

此外，如果 H. G. Q. Wales 的推斷正確的話，1196年時 Tambralinga 可能正搬到新址（今那空是貪瑪叻）。因而 Tambralinga 入貢有採用一個新譯名的條件，也有其必要。於是，1196年以後，在市舶司及中央政府留下了「單馬令」的記載，從此 Tambralinga 有了登流眉與單馬令兩個名字。

東南亞國家更改國名入貢的例子並不只有 Tambralinga。真臘也是另一個例子。1177年時，真臘王都（吳哥）為占城攻陷，兩國發生長期的爭戰。闍耶跋摩七世取得王位後，在1190年俘擄了占城國王。他一方面對其周邊的國家展開重新征服的工作，一方面也從事吳哥城的復建工作，創造了保留至今的吳哥城（Angkor Thom）。

有一個名叫「真里富」的國家也在1200（慶元六年）、1202（嘉泰二年）、1205（開禧元年）三次入貢，[48] 都在南宋寧宗時。這個真里富國，依照《宋會要輯稿》〈蕃夷四〉「真理富國」條文字來看，可以確定是位於吳哥附近的暹粒（Siem Reap）。我們可以推測：在十二世紀末、十三世紀初，真臘因為吳哥城的工事正在進行中，於是暫時將都城搬到

---

47 參考註7。
48 王應麟，《玉海》（臺北：華文），p. 3742。

吳哥附近的暹粒。「眞里富」這個國名，其實就是 Siem Reap 的另一對音，換言之還是指眞臘。（以都城的名字來代替國名，即使在今天都很平常。）其進貢及使用不同國名的動機可能正與 Tambralinga 的情形相仿。

　　不過，比「單馬令」這個譯名首次出現晚了一百多年的《大德南海志》所記載的單馬令國的版圖卻相當遼闊，遠大於本文開頭所說的介於赤野與北大年之間。若以日羅亭爲在今馬來聯邦霹靂州（Perak）之奇霧令（Jelutong），[49] 以達剌希＝加羅西＝赤野，則其勢力幾乎函蓋全部馬來半島。所屬其他地名中崧古羅＝宋卡（Songkhla）；凌牙蘇加＝狼牙脩＝北大年；佛羅安可能爲丁加奴河河口（Kuala Terengganu）上游之 Kuala Berang（在內陸）。沙里之今地雖不詳，但各種文獻都指出其爲佛羅安之鄰國；吉蘭丹今地名相同；丁伽蘆即丁加奴，可以指丁加奴河河口；朋亨即彭亨。只有晏頭與迫嘉不知其地。總之，北起赤野、南迄彭亨，「單馬令」的轄地包括克拉地峽以南馬來半島大部分地方，儼然爲一獨立的大國，赤野與那空是貪瑪叻一帶只是此一廣大範圍內的一部分。

　　因此，十四世紀初的《大德南海志》所記的「單馬令」國幅員遠大於舊稱的「登流眉」國。舊稱「登流眉」的地方應屬於這個大國「單馬令」。可是，《大德南海志》於單馬令這個大國之外，又記載了眞臘的屬國中還有一個登流眉。這要如何解釋呢？個人認爲：由於在十四世紀初時，眞臘的版圖大幅縮小，已經撤離今日泰國南境，位在馬來半島中

---

49 蘇繼卿(蘇繼廎)，《南海鈎沉錄》(臺北：商務，1989)，p. 227。Jelutong今作Jelutung，爲一種橡樹的名稱。馬來世界常以植物名稱作爲地名，無足爲怪。但日羅亭是不是就是奇霧令，其實還有爭議。如 George Coedès (1989), pp. 262, 334就認爲應該是在馬來半島東岸，而不是西岸。我個人也認爲比較可能是東岸的 Cherating (在關丹北六、七十公里處)。唯不拘在東岸或是西岸，皆不影響我們的立論。

段的 Tambralinga 城治下的地區，不可能仍爲眞臘的屬邦，一如《大德南海志》也說蒲甘（下緬甸一帶）爲眞臘屬國一樣，都是抄錄自舊文獻的結果，而非反映十四世紀初的歷史事實。

宋代最早有關登流眉的記載，當然是源自1001年該國的入貢。前面已提及一位具有 Tambralinga 王室血統的王子參與了眞臘王位的爭奪。這位王子，有一個說法是他取得了眞臘王位，另一說法則是他失敗了。無論如何，眞臘王室中有具有 Tambralinga 王室血統的成員是不成問題的。說不定就是這位王子遣人向宋朝朝貢呢！相較於眞臘，登流眉爲一小國，一個積極爭取眞臘王位的登流眉王子的使臣，提到登流眉亦爲眞臘屬國的說法，顯然也表達了他的主人有繼承眞臘王位之資格的意味。值得注意的是「登流眉爲眞臘屬國」這樣的記事，在《諸蕃志》中是記錄在〈眞臘國〉條，而不是〈登流眉國〉條。在後者中紀錄爲「登流眉國在眞臘之西」，可以說是在眞臘的西境，也可以說是眞臘境外以西；但皆未明說流眉爲眞臘之屬國。

至於《諸蕃志》〈單馬令國〉條及〈三佛齊國〉條都說到單馬令爲三佛齊的屬國一事。Tambralinga 長久以來一直是三佛齊的屬國（或加盟邦國），1225年前後三佛齊尙存在，但已嚴重地式微；而 Tambralinga 則走向實質的獨立。不過，說 Tambralinga＝單馬令爲三佛齊之屬國，名義上也還符合史實。

《大德南海志》所記的單馬令爲統治馬來半島地峽以南東岸地區的大國，正是三佛齊帝國瓦解的過程中，滿刺加（麻六甲，Malacca 或 Melaka）興起前一段期間的事。同一時間，從闍耶跋摩七世統治後期開始，單馬令先是與華富里的統治者分疆而治，繼而成爲後起的泰人王朝之屬國，以「十二生肖城邦」體制統治馬來半島大部分的地方，一如

---

50 吳翊麟，《宋卞誌》(臺北：商務，1968)及《暹南別錄》。

《大德南海志》所記。[50]

過去以 Tambralinga（今赤野或今那空是貪瑪叻）爲中心的登流眉疆界大概以赤野、北大年爲南北兩端，十二世紀末、十三世紀初以後則乘過去控制馬來半島南段之三佛齊國瓦解之際，取而代之，奄有半島南段廣大的地方，從而被誤認爲另外一個國家，其實其中心（國都）仍是 Tambralinga。

《島夷誌略》比《大德南海志》晚出四、五十年。該書提到在馬來半島南段有「丹馬令」這個小邦。這個「丹馬令」的中文讀音雖然與「單馬令」相同，但依《島夷誌略》的描述，實有可能是指半島南段，屬於單馬令的小邦 Tembeling。讀音爲「單馬令」或「丹馬令」這樣的馬來半島地名，或許是十四世紀中葉左右中國航海家心中既有的認知。汪大淵在接觸到"Tembeling"這個地名時，就自然地把用來稱呼整個 Tambralinga 的地名用到 Tembeling 這個小地方上來了。

關於三佛齊與馬來半島的關係，或其與登流眉（單馬令）的複雜關係，現在不能細論。其實，三佛齊究竟建都何處，爭議就很不少。有人主張是在蘇門答臘的巴鄰旁（Palembang）附近，但也有不少學者主張可能在赤野（Chaiya 可能爲室利佛逝 Sri Vijaya 之"jaya"的變形）或那空是貪瑪叻。此與本文非直接相關，暫略。[51]

從以上的論證推斷，「登流眉」與狹義的「單馬令」應該是指同一個地方，特別是指以 Tambralinga=Nagara Sri Dharmaraja 爲中心之地域。不過，「單馬令」這個地名出現後不久，這個政權所控制的地方就往南拓展到馬來半島南段大多數的土地。

51　M. C. Chand Chirayu Rajani, "Background to the Sri Vijaya Story"各文。或亦可參考K. A. Nilakanta Sastri, *History of Sri Vijaya* (Madras: University of Madras, 1949)。

四、登流眉沉香

登流眉的物產如《諸蕃志》等書所記，固有多種，但最主要的卻只有沉香一項。湊巧的是：沉香是宋代海上貿易最重要的進口品。

宋、元時代的海上貿易，從進口方面而言，除了犀角、象牙等珠寶類外，無論是質還是量，都以「香藥」為最重要。前輩學者如林天蔚、山田憲太郎、O. W. Wolters 等言之已詳。不過，幾位學者多據北宋畢仲衍的《中書備對》（引在《粵海關志》），以抽收乳香的多寡定明州、泉州與廣州的高下，推斷乳香在進口貨中的重要性最高，其實這個方法並不正確。

乳香只有產在阿拉伯半島南端及非洲東岸一帶，進口到中國後，單價很高，普及困難，消費量遠不及沉香是理所必然。正因其價值高，因此自東南亞海路前來宋朝朝貢的團體，經常在沿途取得乳香以為貢品。在宋代，貢品以外的乳香是完全禁榷的物資，進口後全都由政府收買，因此進口量有完整的數字可尋。但沉香於抽分之後，可以「放通行」交易。政府雖有和買，民間自由流通的數量卻更大。因為通常不用作貢品，也不禁榷，所以沉香不若乳香受到市舶官百分之百的重視。其實，若從宋真宗的詩及葉庭珪（一作廷珪）的論述，都可以推知沉香在宋代進口香料中的重要地位。[52]

沉香之重要地位可由以下引文證實：葉夢得的《石林燕語》在建炎二年（1128）編集成書，主要記北宋之事。其卷二，〈內香藥庫〉條云：

> 內香藥庫在諢門外，凡二十八庫。真宗賜御製七言二韻詩一首為庫額曰：

---

[52] Nigel Groom, *Frankincense and Myrrh: A Study of the Arabian Incense Trade* (London: Longman, 1981).

　　每歲沉香來遠裔，

　　累朝珠玉實皇居；

　　今辰內府初開處，

　　充切尤宜史筆書。

　　該段文字所提及的謻門，依同書卷一指稱「東華門直北有東向門；西與內東門相直，俗爲之謻門，而無牓。」則內香藥庫當在東向門外。以上引文係以清咸豐間葉珽琯、胡珽校本（「琳瑯秘室叢書」本）爲依據。依該版本，眞宗詩的第一句爲「每歲沉香來遠裔」。但楊武刻本（正德元年，1506）及「稗海」本，「沉香」兩字均作「沉、檀」。即使作「沉、檀」，也表示雖然有從進貢與禁榷獲得的乳香，宮中所藏香料，也不以乳香爲主，反倒是以沉香、檀香分占鰲頭。在眞宗（998-1022）時，即十一世紀初，內府所藏香料中，沉香至少是極重要的一項。[53]

　　沉香的主要產地實爲中南半島，特別是當時的眞臘及其屬國。眞臘因爲盛產沉香，所以阿拉伯人將之稱爲「沉香之國」。三宅一郎、中村哲夫，《考證眞臘風土記》[54] 說眞臘以產沉香出名，阿拉伯人稱之爲 "al-Kumar"，即「Comar＝沉香」之國。現在住在柬埔寨和越南的華僑稱柬埔寨爲「高棉」或「高綿」，即爲"Comar"的譯音，也正是「沉香之國」的意思。[55]

　　看過日本放送會社（NHK）製作的「海上絲綢之路」的人，或許會以爲最可寶貴的沉香是產於越南，而被日本人稱爲「伽羅」的奇楠香。的確，元、明以後，中國人盛稱奇楠香，以爲是沉香之最，但宋代所貴重的還不是這種產品。奇楠香產在占城。北宋丁謂的〈天香傳〉記

53　葉夢得，《石林燕語》（北京：中華，1984），pp. 3、28。

54　三宅一郎、中村哲夫，《考證眞臘風土記》（京都：同朋舍，1980），p. 206。

55　Yule & Burnell, *Hobson-Jobson*, p. 237.

仁宗天聖元年（1023）事稱：

> 占城所產棧、沉至多。披（?彼）方貿選，或入方（?番）禺，或入大
> 食。貴重沉、棧香，與黃金同價。[56]

雖然還未提出「奇楠香」一名，其所稱「與黃金同價」的沉香，就
產地來推斷，實際上指的就是後來稱爲奇楠木的那種。再者，南宋乾道
三年（1167）占城的貢品中也已有「伽南木棧香三百十斤」的記載。[57]
不過，丁謂之後二、三百年間（十一至十三世紀），中國人間尚未流行
奇楠香。他們先是看重海南香，但因其不易獲得，轉而看重登流眉香。
占城所產之「奇楠香」擅場的時代要等到差不多元代中葉時，亦即1330
年之後。汪大淵的《島夷志略》曾經道及「茄藍木」；稍早，序於1322
年的《(陳氏)香譜》更有專條談「伽闌木」（卷一），其文云：

> 一作伽藍木。今按、此香本出迦闌國，亦占香之種也。或云生南海補
> 陀巖，蓋香中之至寶，其價與金等。[58]

茄藍木、伽藍木、伽闌木都是奇楠木的異寫。其語源均爲占城語
"kalambak"。有趣的是"kalambak"的前半"kalam"係來自梵文，指的是
「黑色」；後半的"bak"則來自南方漢語「木」字。換言之，奇楠木即占
城所產的黑沉香。葉庭珪認爲沉香以「堅黑爲上」，丁謂也稱最好的海
南沉香爲「烏文格」，說是：「其沉香如烏文木之色，而澤更取其堅
格，是美之至也。」[59]

---

56 收在明・周嘉冑，《香乘》(臺北：新興書局，「筆記小說大觀」本)，卷二十八。

57 山田憲太郎，《香藥の道》(東京：中央公論社，1977)，p. 194。

58 陳敬，《(陳氏)香譜》(臺北：商務，「四庫全書珍本四集」第194種)，卷一。

59 山田憲太郎，《香藥の道》pp. 195-199；山田憲太郎，《南海香藥譜——スパイス・
ルートの研究》(東京：法政大學出版會，1982)，pp. 70-73。

出產奇楠香的占城之外，沉香在馬來半島克拉地峽一帶也有不少的出產。在宋代及元初（約十二世紀後半至十四世紀前半），奇楠香尚未流行時，登流眉所進口的沉香特別受到重視與愛用。

趙汝适，《諸蕃志》〈登流眉國〉條記1001年左右之後 Tambralinga 事云：

> 產白荳蔻、箋・沉・速香、黃蠟、紫礦之屬。60

同書〈單馬令國〉條記1225年前（或1196年時） Tambralinga 事云：

> 土產黃蠟、降真香、速香、烏樠木、腦子、象牙、犀角。61

分別都提到速香。速香為沉香的一種。此外，〈登流眉國〉條所記的箋香亦為沉香的一種。Tambralinga 出口到中國的商品應以沉香類為最重要。

《宋史》著錄丹眉流（應作丹流眉）之出產為犀、象、鍮石、紫草、蘇木諸藥，並無沉香在內。或許令人懷疑其所稱之「丹眉流」並非丹流眉。但這可能是因為《宋史》之所本為進貢資料。1001年「丹眉流」進貢時，沉香並不在其貢品之列，所以未經著錄。（北宋時，沉香被單獨列為一項貢品，最早的記錄為986年事，見《宋會要輯稿》〈蕃夷七〉。62 唯因其相對價值較低，在貢品中所佔地位未若乳香重要。）而在十一世紀剛開始時，人們所貴重的沉香也還未包括馬來半島中、北部的產品在內。

葉庭珪於南宋高宗紹興十八年（1148）起，擔任南宋重要貿易港泉

60　馮承鈞，前引書，p. 10。

61　馮承鈞，前引書，p. 17。

62　《宋會要輯稿》，p. 7831。

州的地方官。公餘之暇，曾經整理平日筆記而成《海錄碎事》一書，頗記海商及市舶司事。但是他還有一部更重要的著作，即《香錄》。該書著成之年代爲1151年，現在已經失傳。不過，陳敬在其《（陳氏）香譜》（序於1322年）大加引用，因此得以保存部分內容。

《（陳氏）香譜》，卷一，〈沉香〉條引《香錄》如下：

> 葉庭珪云：沉香所出非一。真臘者爲上，占城次之，渤泥最下。
> 真臘之真〔？中〕，又分三品。綠洋最佳、三濼次之，勃羅間差弱。[63]

十二世紀中葉的葉庭珪尙未提及登流眉沉香。當時被認爲最好的沉香產在眞臘的屬國綠洋、三濼與勃羅間。其中勃羅間當爲佛羅安，即今 Kuala Berang（參考第二節），在登流眉之南，較靠近三佛齊，而遠離眞臘，應該不是眞臘的屬國。勃羅間沉香雖然被認爲比占城或渤泥所產爲佳，卻又不及綠洋（可能爲今泰國東北區萊府Roi Et）、三濼（一作三泊，即 Sambor，遺址在柬埔寨首都金邊 Phnum Penh 北約130公里處）。

登流眉香擅場之前，即十二世紀下半葉以前，中國人最重視海南島所產的沉香，但極爲難得，沒有多少經濟史意義。《（陳氏）香譜》，卷一，〈生沉香〉條云：

> 一名蓬萊香。葉庭珪云：出海南山西。其初連木，狀如栗棘房，土人謂「棘香」。刀剜去木而出其香則堅倒而光澤。士大夫目爲「蓬萊香」。氣清而長耳。品雖侔於真臘，然地之所產者少，而官於彼者乃得之，商舶罕獲焉，故直常倍於真臘所產者云。

稍後於葉庭珪的周去非，在《嶺外代答》（1936本，原著約完成於

---

63 陳敬，前引書，1/5a。

1178年），卷七，〈沈水香〉條也說：

> 頃時，〔海南沉香〕價與白金等。故客不販，而宦遊者亦不能多買。
> 中州但用廣州舶上蕃香耳。唯登流眉者，可相頡頏。64

這段文字十分重要。它說明十二世紀下半，廣州進口大量沉香，成爲全國（南宋）所用沉香的主要來源。其中來自登流眉的沉香被認爲品質可以與海南產品相比美。

講十二、三世紀中國人貴重登流眉香者，早於周去非有范成大（1126-1193）之《桂海虞衡志》一書，該書約於1172年前後完成。其中一段文字提到：

> （先言最佳之沉香產於海南島，但不易獲得。）中州人士，但用廣州舶上占城、真臘等香，近年又貴丁流眉來者。余試之，乃不及海南中、下品。65

范成大明白地指出「丁流眉＝登流眉」沉香受到中國消費市場的歡迎是「近年」的事。雖然他個人認爲登流眉香品第不如海南香，但民間卻大爲流行。有些人（如周去非等）甚至認爲登流眉香可以與海南香相提並論，因爲它「氣味馨郁，勝於諸蕃」。

周去非，《嶺外代答》，卷七，〈沈水香〉條云：

> 沈香來自諸蕃國者，真臘爲上，占城次之。
> 真臘種類固多，以登流眉所產香，氣味馨郁，勝於諸蕃。
> 若三佛齊等國所產，則爲下岸香矣。以婆羅蠻香爲差勝。66

64　周去非，《嶺外代答》(上海：商務，「叢書集成初編」，1936)，p. 71。
65　齊治平，《(范成大)桂海虞衡志校補》(柳州：廣西民族出版社，1984)，p. 10。
66　周去非，前引書，p. 71。

　　此處之婆羅蠻當即葉庭珪的勃羅間或通稱的佛羅安，位於登流眉之南。可以注意的是葉庭珪指出勃羅間為眞臘所屬；周去非則指出婆羅蠻香屬於三佛齊所產的下岸香。佛羅安究竟屬於眞臘還是三佛齊的問題牽扯太多，此不擬再談。有趣的是葉庭珪以佛羅安所產為眞臘沉香中之最差者，而周去非則以佛羅安沉香為下岸香（三佛齊、闍婆所產之香）中之最佳者。這倒也不成問題，因為宋人皆公認眞臘香優於三佛齊香。

　　宋・葉寘的《坦齋筆衡》，〈品香〉條云：

范致能平生酷愛水沉香，有精鑑。嘗謂廣舶所販之（香為）中、下品。（遠不及海南香）……

大率沉水以（海南島）萬安東峒為第一品，如范致能之所詳。

在海外則登流眉片沉可與黎東（即萬安東峒）之香相伯仲。

登流眉有絕品，乃千年枯木所結，如石杵、如拳、如肘、如鳳、如孔雀、如龜蛇、如雲氣、如神仙人物。焚一片則盈屋香霧越三日不散。彼人自謂之無價寶，世罕有之。多歸兩廣帥府及大貴勢之家。[67]

　　《坦齋筆衡》一書提到范成大、葉庭珪與洪芻。洪芻為1094年進士，其《香譜》完成於十二世紀初；葉庭珪撰述於十二世紀中葉；范成大之書又晚於葉氏《香錄》二十餘年。因此葉寘的意見反映的時代當為十二世紀末或十三世紀初，將登流眉香與海南沉香視為不相上下的產品；他特別還強調登流眉絕品的好處，只是一進口到廣州就落入地方首長與權貴手中，民間極少流通。至於登流眉的其他沉香，應該就是民間焚香料市場的寵兒吧。

　　《桂海虞衡志》應該是最早提到登流眉香進口到中國的文獻。前此既熟悉市舶事務，又留意於焚香料的葉庭珪完全沒有敘述到登流眉香，

67　葉寘，《坦齋筆衡》(涵芬樓本「說郛」卷十八)，18/4b-5a。

可以想見該種沉香的進口（或大量進口）開始發生於1151與1172兩個年份之間。此後登流眉沉香不斷進口到中國，直到元朝末年的至正（1341-1367）年間，明州（慶元、寧波）的進口商品中仍有「登樓眉香」一項，指的當然是登流眉香。[68]

五、附論：元末以後有關登流眉的中國記載

在十四世紀開始以後，中國人所偏好的沉香品類，已經進入占城奇楠香擅場的時代了。從這個時候開始，登流眉沉香不再出現在時人的撰述中，而文獻中卻出現了登流眉出口薔薇水到中國的記載。

宋、元以前的文獻皆未著錄登流眉產薔薇水。然而明初，即十四世紀末，陳懋仁（嘉興人，官泉州府經歷）卻說「登流眉有薔薇水」。在其所著的《泉南雜志》一書中提及一項名為《泉州市舶歲課》的資料，中云：

《泉州市舶歲課》云：香之所產，以占城、賓達儂為上。沉香在三佛齊名「藥沉」，真臘名「香沉」，實則皆不及占城。

渤泥有梅花腦、金腳腦，又有水札腦。

登流眉有薔薇水。

占城、賓達儂、三佛齊、真臘、渤泥、登流眉皆諸番名。[69]

《泉州市舶歲課》初見不知是泉州市舶司的歷史資料還是當代的資料。但從推重占城（佛逝 Vijaya，今歸仁 Quy Nho'n）及賓達儂（今潘龍 Phan Rang）沉香一點來看，個人認定是陳懋仁的同時代資料。到了

---

68 王元恭，《至正四明續志》（清·咸豐甲寅歲甬上煙雨樓徐氏開雕本，1854），5/2a。

69 陳懋仁，《泉南雜志》（臺北：藝文書局，「寶顏堂秘笈」本），上/29a。

十四世紀末，登流眉僅以薔薇水著稱，不再如宋、元時以沉香著名。

明人言及登流眉產薔薇水的還有黃衷（弘治1488-1505年間進士）的《海語》一書（序於嘉靖十五年，1536）。其〈酴醿露〉條云：

> 酴醿，海國所產為盛。出大西洋國者，花如中州之牡丹。蠻中遇天氣淒寒，零露凝結。著他草木，乃冰澌木稼，殊無香韻。惟酴醿花上，瓊瑤晶瑩，芬芳襲人，若甘露焉。夷女以澤體髮，膩香經月不滅。國人貯以鉛瓶，行販他國。暹羅尤特愛重競買，略不論直；隨舶至廣，價亦騰貴。大抵用資香奩之飾耳。五代時，與猛火油俱充貢，謂「薔薇水」云。[70]

酴醿露即薔薇水，產於中東阿拉伯世界，早在五代時期已由伊斯蘭教商人帶至中國。到了明代，暹羅人愛用薔薇水，登流眉位於暹羅南部，成為進口此類中東產品的港口。對中國航海貿易家而言，登流眉遂被當作是盛產薔薇水的地方，其實此時登流眉所扮演的只是轉口港的角色而已。[71]

無論如何，到十四世紀末時，登流眉沉香已不再領風騷。中國人雖然仍然愛用沉香，但最貴重產於占城的奇楠香，登流眉香幾乎已不再被提及。

登流眉或單馬令，如果用來指現在的那空是貪瑪叻的話，在進入明代以後，仍是一個重要的港口。大概也就是十四世紀後開始使用這個泰國式的名稱。如同本文一開始時所言，明清時代的人改用Nakhon Si Thammarat的第一個字"Nakhon"的譯音，將之稱為「陸昆」或「六坤」。如黃衷之《海語》便作「陸昆」。六坤總領馬來半島的「十二生肖城」，為馬來半島的行政中心。[72]

---

70 黃衷(弘治 1488-1505 年間進士)，《海語》(原序於嘉靖十五年，1536；上海：文明書局，「寶顏堂秘笈」，1922)，中/4a。

71 馮承鈞，前引書，p. 106。

　　「陸昆」或「六坤」從十四世紀末以後爲一般中文文獻對那空是貪瑪叻的通譯。至於對它所管轄下的馬來半島，則無任何專稱的記載，唯一可以確定的是當地不再使用Tambralinga及Nagara Sri Dharmaraja這兩個舊名。「登流眉（Nagara Sri Dharmaraja）」原本就只是一個城市的名字，不適於用來稱呼整個半島；「單馬令（Tambralinga）」在十三、四世紀時，雖然被中國人用來稱呼整個地區，可是在十四世紀之後就不再有人提及。然而很奇怪的是，在明末楊一葵所編的《裔乘》卷之二，「南夷」〈答兒密〉條卻說這個「答兒密」國就是古代的「丹眉流」，並且將《宋史》有關登流眉的記載抄到同一個條文裡。《裔乘》云：

　　答兒密，古名「丹眉流」，自古不通中國。宋咸平初，國主多須機始遣使來貢木香、鑰鑞、胡黃連、紫鉚、紅氈、花布、蘇木、象牙等物。召見崇德殿，賜冠帶服物，又賜多須機詔書。

　　我朝永樂中遣使十八人來貢方物，詔優禮之。其俗以板為屋，跣足衣布，無紳帶，以白紵纏其首。貿易以金銀。其主所居廣袤五里，無城郭。出則乘象，刑用笞扑。其產犀象碙石、紫鉚、蘇木之屬。[73]

　　在《明書》卷167〈答兒密〉條中，也有「永樂間使十八人來貢方物」、「交易兼用金銀」的記載。楊一葵顯然指的也是同一件事情。他似乎從物產的雷同來斷定「丹眉流」與「答兒密」為同一個地方。然而東南亞許多地方都可能生產或出口這些東西。如果沒有進一步的資料參證，恐怕不能就這麼認定了吧。「答兒密」的讀音有一些接近「丹流眉」

72　黃衷，上/1a 提到暹羅國治內的要害有兩處：一為龜山，一為陸昆。他又說暹羅境內「分十二塘壩」治理，可能就是指「十二生肖城」制度。不過，「十二生肖城」只是泰國王朝施加於馬來半島，透過六坤的間接統治方式，並不是涵蓋整個暹羅的制度。

73　楊一葵，《裔乘》(臺北：正中書局，1981據萬曆乙卯1615年原刊本影印)。

（而不是丹眉流），但「丹流眉」或"Dharma"在十四世紀末以後都已經不再使用了，恐怕不應該是「答兒密」的對音。至於此一國名究竟指位在何處的國家，個人未能辨明，姑且存疑以待高明。

六、結語

宋、元史籍中的「登流眉」，也寫作「丹流眉」或「丁流眉」、「登樓眉」，甚至也出現過「丹眉流」或「州流眉」這類錯誤的寫法。我們考證出這個名稱所指的是當時馬來半島中段克拉地峽附近的一個城邦國家 Tambralinga。這個城邦國家的都城，在梵文中稱爲 Nagara Sri Dharmaraja。「登流眉」一名可能就譯自梵文國都名字中的"Dharma"一字。

宋、元史籍中又有「單馬令」一國，也寫作「丹馬令」，讀音近於 Tambralinga，當爲這個國名的譯音。換言之，「登流眉」與「單馬令」是指同一個國家。這個國家在十二世紀末以前，統治著介於馬來半島中段的赤野與北大年之間的一個不算大的地區。都城可能在十二世紀末時由今天的赤野一帶遷至今天的那空是貪瑪叻。十三世紀初以前，Tambralinga 爲東南亞大國室利佛逝的重要成員之一。此後室利佛逝日益衰落，Tambralinga 則先是轉向與北方的強權結盟，繼而臣屬於北方的泰人王朝，獲得了控制馬來半島大部分地區的權力。因此出現在《大德南海志》的「單馬令」爲一地跨馬來半島南北的大國，而《島夷志略》中的「丹馬令」則不一定指那空是貪瑪叻或大國「單馬令」，而有可能指彭亨一帶的小邦 Tembeling。

「登流眉」或「單馬令」所以會在中國史籍中留下記錄，一方面是因爲曾經向中國朝貢的緣故，另一方面則是當地所產的沉香在中國市場得到很高的評價所致。宋、元時期，或者精確一點說，十二世紀下半至

十四世紀上半的一、二百年間，沉香類產品正是 Tambralinga＝登流眉＝單馬令附近出口到中國最主要的商品。其有規模的進口，大約開始於1151至1172年間，持續到十四世紀中葉都一直有進口的記載。其後登流眉沉香淡出中國歷史的舞台，而「陸昆」或「六坤」也取代了「登流眉」或「單馬令」的名字。

——原刊於湯熙勇主編，《中國海洋發展史論文集》，第七輯（臺北：中央研究院中山人文社會科學研究所，1999），pp. 1-36。

鄭和船隊下西洋的動機：
蘇木、胡椒與長頸鹿

前言

　　國立海洋科技博物館籌備處與吳京文教基金會合辦這次「走向海洋
──鄭和研究學術研討會」，邀請多位我素所仰慕的學者與會，本人深
感慶幸，能夠藉機向各位前輩、專家請教。同時，也要向孫寶年孫主任
致謝，謝謝他也讓我有機會發表一點個人的淺見。

一、鄭和下西洋的原因

　　鄭和替明朝（1368-1644）的第三位皇帝（明成祖永樂帝，在位：
1403-1424）工作。他出身穆斯林家庭。可能因爲在軍事上打過幾場勝
仗，有助於朱棣取得政權，因此相當受到寵信。三十五歲那年，他獲選
率領船隊出使西洋。前後完成「七下西洋」之舉。爲何鄭和要帶領強大
的船隊造訪西洋？[1] 又爲何要多達七次？這需要一些解釋。

　　歷來學者已經提出過種種推測，我不打算加以討論，只說說自己的
看法。先前在1999年10月9日《經典》雜誌社舉辦的「鄭和下西洋」演
講暨座談會時，我曾提出解決沿海人民就業問題的一種輔助性說法。不
過，那只是一種輔助性的解釋，並不是要完整地考慮下西洋的動機。現
在我打算提出一個我個人認爲比較合理的全面性的解釋。那就是：「下
西洋」有其外交的目的，同時也牽涉到經濟的利益。而這兩項目的又巧
妙地糾結在一起。

　　外交目的不是指防堵帖木兒。外交活動的目的是指促使海外邦國前
來朝貢。萬邦來朝可以使永樂皇帝得到君臨天下的快感。萬邦來朝時，

1　所謂的「西洋」，可以有兩種說法。其一爲西洋＝南印度；其二爲西洋＝西洋航道。
　　稍後將再提及。

同時帶來中國所無的商品，特別是大宗的胡椒與蘇木，則能滿足中國社會對外國商品的需求。

本來宋代的國際貿易以進口薰香料（incenses）爲主，這包括了乳香、沒藥、檀香與沉香等西亞、南亞及東南亞產品；至於構成辛香料（spices）之大宗的胡椒當時則主要當成藥材來使用。[2] 蒙古人統治中國時，胡椒被大量用爲肉類的防腐劑及調味料，促成胡椒消費的普及。到明初時，已成民生必需品。蘇木用以作紅色染料，早在唐朝時就已是珍貴的進口商品。[3] 南宋末至元初，中國開始發展木棉業。明太祖亦曾以政策推廣植棉。蘇木爲棉布的極佳紅色系染料。中國不產，仰給海外。

然而明太祖不喜歡華人出海貿易，甚至連下海捕魚也加以禁止。既然他這麼認爲，也就成了朱家皇帝的「祖宗成法」，難以變更。

中國百姓不被許可下海謀生，不過，明代的中國人還有兩種途徑可以獲得海外商品的供應。一是官營海外貿易；一是讓外國人前來中國貿易。「下西洋」之舉，一方面是嘗試進行官營海外貿易，但更主要的是推動「朝貢貿易」。

官營貿易早有先例可循。不久之前才被明朝取代的蒙古政權元朝，可能早在至元二十一年（1284），即統一中國後五年，就已實施官本貿易。《元史》卷九四〈食貨志・市舶〉條云：

> 二十一年，設市舶都轉運使於杭、泉二州。官自具船、給本，選人入番，貿易諸貨。其所獲之息，以十分爲率，官取其七，所易人得其三。凡

2　就外國產薰香料一事而言，明代不及宋、元普遍流行，部分原因可以歸責於明太祖禁止使用此類商品。《明太祖實錄》卷231，洪武二十七年(1394)正月，「甲寅，禁止民間用番香、番貨。……民間祷祀止用松、柏、楓、桃諸香，違者罪之。」此後雖然不能完全禁止進口薰香料，但其使用的情形確實深受影響。

3　唐詩人崔涯有〈嘲妓〉詩一首，提到「蘇木」出現在外國貿易商流連的場所：「雖得蘇方木，猶貪玳瑁皮。懷胎十個月，生下崑崙兒。」

權勢之家，皆不得用己錢入番為賈。犯者罪之，仍籍其家產之半。

海外貿易容易累積大量資本，以致於「富可敵國」。元世祖的目的除了財政的目標外，大概也包含壓抑私人資本家的意味。由政府經營，則是發達國家資本。這個政策立意不差，看來值得明朝皇帝效法。

讓外國人前來貿易也是在禁止平民下海後，除了官營貿易之外的唯一選擇。這本來不是很困難的一件事。可是在明初卻有大困難。因為一旦涉及外國人，就涉及明代建國者的世界觀。朱元璋強烈主張中國高高在上，其他國家皆為夷狄。夷狄要與中國貿易往來，就必須承認中國皇帝君臨天下的地位，必須向中國朝貢。簡單地說，所謂的「朝貢貿易」就是「有貢有市，無貢無市」。

本來若只是要外國人前來貿易，則商人們自己會考量風險與利潤，有利即來，無利則否。但貿易要以遣人朝貢為前提，不免就讓外國商人裹足不前。

朝貢的動作繁文縟節、曠時廢日，而且所費不貲。對於有些邦國，如暹羅及琉球，其政權自己經營而且壟斷航海貿易，因此是否進行朝貢以取得貿易機會，答案就比較直接而且肯定。

但是對那些政權並不直接介入貿易的邦國來說，事情就不一樣了。外國的商人與該國政權未必利害一致，該國政權未必肯為商人而經常遣使。即使願意遣使，該國商人也一定得付出相當代價，從而減少己身的利潤。

外國政權為了獲得因國人貿易而滋生的利潤，固然有遣使的誘因。但遣使至中國必須下人一等地「朝貢」，並不是每個君主樂意為之的。假如該政權所得的利益不是大得不得了，也就不必委曲求全式地遣人朝貢以遂行貿易目的。

因此，「朝貢貿易」的理念架構不容易普遍實行。

沒辦法，只好遣人出國招諭番邦前來朝貢，同時進行官營貿易。「招諭」需要提供誘因，或其反襯的形式──威脅。若是經濟上、商業上、財政上的好處未能打動番邦君主時，作出某種形式的武力展示，迫使這些番邦國家為了避免遭受攻擊而同意朝貢，可就成了實現「朝貢貿易」的有效手段了。

鄭和下西洋，帶了那麼大一支船隊，主要的目的就是作「武力展示」（show of force）。當土著政權不知畏懼時，鄭和的士兵便加以攻擊，使之屈服。這樣的戰役其實也不多。因為無預警地一口氣來了兩萬多名戰士、水手在自己的港口上，土著政權大概都已難以應付。但是鄭和的目的只是要番邦遣使朝貢，沒有其他野心。因此「武力展示」正以展示為原則，真正動手的場合並不多。若真正動手，則都發生於陸地或港口，而非海上。嚴格而言，鄭和的船隊其實是一支移動的陸戰部隊，不是海軍。鄭和船隊並沒有從事海戰的打算、準備與訓練，也沒有那樣的設備，因為被期待到中國朝貢的，本來就都是陸上政權。（後文要進一步討論的蘇木與胡椒，只是森林產品和農產品，而不是海洋產品。）

武力的展示有助於一時朝貢貿易的推動。「下西洋」中止之後，這種壓力消失了。少掉威逼的力量，萬邦來朝就只剩下少數幾國繼續進行朝貢貿易。再者，「下西洋」的中止，也意味著官營海外貿易也畫下休止符。在1567年開放月港，正式准許國人下海貿易之前，明代社會只能靠有限的朝貢貿易提供合法的蘇木、胡椒以及其他異國商品。但是在1567年以前，中國似乎也不太短缺蘇木、胡椒這類東西，因為它們同時還經由非法的管道進口。

二、明代前期兩百年間蘇木與胡椒的供應

明初以來，中國市場對蘇木、胡椒有廣大的需求這件事，在京官俸

餉部分以這兩種東西搭放這點上反映出來。「下西洋」官營貿易取得的主要商品確實也有中國市場所需的蘇木與胡椒。其結果是明太祖以來以蘇木、胡椒搭放京官俸餉的作法因而得以繼續。[4]而官庫中充斥著這兩種東西。《明英宗實錄》卷十五記錄以下之事：

> 正統元年（1436）三月甲申，敕（南京守備太監）王景弘等，於官庫支胡椒、蘇木共三百萬斤，遣官運至北京交納，毋得沿途生事擾人。

三個月後，這些東西就上路了。《明英宗實錄》卷十八云：

> 正統元年六月乙巳，南京裝運胡椒、蘇木馬快船一百艘至京。

「下西洋」結束三年後，南京官庫至少還存有胡椒、蘇木共三百萬斤以上！可見得鄭和船隊帶回國的蘇木、胡椒爲數正是不少。

下西洋的活動在1433年後不再舉行，但是1433年以後，中國所需的海外商品，也就是南洋商品，主要的項目仍然是蘇木與胡椒。其供應由以下方式進行。

首先是繼續來自願意進行朝貢貿易的國家。其中暹羅、馬六甲及巴鄰龐本身即是生產蘇木、胡椒的東南亞國家。特別值得一提的是位居東北亞的琉球在十五世紀以及十六世紀初年，也對中國扮演起南洋商品供應者的角色。琉球本無海外貿易的經驗。明初賜給琉球舟人「閩人三十六姓」，讓該國有了操舟貿易的能力。琉球每年有兩、三艘船駛往東南亞，造訪馬六甲、暹羅及巴鄰龐、爪哇，取得南洋產品。這些南洋產品又在對中國進行朝貢貿易時，轉販到中國。

1511年葡萄牙人佔據馬六甲（滿剌加），同時騷擾東亞海域的船

4　參考韓振華，〈論鄭和下西洋的性質〉，收入其《中國與東南亞關係史研究》（廣西南寧市：廣西人民出版社，1992），p. 131。

運。馬六甲政權既亡，無法繼續進行與中國的朝貢貿易；而琉球也因爲葡萄牙人阻絕南方海路，放棄其南洋貿易。中國失去馬六甲及琉球所供應的南洋產品，勢必影響到國內市場的供需，特別是胡椒：因爲暹羅盛產蘇木，而暹羅對中國的朝貢貿易並未受到葡萄牙人活動太大的影響，蘇木的供給也不虞匱乏，胡椒則產於蘇門答臘、爪哇及馬來半島，原本在馬六甲集中轉運。馬六甲的淪陷也就大大影響了中國胡椒的來源。

停止「下西洋」之後，供給中國所需海外物產的另一途徑爲中國人的非法走私貿易。這種走私貿易恐怕一向就有，但在停止下西洋之後越發嚴重。很可注意的是，正統九年（1444），距離「下西洋」的中止不過才十一年，就有一件重大走私案件被揭露。《明英宗實錄》卷一一三云：

廣東潮州府民濱海者，糾誘旁郡亡賴五十五人，私下海通貨爪哇國，因而叛附爪哇者二十二人，其餘具歸。復具舟將發，知府王源獲其四人以聞。上命巡按御史同按察司官并收未獲者戶長鞫狀，果有蹤跡。嚴錮之，具奏處置。

所謂「叛附爪哇者二十二人」係指滯留海外不歸者。他們構成早期的華人「離散社群」（diasporas）。潮州人走私下海到爪哇貿易，爲的就是胡椒。因爲在蘇門答臘種植胡椒以前，爪哇就已是向中國出口胡椒的主要地點之一。[5] 一般說來，走私而不被抓到的要比被抓到的來得多。由此可以想見，停止下西洋之後，中國市場的胡椒需求不能被充分滿足，給了走私者相當大的獲利空間。

到了1511年馬六甲陷落之後，該國與琉球都停止供應中國南洋商

5　另一個主要地點爲以故臨及古里爲中心的印度西南海岸(馬拉巴兒海岸，the Malabar Coast)。

品，中國市場的胡椒供給更成問題。走私者的獲利機會當然也跟著擴大。在福建、浙江兩省勢家大族的包庇之下，走私貿易自然比以往猖獗。

但是此時的中國走私者不只是到南洋，也開始到日本。日本市場對南洋商品也有興趣。本來在明成祖即位之初，日本室町幕府的足利義滿即曾遣使朝貢。因此日本被授與「勘合貿易」的機會，經常遣船至中國貿易，由此可以取得一些南洋產品。此外，日本也與琉球貿易，獲得更多南洋產品的供應。進入十六世紀以後，琉球急速減少與東南亞的貿易，使得日本市場嚴重缺乏南洋商品。日本人於是開始經營自己的南洋貿易。反過來，多多少少也可以間接地供給中國。

日本與中國的關係在1523年（嘉靖二年），因爲寧波事件而惡化；自1549年（嘉靖二十八年）最後一艘朝貢船返航後，兩國之間的勘合貿易也劃下了句點。從1549年起，就守法的觀點而言，即使日本慢慢能自行取得南洋產品，也不准帶到中國貿易；而中國人民又不許下海，當然不可能合法地前往日本，因此日本人也得不到他們同樣想要的中國商品。

中、日間的非法活動於是猖獗起來。日本人到中國海岸走私貿易或搶奪物資，變成所謂的「倭寇」。而中國的走私客發現日本市場有利可圖，也就鋌而走險，違禁下海到日本貿易。日本倭寇與中國走私者終致合流，無法區分，形成十六世紀前半及中葉中國沿海治安的一大問題。

十六世紀上半期，中國沿海還有一個極不安定的因素，那就是葡萄牙人的活動。葡萄牙人約於1514年左右出現在廣東外海。在廣東、福建、浙江與日本之間強行貿易或劫掠。最後，1557年入據澳門，定居下來，致力於經營中日之間的貿易。稍早，他們在1543年首次到達日本的南端（種子島）；1571年起開始常川造訪長崎，以之爲主要的出入港。

十六世紀中葉之前日本與葡萄牙的騷擾，加上中國人自己嚴重的走

私貿易活動，終於迫使大明朝廷放棄「祖宗成法」，開海貿易，時在1567年（穆宗隆慶元年）。

　　福建地方官在1567年開海貿易之後，依照船隻所欲前往目的地發給「引票」，以便管理。[6] 由於1549年以後，禁止與日本往來，這次開禁當然不發給往來日本的「引票」。中國船許可前往去處，依針路方位區分為「西洋」與「東洋」，合起來其實就是整個東南亞地區，即日後所謂的「南洋」。針路中的「東洋」包括菲律賓群島、蘇祿群島與汶萊。此外的東南亞地區皆屬西洋針路。再者，「東番、北港」、「雞籠、淡水」也准許中國人前往貿易或捕魚，這些地點都指臺灣島，但在當時並不包括在「東洋針路」中，也不包括在「西洋針路」的範圍內。

　　從1433年到1567年，長期存在的走私問題是因為海禁，中國人民不能下海，南洋產品──尤其是胡椒供應不足。走私者的目標既然是胡椒，合法化以後的貿易者當然也以胡椒為主要進口品。南洋貿易吸引中國的海事貿易者。一時之間，竟沒有中國走私船前往日本。這是因為一方面中國市場不必經由日本輾轉取得南洋產品，另一方面則是出口中國產品到日本的利潤可能遠小於經營南洋貿易。日本學者浦廉一就指出：自1567年到1610年之間，幾乎沒有中國帆船到日本貿易！[7]

三、長頸鹿──鄭和船隊與非洲

　　如果說鄭和「下西洋」的主要動機是招徠朝貢，背後的經濟目的是追求以蘇木、胡椒為主的南亞、東南亞產品，那麼，鄭和的船隊最遠也只需要前往印度西岸就夠了。然而事實上鄭和船隊卻多次揚帆於西部印

6　起初不限船數，1589年(萬曆十七年)以後才開始有所限制。

7　浦廉一，〈延平王戶官鄭泰長崎存銀之研究〉，《臺灣風物》，11：3 (1961年3月)，p. 143，註2。

度洋，這又是爲了什麼緣故呢？

許多人都知道鄭和下西洋的船隊，最遠曾到達非洲東岸。這件事情經常被當成是下西洋的最大成就之一，因爲開啓了中國人往來非洲的直接航道。但是鄭和手下究竟到過東非那裡，爲何會前往該處？嚴格地說並沒有被認眞思考過。時至今日，在非洲東南岸外的大島馬達加斯加每年一度有一個記念鄭和下西洋的活動，往往使人誤以爲鄭和船隊眞的到過該島。其實沒有，沒有下去到那麼遠的地方。馬達加斯加記念鄭和與海外華人社會的特殊崇拜有關[8]，但不是因爲船隊到過該地。

鄭和手下的「分艅」最遠只到達現今的肯亞。所到的地方叫作「麻林國」，也就是現在的麻林地（Malindi），目前爲一個漁港，同時也是歐洲人渡假的地方。葡萄牙航海家達伽瑪（Vasco da Gama）在鄭和手下到過當地八十餘年後，於1498年第一次在該港下錨。1542年時，當時前往印度的耶穌會士沙勿略（Francis Xavier）曾埋葬兩名士兵於此。

近年來附近一帶盛傳鄭和船隊曾在離麻林地不遠的地方失事，船員被救起，在當地安居落戶，結婚生子。這些失事船員最初的落腳地爲巴蒂島（Pate Island）。爲了一探這個傳說的究竟，我在1999年7、8月間造訪了稱爲「斯華希里海岸」（The Swahili Coast）的東非海岸及近海的一個小群島。

這座小群島叫作「拉穆群島」（The Lamu Archipelago）。它坐落在麻林地東面海上，稍偏麻林地的東北方向。拉穆群島由拉穆島（Lamu Island）、巴蒂島、曼達島（Manda Island）三個主要的島嶼與若干次要的小島組成。拉穆島有兩個聚落，一爲拉穆村，具有港口與基本的服務業機能；一爲攝剌村（Shela），爲住宅和旅館區，歐、美人士到此渡

8　海外華人崇祀鄭和一事，與他們既不能完全整合到當地社會，又得不到祖國的全力支持，因此需要某種的心理慰藉有關。

假。曼達島有一座機場，每天有一班往來奈羅比（Nairobi，肯亞首都）與麻林地的螺旋槳飛機在此起降。這個島上沒有住人。工作人員都住在拉穆島。

巴蒂島其實是三島當中最大的一個，共有五個村落，人口約5,000人。相對於曼達與拉穆，現代文明似乎很少到這個島上來。島民自己說，他們現在過的日子與五百年前他們祖先所過的，相去不遠。

巴蒂島的居民中，混居著一種叫作「哇・法茂」（wa-Famau）的人群。「法茂」的意思是說「曾經溺水的人」，「哇・法茂」則意味著「來自曾經溺水的人」，也就是「法茂」的子孫。實際上，所有的「哇・法茂」都有一個共同的特色，那就是他們是混血種，斯華希里人與外地人的混血子孫：第一代以斯華希里人為母親的一方，外地人為父親的一方。這些製造混血者的外地人包括阿拉伯人、印度人，還有葡萄牙人。他們是否曾經都溺過水很難說，但是他們確曾漂洋過海才來到巴蒂島。

西元第九世紀以後，因為印度洋西岸（也就是非洲東岸）與阿拉伯、印度之間的貿易逐漸發展起來。阿拉伯人甚至於在東非海岸建立起小小的殖民地，並且也讓印度人住進去。至於葡萄牙人則要在達伽瑪之後才開始在東非現身。

可是除了阿拉伯人、印度人以及葡萄牙人之外，據說中國人也是製造「哇・法茂」的外地人之一。當地流行的傳說指出：很久很久以前，有中國帆船行經今日肯亞的外海，碰上珊瑚礁，造成船難。部分水手經人救起或者自行上岸，然後就在巴蒂島東南端的小村子住了下來，結婚生子。那座小村叫作「上噶」（Shanga）。他們所生的混血後代，就被叫作「哇・上噶」（wa-Shanga）──來自上噶的人。不用說，他們也是廣義的「哇・法茂」人的一支。

不幸的是，在中國水手到達上噶約十年之後，巴蒂島上發生戰爭。更不幸的是整個上噶都被焚燬。劫後餘生的「哇・上噶」大都遷往不遠

的非洲大陸居住，與當地居民通婚，從此無跡可尋。不知該說幸或不幸，畢竟還是有少數「哇・上噶」在巴蒂島留了下來。他們住到東北面的村子西尤（Siyu）。

因為不少歐、美人士到拉穆渡假，他們也就有機會聽到這樣的傳說。有一位記者出身的作家李露曄（Louise Levathes）在1994年出版了一本關於鄭和下西洋的書[9]，就把這個傳說放到書後的附錄裡。又過了四年，一名《紐約時報》（New York Times）的記者紀思道（Nicholas D. Kristof）更在該報發表了一篇專題報導。他一方面抱怨要登陸巴蒂島有多困難，一方面更加油添醋地描述「哇・上噶」人可歌可泣的故事。他甚至還登出一張「哇・上噶」人的照片！可是照片裡的人物背對鏡頭，讀者無從判斷真假。

媒體造假，發表悚人聽聞的消息，藉以創造業績的事，在我們的時代時有所聞。「哇・上噶」的故事有幾分可信呢？老實說，必須懷疑。

不過媒體總是愛好新奇。東森電視臺就想利用這樣的新聞做個節目。他們決定派一名文字記者、一名攝影記者去現場看看。記者邀請我一道前往。作為一名海洋史學者，為了有機會親近印度洋，我同意了。

在巴蒂島上，我們選擇以西尤村為據點，住了四天。這四天中，每日步行數十公里，造訪了法薩（Faza）、遵化（Tundhua）和新上噶（New Shanga）幾個村子。我們嘗試檢視村民們每一張臉，也請村民幫忙介紹他們所知的「哇・上噶」人。

至少有一個家庭值得注意。男主人是葡萄牙血統的「哇・法茂」人，從事捕魚的工作。他的妻子聲稱自己是「哇・上噶」人！

她看起來相當細瘦，而且不高，站在180公分的先生旁邊，顯得特

9　Louise Levathes, *When China Ruled over the Seas: The Treasure Fleet of The Dragon Throne, 1405-1433* (New York and London: Simon & Schuster, 1994)；邱仲麟譯，《當中國稱霸海上》（臺北：遠流出版社，2000）。

別嬌小。她的膚色與斯華希里人大不相同，沒有那麼黑，反倒是近於東亞人種的黃褐色。她的雙唇也沒有非洲人那麼厚！說真的，她看起來有那麼一點像個東方人。

我們在她家吃晚飯的時候過去聊天。她名字中間有一個單音節的字，讀起來像是中文的「謝」，但是她不知道那個字有什麼意思。我們問起她父親的全名，發現他名字的最後部分也是「謝」。她的祖父也一樣。至於曾祖父，她說毫無印象。我們接著問起她姑姑們的名字，她的敘述使我們認識到「謝」也存在於她們名字中的某一部分。「謝」這個音有何意思？她不知道；家族成員的名字為何都要有一個「謝」，她也不知道；只知道她們被上一代告知：要把「謝」這個字音留在名字裡。

「謝」這個音當然使我們想起這樣唸的一個中國姓氏。在家族內傳承這個字音，也可以解釋為延續香火的味道。加上她的長相，還有她自稱是「哇‧上噶」人，那麼，她是否有可能為鄭和手下船員的後代？她的家族沒有任何一點點的文物可以證明與中國人有關。我們也不能從以上講到的那些邊緣證據來推斷她的血統。

不過，把「哇‧上噶」人的故事與鄭和船隊海難失事的船員聯想在一起，其實並不離譜。可靠的資料確實可以證明鄭和的船員中，有人因船隻毀損而羈留異域的事實。

在《明英宗實錄》卷一六九，正統十三年（1448）八月壬午日這天，記錄了以下這件事情：

府軍衛卒趙旺等自西洋還，獻紫檀香、交章葉扇、失敕勒葉紙等物。

初，旺等隨太監洪保入西洋。舟敗，漂至卜國，隨其國俗為僧。後頗聞其地近雲南八百大甸，得間遂脫歸。

始西洋發碇時，舟中三百人。至卜國僅百人。

至是十八年，惟旺等三人還。上賜之衣、鈔，令為僧於南京報恩寺。[10]

　　正統十三年往前推十八年爲宣德六年（1431），也就是最後一趟「鄭和下西洋」自南京出發的那一年。鄭和本人停留在古里（就是「西洋國」）。太監洪保率領分艨執行在西部印度洋的任務。趙旺等人顯然是受到洪保的指揮，搭乘中國船隻，自西洋（古里）再度揚帆。這艘船有三百名乘員，洪保並不在其中。[11]

　　趙旺等人的船隻損毀，漂流至「卜國」。西部印度洋能夠叫作「卜國」的地方不外是非洲東岸，在今索馬利亞境內的卜剌哇（Brawa）。而巴蒂島所屬的拉穆群島正好介於卜剌哇與麻林地之間。這麼說，在1432-1433年間，確實有可能有「下西洋」船隊的成員流落到巴蒂島。根據趙旺等人所言，到達卜國境內的船員約有一百人，「隨其國俗爲僧」，「爲僧」當然不是指當和尚，恐怕是說改信當地的伊斯蘭教，隨俗過日子。這很可能包含娶妻生子在內。有多少人與趙旺等三個人一起自卜國境內設法返回中國不得其詳，顯然不是一百人一起行動。換言之，有人繼續留下來。

　　趙旺等人說，因爲「聞其地近雲南八百大甸」，所以設法回國。「其地近雲南八百大甸」一句話只能指接近中南半島北部。（「八百」差不多指今日之寮國。）稍稍往西，爲孟加拉灣，屬於東部印度洋。趙旺等人的報告可能並不完整。應該是說：自卜國境內搭船，可以到達「地近雲南八百大甸」的孟加拉灣。當時非洲東岸與孟加拉灣之間的航海並不困難，所以環印度洋地區的國家領袖有機會得到只產於東非的長頸鹿作禮物。[12]

10　此段引文依鄭鶴聲、鄭一鈞編，《鄭和下西洋資料彙編》，文字與中央研究院歷史語言研究所本稍有出入。

11　洪保在第七次下西洋之後隨著大綜寶船一起回到中國。

12　1940年代旅居印度的常任俠說：「我曾見一幅十四世紀的波斯古畫，爲(埃及)馬慕祿克蘇丹王派使爲帖木耳王貢麒麟圖。大概當時把麒麟作爲亞非國際間的交誼禮品，

　　趙旺等人在洪保的指揮之下，自古里揚帆，原來的目的地是那裡，文獻上並未提及。可以確定的是「卜國」並不是目的地，甚至於非洲東岸的任何地點都不在計劃之內。第七次航行在西部印度洋地區，計劃及實現造訪的地方為波斯灣、阿拉伯半島南岸及紅海東岸，不包含非洲東岸在內。所以船隊結束任務後，忽魯謨斯、佐法兒及阿丹都遣使到中國，但沒有東非政權。

　　不過，在前幾回航行中，寶船隊的分綜確實有幾次到過非洲東岸。很特別的是，分綜寶船造訪東非和建立「朝貢貿易」一點關係都沒有。的確，在十五世紀初期，斯華希里海岸存在著小型的阿拉伯商業殖民地。這些阿拉伯商人與寄居在他們殖民地的印度商人將產於津巴布維（Zimbabwe）索發剌（Sofala）地方的黃金以及東非內地的象牙轉販到印度洋的重要港口。但是中國人自可從他處得到黃金與象牙，不必老遠地透過建立「朝貢貿易」的方式來取得。其實，有關鄭和下西洋活動的記載也都沒有指出有與非洲邦國建立「朝貢貿易」的目標，同時也沒有從東非取得黃金與象牙。

　　鄭和船隊會前往非洲只有一個原因，而這個原因與長頸鹿關係密切。

　　我們提到過：鄭和出使的主要任務就是招徠外邦，促進「朝貢貿易」的發展。因此之故，從第一次到第三次的航行，造訪的都是以往中國船經常前往的東南亞邦國，然後以西南印度的古里為終點。自十二世紀以後，中國船本來就常到古里稍南的故臨（Kulam, 今名Quilon）。而古里這個國家，在元代（1279-1368）時即經常前來中國朝貢。更重要的是故臨、古里所在的印度西南海岸，也就是所謂的「馬拉巴兒海岸」

成為風氣。」在他一篇題為〈論明初與榜葛剌國交往及沈度麒麟圖〉（《南洋學報》，5：2，1948)的文章中，就收錄了這張圖。

（Malabar Coast），在十四世紀末之前是世界上最主要的胡椒產地。因此，西南印度雖然有些遠，可是打從一開始就被設定為造訪的目標。

第四次航海（1414-1415）時，首度把航線延伸至波斯灣的忽魯謨斯以及孟加拉灣的榜噶剌。忽魯謨斯鄭和自己去，榜噶剌則派遣楊敏自滿剌加（馬六甲）率領分艦前往。楊敏動作很快，在出航的第一年（永樂十二年，1414）就帶回一隻長頸鹿，以「麒麟」的名義，在當年九月二十日進呈給皇帝。[13]

第四次航海原來預定的最西目的地為忽魯謨斯。可是鄭和卻在該地派遣另一支分艦造訪東非。這個突如其來的舉動為的是一個簡單的目的——取得長頸鹿和說服當地的統治者隨同長頸鹿到中國朝貢。

鄭和是整個下西洋艦隊的總指揮。楊敏在榜噶剌取得一隻長頸鹿並且火速送回中國的消息一定曾向他報告。東非出產長頸鹿的事，在印度洋航海世界並不是秘密。鄭和在忽魯謨斯當然有機會獲悉當地離東非不遠，於是便派遣分艦前往一探究竟。

長頸鹿其實有許多「種」（species）。不過，一般都指習見的、身上有棕色瘢塊的「馬賽長頸鹿」（Massai Giraffe）。這種長頸鹿棲息於現今的肯亞與坦桑尼亞，也就是兩國共有的野生動物保護區「馬賽‧馬拉——歇刃戈地」（Massai Mara-Seregheti）。斯華希里語稱長頸鹿為「頹貌」（Twiga）。不過，住在斯華希里海岸稍北的索馬利亞部落「噶剌」（Galla）人卻將之稱為「奇利」（Giri）。因此在麻林地以北的地方，雖然屬於斯華希里海岸，也有人把長頸鹿叫作「奇利」。例如，麻林地南方二十公里處有一座十二至十六世紀阿拉伯聚落遺址，稱為「葛地廢墟」（Gedi Ruins），隱藏在叢林中。由柏油馬路通往廢墟的步道旁有一小村，村名就

13　這頭長頸鹿原本為榜噶剌國國王賽弗丁(Said u'd-Din)所有。不過榜噶剌並不是長頸鹿的原產地，其原產地在東非。

叫作「奇利阿麻」（Giriama）。村名中的「奇利」也是指長頸鹿。

「奇利」這個字也就是今天西方「長頸鹿」（英：Giraffe、法：*Girafe*、德：*Giraffe*）一名的語源。波斯文叫作*Zurnapa*；阿拉伯語叫作*Zarafa*。波斯人及阿拉伯人較早與中國人接觸，因此中文資料中有「徂臘」、「祖剌法」等名稱。

無論如何，「奇利」的讀音與「麒麟」其實十分相近。只是楊敏為何能在榜噶剌一見到長頸鹿就想到以「麒麟」的名義送回中國進呈給皇帝，似乎值得仔細想一想。

如果說楊敏在榜噶剌看到原來送給賽弗丁的長頸鹿被帶牠來的東非人叫作「奇利」，從讀音上就聯想到「麒麟」，那倒相當自然。可是「麒麟」在中國民間的形象不知打從何時開始就長得短頸短腳，有點像獅子，絕對不像長頸鹿。把長頸鹿當成「麒麟」送給皇帝，皇帝能接受嗎？宮廷士大夫能接受嗎？民間會相信嗎？

中國士大夫所謂的「麒麟」指的是孔子作《春秋》，止於魯哀公十八年「西狩獲麟」的「麟」。從那年以後，再也沒有人看過「麒麟」（或是看到了卻不認識？）。最後一隻麒麟雖然出現在公元前第五世紀，不過「麒麟」的長相應該可以在記憶及口傳中留得久遠一點。離開古代魯國不遠的江蘇徐州出土的漢代畫像磚顯示的「麒麟」長相是有些像長頸鹿，尤其是其特徵：長長的脖子。[14]

鄭鶴聲在《鄭和下西洋資料匯編》上說：

（編者按）但我國古代所說的麒麟究竟是何形狀，現已不可得而知。……據殷代甲古文的記載，麟就是鹿類動物。《三輔黃圖》上說：「青梧觀在五柞宮西。梧桐樹下有麒麟二。刊其脇文字，是秦始皇墓上物也。頸

---

14 徐州博物館，〈論徐州漢畫象石〉，《文物》，1980年第2期，p. 550。

長一丈三尺。」可見秦始皇墓前的石麒麟,也與長頸鹿相似。可能中國遠古時尚存的「麒麟」就是長頸鹿一類的動物了。

或許,秦、漢時代人心目中的「麒麟」仍是長頸鹿。可是,楊敏也認識到這點嗎?從賽弗丁的長頸鹿被以「麒麟」的名義送到南京皇宮,皇帝與大臣均不疑有他地以「麒麟」的名義加以接受來看,似乎他們心中所認知的麒麟就是長得像長頸鹿一樣,而不是民間所想像的獅子狀的動物。

可是西元前第五世紀以後就沒有人看過麒麟。有些士大夫可能讀過《三輔黃圖》,但不會有人見過徐州畫像磚(當時還沒出土)。照理說,皇帝與士大夫們不會都真的那麼見聞豐富吧。永樂皇帝當然一廂情願地希望進呈御座的長頸鹿就是「麒麟」;大臣們說不定是把長頸鹿當成是「國王的新衣」,只敢隨聲附和,不敢動手戳破呢?再說,誰也沒見過「麒麟」,對不對?

有一件事情似乎證明鄭和本人對把長頸鹿當成「麒麟」這件事不具信心。第七次遠航船隊在宣德六年正月駛離南京。三月十四日,他在長江口的(婁東)劉家港立了一塊碑(〈通番記事碑〉)。同年「仲冬」,又在福建長樂縣太平港立了另一塊碑(〈長樂南山寺天妃靈應記碑〉)。這兩塊碑歷數遠航造訪之地,並強調其特別的事件。然而,第四次下西洋,先有楊敏從榜噶刺送回麒麟,繼而分舵於大綜寶船回國後次年帶回麻林貢使與另一隻麒麟的事,都沒有被提及。兩塊碑只提到一次長頸鹿,那是指第五次下西洋[15]回國後,阿丹國(亞丁,Aden)所貢。明代官書都把這隻長頸鹿叫作麒麟,可是在〈長樂南山寺天妃靈應記碑〉碑文中,鄭和明白地寫下「阿丹國進麒麟,番名祖刺法,並長角馬哈獸」。[16] 拿「麒麟」與長角馬哈獸(阿拉伯羚羊,Arabian Oryx)並舉,

---

15　永樂十四年十二月奉使,十五年成行,十七年七月回至中國。

並且特意提到「番名祖剌法」，顯示鄭和似乎不太想強調「麒麟」這件事！這真是一件奇怪的事情。

雖然很奇怪，可是在第四次遠航時，分艅確實自忽魯謨斯被派往非洲東岸。前此中國船雖然不曾到過非洲，但必要的知識與協助應該不難在忽魯謨斯取得吧。

分艅船隊從忽魯謨斯出波斯灣折向西南，沿非洲大陸東岸而行，經過了木骨都束（摩迦迪休，Mogadishu）、卜剌哇，到了麻林地。目標既然是取得長頸鹿，麻林地也就成為終點。分艅船隊很成功地弄到長頸鹿，也弄到「麻林國使者」隨行，在第四次下西洋船隊主體（大艅寶船）返國後一段時間，也到了中國。[17] 木骨都束及卜剌哇也有使者前來。

第五次下西洋的任務之一就是護送麻林、木骨都束及卜剌哇的使者回去。這以後，明朝與麻林地之間不復有所交往。木骨都束及卜剌哇倒是隨第五次船隊再度遣使而來，進貢駝鳥、斑馬等土產，因此第六次遠航仍須以分艅護送他們回去。

事實上，遠航船隊最初航向非洲目標在麻林地，不在木骨都束及卜剌哇。只是既然路過，該地君主也願意隨行到中國朝貢，好歹也是一件好事。其實後面這兩個地方不產長頸鹿，而且天然資源貧乏，若非伴送使者，遠航船隊根本不必造訪。曾經隨船隊到過東非的費信就形容木骨都束「酷熱難耐」，

> 此地無耕土，多以漁為生。以天候酷熱，寸草不生……若周遊其國，見者唯戚然之目光。地唯沙土，別無他物。

---

16 隨行的費信則在《星槎勝覽》中提到：「阿丹國貢麒麟，番名祖剌法。」

17 鄭和及大艅在十三年夏天回到南京，但麻林貢使卻在十四年十一月才被朝廷接見，相差十多個月，可見未隨大艅而至。

相形之下，麻林地可植蔬果，而且有貿易活動，同時容易獲得長頸鹿，比木骨都束及卜剌哇兩地好多了。[18] 可是寶船分艑頂多在第四次、第五次時以該地爲目標，因爲他們發現在亞丁、麥加等地都可以找到長頸鹿！

第七次航行眞正出發的時間爲1431年年底和1432 年年初。距離第六次船隊回至中國（大艑，1422年；分艑，1423年）將近十年。沒有非洲使者要送還。計劃中也沒有以東非爲目的地，但是趙旺等人卻意外地漂流到非洲。

總之，造訪非洲只是鄭和下西洋的一個意外插曲。長頸鹿被帶到宮廷，雖然一時引起騷動，畢竟沒有多大的影響。

四、鄭和船隊的目的地：南亞與東南亞

東非之外，出使人員所至次遠之地，應該是麥加。雖然有些資料說寶船到了該地，可是費信的記載卻說是在古里搭乘「本國船」，也就是麥加的船。第五次航行時已到過亞丁、第四次航行已到過忽魯謨斯。這是當時西部印度洋的重要港口。亞丁可能是中國船第一次去，忽魯謨斯則在元代時已有楊樞指揮中國船到過。

阿拉伯世界的乳香及沒藥在宋代時曾是中國重要的進口品，但是在明初，乳香及沒藥已經不再那麼重要，因此就經濟方面來考慮，不應該是船隊考慮前往的目的地。爲何第四次下西洋之後，船隊會在西部印度洋活動，需要更仔細的研究，我留在將來再行探討。

18　參考Esmond Bradley Martin, *Malindi, Past and Present* (Nairobi: the National Museum of Kenya, 1970)。

印度西南海岸（馬拉巴兒海岸）的古里、柯枝與故臨在十四世紀末以前爲世界胡椒的主要供應地。他們若願前來中國進行朝貢貿易，當然有助於滿足中國國內的胡椒需求。然而湊巧地是從十四世紀末起，蘇門答臘開始盛產胡椒。印度胡椒快速喪失其在中國市場上的重要性。1433年以後，「下西洋」活動終止，古里、柯枝與故臨的朝貢貿易團也不大前往中國，但對中國人的胡椒需求並未造成嚴重的後果。

鄭和「下西洋」的「西洋」，狹義而言，指的是古里，乃至於古里所在地的印度西部海岸。古里是鄭和奉使的最初目的地，所以他的任務說是「下西洋公幹」。

不過，廣義而言，「西洋」可以指「西洋針路」及經由「西洋針路」所到的地方。所謂的「針路」指的是羅盤針所指示的方向。以現代西式羅盤而言，指針朝向180°－360°間時，所走的就是「西洋針路」。在這種情況之下，忽魯謨斯當然也可以算是西洋。所以永樂十五年（1517）鄭和在泉州行香立碑，碑文即說「前往西洋忽魯謨廝等國公幹」。

北半球的亞洲海域，四至九月吹西南季風；十至三月吹東北季風。但是其中各有幾個月風力太強，行船危險；還有在季風轉向的期間，風向不穩，也不便於行船。因此，真正能利用來航海的時間就受到限制。向來由中國前往印度西岸，也就是由南中國海進入印度洋，都必須面臨季風轉換的問題。自宋代（960-1279）以來，中國船往往選擇在蘇門答臘島北端的藍無里（今亞齊省境內）待風。十三世紀末馬可·波羅西行時，也這麼做。鄭和下西洋的第一趟與第二趟也都在藍無里待風，然後再前進到古里。

不過，就在前兩趟出使任務中，鄭和協助新興小邦滿剌加（馬六甲）穩固政權，而滿剌加亦高興有中國的奧援，這對於對抗南向發展的暹羅尤其有用。滿剌加於是成爲最願意執行「朝貢貿易」的海外邦國。

滿剌加所在地，今稱馬六甲。地理上與藍無里隔著馬六甲海峽東西

相對，同樣也適合作爲南中國海與印度洋之間的候風港。由於滿剌加與中國的特殊關係，從第三次航海起，鄭和放棄到藍無里待風，改到馬六甲。他同時在馬六甲建立倉庫，存貯商品，以該港作爲整個船隊的集結地（Rendezvous）。這一來，馬六甲遂吸引了大批的南中國海與印度洋世界的商人，成爲一個大商港（emporium）。直到1511年陷落到葡萄牙人手中之前，馬六甲都是東部亞洲海域最重要的港口與貿易地點，享有長達一個世紀的繁榮。這點可以說是拜鄭和下西洋之賜。

　　總而言之，中國市場所需之外國產品，主要產於東南亞。尤其是蘇門答臘盛產胡椒後更是如此。我個人認爲鄭和下「西洋」的目的就是透過官營貿易與推動朝貢貿易實現蘇木與胡椒的供給。他的任務區域是在「西洋針路」所到的地方，絕對不包括臺灣。清初（康熙三十六年，1697）郁永河來臺灣採集硫磺，回去之後寫了一本《裨海紀遊》，提到臺灣原住民愛在頸子上掛鈴鐺，說是鄭和船隊來時送過這種東西給他們，養成他們戴鈴鐺的習慣。郁永河又說鄭和部眾那樣做是因爲他們把臺灣原住民當狗看待。[19] 這樣的說法其實侮辱了臺灣原住民，是漢族沙文主義的惡劣作風。事實上臺灣不在西洋針路上，鄭和船隊不可能來。

　　大約在西元十二世紀之後，西亞船舶東行，止於印度的故臨，然後換中國船東行。西亞船若自行東行，也僅止於三佛齊（巴鄰龐）。印度船或許也到東南亞交易，但不朝更東走。東南亞地區跨出區域、往中國方向的貿易，仰賴中國船運。而到十四世紀末、十五世紀初以後，中國商船也不再進出印度洋，因爲在東南亞即可找到所需商品。東南亞邦國欲與中國貿易，有待中國人來，或者需搭乘中國船舶方能前往中國。中國人不許下海，東南亞就無中國船舶可用。即便東南亞邦國想要進行朝

19　更早在1603年陳第所著的〈東番記〉中已經出現這樣的說法。見沈有容編，《閩海贈言》（臺北：臺灣銀行經濟研究室，「臺灣文獻叢刊」第56種，1959），p. 26。

貢貿易，也無交通工具。鄭和下西洋招徠「朝貢貿易」之後，東南亞邦國往往向中國請求船舶及船員的協助，原因在此。另一方面，鄭和下西洋以後，中國人前往東南亞定居的人也漸漸加多，形成離散社群（diasporas）。這些僑社中的華人也自行造船，因此1567年以前，中式帆船仍然出現於東南亞海域。1509年葡萄牙人初到馬六甲時，遭遇到的最強對手也正是華僑經營的中式船舶。鄭和卒後，明朝停止「下西洋」。中國船的航道縮短，不再出入印度洋。這並不是中國人造船術或航海術的倒退，而是沒有商業上的需要所致。

五、結語

有關1405-1433年間鄭和率領大支船隊「七下西洋」的壯舉，背後的動機爲何？歷來學者早就提出種種的詮釋。本文將既有的解釋留給讀者自行判斷，另行從中國經濟社會的需求著眼，指出爲了滿足中國人衣、食所需，取得蘇木和胡椒實爲「下西洋」背後的經濟動機。這樣一套解釋其實可以與其他的說法兼容並蓄，不用否定前賢的高見。

「下西洋」之前，蘇木、胡椒以及其他中國所需的產品，大抵可以在印度以東取得。可是鄭和船隊的活動區域的確超過這個範圍，甚且遠抵非洲東岸。個人的看法是：前往非洲原本不在計劃之內，終究去了，爲的是麒麟，也就是長頸鹿；至於前往波斯灣及阿拉伯半島，可以說是一種嘗試的性質，相對不是那麼重要。

因爲中國經濟社會所需，的確以蘇木、胡椒爲主，因此當馬拉巴兒胡椒的重要性被蘇門答臘產品取代以後，中國航海家就失去了進入印度洋的動機。少量的西亞、南亞產品本來就可以在東南亞取得，何必遠航呢？於是，在1433年以後，中國船幾乎完全自印度洋絕跡。有些學者傾向於說這是明代實施海禁的後果，可是他們忘了海禁只對由中國本土操

作的航運有效。鄭和下西洋以後，海外華人的離散社群逐步蓬勃發展，自然也可以經營船運與貿易，不受大明法令的限制。可是，事實上還是沒有中式帆船到印度洋游弋。道理就在於不需要前往該地區購買胡椒或其他商品。就海內外的華人社群來說，明朝停止下西洋並未隱含著華人航運能力倒退的意味。

——原刊於《船史研究》（上海：中國造船工程學會船史研究會刊），第十七
　　期（2002），pp. 121-134。

從四個馬來詞彙看中國與東南亞的互動
——Abang，Kiwi，Kongsi 與Wangkang

本文擬處理四個馬來詞彙：*abang*，*kiwi*，*kongsi*與*wangkang*。"Abang"是道地的馬來文，但被中國人用來稱呼擔任某項職務的船員「亞班」。"Kiwi"來自中文的「客夥」，結夥貿易團體之一員，在現代馬來文中用來指「二船主」，即分租船艙的小貿易商。"Kongsi"是一個響叮噹的馬來字，但是實際上卻源自中國人海外貿易的合夥組織。"Wangkang"又是一個道地的馬來字，然而主要被用來指從事遠洋貿易的中式帆船。十七世紀前後，這些名詞在中國及東南亞世界開始流行，顯示中國與鄰近地區有密切的交往。

一、亞班（Abang）

十七世紀初張燮的《東西洋考》記載中國遠洋帆船的組員如下：

每舶，舶主為政，諸商人附之，如蟻封衛長，合併徒巢。亞此則財副一人，爰司掌記。又總管一人，統理舟中事，代舶主傳呼。其司戰具[1]者，為直庫。上檣桅者，為阿班。司椗者，有頭椗、二椗。司繚者，有大繚、二繚。司舵者，為舵工，亦二人更代。其司針者，名火長，波路壯闊，悉聽指揮。[2]

黃叔璥的《臺海使槎錄》序於雍正甲辰（二年，1724），對海船組員也有如下之描述。其第一段指國內沿海長程貿易（南北通商），第二段則指海外貿易（東、西洋貿易）。其文曰：

南北通商，每船出海一名（即船主）、舵工一名、亞班一名、大繚一

---

1 明代外洋貿易船可帶武器。張燮，《東西洋考》（臺北：商務，1971），p. 117云：「弓矢刀楯，戰具都備。猝遇賊至，人自為衛，依然長城，未易卒拔焉。」
2 張燮，《東西洋考》，p. 117。

名、頭碇一名、司杉板船一名、總鋪一名、水手二十餘名或十餘名。

通販外國，船主一名；財副一名，司貨物錢財；總捍一名，分理事件；火長一正、一副，掌船中更漏及駛船針路；亞班、舵工各一正、一副；大繚、二繚各一，掌管船中繚索；一碇、二碇各一，司碇；一遷、二遷、三遷各一，司椗索；杉板船一正、一副，司杉板及頭繚；押工一名，修理船中器物；擇庫一名，清理船艙；香工一名，朝夕焚香楮祀神；總鋪一名，司火食；水手數十餘名。

關於「亞班」，黃叔璥還有進一步的說明：「有占風望向者，緣篷椗繩而上，登眺盤旋，了無怖畏，名曰『亞班』。」[3]

1830年代完成的《廈門志》〈船政略〉「洋船」條全抄了這段文字。[4]不過，在〈風俗記〉「俗尚」條還有下面一段話：

造大船費數萬金。造船置貨者，曰「財東」；領船運貨出洋者，曰「出海」。司舵者，曰「舵工」；司椗者，曰「斗手」，亦曰「亞班」；司繚者，曰「大繚」。相呼曰「兄弟」。[5]

「亞班」在《東西洋考》中稱為「阿班」，負責攀爬到檣椗上方，觀察航道。《廈門志》說他也叫作「斗手」。「斗」、「陡」同音，斗或通陡字。叫作「斗手」有可能是因為他常常要爬高爬低的關係。

爬高爬低做什麼呢？《彰化縣志》也提到「亞班」，說是：

黑水小溝仍屬臺灣。黑水大溝則臺灣與內地分界處也。闊約七、八十里，視之水黑如墨。以桶汲起，仍清水也。小溝深險絕倫，船難寄椗。大

3 　黃叔璥，《臺海使槎錄》(臺北：臺灣銀行經濟研究室，「臺灣文獻叢刊」第4種，1957)，卷一〈赤崁筆談〉，p. 17。

4 　周凱，《廈門志》(臺北：臺灣銀行經濟研究室，「臺灣文獻叢刊」第95種，1961)，pp. 178-179。

5 　周凱，《廈門志》，p. 645。

溝水亦如墨，深約四、五十丈。南流急時，風靜波恬，猶堪寄椗。其流湍
急，冠絕諸海。船利乘風疾行，亂流而渡；遲則波濤衝擊，恐失針路。大
溝既過，再行二更，則令亞班登桅遙望，以認內地山影，方知船之高低。
在上風曰「高」，在下風曰「低」。上風則入澳較速，下風則入澳較遲。船
已見山，如日色過晚，料難入澳者，夜間便須寄椗，不敢迫山。待至黎
明，方好駕駛入澳。近澳處每有漁人布網，恐船礙網代，或牽網索，便費
力也。6

　　至於為何叫作「阿班」或「亞班」呢？「阿班」或「亞班」這樣的
詞彙，不似船上的其他職司（如舵工、大繚之類）可以從字面上粗略瞭
解其意義。這意味著它有可能是外來的語彙。船員造訪世界不同的角
落，與外國人常有接觸，使用外來語應該是很平常的事。這個可能的外
國語言即為馬來文。7在馬來文中，稱兄長（「大哥」）為"abang"，讀起
來就是「阿班」或「亞班」，應該就是其語源。1830年代周凱的《廈門
志》提到船員「相呼曰『兄弟』」，而「斗手」又是「兄弟」中工作的困
難度或危險性最高者，稱之為「阿班」（兄長、大哥）似乎也很恰當。

　　此外，在清末林豪編的《澎湖廳志》裡也收錄了周凱的一首長詩。
1831年臺灣發生大颱風，周凱奉命自大陸前來視察災情。次年（道光十
二年壬辰，1832）舊曆三月十七日「放洋」，十八日進澎湖。但因為遇
到東北季風轉西南季風的時節，風向不定，險象環生。他於是寫了一首
詩，題為〈十八日抵澎湖，潮退風作，不能進口，收泊峙裡〉。其中有
如下一段：

6　周璽，《彰化縣志》(臺北：臺灣銀行經濟研究室，「臺灣研究叢刊」第48種，
　　1957)，卷一〈封域志〉「海道」條，p. 38。

7　在西方人東來初期，馬來語其實被用為交涉用語(lingua franca)，可見得中國航海家接
　　受馬來詞彙的可能性確實很大。參考W. P. Groeneveldt, *De Nederlanders in China* (Den
　　Haag, 1898), vol. I, p. 158。

欲進不能退不可，裹頭弟兄（水手呼弟兄）汗潸潸。舵公無計問斗手（斗手能至桅頂望風色），出海失聲呼亞班。[8]

「斗手」就是「亞班」，負責登高望遠，觀察風色。船隻行進遭遇到緊急狀況時，不但是負責駕船的舵公（即舵工）要徵詢「斗手」的意見，而且身為船上具有最大權力的「出海」，也只能著急地呼喚「亞班」。可見得「斗手」，也就是「亞班」，對船隻航行安全的重要性了。周凱所搭乘的帆船屬於黃叔璥所謂的「南北通商」船。「斗手」在這樣的船隻人員中，排名僅在出海與舵工之後，在所有其他水手之前，正證明他在船員、水手間的重要地位。水手既然彼此相呼為「兄弟」或「弟兄」，「斗手」自然當得上「亞班」這樣帶著尊敬意味的稱呼了。

二、客夥（Kiwi）

貿易船分租與小本錢的客商搭乘，古來已有。1119年朱彧完成的《萍洲可談》早就描述過宋代的情形了。同樣的作法，在中國歷史上持續存在，所以《東西洋考》也說「每舶，舶主為政，諸商人附之。」船隻如果夠大，附搭的客商人數就可以很多。荷蘭人的《巴達維亞城日記》1625年2月24日條，就提到一艘從漳州河口出帆來到巴達維亞的中國帆船，大約為300 last[9]級者，有如下的乘員：

通稱為商人的"quewijs" 40人

8　林豪，《澎湖廳志》(臺北：臺灣銀行經濟研究室，「臺灣文獻叢刊」第164種，1963)，p. 486。

9　中村孝志以每一船舶用的last等於1976公斤。果爾，300 last 差不多相當於600,000公斤或600公噸，約當10,000擔(或8,000-9,000石)，是非常大的中國帆船。參考村上直次郎譯注、中村孝志校注，《バタヴィア城日誌1》(東京：平凡社，1974)，p. 58，譯註。

　　高級船員及水手 .... 80 人

　　船客，即租船渡來者 .... 360 人

　　合計 .... 480 人 [10]

　　所謂「船客」（passengers，即乘客），在此個案中其實就是移民，單純的搭船者。該船既屬300 last級，有八十名高級船員（officers）及水手（crew）亦非意外。特別值得注意的是有四十名「通稱爲商人的"quewijs"」。所謂的"quewijs"究竟何指呢？

　　最早使用《巴達維亞城日記》這條資料的人可能爲知名的東亞海事史專家小葉田淳。他在提到這條文獻時，以帶著懷疑的口吻說「"quewijs"恐怕就是儈吧！」他同時又把「船客」與「儈」都當成是「船商」。[11] 把「船客」當成是「船商」絕對錯誤，因爲「船客」只不過是單純旅行的移民者；至於 "quewijs"，《巴達維亞城日記》已經明說他們「通稱爲商人」，因此小葉田淳要把他們當成是「船商」倒無不可。但是"quewijs"這個字真的就是指漢字的「儈」嗎？小葉田淳當時只是用疑問的口氣，一語帶過，未曾作任何推理。然而自從他的作品發表以後，一般人在未進一步論證的情形下，卻都直截了當地把"quewijs"當成就是「儈」這個字。

　　當然，要進一步論證確實也不容易。以往學者所能引用的荷蘭歷史文獻，好像也只有小葉田淳利用過的這條提到"quewijs"。饒有趣味的是，在相近時代的葡萄牙文獻中，湊巧也可以找到"quevees"一詞，這顯然就是荷蘭文獻中的"quewijs"。

---

10 《バタヴィア城日誌1》，pp. 61-62。

11 小葉田淳，〈明代漳泉人の海外通商發展〉，《東亞論叢》，4 (1941), pp. 123-169。該文隨後收入《史說日本と南支那》(臺北：野田書房，1942)。有關"quewijs"的討論在《東亞論叢》，p. 140或《史說日本と南支那》，p. 41。

George B. Souza指出1630年前後，澳門從事「港腳貿易」（country trade）[12] 的葡萄牙人想盡辦法不讓廣州的"quevees"派船前去馬尼拉貿易。他們強烈建議這些"quevees"把商品委託給他們運去馬尼拉出售，只收取他們5%的傭金，條件優厚。同時，葡萄牙人也威脅道：如果廣州的"quevees"不接受這樣的安排，他們就要訴諸海盜行爲。[13]

Souza不是很能釐清"quevees"的眞正角色爲何，所以他給這個字的說明徘徊於商人（自負盈虧者）與牙人（仲介者；不負擔盈虧，只賺取傭金者）之間。例如：當他提到1637年荷蘭人發現澳門葡萄牙人不再向日本人借respondencia（海事保險借貸）[14] 資金，因爲他們已經轉向廣州之"quevees"借錢時，就在"the quevees"一詞後面加個括弧，解釋說他們是"Chinese merchant brokers"。[15]

此外，Souza又在引述C. R. Boxer於1942年以葡萄牙文出版的一本題爲《復辟時期的澳門》的書時，提到：

葡萄牙的「港腳貿易商」在取得貿易許可之後，就與主要的中國quevees （k'uai: merchants/brokers）展開磋商，以便決定價格，同時也訂購所要的品質與數量的絲綢及其他商品。[16]

---

12 「港腳貿易」(country trade)指歐洲人在亞洲境內所進行的區間貿易，也叫作"intra-Asiatic trade"。

13 George Bryan Souza, *The Survival of Empire: Portuguese Trade and Society in China and the South China Sea, 1630-1754* (Cambridge: Cambridge University Press, 1986), pp. 79-80.

14 "Respondencia"爲葡萄牙文。荷蘭文爲"bottomrij"。英文爲"bottomry"。日本人稱爲「投銀」或「拋銀」。廣東人的用語爲「洋利」，在清代臺灣則稱爲「水利」或「水債」。

15 Souza, op. cit., p. 62.

16 Souza, op. cit., p. 194. 原出處爲C. R. Boxer, *Macao na Epoca de Restauração*, Macau, 1942, pp. 38, 87-89。

也就是說，當葡萄牙人向澳門當局取得貿易許可之後，先與廣州的"quevees"談好商品的價格，然後透過他們去訂貨，以便出口。從這段描述，我們很自然地就聯想到清代廣州十三行的「外洋行商人」（行商），因為他們也提供類似的服務。Souza也說這些"quevees"有時候賴帳不還，甚至還捲款潛逃。在前一段引文中，Souza清楚標示出"quevees"即是「儈」（k'uai），並且也說他們是商人或牙人。最後，在該書末了，他又復提到"quevees"即中文的「儈」。

Souza如何得到"quevees"＝「儈」這樣的看法，並不清楚。有一種可能是他參考了Boxer《復辟時期的澳門》一書的意見。筆者未能找到這本書。不過，該書與小葉田淳的著作發表的時間很相近，雖然兩人有可能事先交換過意見而一致作這樣的認定，但更可能是同時獨立產生的。不過，更可能的是Souza是從後來的學者處得到這樣的看法的吧。

葡萄牙文的資料甚少受到重視。六十年來提到"quewijs"的討論，大致上都是根據我們先前指出的那件荷蘭文獻，同時也接受小葉田淳的看法。只是"quewij"（有兩個音節）的讀音畢竟與「儈」（中國大陸的拼音法作"kuai"，Wade-Giles拼法作"k'uai"，都只有一個音節）有所出入，因此有些學者不免半信半疑，乃至於別有揣測。

例如包樂史（Leonard Blussé）一方面同意「儈」這樣的說法，另一方面在他的一本書的「辭彙」（Glossary）部分，又將"quewie"（即"quewij"）的漢字寫作「契子（或儈子）」，但未說明其由來之依據。[17]陳希育倒認為包樂史的「契子」這個主張很好，因為閩人常以螟蛉子（異姓養子）出海貿易，讓他們承受行船的風險。螟蛉子即契子。[18] 然

---

17 Leonard Blussé "Chinese Trade to Batavia during the Days of the V.O.C.," *Archipel*, 18 (1979), p. 201; Leonard Blussé, *Strange Company: Chinese Settlers, Mestizo Women and the Dutch in VOC Batavia* (Dordrecht, Holland: Foris Publications, 1986), p. xii.

18 陳希育，《中國帆船與海外貿易》(廈門：廈門大學出版社，1991)，pp. 288-289。

而「契子」的閩南讀音前半雖與"quewij"第一音節相符，後半則與第二音節相去甚遠。

Souza利用葡萄牙資料所見的"quevees"的確扮演著「儈」（「儈」的本義為牙人、仲介者[19]）的角色，解釋為「儈」乍看起來不無道理。不過，擔任仲介者（brokers）是葡萄牙人迫使他們這麼做，並不是他們原本的性質。事實上，他們原來都是想要置貨下船貿易的獨立商人！因此「儈」（牙人、仲介者）絕非"quevees"的本義。至於在《巴達維亞城日誌》的場合，他們更只是租船貿易的商人，不是牙人，作「儈」來理解就完全與事實不符了。

如果充當牙人、仲介不是"quewijs"或"quevees"的基本意思，那麼他們的語源當然就不太可能是「儈」這個字了。從其為「通稱為商人」、原本打算自己置貨到馬尼拉貿易、一船有多人……等訊息看來，他們其實應該就是「客商」——從事長距離貿易的商人。

「客商」是一個很普通的名詞。在歷史上，從事長距離貿易的商人都稱為「客商」，而在地接待他們的「牙行」則稱為「主人」。[20]「主」、「客」是對應的稱法。在帆船搭客的例子上，一艘商船艙位的最終支配權在「船主」[21]。相對於「船主」，分租船艙的小商人自然可以

---

19 「儈」的最初出處為《史記》卷一二九〈貨殖列傳〉。參考楊聯陞，〈中國文化中的媒介人物〉，《大陸雜誌》，十五卷四期(1957年8月)，pp. 29-36。雖然「儈」這個字起源甚早，明代文人還是在使用。例如何喬遠記海盜王直時就說：「直姦出禁物，歷市西洋諸國，致富不貲，夷人信服之。貨至，一主直為儈。」這是指嘉靖二十五年(1546)左右，王直與葡萄牙人貿易，葡萄牙人以他為仲介。見何喬遠，《名山藏》(北京：北京出版社，「四庫禁燬書叢刊」，2000)，史48，p. 235。

20 參考黃仁宇，〈從《三言》看晚明商人〉，收在其《放寬歷史的視界》(臺北：允晨，1990)，pp. 1-32。

21 如同本文開頭的引文所見，「船主」(舶主)是遠洋貿易船在船的支配者。(但在中國境內，特別是臺灣與大陸之間的貿易船，通常稱「出海」，而不稱「船主」。)他們有時候是船隻所有人(板主)或主要商品所有人(財東)；但是在大多數場合，他們只是板主或財東的代表與經理人而已。十八世紀末的謝清高對此有不錯的說明。參考謝清

稱爲「客」什麼的。然而這樣的商人乘客，在《東西洋考》中泛稱爲「散商」或「艙商」[22]，並不以「客商」稱之；而「客商」的讀音也與"quewij"或"quevee"相去較遠。

純就讀音的近似性來說，比較接近的用詞有一種可能是「客位」（閩南方言讀若"kehwi"）兩個字。也就是向「船主」租用或向船員轉租艙位的商人。然而中文獻中根本找不到「客位」這樣的用法，源自「客位」的可能性也就不高。

再有一種可能性是用來稱呼客商的用語「客夥」一詞，閩南讀音近於"kehwei"，與"quewij"或"quevee"也相去不遠。

將「客商」稱作「客夥」的實例可以舉《金瓶梅詞話》與《儒林外史》爲例。《金瓶梅詞話》刊於明萬曆（1573-1619）年間，提到某年住在清河縣（山東臨清）的西門慶擬派遣夥計下江南去採購織品，因爲不需要單獨租一艘船走大運河，因此與其他商人共租一條船。這些合租一條船的商人便稱作「客夥」。其文云：

> 話說西門慶那日陪吳大舅、應伯爵等飲酒中間，因問韓道國：「客夥中標船幾時起身？咱好收拾打包。」韓道國道：「昨日有人來會，也只在二十四日開船。」……伯爵問：「這遭起身，那兩位去？」西門慶道：「三個人都去。明年先打發崔大哥押一船杭州貨來。他與來保還往松江下五

高口述、楊炳南筆錄、馮承鈞注釋，《海錄注》（臺北：商務，1970），p. 11。在亞洲航海世界，他們通稱爲"nakhoda"。船隻出海以後，「船主」成爲最高指揮者。即使有時候他把部分艙位的收租權或使用權交給其他船員作爲他們在船上工作的報酬，最終支配權仍在他手上。關於"nakhoda"，請參考C. R. Boxer, "The Rise and Fall of Nicholas Iquan," *T'ien Hsia Monthly*, XI:5 (April-May, 1941), p. 408; Ashin Dasgupta, "Indian Merchants and the Trade in the Indian Ocean, c. 1500-1750," in Tapan Raychaudhuri and Irfan Habib eds., *Cambridge Economic History of India*, vol. 1 (Cambridge: Cambridge University Press, 1982), p. 419.

22 張燮，《東西洋考》，pp. 92-95。

處買些布貨來賣。家中段（緞）貨、紬綿都還有哩！」[23]

至於清初完成的《儒林外史》則在第二回〈王校咸村學識同科　周蒙師暮年登上第〉講到成化年間（1465-1487）山東兖州汶上縣薛家集的一位塾師周進的故事。周進發跡前某一年，

那年卻失了館在家，日食艱難。一日，他姊丈金有餘來看他，勸道：「老舅，莫怪我說你。這讀書求功名的事，料想也是難了。人生世上，難得的是這碗現成飯，只管『稂不稂、莠不莠』的到幾時？我如今同了幾個大本錢的人到省城去買貨，差一個記帳的人，你不如同我們去走走。你又孤身一人，在客夥內，還是少了你喫的、穿的？」周進聽了這話，自己想：「『癩子掉在井裡，撈起來也是坐。』有甚虧負我？」隨即應允了。[24]

一道行走的長距離貿易商團體，可以集體地（collectively）被稱爲「客夥」，當然也可以個別地（severally）被稱爲「客夥」。由別省、別府到廣州買賣貨物者與由廣州出洋貿易者，皆爲長距離貿易商。[25]結夥而行，其成員皆可稱爲「客夥」。1625年那艘荷蘭船共有四十名附搭的商人。[26]個別的交易量或許不太大吧！歷史上亞洲境內的海事貿易，在「船主」之外，就有很多資本不大的小商人參與。[27]知名的荷蘭學者梵勒（Jacob van Leur）只看到這些小商人而忽視掉「船主」所代表的鉅

23　萬曆刊本《金瓶梅詞話》卷六十六，p. 1。

24　吳敬梓，《儒林外史》（臺北：智揚，1991），p. 23。

25　明、清時代內地各省到廣東作長途貿易(稱爲「走廣」)的客商頗多。例如明末馮夢龍的小說《喻世明言》（臺北：河洛，1980）第一卷〈蔣興哥重會珍珠衫〉（pp. 1-38）裡就提到了幾家這樣的商人。只要有人帶領，要加入這樣的長途貿易似乎也不困難。例如清代中葉的文人沈復，在其親戚徐秀峰的邀約之下，稍集資本，也順利地前往廣州販賣繡貨及蘇酒、醉蟹等物。見沈復，《浮生六記》（臺北：學海書局，1971）卷四〈浪遊記快〉，p. 56。

26　這艘船仍應有一名主要商人，即「船主」，但《巴達維亞城日記》卻未指出。「船主」所經理的資金通常遠大於「客夥」。

額交易，於是主張十八世紀末以前亞洲境內的海上貿易的性質爲「零星買賣的小貿易」（peddling trade）。[28]

《巴達維亞城日記》中，附搭商船的商人數目可以多達四十人，代表了這種零星買賣的小貿易的一個個案。就一般商船的情形而言，爲了管理、協調上的方便，舉其中一人爲頭目，該人也就被稱爲「客長」。謝清高云「客長，客商之長也。」[29] 這也就是《東西洋考》所說的「主商」。[30]「主商」或「客長」只是代表客夥。不屬於客夥的「船主」才是船隻所有人或主要租船人（或者是二者之一的代理人）。在船上，「船主」才是擁有最大權力的人。

除了包樂史之外，Wang Tai Peng也曾贊同「儈」這樣的說法。不過，在一條註中，他又提到：不知是否是巧合，在馬來文中，海商就叫作"kiwi"，這可能與荷蘭文獻中的"quewij"或中文的「儈」有所關聯。[31] Meilink-Roelofsz正是那位指出馬來世界中"kiwi"之角色的前輩學者。她在檢討馬來海商法時發現：在一馬來人擁有的船舶上，除了「船主」（nakhoda）之外的其他商人都被稱爲"kiwi"。他同時也指出"kiwi"在船上不用做事，也不必像單純的乘客那樣要支付旅費。[32] 在現代馬來文中，"kiwi"是作「租船運貨人、租船者、二船主」[33] 解。正因爲"kiwi"

---

27 參考韓振華，〈鄭成功時代的對外貿易和對外貿易商〉，收在《中國與東南亞關係史研究》（廣西南寧市：廣西人民出版社，1992），pp. 224-232。

28 J. C. van Leur, *Indonesian Trade and Society: Essays in Asian Social and Economic History* (The Hague and Bandung: W. van Hoeve, 1955). Van Leur的説法引起M. A. P. Meilink-Roelofsz的強烈批評，見其*Asian Trade and the European Influence in the Indonesian Archipelago between 1500 and about 1630* (The Hague, 1962).

29 《海錄注》，p. 23。

30 張燮，《東西洋考》，pp. 92-95。

31 Wang Tai Peng, *The Origins of Chinese Kongsi* (Petaling Jaya, Selangor, Malaysia: Pelanduk Publications, 1994), p. 30.

32 Meilink-Roelofsz, op. cit., pp. 46-47.

33 "Penyewa petak perahu yang juga menjalankan perniagaan, jurupetak, cincu," *Kamus*

是分租船上的空間從事小額交易的小商人，而不是船員和水手，所以他們不用分擔船上的工作；他們與「船主」之間的權利、義務另有安排，因此「也不必像單純的乘客那樣要支付旅費」。這麼說來，現代馬來文中的"kiwi"是很可能來自「客夥」、"quewij"或"quevee"，並且保留了舊有的涵意。

三、公司（Kongsi） [34]

關於「公司」起源之研究，日本的松浦章先生在1993年寫了一篇〈清代「公司」小考〉，[35]指出最早論及「公司」一詞之起源的，當為田汝康1954年的論文〈十八世紀末期至十九世紀末期西加里曼丹的華僑公司組織〉。[36]松浦先生也許是在強調中、日文方面的論著吧。事實上，有關「公司」問題的討論，在荷蘭文、英文方面，早有一些成績。[37]而在一般關於南洋華人史的通論性書籍中，往往也有一些篇幅處理這個名

Perdana (Seri Kembangan, Selangor, Malaysia: United Publishing House, 1997), p. 791.

34 本節一部分內容已發表在拙作〈評 *The Origins of Chinese Kongsi* by Wang Tai Peng〉，《中央研究院近代史研究所集刊》，第28期(1997年12月)，pp. 301-307。

35 《清史研究》(中國人民大學清史研究所)，1993年第2期，pp. 95-98。

36 當時以英文在倫敦發表，1958年改寫為中文，刊登於《廈門大學學報》，近年又收入田汝康，《中國帆船貿易與對外關係史論集》(杭州：浙江人民出版社，1987)，pp. 52-99。田汝康原本為一人類學者，曾在婆羅洲的沙勞越(Sarawak)從事田野研究，出版過一本小冊子(T'ien Ju-kang, *The Chinese of Sarawak: A Study of Social Structure.* London: London School of Economics Monographs on Social Anthropology, no. 12. 1953)。本文當為其副產品。

37 例如：J. J. de Groot, *Het Kongsiwezen van Borneo* ('s-Gravenhage, 1885)，即高延著、袁冰凌譯，《婆羅洲華人公司制度》(臺北：中央研究院近代史研究所，1996); S. H. Schaank, "De Kongsi's van Montrado," in *Tijdschrift voor Indische Taal-, Land-, en Volkenkunde*, vol. XXXV, no. 5-6 (1893), pp. 498-612; Barbara E. Ward, "A Hakka Kongsi in Borneo," *Journal of Oriental Studies*, vol. 1 (1954), pp. 358-370.

詞或制度。[38]

　　對當代臺灣或中國大陸的人而言，「公司」是一個耳熟能詳的名詞，似乎用不著太多的解釋。大家也都知道，它的日文相等語為「會社」，荷蘭文為"compagnie"，英文為"company"。不過，在中西早期貿易史的文獻上，"compagnie"或"company"其實都音譯作「公班衙」，而不是「公司」；譯作「公司」已經是十八世紀末年的事。[39]然而「公司」這個名詞或制度卻早在十七世紀時就已出現在中文文獻，到了十八世紀則又出現在東南亞的華人社會。在東南亞，「公司」（kongsi）的含意（connotation）遠比現時臺灣或大陸使用它時來得豐富許多。

　　就臺灣而言，一些小地名到現在都還帶有「公司」字樣。例如：「公司田」、「公司寮」之類，是清代臺灣開發時期留下來的。可是為什麼帶著「公司」這樣的字眼，到目前為止尚未有人提出合理而有據的解釋。[40]

　　至於在十八、十九世紀的南洋華人世界，「公司」這個名詞更是司空慣見。一般都將之認定為是一種海外華人的社會、經濟組織，並且經常與秘密社會有關。「公司」最早在東南亞地區出現，應該是十八世紀

38　如李長傅，《中國殖民史》(上海：商務，1936)，pp. 239-241；羅香林，《西婆羅洲羅芳伯等所建共和國考》(香港：中國學社，1961)。

39　松浦章，前引文，pp. 96-97。

40　陳培桂，《淡水廳志》(臺北：臺灣銀行經濟研究室，「臺灣文獻叢刊」第172種，1963)，p. 67：「公司田橋：廳北百二十里芝蘭堡田寮仔莊，原係柴橋。嘉慶十七年業戶何錦堂、總理蔡萬興等修換。」提到了1812年修換「公司田橋」的事。洪敏麟，《臺灣舊地名之沿革，第二冊(上)》(臺中：臺灣省文獻委員會，1983)，pp. 315-316也提到了「公司寮」(在苗栗縣後龍鎮龍津里)這個地名。洪敏麟的解釋是：「公司寮的地名起源於從前移民共同在此搭建芳寮，存放魚具，因以名。」這個解釋相當合理，也很正確，可是為什麼要叫「公司」呢？似乎需要進一步的闡述吧！

41　Carl A. Trocki, "Boundaries and Transgressions: Chinese Enterprise in Eighteenth- and Nineteenth-Century Southeast Asia," in Aihwa Ong and Donald Nonini eds., *Ungrounded Empires: The Cultural Politics of Modern Chinese Transnationalism* (New York: Routledge, 1997), p. 68.

的事，因爲前此並無任何記載。[41] 當時許多中國東南沿海居民（特別是廣東的客家人）移民到邦加（Bangka）、婆羅洲（Borneo）等東亞海域（East Indies）島嶼，從事開礦的工作，而「公司」制度也跟著陸續浮出檯面，成爲代表海外華人的社會、經濟組織。當中最爲著名的，就是嘉應人羅芳伯在婆羅洲西岸坤甸（Pontianak）所建立的「蘭芳公司」，時在1776年。[42] 到十九世紀下半時，馬來半島霹靂州（Perak），華人團體「義興公司」與「海山公司」間的爭鬥（即所謂的「拉律戰爭」，the Larut War）[43]，也使得南洋的華人「公司」制度成爲關注的焦點。[44]

海外華人的「公司」制度，魏源在他請人編譯的《海國圖志》（1842年序於揚州）中已經數度提及，可惜魏源本人和他的同時代的中國學者、官僚都沒有特別留意到這個問題。這裡選錄一段關於婆羅洲的記載，以見一斑：

> 近年粵之嘉（應）州人入內山開礦，屯聚日多，遂成土著。初娶獠女爲婦（巫來由女不嫁漢人[45]），生齒日繁，乃自相婚配，近已逾數萬人。擇長老爲公司理事，謂之「客長」，或一年、或二年更易。丁口稅銀，由客長輸荷蘭。[46]

從這段文字，我們可以看到十九世紀初婆羅洲的華人世界，基本上爲一自治社會。其社會組織稱爲「公司」，領導人稱爲「客長」。[47]「客長」

---

42 參考羅香林，前引書。

43 參考陳荊和、陳育崧編，《新加坡華文碑銘集錄》（香港：香港中文大學，1970），pp. 17-18。

44 有關十八、九世紀時，「公司」在東南亞出現的地區分佈情形，請參考 Carl A. Trocki 前引文，p. 63的地圖。

45 「巫來由」人即"Melayu"，馬來人。不嫁漢人的主要原因應該是宗教因素所致。馬來人信仰伊斯蘭教。「獠」指「獠仔」，也就是達亞人(Dayak)。參考《海錄注》，p. 53。

46 魏源輯述，《增補海國圖志》（臺北：珪庭出版社，1978），p. 298。

由成員選出（所謂「擇」），任期只有一年或兩年。當時婆羅洲已經是荷蘭的殖民地，但是華人社會得以維持自治，因此應交的人頭稅是由華人「客長」收齊後，再轉交給荷蘭政府。荷蘭人不直接向華人徵稅。在此意義下的「公司」組織並不嚴密，而其成員的地位彼此相差也不大。

　　從名稱上來說，最早提到「公司」的歷史文獻（而非小說）是中央研究院歷史語言研究所出版的《明清史料》。其中有兩件與臺灣明鄭結束時有關的史料，提到了「公司貨物」。此當為「公司」一詞見諸文獻的最早記載。[48] 這兩個文件提到了兩艘由臺灣打造、用於與日本、暹羅貿易的「鳥船」（福建式帆船）。一艘名「大哖」，為明鄭吏官洪磊所有，由黃成、蔡允兩人擔任「管船」；另一艘名「東本」，為明鄭武平侯劉國軒所有，由藍澤擔任「管船」。這兩艘船分別於康熙二十二年閏六月間由臺灣出發，先往日本，再往暹羅。這期間，明鄭降清。兩艘船接獲指示，離開暹羅後不必回臺灣，直接到廈門報到。其中，「大哖船」於康熙二十三年六月二十五日入港，「東本船」於同年七月十五日入港。兩艘船的「管船」遵從福建當局的要求，詳細開列船貨的名稱與數量。依據船貨所有人的歸屬，「大哖船」的船貨分為「公司貨物」、「附搭貨物」與「目梢貨物」三大類；「東本船」則分為「公司貨物」與「目梢貨物」兩大類。

　　Wang Tai Peng 將「大哖船」的三類船貨中的「目梢貨物」解釋為水手的貨物，而他又說：

---

47 「客長」一詞在明清時期的旅居者中用得相當普遍。前一節已提到帆船上的客商之長為「客長」。下了船、上了陸，還是用「客長」來稱「客商之長」。參考《海錄注》，p. 23。

48 《明清史料》丁編第三冊，pp. 298-299，〈部題福督王國安疏殘本〉及己編第七冊，pp. 626-627，〈兵部殘題本〉。

此處的「公司貨物」，我以為是屬於共同擁有它們的全體高級船員（officers）、「附搭貨物」也許該是屬於鄭氏家族，或者更可能是屬於船主洪磊他本人，乃至於屬於兩者和其他的人。[49]

針對「大崊船」，Wang Tai Peng 將目梢當成是水手（sailors，即下級船員），應該是正確的，因為該文件將火長、舵工、總管、阿班、頭椗、二椗、大繚、二繚、押工、直庫、香工、總鋪、一阡、二阡、三阡、三板工等有專門職司的高級船員（officers）開列完畢之後，才以「目梢」來統稱其他的水手。[50] 但是對於「附搭貨物」與「公司貨物」，本文作者認為有必要作不同的解釋。個人認為，就「大崊船」的個案而言，「附搭貨物」的價值與數量皆不大，[51] 而「目梢」又不包括高級船員，因此比較有可能為該船高級船員的私人貨物。該船為明鄭吏官洪磊所有，乘員中並無其他商人；同時該船於暹羅時即已接獲指示逕返廈門，不到臺灣，應該也不會有明鄭集團中其他成員的訂貨。在「東本船」的個案中，並未單獨開列「附搭貨物」一項，則可能是合併到「目梢貨物」中申報。

不管是就「大崊船」或就「東本船」而言，「公司貨物」都佔了船貨的絕大部分。這兩艘船既然分別為洪磊與劉國軒所有，並且由這兩個人派往日本、暹羅貿易，其主要船貨絕對不能說是高級船員的私人貨物，而應該為洪磊和劉國軒所有才是。然而為何不直接說是這兩個人的貨物，而要說是「公司貨物」呢？這就涉及「公司」一詞在海事活動上的用法了。

---

49 Wang Tai Peng, op. cit., p. 46.

50 一般的情形其實泛稱「火長」(管羅盤針路的人)以下的所有船員為「目梢」。

51 計有「白灰布一百七十疋、白象布四百八十六疋、布幔天七個、濕水爛紅哆囉呻二疋、幼布二十疋」。

　　最早給予「公司」兩字簡單說明的是寫於十七世紀末、十八世紀初的歷史小說《臺灣外記》。在該書卷一〈江夏侯驚夢保山　顏思齊敗謀日本〉中，有以下的一段文字：

　　昔之日本，最敬唐人（凡各洋悉唐朝與通，故稱中國人曰「唐人」），船一到岸，只有值日庫街搬頓公司貨物（公司乃船主的貨物——洋船通稱）；其餘搭客暨船中頭目、夥計貨物，悉散接居住，轉為交易。[52]

　　可以注意的是作者明白指出「公司（貨物）」就是船主的貨物，並且這樣的用法並不限於東洋貿易船，還有所有中國貿易船都有一樣的用法。從這一段引文也可以推斷：搭客暨船中頭目、夥計的貨物都不是「公司貨物」，其餘則是。至於「公司」一詞則是用來指「船主」，相當清楚。

　　既然「公司」與「船主」所指涉的意義相同，為什麼要創造「公司」這個名詞，而不直接就叫「船主」或「船主貨物」呢？前文已曾提到「船主」通常是指主要船貨所有人在船上的代表，在而此處之船貨所有者則為「公司」。《明清史料》所提到的兩艘明鄭貿易船，分別為吏官洪磊和武平侯劉國軒所派遣，但其「公司貨物」則為洪磊和劉國軒所代表的一群人（構成所謂的「公司」）所共有。松浦章先生認為鄭成功在

52　江日昇，《臺灣外記》(臺北：臺灣銀行經濟研究室，1960)，p. 3。康熙甲申(1704)序的版本(臺北：新興書局，1973)，p. 2b，「搬頓」作「擎頓」；「公司乃船主的貨物——洋船通稱」一句作「公司乃船主之貨物，此洋船通稱也」，文義較佳。這段文字是拿作者寫作的年代和天啓三年(1623)左右的情形對照著說的。在1623年左右，唐人到了長崎，可以在城內隨處居停。但唐人來者甚多，一度多達長崎現居人口的一、兩成，引起日本幕府的恐慌。1666年就下令停止讓唐人指定居所的作法，改由各町(區)輪流接待。1688年更實行集中居住的辦法。參考原田伴彥，《長崎：歷史の旅への招待》(東京：中央公論社，1964)，pp. 76-88。江日昇所指的事實是唐船「公司貨物」的交易，由長崎各町輪流主持，船到時由值日的町將「公司貨物」搬去存倉，至於其他貨物及唐人則可任意選擇交易的對象和居住的處所。

廈門時，曾經建立過所謂的「五商」制度，當中的「仁、義、禮、智、信」五行，負責兵糧銀米出入，其間或許有稱作「公司」的可能。這應該是一個值得考慮的主張，雖然目前已知的資料尚不容許我們作這樣的認定。[53]

「五商」制度的問題權且擱到一旁。單就與海上貿易直接有關的「公司」制度來說來說，其目的也正是在籌措經費。前面提到的這兩艘船當然也不例外。康熙二十二年（1683），鄭克塽投降之前夕，福建總督姚啓聖說：

> 賊尚有洋船九隻，每年出往外國販洋。所得利息，以為偽官兵糧餉之用。[54]

這九條船可能就包括《明清史料》所提到的兩艘吧！它們貿易的盈利，是用來維持軍隊的。分別掛在洪磊和劉國軒名下，所代表的利益也許就是他們及其手下吧！「公司」的「公」字顯然很明白地說出了「共同」經營、分享盈利的意味。洪磊和劉國軒以公共資金派船下海營運，以其孳息用作公共用途，因此而稱作「公司」。

前文既然指出貿易帆船上的最主要指揮者為「船主」，但在「大咊船」與「東本船」的例子中，這兩、三位指揮者卻稱為「管船」，而非「船主」。稱「管船」與稱「船主」又有何差異呢？

松浦章先生也指出日本文獻《瓊浦偶筆》（1774）記載了一個與「管船」相近的名詞「管公司」。該資料云：「管公司：主船主事務，公

---

53 關於「五商」的問題，目前可以參考的作品有張菼(南棲)的兩篇文章：〈臺灣鄭氏五商之研究〉，《臺灣經濟史十集》(臺北：臺灣銀行經濟研究室，1966)，pp. 43-51；〈鄭成功的五商〉，《臺灣文獻》，36:2 (1985年六月)，pp. 15-33。

54 姚啓聖康熙二十二年正月十三日疏，收入其《憂畏軒奏疏》。原書未見，轉引自陳希育，前引書，p. 100。

司即船主也。」[55] 本來主要的租船貿易者或其在船的代表人是稱作「船主」的。然而或者因為資金太小或是為了分散投資以規避風險，因而由多人集資租船出海貿易時，在船擔任「船主」角色的人，他所代表的資本家就不是單獨的一個人，而是一個投資集團。「公司」一詞不外乎就是用來稱呼這種投資集團的專有名詞吧。《瓊浦偶筆》的那句話也許可以解釋作：「管公司」就是管理「公司」（投資集團）的事務，而「公司」也就是主要的租船貿易者。因此，作為「船主貨物」的「公司貨物」當然要指整個投資集團的貨物。一般隨船行走、指揮航行及貿易的主要租船貿易者的代表人習慣上稱為「船主」，但在主要投資者為「公司」的場合，特別使用「管公司」這樣的稱法，比較清楚。至於在「大哖船」與「東本船」的個案中，使用「管船」這樣的稱法，意義應該也是一樣的。

從「公司」這個名詞最早出現和使用的情形來說，很顯然它和海上的船運與貿易（shipping and trade）有關。而在十七世紀以後中國帆船的貿易活動中，也一直可以看到「公司」這樣的字眼。松浦章在《瓊浦偶筆》之外，還舉出了幾個造訪日本的中國帆船活動使用「公司」一詞的例子。

不過，「公司」一詞也並不只是用於對日的船運與貿易。十九世紀初的一項資料《呂宋記略》[56]，也指出了上海與馬尼拉之間的貿易船，也有「公司」這樣的用法。

《呂宋記略》的作者為江蘇太倉的葉羌鏞。他提到當時上海作暹羅、馬尼拉貿易的帆船有五艘，載重量從兩、三千擔到四千餘擔（100

55　松浦章，前引文，p. 96。

56　葉羌鏞，《呂宋記略》，收在王錫祺輯，「小方壺齋輿地叢鈔(補編、再補編)」，第六冊(臺北：廣文，1964)，pp. 1a-3b。葉羌鏞「曾見甲必丹曉諭告示，上一行奉大清(亦有稱唐者)嘉慶十七年；下一行稱化西士一千八百十二年。」(p. 2b)，因此可推斷該書著於1812年之後。

多噸至250噸左右）。這些船允許客商附搭貿易，其安排如下：

客附舟者，有二千洋錢貨，可帶一弟兄（即駕船水手），公司與擔位八擔。貨倍之，所帶亦多一人，漸次而加。本大者，一人不能照管，帶一友相助，不事駕舟，無擔位，客人自與八擔。

也就是說凡是客商所帶的商品每值銀圓兩千元者，就可以帶一名水手上船，幫忙駕船，而「公司」免費給予八擔（800斤或480公斤）的船艙位置，讓這名水手帶貨貿易，自負盈虧。[57] 客商的商品價值增加時，攜帶水手的權利也依比例增加。但是客商所帶的商品價值不容許他帶人，而他卻需要帶人當幫手時，「公司」就不免費提供艙位，而由客商自己租「八擔」艙位給這名幫手（但這名幫手可豁免擔任水手的差使）。

水手由客商提供，這真是一件令人驚訝的事情。[58] 看來在這個個案中，水手並不必具有特殊的訓練或經驗。這些水手聽由「押班」統一指揮，也就是說「管眾弟兄為『押班』。」「押班」顯然就是第一節所討論的「亞班」或「阿班」，也就是"abang"，即兄長或大哥的意思。在這個場合，他負責領導、指揮一群未必有經驗的水手，操作船隻。除了船主、客商、押班與水手之外，這樣的貿易船船上的人員就只剩下負責烹飪的「總哺」、管帳的「財副」與掌舵的「舵工」[59] 三人而已。「押班」在這種貿易船的航行上，顯然扮演了特別重要的角色！

租用船艙的租金稱作「水腳銀」，歸船主收取。《呂宋記略》說

---

57 不過，水手得到的「八擔」艙位而不自行利用來貿易時，也可以再轉租給客商或其他船員，但是租金比較高。(p. 3b)

58 雖然令人驚訝，但是同樣的作法也出現在往返巴達維亞貿易的中國帆船。參考包樂史著、莊國土等譯，《巴達維亞華人與中荷貿易》(南寧：廣西人民出版社，1997)，pp. 150-151。

59 原書云：「上海至廈門謂之『大公』，廈門至西洋(馬尼拉及暹羅)謂之『夥長公』。」(p. 3b)

「水腳銀船主領之，謂之『公司』。」然而客商不但要支付租金，而且在船到馬尼拉海關時，

> 將貨物逐件點明，估價消（銷？）貨後，公司抽分客銀加二三五（走暹羅去貨無利，船主無抽分）。關稅即於抽分內拔十分之六。

也就是說「公司」抽取客商商品總值的23.5%，以其中的十分之六用來繳納關稅；剩下的十分之四（商品總值的9.4%）當然是「公司」的收益了。不過，這樣的收益只在上海走馬尼拉的商船才有；走暹羅的商船因為獲利無多，「公司」並不收取抽分。（可能也就不代納關稅──該文獻未明白指出。）「公司」除了將客商運到馬尼拉讓他們進行貿易外，也主持沿途祭祀神明的工作，以確保航行的安全。不過，在部分的場合，客商還得提供金紙。在這樣的由上海到馬尼拉的帆船中，主要的負責人還是稱作「船主」，但是他的工作還是為「公司」服務，代表「公司」的利益。「公司」顯然仍然意味著一個投資集團。

很有趣的是《呂宋記略》還提到一個名詞，叫作「小公司」。它說：「其主客飲食者，曰『小公司』。」換言之，「小公司」指客商的伙食團。伙食團的經費是否包括在「水腳銀」或「抽分」之內，不甚清楚。不過，很明顯地「小公司」所以也叫作「公司」，那是因為伙食團的成員也把他們的伙食費聚集在一起使用的緣故。十九世紀之前「小公司」的用法，雖然也發生在海事活動的場合，但作為伙食團這樣的用法則與海事活動沒有必然的關係。

再者，「小公司」也未必專指伙食團。清代（或日據之前）的臺灣海事慣例也把船員搭載的商品集體地稱為「小司」，應該也就是「小公司」的意思。

日據初年舊慣調查會所編製的《臺灣私法》對「大公司」及「小（公）司」有以下記載：

　　整船60合股的財產稱為「大公司」，有船舶、器具、貨物及一切債權、債務。「小司」又稱「小私」、「小夥」或「搭位」，即由船員在慣例認定的範圍內得以載運的貨物發生的債權及債務。61

行走臺灣與大陸之間的商船，不只是高級船員和一般水手得以分配到一定重量或體積的空間隨船載些私人的商品，做些小生意；就是連船上的指揮者「出海」也有類似的權利。這些權利集合起來就構成了「小司」。62

　　「公司」這個名詞始終帶有合夥（partnership）或共同事業（joint concern）的意味。它的出現原本與海事貿易活動有關，後來卻不限定在海事活動的範圍內使用。

　　稍早我們已經提到臺灣的地名「公司田」、「公司寮」之類的用法。其實，臺灣商業習慣上也把「公司」當成「合夥」的「共同事業」。例如十九世紀時，糖廍依其資本構成的方式中，就有一種稱為「公司廍」，即「合股而設者也。」63 一般合夥事業機組織稱作「公司」，那就更多囉。例如1887年（光緒十三年），臺灣聞人陳中和（陳仲和）與人合夥創辦「和興公司」。合股文書中就提到「本行生理，並開設橫濱順和棧所有盈虧，均付本公司賬內核結。」64 另外，1897年（丁酉年）的「合股字」契約，也提到「合夥公司之事」。65 由於「公司」

---

60 《臺灣私法》第三卷(南投：臺灣省文獻委員會，1993)，p. 570：「船主(按：此指船東本人自行出海貿易者)或贌、稅人(此指租船貿易的人)利用船舶經商，稱為『整船』。」贌指「包租」(to charter)、稅指「租」(to rent)。

61 同上註，p. 559。

62 同上註，pp. 566-567。

63 連橫，《臺灣通史》(臺北：臺灣銀行經濟研究室，「臺灣文獻叢刊」第128種，1962)，p. 651。

64 《臺灣私法商事篇》(臺北：臺灣銀行經濟研究室，「臺灣文獻叢刊」第91種，1961)，p. 133。

65 同上註，p. 123。

帶有合夥投資事業的味道，十八世紀末以來就順理成章地將原本音譯作
「公班衙」的英文字"company"譯作「公司」。然而在民間用法上，「公司」
還保留著原始的簡單共同經營的意思，而不必非指一個現代法人意味的
經營組織不可。例如1891年（光緒十七年）臺灣的一件「遺囑」就把未
分配的遺產交給所有繼承人共同經營，稱之為「歸諸公司生息」[66]，保
留了簡單的「共同經營」的意味。

　　中國大陸方面的情形，試舉一例：福建廈門在清代前期有許多華人
從事沿海與遠洋的貿易。制度上有所謂的「商行」與「洋行」分別擔任
交易的仲介以及保稅的工作。其中的「洋行」由於經手南洋貿易，地方
大吏遂強制他們為官府購買燕窩、黑鉛等進口品。道光元年（1821）所
有的「洋行」都倒閉或停止營業。[67] 官方於是要求當時存在的「商行」
（經手中國沿海貿易）「大小十四家，公司承辦貢燕、黑鉛等項」。這項
工作也叫作「十四行公辦」。[68] 可見得遲至1821年時，廈門社會還是把
「公司」當成「合夥」或「共同事業」的意味。

　　「公司」一詞在透過船運、貿易與移民（如蘭芳公司之類）融入馬
來語彙的過程中，也包含了「合夥投資」與「共同經營」的意味。在現
代馬來文中，"kongsi"的本義即為合夥的商業機構。但與它字併用時，
還有許多意思。如"kongsi gelap"指秘密會社、"kongsi hidup"指共同生
活、加上前綴詞的動詞"mengongsi"則指共用或共有。這也都還不脫離
「合夥」或「共同事業」的原始涵意。

66　《臺灣私法人事篇》(臺北：臺灣銀行經濟研究室，「臺灣文獻叢刊」第117種，
　　1962)，p. 385。

67　陳國棟，〈清代中葉廈門的海上貿易(1727-1833)〉，收入本書，pp. 467-507。

68　周凱，《廈門志》，pp. 179-181。

四、艟舡（Wangkang）

十五世紀以來，從歐洲人的觀點來看，亞洲船舶大致可以分成三大類。一是中國式船舶，歐洲文獻稱之為"junk"，活躍的範圍為馬來半島以東的東亞、東南亞、東北亞海域；一是東南亞的（爪哇人、馬來人的）傳統船舶，歐洲人將之統稱為"perahu"，活躍於東南亞海域，主要從事島與島間的運輸貿易（*nusantara* trade）[69]；第三種則是印度洋船舶，為印度人、阿拉伯人以及環印度洋地區的其他人種所使用。歐洲人借用東非Swahili語的稱法，將之統稱為"dhow"。[70] 至於歐洲人自己的船舶當然就叫作"ship"[71]囉！

中式船舶未必都在中國打造，所有者與使用者也未必是中國境內或僑居地的華人，日本和東南亞的居民也可能擁有或製造中式船舶。有一些學者主張中式船舶的統稱"junk"是源自馬來文的"jong"一字。[72] 其實，在更早的年代（歐洲人到達亞洲以前）中國式的船舶就已活躍於東南亞世界。"Jong"或"junk"的最終語源應該還是中國人對船舶的總稱：「船」（閩南發音）！

69　不過在馬來文的用法裡，"perahu"其實泛指一切的船舶，不拘是馬來世界或其他人種的船舶。參考Hans-Dieter Evers, "Traditional Trading Networks of Southeast Asia," *Archipel*, 35 (1988), pp. 89-100.

70　參考Yajima Hikoichi（家島彥一）, *The Arab Dhow Trade in the Indian Ocean* (Tokyo: Institute for the Study of Languages and Cultures of Asia and Africa, 1976).

71　歐式帆船在東南亞通常以馬來語稱為"kapal"，也就是「大船」(perahu besar)的意思。在中文文獻中，則寫作「夾板」、「夾版」、「甲板」等字眼，皆其音譯也。例如1633年料羅灣海戰期間，福建巡撫鄒維璉的〈奉勤紅夷捷報疏〉就一再地提到荷蘭人的船為「夾版」船，如云「紅毛一番……其舟長五十丈，橫廣六、七丈，名曰『夾版』。」見鄒維璉，《達觀樓集》，卷十八。該疏全文引在蘇同炳，《臺灣史研究集》（臺北：國立編譯館，1990），pp. 34-42。

72　近來有關'junk"一字的起源與東南亞船舶問題的討論，請參考Pierre-Yves Manguin以下各文："The Southeast Asian Ship: An Historical Approach," *Journal of Southeast Asian*

前面說過歐洲人以他們認爲來自馬來文的"jong"這個字作爲中式船舶的總稱。然而，在馬來文中用來稱呼中式船舶的字眼並不只有"jong"這個字。事實上"jong"這個字的定義是"sejenis kapal layar Cina（biduk）"，意思是說「一種中國式帆船（小河船）」。馬來西亞的華人把"jong"這種船稱作「舯舡」，即用馬來文表示的"jongkang"或"tongkang"，常常用來指較小的中式船舶，這與歐洲人用"junk"的同源字來泛指一切中式船舶的情形不同。

由中國造訪東南亞的中式帆船通常比較大，爲不屬與「舯舡」的那種。東南亞世界的大商人（通常爲華人）也打造大型的中式帆船航行於東亞世界。這一些大型中式帆船，在馬來文中經常稱爲"wangkang"，馬來西亞華人世界的典雅寫法爲「艎舡」。馬來文字典給予"wangkang"這個字的定義是"sejenis jong, perahu besar"，意思是說「一種中式帆船、大船」，用來專指大型的中式船舶。它是一個道道地地的馬來字，並不是借自中文的用法。不過，在十六、十七世紀以來的馬來文中，已被用來指涉中式帆船，而非傳統的馬來船舶 *perahu* 中的大船。

十七世紀荷蘭人的文獻經常提到"wangkang"這個字，有些時候還和"junk"同時出現。也就是說分別當成中式帆船的兩種類型。荷蘭人採用"wangkang"一詞，顯然是受到馬來人用法的影響，所以還是把它當成是中國式海船來看待。即使在近代荷蘭出版品中，我們也仍然可以看到給"wangkang"這個字的說明是"Chinese-style oceangoing junk"（中式航海

Studies, XI:2 (Sept., 1980), pp. 266-276; "Trading Ships of the South China Sea: Shipbuilding Techniques and Their Role in the History of the Development of Asian Trade Networks," *Journal of the Economic and Social History of the Orient*, XXXVI (1993), pp. 253-280; "The Vanishing *Jong*: Insular Southeast Asian Fleets in Trade and War (Fifteenth to Seventeenth Centuries)," in Anthony Reid (ed.), *Southeast Asia in the Early Modern Era: Trade, Power, and Belief* (Ithaca & London: Cornell University Press, 1993), pp. 197-213.

帆船）。[73]十七世紀荷蘭人所記述的"wangkang"包括了許多造訪臺灣的中式帆船，分別來自中國大陸與東南亞各地。值得注意的是十七世紀的荷蘭人同時又使用"junk"這樣的稱呼來指中式帆船。顯然他們有一種標準用來區分"wangkang"與"junk"。這個標準是什麼呢？

有一種說法是認為"junk"要比"wangkang"來得大，或者說"wangkang"是較小型的"junk"。例如《熱蘭遮城日誌》荷蘭文排印本的編者在書後的「詞彙」部分就說："Wancan:（Chinees: wang-kang）klein type jonk met twee masten"[74]，意思是說得名自中文的"wang-kang"，為雙桅式小型中式帆船。該書主編在另一本著作中也說"wangkang"是"small size Amoy trader"，小型的廈門商船（同時也應泛指同類型的中國商船）。[75] 這樣的定義意味著"wangkang"與"junk"都指中式航海貿易船，不過前者較小，而後者較大。包樂史曾經引用《巴城佈告集》說明1706年時，巴達維亞當局規定中國船載客入口，"junk"以100人為限，"wangkang"則限載80名。[76] 這也反映了 "junk"與"wangkang"之間確實有大小的差別。

至於說"wangkang"得名自中文，事實上找不到證據。馬來世界典雅用法的「艎舡」並未出現在當時或更早的中國文獻。它應該不是中國人對帆船的固有叫法。[77] 因此，現代學者在翻譯這個字的時候往往有所誤解。[78] 可是荷蘭文獻確實點出了"wangkang"比"junk"小的事實，因此不

73　J. C. van Leur, ibid., p. 445 (Glossary).

74　J. L. Blussé et al., eds., *De Dagregisters van het Kasteel Zeelandia, Taiwan 1629-1662*, vol. II (Den Haag: Instituut voor Nederlandse Geschiedenis, 1995), p. 623.

75　Leonard Blussé, *Strange Company*, p. 129. 包樂史並且附了一張"wangkang"的圖畫。不過，這張圖畫出處為Ivon A. Donelly的*Chinese Junks: A Book of Drawings in Black and White* (Shanghai, 1920)，年代較晚，是否能代表十七世紀時的情形，必須稍作保留。

76　《巴達維亞華人與中荷貿易》，pp. 127-128。

77　參考附錄。

免使人誤會它是很小的船。例如，曹永和先生在1955年一篇討論明代臺灣漁業的文章中，就把"wangkang"當成是艋舺。他引用1630年7月6日大員（熱蘭遮城）商館評議會的決議，並且翻譯如下：

> 至在北風期中用戎克船（joncxk，*sic*）、艋舺船（wanckan）以及其他船舶向大員以南或以北出發捕魚的收入，則仍保留照從前一樣徵收什一稅。[79]

這個譯法可能影響到郭輝。在他所譯，1970年首次出版的《巴達維亞城日記》第一冊及第二冊中，"wangkang"一律被譯成「艋舺」。例如1644年3月7日條：

> 又有艋舺船一艘自福州（Hoczeeu）進港。人員四十五人，搭載中國啤酒、大張紙及其他雜貨，航程十八日。該船為本年自中國開來最初艋舺船，故總督予以免稅。[80]

乘員多達四十五人，同時又作遠洋航行，當然不是獨木舟，不應譯作「艋舺」。

《巴達維亞城日記》中譯本第三冊於1990年出版。譯者程大學顯然對"wangkang"一詞大為困惑。因此，他的譯法也就花樣百出，例如：

> 王康（Wancan）。（p. 110）

78　例如莊國土等人在翻譯包樂史的作品時，就將"wangkang"譯作「艋舴」。「艋舴」不是一個中文慣有的詞彙。中文詞彙有「舴艋」，意思是「小舟」。見《巴達維亞華人與中荷貿易》，p. 128。

79　曹永和，〈明代臺灣漁業誌略補說〉，《臺灣早期歷史研究》(臺北：聯經，1979)，p. 237。

80　郭輝譯，《巴達維亞城日記》第二冊(臺北市：臺灣省文獻委員會，1970、1989)，p. 380。

乘員二百人之大Wancan船即帆船，自廈門抵達本港。（p. 110）

中國人Santouw於所有Wanlcan[81] 船搭載：胡椒……。（p. 114）

大艋舺船Wancan。（pp. 120、121）

王康（Wancan）船一艘，自廣東直航抵達本地。（p. 155）

准許支那甲必丹Bingam〔潘明巖〕及中國商人Soocko本年各派王康（Wanckantie）小船一艘前往大員。

王康船。（p. 178）

大致上以不譯或譯作「王康」爲常，但是至少也有一處也譯作「艋舺」。

其實，臺灣史學者都知道「艋舺」指的是獨木舟，依李壬癸的研究，臺灣歷史上的馬賽族和現在的泰雅族都有這樣的語彙，並且應該還原爲"bangka"。[82] 李壬癸還指出田樸夫（Dempwolff）曾擬測舟船的古南島語中有"wankang"這個字，意爲「獨木舟」，但「可惜這……個詞……只見於東區和西區的南島語言，卻不見於北區的臺灣南島語言。」[83] "Wangkang"雖然在很久以前有過「獨木舟」的意思，但在十六、七世紀的馬來文中，早已被用來指大型中式帆船，而荷蘭人也用來指只比"junk"小一些的中式航海貿易船了。

荷蘭人於1624年以後入據臺灣，從此就經常提到"wangkang"這種中式帆船。不過早在十六世紀中國船就經常造訪臺灣，其中想當然有後來的荷蘭人稱之爲"wangkang"的那種船吧。巧合地是，也就在十六、七世紀時，中文文獻出現了一個臺灣地名「魍港」（蚊港）[84]。這個地點在

81　應作"wankan"，即"wangkang"。

82　李壬癸，〈臺灣南島語言的舟船同源詞〉，《臺灣南島民族的族群與遷徙》(臺北：常民文化，1997)，pp. 78-80。

83　李壬癸，前引文，p. 78。

十七世紀的荷蘭文獻中也寫作"Wangkang"（拼作"Wancan"或近似形式），也就是說與「艟舡」為同一個字。中村孝志就明白地說此一地名與印尼人稱呼舟船的"wangkang"有關。[85] 換言之，魍港這個地名應該不是依臺灣原住民的語言命名的，而係受到以馬來語稱為"wangkang"的中式帆船造訪的影響。[86]

---

84 「魍港」一名至遲在十六世紀後半期就已出現在《明神宗萬曆實錄》。參考方豪，《臺灣早期史綱》(臺北：學生書局，1994), pp. 102-104。張燮也指出嘉靖(1522-1566)後期即有這個地名，見《東西洋考》, p. 70。

85 《バタヴィア城日誌1》, p. 223。

86 曹永和云：「《明史》文中所謂魍港，究是何地？查魍港之名，見於《東西洋考》，是臺灣地名。據伊能嘉矩之說，魍港即蚊港，即塭港，係一音之轉，是在八獎溪出海處。約在今新虎尾溪口之蚊港庄附近。據和田清，則謂按當時的開發程度，或尚不及新虎尾溪一帶，故認為魍港是現今的鹽水港北的蚊港口。要之，二氏所云，都是在臺灣南部。」見曹永和，〈明代臺灣漁業誌略〉，《臺灣早期歷史研究》, p. 163。《巴達維亞城日記》第一冊(臺北市：臺灣省文獻委員會，1970、1989)，在1634年11月條下有如是記載：「距臺窩灣(安平)五哩地之Wanchan之水路Canael從來水深不過七、八呎，至本年已使其在潮水平時，有十三呎之深。幾乎比較臺窩灣(安平)水路加深二呎，又中國戎克船以此較進入臺窩灣(安平)等地更為容易，是以如果葡萄牙人或日本人，從中國人聞及此事，則將乘此良機，建設城寨，居留該地，以至與中國人開始貿易，如此臺窩灣(安平)貿易可能全被奪去。長官有應及此，乃促總督對此考慮，應先於葡萄牙人及日本人在該地建設城寨前行動。」(p. 136)這是荷蘭文獻中最早提到魍港的記錄吧。《巴達維亞城日記》第一冊，在1636年4月條下云：「距Wangkan北方約計六、七哩處之Vavoralangh村」。(p. 168)Vavoralangh村在今雲林虎尾。《巴達維亞城日記》第二冊，在1642年1月條下有如是記載：「我軍由原路回笨港河，整然乘船，經過魍港(Wancan)及蕭壠，於12月2日抵達臺窩灣。」(p. 349)可見魍港介於臺南佳里與嘉義、雲林北港之間。荷蘭人於1636年在魍港建成堡砦，命名為Vlissingen。中村孝志提到依盧嘉興的說法，此地當在今布袋鎮好美里虎尾寮。(同前)個人認為可能性很大。參考盧嘉興，〈八掌溪與青峰闕〉，收在《輿地纂要》(《南瀛文獻》叢刊，第二輯)(新營：臺南縣政府，1981)，pp. 91-126。以上涉及的距離換算，可依曹永和所說：當時荷蘭人以德里計算海上距離，一德里(哩)相當於7,407.41公尺。見《臺灣早期歷史研究》, p. 339, 註26。

五、結語

　　從以上對「阿班」（亞班）、「客夥」、「公司」及「艍舡」四個名詞的考證與相關史事的釐清，我們可以理解在十七世紀左右，由於中國（含臺灣）與東南亞地區的密切往來，航海的華籍船員、商人與東南亞世界的在地居民不免發生一些文化上、語言上或制度上的相互影響。只是這樣涉及不同文化的交流，既然是透過航海與貿易而發生，其文化交換的媒介人物也就不是學富五車的讀書人，而只是一些可能識字不多的航海者。因此打從一開始，在認知上就已不曾力求精確，而周詳的記錄更是付諸缺如，考證起來並非易事。以上的鋪陳說來難免粗糙，說不定還有些許牽強，但多少有些一得之愚吧。

　　在中國與東南亞邦國的高層文化尚缺乏密切交往的狀態下（東南亞對中國的朝貢，對朝貢雙方的文化影響看來並不深遠），透過航海家的這種模糊卻長遠的文化互動無疑值得重視。如果有人認為中國文化的程度比較高，因此在與東南亞的文化交往中處在「與者」（giver）而非「受者」（taker）的地位，那恐怕是片面的觀察了。就航海世界的華人而言，他們與東南亞的居民自然地發生文化的交換，既是「與者」，也是「受者」。本文所處理的四個馬來語彙正好給這樣的事實作一明證。

附錄：兩件與「公司」及"wangkang"有關的資料

2001年8月14日，筆者在荷蘭萊登大學擔任國際亞洲學院（International Institute of Asian Studies）的「歐洲漢學講座」。一名大陸留學生劉永給我兩張他在海牙國立檔案館所找到的文獻。仔細研讀之後，發現這是廣東「本港船」的「攬載貨單」。這兩張攬載契約都蓋有內含「公司」字樣的圖章；第一件更提到稱作「黃仔」的某種形式的貿易船。「黃仔」極可能就是本文所討論的"wangkang"的譯音。現在稍加註釋、抄錄這兩個文件如下，並將原件影印本一併付印，以饗讀者。

一、達豐行承攬載貨單

達豐行[87] 黃仔[88] 船主[89] 蔡諏觀在廣東承接裝賀蘭國公司[90] 瓷器，大小壹拾參箱，部重[91] 參千七百貳拾五斤、白鉛壹萬貳千貳百參拾陸塊，重貳拾伍萬伍千陸百伍拾九磅，1225[92] 折，重貳千零捌拾柒擔。[93] 裝至吧國[94]，

87　在清代的廣東省，「本港船」指該省往來東南亞的中式貿易船。《宮中檔乾隆朝奏摺》第三輯(臺北：故宮，1982)，pp. 771-772，乾隆十七年九月初五日兩廣總督阿里袞的奏摺即云：「洋船之中尚有內地商人前往安南、暹羅等處貿易者，名曰『本港商船』。」經手「本港船」攬貨載客、報關納稅之業務的洋行(牙行)即為「本港行」。達豐行就是這樣的一家「本港行」，設在廣州，乾隆二十五年(1760)時已經營業。參考《粵海關志》，25/11a；《史料旬刊》，天119。

88　可能為wangkang。

89　當然就是nakhoda。船隻所有人不明，但船主有支配船位的權力。

90　即荷蘭聯合東印度公司。請注意：這個1769年的文件已經把"company"譯作「公司」！

91　「部」可能指「工部」；「部重」可能指依工部頒佈之標準衡器所稱出之重量。

92　原文為蘇州數碼，下同。

93　「1225折」是說每一中國斤折算成1.225荷磅(pond)。

94　指巴達維亞(Batavia)，今印尼雅加達。當時為荷蘭東印度公司亞洲總部所在。

達豐行黃仔船主蔡諫觀在廣東承接裝唭嗊國公司瓷器大小盞拾叁箱部重叁千七百式拾五斤白鉛虚萬式千五月

叁拾陸現重式拾伍為伍千陸百伍拾几磅酌折重式千零捌拾採枱裝至吧國瓷罷每百斤該載位水腳吧錢式員半白

鉛每百斤載位水腳該吧錢壹員其白鉛每百斤照在吧蔡出僧每百文抽五文載銀偽仔抽分住廣並未有交順風相送到吧國

即當將載銀水腳偽仔抽分一應與足交與黃仔船主蔡諫觀收清應用其貨乃係住廣東達豐行黃仔船主蔡諫觀寄

西經交使到吧國交與兵頭收入偽有少欠愿將載位水腳偽仔抽分扣除無得異言反悔誠恐無凭是以立承攬載

送執存炤。

乾隆叁拾肆年正月

一、瓷器每百斤載位水腳吧錢式員半

一、白鉛每百斤載位水腳吧錢壹員

一、白鉛每百斤照吧錢出僧每百文抽伍文

日立攬載貨單蔡諫觀

大興公司

瓷器每百斤該載位水腳吧錢貳員半、白鉛每百斤載位水腳該吧錢壹員。[95] 其白鉛每百斤照吧發出價，每百文抽五文，載銀、僱仔[96] 抽分。在廣並未有交。順風相送到吧國，即當將載銀水腳、僱仔抽分一應算足，交與黃仔船蔡諏觀收清應用。[97] 其貨乃係在廣東達豐行與黃仔船主蔡諏觀當面經交，[98] 但到吧國交與兵頭[99] 收入。倘有少欠，願將載位水腳、僱仔抽分扣除，無得異言反悔。誠恐無憑，是以立承攬載貨單貳紙，送執存照。

一、瓷器每百斤載位水腳吧錢貳員半

一、白鉛每百斤載位水腳吧錢壹員

一、白鉛每百斤照吧發出價每百文抽伍文

乾隆參拾肆年正月　　　日立攬載貨單蔡諏觀

【「蔡諏觀」以下押「大興公司」100章一枚，楷書】

二、顏立舍承接裝貨紙

益泰艑[101] 船主顏立舍在廣東承接裝賀蘭國公司瓷器壹拾肆箱，壹號起至拾肆號止，重數俱書寫在箱面，共五千五百廿六磅，1225申，肆千五百壹拾壹斤。又白鉛壹萬貳千零玖拾陸塊，重貳拾肆萬肆千參百肆拾壹磅，

---

95 「載位水腳」即運費；「吧國錢壹員」當指西班牙銀圓一元，約值中國市銀0.72兩。

96 荷蘭文 *pacht*，在臺灣譯寫作「牒」，在巴達維亞譯寫作「僱」，租或包租的意思。「僱仔」在巴達維亞的用法通常指包稅人；在此似乎用來指仲介者，也就是在白鉛被運抵巴達維亞後媒介出售的人，他收取售價的5%作為傭金。

97 運費及傭金全都等船平安到達(順風相送)巴達維亞後才交給船主。傭金也交給船主，這似乎意味著船主或其部屬即為出售該批白鉛的仲介人。貨主及託運人皆為荷蘭東印度公司。瓷器顯然由「兵頭」收受；白鉛的收益扣除傭金亦交給荷蘭「兵頭」。

98 這顯示「本港行」擔任交易安全的仲介角色。

99 「兵頭」應為荷蘭東印度公司的職員。

100「公司」當指船主所代表的利益(權利)團體，該船經營所得的支配者。

101 艑船當指福建式海船。

Petrus Albertus van Parua gouverneur
gouverneur a Malleaca [...] Resident van
[...]

Canton in China on 22 [...] 1769.

蓋泰鵬船主顏立合在廣東承接裝買蘭國公司先器室
拾肆箱壹號起至拾肆號止重數供青萬在稍兩共五千五
百廿六磅𥻘申肆千五百壹拾壹斤又白鉛壹萬貳千零玖
拾陸塊擔拾肆萬肆千叁百肆拾壹磅𥻘申叁千九
百玖拾肆塊擔拾貳斤窕品每百斤該儀位吧錢貳易半叁
白鉛每百斤該儀位吧錢壹員筭其儀位及水脚銀尚未
有交順風相送至吧閩即將儀位及水脚銀交足其質
乃係在廣東與船主立合當南言到到吧國交興
兵頭收入又附銅磅壹個軫重照磅為憑若有少欠現[?]
船主填補誠恐無憑立水接裝買紙壹樣貳張送執存
照如胶回一紙其餘壹紙視為廢紙再焙

乾隆三十四年正月吉日益泰鵬船主新[?]

1225申，壹千九百玖拾肆擔陸拾貳斤。瓷器每百斤該儎位吧錢貳員半算、白鉛每百斤該儎位吧錢壹員算。其儎位及水腳銀尚未有交。順風相送至吧國，即將儎位及水腳銀交足。其貨乃係在廣東與船主立舍當面言約，到吧國交與兵頭收入。又附銅磅壹個，輕重照磅為憑。若有少欠，塊聲船主填補。誠恐無憑，立承接裝貨紙壹樣貳張送執存照。如收回一紙，其餘壹紙視為廢紙。再炤。

乾隆三十四年正月吉日益泰艕船主顏立舍單

【「顏立舍單」四字上押「茂勝公司」章一枚。「茂勝」篆書、「公司」楷書；本件上方有荷蘭文摘要註記，日期記為1769年2月22日。】

第一個文件黃仔船的船主為蔡諏觀，押的圖章卻是「大興公司」。第二個文件的船主為顏立舍，押的圖章卻是「茂勝公司」。兩個文件當然沒有必要解釋何者為「公司」，但應可理解為兩位船主各自的雇主，也就是該趟船運及貿易的投資者的集體。如此說來，「公司」作為一種集體投資於海上貿易的作法，在十八世紀後期仍未改變其本質。

——原刊於陳國棟主編，《漢文化與周邊民族》（「第三屆國際漢學會議論文集」之一。臺北：中央研究院歷史語言研究所，2003），pp. 65-113。

十七世紀日本的絲割符制度
與中日間的生絲貿易

小引

中國向來就是著名的絲綢產地，產絲的歷史十分悠久。千百年來，政府總是鼓勵人民養蠶製絲。明朝（1368-1644）初年時，政府甚至還強制人民要種植桑樹、飼養蠶隻。不過，主要倒不是出於政府的作為，而係出於商業的發達，促成長江下游、太湖流域一帶生絲與絲綢業的大規模發展。在明末的十七世紀時，生絲與絲綢不但用於供應內銷，同時也成為重要的出口品。[1]

在日本方面，早從戰國時代（1467-1573）開始，武士們就已展露出對奢華生活的興趣。他們相互之間不只是在戰場上拚死拚活，同時也在生活方式上一較長短。尤其是在由織田信長與豐臣秀吉兩位霸主統治的安土——桃山時代（1574-1598），日本社會已經趨於安定，而對大多數統治階層來說，愛好細緻、優雅但所費不貲的事物也慢慢變成難以拒絕的習氣。不久之後，在十七世紀初頭，大將軍德川家康就統一了日本全境。為了讓日本人稱為「大名」的封建領主能受到嚴密的控制起見，德川家康創立了所謂的「參勤交代制」，命令這些領主們在首都江戶（今東京）與其封地之間輪流居住。

這一來，由於有眾多的封建領主與其僕從在同一個城市（江戶）中居住，崇奢競侈之風比之以往更是有過之而無不及了。於是，當十七世紀降臨時，人們就發現對生絲及絲綢織品有著極大的需要。貴族們的奢華生活，隨即被富有的「町人」（商人、城市居民）起而效尤。這些町人在國家承平、長治久安下，爬上日本經濟的頂端。社會競相奢侈，對中國絲貨的想望也就有增無減。

就這樣，十七世紀時的中國產絲豐富，而日本需要量可觀，結果兩

1　全漢昇，〈明中葉後中日間的絲銀貿易〉，《中央研究院歷史語言研究所集刊》，第55本第4分為(1984年12月)，p. 635。

國之間自然出現了一個規模不小的貿易！貿易不就是以有易無嗎，問題應該相當簡單才是。可是十七世紀中、日兩國間的絲綢貿易卻遠比我們所能想像地還複雜。就大多數的場合而言，中國絲綢並不由中國直接運銷日本，而是經由迂迴的路徑、由不同國籍的人士來經營。

此一狀況，起先是受到明朝政府嚴禁中、日間直接貿易的影響。其背景是：十六世紀中葉前，中國東南沿海遭受到來自日本的倭寇之蹂躪，這些從海上揚帆而來的暴徒當中，有日本人，但也有中國人。為了消極對付此一狀況，明朝政府禁止中國船隻出海。明穆宗隆慶元年（1567），在東南沿海省份官民的籲請下，方始解除部份的禁制，准許一般人民可以出海捕魚或前往外國貿易。然而，為了避免倭寇騷擾，還是禁止赴日。因此，在明朝結束以前，中國絲貨銷日就只能採取繞道的方式來進行。

明朝滅亡（1644）後，中國大部份地區落入滿洲征服者的控制下，建立了清朝；不過，有些忠於明朝的臣民還是致力抵抗。這些忠臣當中，有一股勢力由鄭成功領導，以廈門一帶為根據地。1661年，鄭成功率兵進攻臺灣，次年逐走佔據臺灣的荷蘭人，但也在同年逝世。兩、三年後，他的兒子鄭經失去了大陸據點，整股反清勢力撤退到臺灣。鄭經與其子鄭克塽繼續統治臺灣到1683年，隨後向清廷投降。在鄭氏抗清的期間，中、日之間的貿易幾乎都在鄭氏一族的掌控之下。為了籌措金錢來補給他的軍隊，鄭成功創立了一套貿易制度以取得出口物資，特別是長江三角洲一帶所生產的生絲與絲綢。在1664年完全撤離中國大陸之前，這些出口商品大都先送到廈門集中，然後用鄭氏家族的船隊運往日本銷售。[2] 其後鄭氏家族雖然失去大陸據點，卻仍然活躍海上。其他商民

2　南棲（張菼），〈臺灣鄭成功五商之研究〉，《臺灣經濟史十集》（臺北：臺灣銀行經濟研究室，1966）；張菼，〈鄭成功的五商〉，《臺灣文獻》，第36卷第2期 (1985年6月)。

如果要將絲綢出口到日本，大體上都得向鄭氏家族繳納一筆金錢以獲得其保護。在鄭氏家族支配海上的這段期間，滿清政府爲了不讓反清人士從大陸地區取得各項供給，又再度實行海禁政策。中國船隻不被允許前往日本貿易。一直要等到鄭克塽降清以後，產絲和用絲的兩國之間才建立起直接的貿易，時間上頗有延遲的意味。

一、貿易商

雖然說十七世紀上半期間，日本進口的生絲與絲織品大都產於中國，可是中國商人自行承銷的比重並不高。如前所述，中國實行海禁，任何船隻都不能合法出海，當然不能前往日本。不過，1567年部份解除海禁之後，中國貿易商們已經可以出航到日本以外的其他東亞港口，而明朝國力已衰、水師不強，其實沒有能力追蹤這些帆船出海後的行蹤。於是，不免就有一些中國船隻改變航向，違禁前往日本，這在十七世紀初以後就不罕見了。1610年時，日本政府正式許可中國船隻入港。就在這一年，德川家康在他退休後所居的駿府（現在的靜岡市）接見一名中國商人，並且授予他到日本貿易的許可狀。這以後，中國來船的數目就與日俱增了。每年到達日本港口的中國船隻一般爲數約在三十艘左右，有時會更多一些。不過，中國商人在日本佔有重要地位，可能還是要等到鄭芝龍崛起於東亞海域之後，時間上已經是1620年代末期了。[3]等到鄭成功能夠控制海面時（1650年代），日本方面早已採取「鎖國政策」，只允許中國人和荷蘭人到日本，並且限定在指定的地方貿易。日本實施「鎖國政策」以前，中國船可以任意前往不同的日本港口交易；可是大

3　Iwao Seiichi, "Japanese Foreign Trade in the Sixteenth and Seventeenth Centuries," *Acta Asiatica,* XXX (1976), p. 11；Yamawaki, Teijiro, "The Great Trading Merchants, Cocksinja and His Son," *Acta Asiatica*, XXX (1976), p.107 ff.

約從1635年開始，中國帆船的貿易港口就被限定到長崎一個地方，隨後荷蘭人也接受同樣的約束。[4]

在十七世紀最初幾十年間，日本人的海外貿易也相當活躍。在1603年德川幕府正式立下「朱印船」制度之前，豐臣秀吉已經開始核准日本船前往東南亞貿易。在「朱印船」制度下，德川幕府規定：凡是要出海前往外國的船隻，都要事先向幕府申請一張蓋有紅色幕府印章的執照。這種執照稱作「御朱印狀」，而持有「御朱印狀」的船舶便稱作「御朱印船」，簡稱為「朱印船」。此一制度開始施行時，據說九州博多（福岡）的商人是最主要的船東和企業家。不過，九州的大名、幕府的高官，還有旅居日本的外國人（例如著名的松浦按針——即英國航海家威廉·亞當斯 [William Adams]），甚至於宮廷貴婦也都有所染指。[5]不過，不久之後，也就是大約在1610年之後，九州的大名就被禁止打造500石（約135立方公尺）以上的大船，也被禁止派船出海到外國。實際上，他們就此被從「朱印船」貿易中排除。這一來，就剩下那些與幕府有密切關係的人士仍然可以繼續從事海外貿易。再者，自1631年起，「朱印船」的船主除了要取得「御朱印狀」之外，還得向幕府的長官「老中」申請一張稱為「奉書」的官方文件，方許成行。在此之後，更就只有那些與幕府有直接關係的人（也就是幕府官員本身或者承辦某種幕府工作的人員）才能參與海外貿易了。事實上，在這個「朱印船」貿易的最末階段，也只有七家行號或個人得以從事這個貿易。[6]公元1635年，因為要遂行鎖國政策，幕府也就停發「御朱印狀」及「奉書」，日本國民完全被禁止出海。

朱印船經常造訪的港口位在東南亞的許多角落，不過，臺灣與現

4　中田易直，〈鎖國の成立と糸割符〉，《(東京教育大學)史學研究》，第10號(1956)，p. 20。

5　C. R. Boxer, *The Great Ship from Amacon: Annals of Macao and the Old Japan Trade, 1555-1640* (Lisbon, 1959), pp. 75-76.

6　中田易直，〈鎖國の成立と糸割符〉，pp.8-10。

在的越南沿海則是他們最常去的所在。[7]在規定請領「奉書」的1631年那年，幕府規定朱印船所能造訪的地點限定爲東京（今越南北圻）、廣南（今越南中圻）、柬埔寨、暹羅（今泰國）及臺灣。[8]臺灣在當時爲荷蘭（東印度公司）所據。一如我們稍後還要再詳述的那樣，1628年時，在臺灣的日本人與在臺灣的荷蘭人發生衝突。此一衝突所引發的嚴重問題到1633年才獲得解決。依據日本與荷蘭東印度公司的協議，此後幕府不再發執照給意圖前往臺灣的日本船。

日本商人在越南沿海及臺灣可以購買到一些由中國船隻運到該地的生絲與絲綢。在1630年代，朱印船商人、荷蘭人與中國人，一起成爲日本絲業市場的三大供應商。[9]然而，朱印船貿易家活躍於海外的同時，他們也常與別國的臣民發生齟齬，大大爲幕府所不樂見。另一方面，幕府在這個時候正好也很在乎斬斷他自己的臣民與天主教的關係。於是，朱印船的命運就被決定了。[10]1635年以後，在鎖國政策之下，日本船停止下海出國。

話說回來，十七世紀初年，銷往日本的中國絲的最大的載運者原來是葡萄牙人。在歐洲人「地理大發現」之後，歐洲海事強權開始把他們的船舶駛進東亞海域。到十六世紀中葉時，葡萄牙船早已在中國沿海活躍；而到下半世紀時，因爲西班牙佔領菲律賓群島的關係，該國的船舶也經常出現在中國以南的海域。1557年，葡萄牙人在取得明朝政府默許的情況下，佔用了廣東臨海的澳門一地。因爲就在中國邊境，澳門容易取得中國的物產，葡萄牙人也就利用它作爲一個中繼站，從事中國與日本之間的生絲貿易。

7　C. R. Boxer (1959), p. 76.

8　中田易直，〈鎖國の成立と糸割符〉，p.8。

9　C. R. Boxer, The Great Ship from Amacon, p. 76.

10　中田易直，〈鎖國の成立と糸割符〉，p.10及p.12註7。

　　葡萄牙人造訪的日本港口分佈在九州的沿海。稍早在諸侯分立的戰國時代，九州的大名就已經因爲進口火器——槍砲——而惡名昭彰，然而在當時，進口來的火器經常是戰場上的致勝關鍵！葡萄牙人供應這些火器，因此他們受到九州大名的熱烈歡迎，被准許到任何他們想要卸貨的港口交易。可是葡萄牙船不只帶來商品與武器，天主教的傳教士也伴隨而來，成功地讓一些領主及其臣民皈依。1570年，葡萄牙人首次造訪長崎。長崎這塊地方原本十分荒涼，此後則快速被開發，而其居民受洗爲教徒。這以後，它遂被當成是來自澳門的葡萄牙船的終點港。九年之後，擁有長崎和其接壤的村落茂木的天主教大名大村純忠（1533-87）將這兩塊土地奉獻給天主教耶穌會士。不過，沒過幾年，在1587年時，豐臣秀吉就攻下了九州，宣佈了禁止天主教的命令。同時，他也將長崎和茂木收歸己有，成爲他的直轄領地，派官治理。[11]

　　有了澳門在這一頭、長崎在那一頭，串連絲綢出口港與進口市場兩地，葡萄牙人自然也就利用這條路線大作其生意了。他們在廣州春、秋兩季的市集購買大量的生絲和絲綢織品。例如，在1637年，也就是澳門——長崎一線貿易已經大爲衰落的年代，有一位跟隨英國船隊入侵珠江海域的彼得・文第（Peter Mundy）就很有自信地說，據他的觀察，葡萄牙官方每年投資在絲貨上的資金約爲白銀1,500,000兩，「相當於西班牙銀元1,000,000元。」[12]

11　C. R. Boxer, *The Great Ship from Amacon*, pp. 35, 40-41 and p. 57；加藤榮一，〈成立期の系割符に関する一考察〉，收在寶月圭吾先生還曆記念會編，《日本社會經濟史研究》（東京：吉川弘文館，1967），p.88。

12　C. R. Boxer, *The Great Ship from Amacon*, p. 6. 不過，即使1,500,000兩這個數字正確，彼得・文第的換算也錯了。西班牙銀元一元約當白0.75兩，因此1,500,000兩相當於2,000,000元。另一種可能是葡萄牙的投資額爲1,000,000元，換成銀兩則是750,000兩。筆者以爲後面這組數字比較接近事實。關於當時貿易上的貨幣換算問題，請參考 Kristof Glamann, *Dutch Asiatic Trade: 1620-1740* (Copenhagen, 1981)，第3章。

　　葡萄牙人享有中、日間絲綢貿易的壟斷地位差不多達五十年之久，其後荷蘭人才加入競爭。荷蘭人從1609年起在日本立足，展開成功的貿易。葡萄牙人使用大型帆船（也就是所謂的「克拉克船」）來載運他們的商品。稍早時，克拉克船的噸位約在400噸到600噸之間。隨著時間的下移，噸位越來越大。到了十六世紀末年，平均的噸位已達1,200至1,600噸之譜。[13]因為這些克拉克船是如此顯而易見的巨大，所以當代的英國人就把它們叫作「來自澳門的大帆船」。[14]可是噸位太大反而給克拉克船帶來極大的不便。它們的速度偏慢，從而容易遭到荷蘭船的攔截。為了對付此一困境，從1618年起，葡萄牙人就改用小型船（galliot）來跑這條航線。不幸的是，此際正是荷蘭海船能力最強的時候，小型船還是一波接一波地受到荷蘭船的騷擾。[15]另一方面，荷蘭人刻意標榜自己不是天主教徒，與葡萄牙人不同，而在幕府中大力中傷葡萄牙人、說天主教的壞話。總之，在荷蘭人的打擊下，從1620年左右開始，葡萄牙人的麻煩就層出不窮，而其商務也日漸黯淡。在1621年時，澳門與日本的貿易額一時還高過荷蘭人，但是過不了多久就要落在其他競爭者之下了。[16]

　　荷蘭人於1609年首度出現在日本貿易。那一年，德川家康發給他們一張朱印狀，允許他們前來日本做買賣。[17]他們來到位於北九州的港口平戶，在那裏建造了一座商館。不管是屬於荷蘭東印度公司還是屬於個人

13　C. R. Boxer, *The Great Ship from Amacon*, p. 13.

14　原文作 "the Great Ships from Amacon"。"Amacon" 即中文的澳門，葡萄牙文寫作 "Macau"，現代英文寫作 "Macao"，十六、七世紀時，日本人把澳門稱作「天川」，讀起來是 "Amakawa"，正好與 "Amacon" 的讀音接近。

15　C. R. Boxer, *The Great Ship from Amacon*, pp. 17 and 95.

16　C. R. Boxer, *The Great Ship from Amacon*, p. 101.

17　Iwao Seiichi, "Japanese Foreign Trade in the Sixteenth and Seventeenth Centuries," p. 3; Kato Eiichi, "The Japanese-Dutch Trade in the Formative Period of the Seclusion Policy, Particularly on Raw Silk Trade by the Dutch Factory at Hirado, 1620-1640," *Acta Asiatica*, XXX (1976), p. 36.

的所有的交易，全都透過商館人員進行。由於1620年以前，在日本的荷蘭商館的各項紀錄存留下來的實在不多，我們也就很難一窺他們當時的交易規模。[18] 不過，從荷蘭人還沒有在中國沿海取得任何據點一事來推斷，想來他們沒有辦法取得大量的絲貨，這一來他們在平戶的買賣就相當有限了。到了1624年，荷蘭人佔據了臺灣的大員（今臺南市安平區）一帶，在那裏蓋了一座城堡，後來稱爲「熱蘭遮城」。臺灣靠近中國大陸，於是大員就被當作是中國絲綢、日本白銀以及其他東亞商品的轉運中心。[19] 從1633年以後，一直到1661年年底、1662年年初鄭成功攻下該城爲止，荷蘭人設在熱蘭遮城的商館總是門庭若市。

荷蘭人設在平戶的商館一直維持到1640年左右。知名的日本學者永積洋子把這段期間的荷蘭人貿易區分成三個階段。第一階段從1609到1628年，她稱之爲「開端時期」，或者說是自由貿易時期。在這二十年當中，依憑德川家康的朱印狀，荷蘭人可以任意選擇他們交易上的賣家或買家。而此一期間，與荷蘭商館往來的日本商家人數在二、三十家之譜。交易的規模相對不大。平戶大名的家人與家臣並未參與買賣，可是卻常常向商館借錢而不歸還。荷蘭人自然不喜歡這種有借無還的狀況，可是也只能默默承受，因爲他們不得不致力於和平戶的貴族們建立起良好的關係！[20]

接著下來的第二階段爲一個擱置貿易的階段。1628年，因爲稍早前幾段提過的、所謂的「臺灣事件」的問題，荷蘭人與日本當局之間發生

18　Kato Eiichi, "The Japanese-Dutch Trade in the Formative Period of the Seclusion Policy, Particularly on Raw Silk Trade by the Dutch Factory at Hirado, 1620-1640," pp. 38-41；永積洋子，〈平戶オランダ商館日記を通して見たバンカド〉，《日本歷史》，第260號(1970年1月)。

19　C. R. Boxer, *The Great Ship from Amacon,* p. 4；Iwao Seiichi, "Japanese Foreign Trade in the Sixteenth and Seventeenth Centuries," p. 3.

20　永積洋子，〈平戶藩とオランダ貿易〉，《日本歷史》，第286號 (1972年3月)，pp.1-3。

爭執，荷蘭人在平戶的貿易被下令中止。當年，熱蘭遮城的首腦，也就是臺灣長官諾伊茨（Pieter Nuijts）被一群由濱田彌兵衛率領的日本人挾持。爭執的問題有些複雜，不過諾伊茨曾經用盡一切力氣想要阻撓朱印船在臺灣的交易也是原因之一。爭端最後獲得解決，而從1633年起，荷蘭人在日本的貿易也恢復了。在貿易被擱置的這一段期間，住在平戶的荷蘭人只被允許出售少量手邊的存絲以維持生計。根據永積洋子的說法，在此一段期間，平戶藩主因爲在協助荷蘭人與幕府當局談判重開貿易一事上扮演了重大的角色，於是在日後有關荷蘭貿易的政策上都享有很大的發言權。[21]

當荷蘭人恢復其平戶貿易之後，他們馬上成爲與日本貿易的重大外國夥伴，與中國貿易家分庭抗禮。於是永積洋子就把這個第三階段叫作繁盛時期。荷蘭人的交易量大幅度地增長，原因有二：（1）依據解決臺灣事件所達成的協議，幕府停止發放准許前往臺灣的朱印狀給日本船；而不久之後，從1635年起，日本船完全被禁止前往海外。（2）荷蘭人平戶商館的館長（opperhoofd）被當地大名告知葡萄牙人即將被逐出日本的訊息。受到此一訊息的鼓舞，荷蘭人進口了超乎以往數量的商品以填補那預期擴張的市場。

然而荷——日貿易重開也爲荷蘭貿易的性質帶來一些改變。荷蘭人不再能只憑自己的意願就任意出售他們的絲貨。首先，平戶藩主擁有購買荷蘭人進口商品的優先權。[22]其次，平戶的貴族及市民，以及堺、京都、長崎、大阪與江戶五座城市的絲商也都擁有購買所餘生絲及絲綢的權力。更有甚者，幕府的高官、平戶藩主以及其家人、家臣不斷地要求荷蘭人替他們經營「委託貿易」，也就是由這些人出資讓荷蘭人替他們

21　永積洋子，〈平戶藩とオランダ貿易〉，p.3。

22　永積洋子，〈平戶藩とオランダ貿易〉，pp.7-8。

營利。這一切都給荷蘭人帶來很大的困擾。[23]

平戶的繁盛時期並沒有維持太久。這倒不是因為荷蘭人的貿易衰退，而是因為他們已經不再被允許在當地貿易。在1640年，荷蘭商館的建築物本身就被拆毀了，而在下一年，幕府命令荷蘭人把商館搬到長崎。據說日本此舉是出於擁有特權的絲綢商人的運作，目的在將荷蘭人的貿易置於所謂的「絲割符制度」之下。[24]（請參考本文第二節）不過，無疑地，這也是出於幕府想要更有效地執行其鎖國政策所致。[25]

十七世紀初年與日本貿易的，還有英國及西班牙兩國的商人。英國人於1613年到達平戶，並在當地開設商館。可是他們並不成功。1620年時，英國人曾經與荷蘭人合組了一支聯合的「防禦艦隊」（fleet of defense），目的在劫掠葡萄牙小帆船以及其他活躍於東亞海域的他國船隻，以發展兩國在東亞的貿易。可是雙方的合作沒有維持太久。由於1623年發生所謂的「安汶大屠殺」（Amboina Massacre）事件，荷蘭人謀殺了英國駐在香料群島（摩鹿加群島）的人員，雙方就拆夥了。[26]就在同一年，英國人也關閉了他們在平戶的商館。英國人做不成生意的原因，依照日本學者中田易直的說法，是因為1616年（日本貞享二年）幕府有一道命令禁止外國人取道內陸進行貿易，從而剝奪了英國商人獲利的機會。[27]無利可圖，英國人就放棄了日本這個市場。

西班牙帆船在1582與1624年間，偶爾造訪日本，但其貿易規模不具

23 永積洋子，〈オランダ貿易の投銀と借入金〉，《日本歷史》，第351號(1977年8月)，pp. 80-82。

24 Kato Eiichi, "The Japanese-Dutch Trade in the Formative Period of the Seclusion Policy, Particularly on Raw Silk Trade by the Dutch Factory at Hirado, 1620-1640," p. 60.

25 永積洋子，〈オランダ貿易の投銀と借入金〉，《日本歷史》，第351號(1977年8月)，p. 82。

26 C. R. Boxer, *The Great Ship from Amacon*, pp. 98-99 and 109.

27 中田易直，〈鎖國の成立と糸割符〉，《(東京教育大學)史學研究》，第10號(1956)，p. 6。

重大意義。1624年以後，因為他們的商人信奉天主教，所以西班牙船也就被禁止在日本靠港。由於葡萄牙與西班牙都是天主教國家，而當時是「反宗教改革」（Counter-Reformation）的盛期，耶穌會士和其他托缽修士們帶著勸誘東亞人民改信其宗教的熱情，隨著他們的商人出現在東亞的舞臺。這些傳教士們不僅想要吸收信徒，而且還參與了絲綢貿易！傳佈宗教與經商牟利糾纏不清，帶給日本政府惡劣的印象。隨著幕府對天主教的態度越來越嚴厲，西班牙人也就被從日本驅逐、不許貿易。不久之後，葡萄牙人也步入其後塵。

從以上的描述來看，筆者擬將中、日之間的絲貨貿易史清楚地分作兩個時期，而以1633、1635、1639幾次「鎖國令」的發佈作為其分水嶺。日本臣民在1635年以後禁止出航外國、葡萄牙人在1639被從日本驅逐。至於英國人與西班牙人，如方才所述，他們早在1623和1624分別和日本說再見。如此一來，從1639年以後，就只剩下中國人和荷蘭人依舊被許可在日本貿易。隨著鎖國政策的落實，規定越來越嚴格，從1641年起，來自這兩國的商人就只能以長崎為唯一的港口在日本做買賣了。不過，不要以為日本的鎖國政策就只是靠著幾道幕府的命令就能徹頭徹尾的建立。鎖國政策其實是在十七世紀初期的幾十個年頭中、慢慢發展出來的結果。在這段期間，把中國絲綢運銷到日本是對日貿易的國際商人最關心的事情。而為了應付這樣一個局面，日本也建立起一套管理絲綢貿易的制度。這就是「絲割符制度」。

二、絲割符制度

就十七世紀最初的四十年來說，生絲及絲綢在進口到日本的商品中佔了絕大部份。而白銀及紅銅（含銅錢及銅塊）則為出口的大宗。大多數的年代，幕府並不禁止這些貨幣金屬的輸出，而它們的確也被大批大

批地運出日本而沒有引起太多的關心。[28]事實上，當時日本人的注意力全都放在生絲及絲綢的進口，以及這些商品在日本境內行銷的問題，尤其是生絲。爲此之故，有關方面創立了日本人稱作「絲割符」而歐洲人稱作"pancado"的制度。此一制度首見於1604年，但只對葡萄牙人進口的商品生效。隨後，在1633年，對中國船及荷蘭船所進口的絲貨，也一體適用。

1604年，堺、京都及長崎三個城市的絲綢交易商被幕府要求合組一個公會。這樣組成的公會被稱爲「絲割符仲間」，也就是絲綢分派公會的意思。這些交易商被賦予完全買下由葡萄牙人進口之生絲的特權。一旦公會拿到全部的絲貨，幕府將軍或他的「御用商人」就可以先買下一定數量的生絲，然後再由三個城市的交易商去分配剩下來的部份。而在與葡萄牙進口商交涉時，交易價格由公會方面片面決定；葡萄牙人只能有兩種選擇：接受公會的價格出清其進口品，或者是持而不售。[29]

葡萄牙文把這種一次買光的作法叫作"pancada"，同一個字的荷蘭文同義字爲"grossier"。不過，在荷蘭人的紀錄中更常使用西班牙文"pancado"這個字。"Pancado"的本義是「批發交易與大宗採購」。[30]這種交易習慣顯然來自伊比利半島，也就是葡、西兩國；而早在十六世紀後

28　Iwao, Seiichi, "Japanese Gold and Silver in the World History," *International Symposium on History of Eastern and Western Contacts* (Kyoto and Tokyo, 1957)；Kristof Glamann, "The Dutch East India Company's Trade in Japanese Copper, 1645-1736," *The Scandinavian Economic History Review,* vol. I (1953).

29　C. R. Boxer, *The Great Ship from Amacon,* p. 66；高瀬弘一郎，〈教會史料を通してみた糸割符〉，《社會經濟史學》，第37卷第5號(1972年2月)，pp. 6-18；高瀬弘一郎，〈成立期の糸割符とパンカダ・パンカド取引について〉，《キリシタン研究》，第20輯(1980)。

30　C. R. Boxer, *The Great Ship from Amacon,* p. 66；Iwao Seiichi, "Japanese Foreign Trade in the Sixteenth and Seventeenth Centuries," p. 8，底註。

半期，西班牙人就對在馬尼拉貿易的中國人施行同樣的作法。[31]某些日本的現代學者將它詮釋作「一括購入」（全數買進），如果用現代經濟學的術語來說，或許可以稱作「專買」（monopsony），也就是買方壟斷的意思，因爲絲綢分派公會擁有製訂價格的排外購買的絕對權力。[32]不過，這樣的詮釋太過強調買家的一方了。某些日本學者，例如高瀨弘一郎等人，則主張絲割符制度事實上創造了一種雙方對等的交易情勢，因爲葡萄牙人在當時幾乎是生絲進口的壟斷者！[33]

另有一批日本學者，依據德川時代的史料，像是《絲割符由緒書》、《絲割符宿老覺書》和《絲亂記》等文獻，對絲割符制度的起源提出如下的說法：

在1604年之前，遍及全日本有過數年的災荒。由此而產生的經濟蕭條造成葡萄牙人無法將手上的生絲與絲綢脫手的困境。有一艘葡萄牙大帆船據說就因此而被迫在長崎滯留達兩年之久。最後，葡萄牙船長只好透過長崎奉行（長崎地方首長）小笠原爲宗向德川家康請願。德川家康於是下令前述三個城市的商人階層，視其能力大小，以分攤的方式，買下葡萄牙人的絲貨，藉以鼓勵他們將來繼續運絲來日本。可是在1604年，利用德川家康的善意，葡萄牙人竟帶來大批大批的絲貨。生絲及絲綢一時充斥了整個日本市場，造成絲價慘跌，而上一年遵照將軍命令買絲的商人也就蒙受了巨大的損失。面對此一局面，此時乃建立絲割符制度對付，而這些商人也就被恰當地賦予買進絲貨的壟斷性權力，藉以保

31 William Lytle Schurz, *The Manila Galleon* (New York, 1959), pp. 75, 77 and 81；陳荊和，《十六世紀之菲律賓華僑》（香港：新亞研究所，1963），p.101。

32 林基，〈パンカドに就て〉，《社會經濟史學》，第13卷第11、12號合刊(1944)。

33 高瀨弘一郎，〈糸割符制度をめぐる諸問題——山脇悌二郎氏の批判に答える——〉，《日本歷史》，第404號(1982)，p.8。

障他們的利潤。[34]

對於這種以幕府的仁政措施——先是幫助葡萄牙人，後來又給予三座城市的商人救濟——爲解釋的主張，海老澤有道大力反對。他認爲那些在江戶時代中期（十八世紀）編纂的德川政府文獻，充滿了「德川時代的潤飾」，也就是頌揚幕府的溢美之辭。不過，山脇悌二郎則力主「仁政」本來就是德川時代的特色，一力排斥海老澤的論點。[35]

可是其他學者們後來的研究發現倒支持了海老澤有道的主張。舉例而言，高瀨泓一郎就指出：在豐臣秀吉逝世（1598）與絲割符制度肇始的年代（1604）之間，澳門分別在1598、1600、1602與1604各派了一艘船前來日本。可是這幾艘船當中都沒有任何一艘曾在日本停留超過一整年。如此說來，德川時代文獻的可靠性就值得懷疑了。[36]

高瀨泓一郎與永積洋子[37]一樣，指出這種歸因於幕府仁政的解釋或許源自於平戶藩主松浦肥前守隆信對荷蘭人的一番說詞。在1633年之後，荷蘭人被要求接受pancado價格。他們向松浦隆信抗議，理由是德川家康曾經准許他們自由買賣。松浦隆信在答覆時，引用了一段土井大炊頭利勝（1610-1638年間任職爲「老中」）的言論。根據後者的說法，設立pancado制度是德川家康的仁厚思想所致，因爲配合該項制度的施行，日本商人就得買光葡萄牙人的絲綢商品，因此保障所有進口船貨都能銷售掉。高瀨泓一郎認爲這段文字就是德川時代文獻的原始依據。至於葡萄牙船滯留兩年的說法，高瀨泓一郎認爲那純粹是出於筆誤所造成

---

34 加藤榮一，〈成立期の糸割符に関する一考察〉，收在寶月圭吾先生還曆記念會編，《日本會經濟史研究》（東京：吉川弘文館，1967），p.78。

35 山脇悌二郎，〈慶長——寬永期の糸割符〉，《日本歷史》，第397號(1981)，pp.31-32。

36 高瀨弘一郎，〈糸割符制度をめぐる諸問題——山脇悌二郎の批判に答える——〉，pp.2-3。

37 永積洋子，〈平戶オランダ商館日記を通して見たパンカド〉，《日本歷史》，第260號(1970年1月)，p.81。

的。[38]

對於實施絲割符制度的理由何在，中田易直有另外一個說法。他認為這是德川政府的一種都市管理政策，目的在透過保護城市商人階級的利益而對他們進行控制。山脇悌二郎再次反對這樣的一個說法。他認為進口生絲當中，一直都有相當可觀的數量預留給將軍支配，稱作「將軍專份」（日文稱「公方之絲」或「將軍之絲」）；將軍到手後，進一步再轉發給其手下的「御用商人」應用。至於市民的福利，那並不是幕府的主要考慮。因此，對山脇悌二郎來說，中田易直的說法沒有太大的道理。加藤榮一的觀點與山脇悌二郎幾乎一致，僅有一點小修正。他同意：在絲割符制度建立之初，進口生絲的很大的一部份都由將軍支配。可是他又進一步指出，藉由手中掌握大部份的生絲，德川家康可以透過市場機制壓低市面的絲價，也可以為自己賺取一些利潤。[39]進口生絲最主要的購買量來自將軍府，而非來自三大城市的商人；這也意味著生絲是江戶幕府早期，日本國內市場之最有價值商品中的一項，可以當成現金看待，[40]地位自然不凡。在群雄爭霸的年代，此一重要的財政工具，與金、銀和其他關鍵性的物資，如鉛、錫之類一樣，皆為掌權者所欲得。豐臣秀吉在1587年征服九州之後，年復一年地買下大量生絲。德川家康只不過是依樣畫葫蘆罷了。再者，整批買進絲貨也需要大把大把的流通資金。一旦絲綢分派公會無法提供足夠的現金一次買光全部的進口量時，不足的部份就由將軍府承買。這樣的購買也算在「將軍之絲」的名目下。這說明了何以在絲割符度實施之初，將軍所分到的生絲比重會那麼大的緣故。三座城市的商人們，只不過是將軍用來操縱和控制國內生絲

---

38 高瀬弘一郎，〈糸割符制度をめぐる諸問題──山脇悌二郎氏の批判に答える──〉，pp.15-16。

39 山脇悌二郎，〈慶長──寬永期の糸割符〉，《日本歷史》第397號(1981)，p.36。

40 加藤榮一，〈成立期の糸割符に関する一考察〉，p.86。

市場的工具罷了。藉著組成絲綢分派公會的方式，促使在幕府之外，沒有任何封建諸侯能夠在此一重要商品的行銷上發揮影響力。[41]

到1631年之前，由葡萄牙人進口來的絲貨數量已經大不如前，而德川家族的政治體制，即所謂的「幕藩體制」，也已經確立不搖。幕府完全能夠掌控地方諸侯。在此條件之下，幕府也就放棄將軍的「專份」，重組絲綢分派公會。[42]

山脇悌二郎推測：藉諸從葡萄牙人手中買盡生絲，幕府或許心中也有將天主教傳教士排除於絲綢貿易之外的打算。這一回，他倒受到高瀨泓一郎的批評。高瀨泓一郎檢證了傳教文獻後發現：無論是耶穌會士還是其他托缽教士的財務狀況，全都沒有受到實施絲割符制度的影響。[43]高瀨泓一郎可能說得比較正確，因為教士們私下從事的買賣要到1620年以後才式微，而耶穌會士們經過上級「核准」的交易更一直照做不誤，直到所有的葡萄牙人都退出在日本的貿易為止。[44]高瀨泓一郎並且指出：就在1603年，也就是絲割符制度實施的前一年，有一名叫作羅德里格斯神父（Padre João Rodrigues）的耶穌會士，同時與其他三名基督徒（天主教徒）接受德川家康的任命，負責長崎市的市政。此一事實也證明，至少在那當兒，德川家康並無意將傳教士排除於貿易之外。[45]

山脇悌二郎還有一個論點，他認為絲割符制度提供給三大城市的生

41　加藤榮一，〈成立期の糸割符に関する一考察〉，p. 81、86-90及p. 92。

42　加藤榮一，〈成立期の糸割符に関する一考察〉，p. 95。

43　山脇悌二郎，〈慶長——寛永期の糸割符〉，pp. 35-36。

44　C. R. Boxer, *The Great Ship from Amacon*, p.47等處；Koichiro Takase, "Unauthorized Commercial Activities by Jesuit Missionaries in Japan," *Acta Asiatica*, XXX (1976)；高瀨弘一郎，〈キリシタン教會の貿易活動——托缽修道會の場合について——〉，《（慶應義塾大學）史學》，第48卷第3號(1977年10月)。

45　高瀨弘一郎，〈糸割符制度をめぐる諸問題——山脇悌二郎氏の批判に答える——〉，《日本歷史》，第404號(1982)，p. 8、17-19。

絲交易商低價的生絲，透過他們再把這些生絲行銷全國，於是絲價得以持平。他也推斷：1631年時將進口的葡萄牙生絲擴大讓江戶及大阪的生絲交易商分享、1631年再加入給某些九州的封建領地（即博多、久留米、小倉及對馬），也都是基於同樣的理由。[46]

就平減絲價這點功能而言，高瀨泓一郎有不同的看法。他指出以下的論點：首先，他認爲在實施絲割符制度以前已經有整批購買的作法，因爲葡萄牙人本來就有依這種方式做生意的習慣。其次，葡萄牙人從出售生絲上所獲得的利潤，在實施絲割符制度以前及以後，根本沒有太大的改變。他們的獲利一直維持在成本價的50%至100%之間。這樣的一個獲利空間，與日本朱印船或荷蘭人所得到的利潤，相差並不多。就同一個時代的標準來看，葡萄牙人其實也沒有賺取過多的利潤。所以，德川政府實無透過削減價格來降低其獲利空間的必要。在絲綢分派公會成立以後，絲價或許稍微降低了些，那是因爲生絲交易商現在可以集體和賣家來議價，可是其間的差異不宜過度被誇大。無論從功能上來說，還是從實際發揮的效果來說，絲割符制度都沒有使生絲的價格下降多少。[47]

高瀨泓一郎論證的依據是絲價到底跌落了多少。此處正好有一項荷蘭人的文獻證明pancado制度實施以後的絲價與他們可以自由交易之時相比，頗有落差。根據這項材料，在1613年時，整批購入的價格是每擔（100斤）150兩白銀——此指純度極高的紋銀。若以市面上使用的銀兩換算，差不多是180兩。當時尚不受絲割符制度約束的西班牙人、中國人以及荷蘭人的絲價則介於180與210兩之間。這也就是說，荷蘭人認定在

---

46 山脇悌二郎，《長崎の唐人貿易》(東京：川弘文館，1964)，p.19；山脇悌二郎，〈慶長——寬永期の糸割符〉，pp. 35-36。

47 高瀨弘一郎，〈糸割符制度をめぐる諸問題——山脇悌二郎氏の批判に答える——〉，《日本歷史》，第404號(1982)，pp.8、17-19。

自由買賣的狀況下才可獲得比較高的價錢。[48] 然而此一證詞並沒有把個別貿易商的交易方式帶進來考慮。葡萄牙人整批出售他們的貨物，可是其他國家的商人則一小包、一小包地賣出他們的生絲。後面的作法顯然費事很多，而價錢也就自然高了一些。如此說來，高瀨泓一郎的說法顯然還是比山脇悌二郎有道理一點。

回頭再提一下海老澤有道的一個主張。他認為實施絲割符制度的目的是在透過剝奪九州大名參與生絲貿易的機會，進而減少他們的財政收入，以削弱這些大名們的勢力。他徵引絲綢分派公會特許狀（絲割符奉書）的文字，其中說到：在生絲的價格由該公會製訂之前，公會成員以外的商人不許進入長崎從事交易。如此一來，九州大名也就無從參與絲綢分派公會的定價行為。於是海老澤有道就主張說：這是幕府利用絲割符制度，不讓九州大名的財政獲益，以免他們危害到幕府的安全，而幕府也因此得以壟斷對外貿易。如此說來，絲割符制度其實是鎖國政策的序曲。[49]

山脇悌二郎又再次否定了這樣的說法。他認為海老澤有道的推理很有趣，可是不對，因為沒有事實可資證明。他主張不可以從字面上去解讀「絲割符奉書」的文字。山脇悌二郎指出：就實際作為而言，藥材、廚具，以及來自東京（今越南北圻）或其他地方的生絲，都可以在絲綢分派公會製訂其價格之前就進行買賣。只有中國絲綢織品得等到訂好生絲價格之後才可以交易，因為整批購買的作法僅限於中國產的生絲，不包括絲織品。但是因為生絲與絲綢織品可以相互替代，此之價格勢必影響彼之價格，所以絲綢交易必需延後。「絲割符奉書」裏頭那條文字的目的就是在規定絲綢織品擺在生絲之後交易，讓後者的價格去影響前者，

48　引在加藤榮一，〈成立期の糸割符に関する一考察〉，pp.76-77。

49　山脇悌二郎，〈慶長──寬永期の糸割符〉，p.37。

而非相反。[50]

　　山脇悌二郎拿出證據，證明絲割符制度並未將九州大名排除在生絲貿易之外。幕府不就頒發朱印狀給九州大名，讓他們派船出海貿易嗎？更重要的是，一開始時，絲割符制度只在葡萄牙人身上實施；若不是有葡萄牙人的貿易，那根本就不會有絲割符制度。葡萄牙人被驅逐出境要等到三十多年之後，因此設立絲割符制度不能當成是鎖國政策的先聲來看待。[51]

　　這樣看來，海老澤有道顯然是把時間的先後給搞混了，因爲九州大名要等到1610年以後才被禁止派遣超過500石以上的船隻出國；而當絲割符制度實施之初，這些封建諸侯還繼續活躍地從事朱印船貿易啊！[52]話雖如此，如果我們把德川幕府的政治制度的建立當成是一個逐步發展的歷程，而非一口氣完成的作爲，我們也不能完全排除絲割符制度或多或少帶有削弱封建諸侯實力的目的吧。

　　雖然山脇悌二郎成功地駁斥了海老澤有道的說法，可是他本人的主張也不盡然完全正確。高瀬泓一郎就指出：那些源自中國以外的絲綢織品，正是山脇悌二郎所提到的那些在生絲定價完成以前就可以交易的絲綢織品或其中的一部份。誰能保證這樣出售的絲綢織品中完全沒有中國絲綢在內呢？相反地，高瀬泓一郎乾脆就指出，「絲割符奉書」裏頭的那項條款根本就被忽視了。它一直未被認眞施行，直到1633年重新被整合到鎖國令之後才眞的加以落實。[53]

　　拉拉雜雜說了一大堆，我們把有關絲割符制度之起源的說法摘要如

50　山脇悌二郎，〈慶長——寬永期の糸割符〉，p.38。

51　山脇悌二郎，〈慶長——寬永期の糸割符〉，p.37。

52　中田易直，〈鎖國の成立と糸割符〉，《(東京教育大學)史學研究》，第10號(1956)，p.8。

53　高瀬弘一郎，〈糸割符制度をめぐる諸問題——山脇悌二郎氏の批判に答える——〉，《日本歷史》，第404號(1982)，p.9；高瀬弘一郎，〈成立期の糸割符とパンカダ・パンカド取引について〉，《キリシタン研究》，第20輯(1980)，pp.203-207。

下：（1）絲割符制度的目的是要掌控日本國內生絲的行銷。基於此一目的，將軍府本身拿下整批購入之生絲的主要部份，而三大城市的生絲交易商則壟斷了剩餘的部份；（2）絲割符制度並不是作為鎖國政策之先聲來設計的；施行之初，目的也不在削弱九州大名的實力。然而不久之後，隨著德川政權體制的逐步發展，也就把削弱九州諸侯力量這個目的加到幕府的政策考量中；（3）絲割符制度設計的本意並無削減絲價的用意；（4）在初期階段，幕府也無意於將傳教士從生絲貿易中排除出去。

絲割符制度的形成階段在1631年結束。那以後它經過一些變化。以下我們就來追蹤一下這些變化。

在其存在的最初三十期間，絲割符制度只針對葡萄牙人適用。因為在採用這個作法的時候，葡萄牙人實際上是生絲及絲綢織品的壟斷性供應者。[54] 等到1620年以後，他們的生意已經式微，而朱印船及荷蘭人和中國人的船舶正要起而代之。而當1633年荷蘭人恢復他們與日本的貿易之後，荷蘭人的交易規模就驚人地增漲了。所以，當荷蘭人恢復貿易的時節，荷蘭人也被要求接受pancado制度，其實也是理所當然的。可是，絲綢分派公會的生絲交易商真的就一次買光荷蘭人的進口貨嗎？或者說，荷蘭人真的只以絲割符制度訂下的價格出售他們的生絲嗎？關於這些問題，其實頗有爭議。

永積洋子本人翻譯過荷蘭平戶商館的日記，對此可能瞭解得最清楚。[55] 她主張，在1633年至1641年之間，由荷蘭人進口的生絲接受絲割符制度所訂下的價格，但可以零星買賣，也就是說並沒有完全納入絲割符制度的一切規定。一直要等到1641年以後，即荷蘭人的商館搬遷到長

---

54 Kato Eiichi, "The Japanese-Dutch Trade in the Formative Period of the Seclusion Policy, Particularly on Raw Silk Trade by the Dutch Factory at Hirado, 1620-1640," p. 49.

55 永積洋子（譯），《平戶オランダ商館の日記》(東京：岩波書店，1969-1970)。

崎以後，整個絲割符制度的種種措施才完全施加到荷蘭人的貨物上。[56]大多數的日本學者也同意這樣的看法，[57]只有山脇悌二郎還有意見。山脇從商館日記中徵引了一些個案爲例，堅稱至遲在1635年以後，荷蘭人進口的生絲全數都交給絲割符交易商去分配了。在他所引證的證據當中，他指出前述的生絲交易商曾經向幕府請願，讓他們把一半的荷蘭進口生絲留給自己運用，可是他們的請求被大老酒井忠勝（1587-1662）拒絕了。因此，山脇悌二郎就主張說全部的荷蘭進口絲都交付給絲割符交易商，意思也就是說到那時候（1635）已經實施整套的絲割符制度了。[58]山脇悌二郎的推理顯然有漏洞。他忽視了排外獨佔的問題。因爲，如果由荷蘭人進口的絲是全數交給交易商去分配，那麼爲什麼他們還要向幕府請求讓他們留下一半的進口貨量，而不是全部呢？雖然山脇悌二郎也引證事實說，有一位絲綢分派公會的幹部（日文作「絲割符年寄」，即「絲割符長老」）在1635與1638年之間，的確從荷蘭然手上購買生絲，可是此一資料並不能證明生絲只賣給（公會成員的）生絲交易商，而不出售給其他人。因爲，一如加藤榮一所指出的，在1637年荷蘭人所進口到日本的生絲當中，只有40擔（4,000斤）落入絲割符幹部的手中，由他們進一步分派。至於公會成員所買到的其他的生絲，則不經絲綢分派公會之手，零星轉賣給特定的商人。[59]只要荷蘭人的商館繼續是在平戶，那麼平戶藩主、他的親屬與家臣，以及該藩的市民也都繼續享有購買荷蘭船所承載的一大部份生絲的特權。[60]此外，永積洋子也提到過：荷蘭人也接受委

56 永積洋子，〈平戶藩とオランダ貿易〉，《日本歷史》，第286號(1972年3月)，p.87。

57 加藤榮一，〈成立期の糸割符に関する一考察〉，頁99；Kato Eiichi, "The Japanese-Dutch Trade in the Formative Period of the Seclusion Policy, Particularly on Raw Silk Trade by the Dutch Factory at Hirado, 1620-1640," p. 60.

58 山脇悌二郎，〈慶長——寬永期の糸割符〉，pp.39-41。

59 加藤榮一，〈成立期の糸割符に関する一考察〉，p.109。

60 加藤榮一，〈成立期の糸割符に関する一考察〉，p.108。

託，替與幕府關係密切的特權商人及資深官員進口生絲。這一些生絲當然也不會進入絲綢分派公會的掌握。[61]因此，筆者認爲加藤榮一與永積洋子的說法比較正確。荷蘭人是在1633年以後就接受絲綢分派公會所製訂的進口價格，可是他們把生絲賣給任何一位有意願的買家，而不去管該買家是否就是絲綢分派公會的成員。

在1620年以後，裝載在葡萄牙船進口到日本的中國生絲已經急遽減少。相反地，由中國船舶運過去的數量卻日益增加。大概是爲了塡補葡萄牙進口量的缺口，打從1631年起，日本方面就把絲割符的作法施加到中國人身上。[62]再過四年，中國人也被限定只能在長崎一地貿易。[63]研究者對整套絲割符制度都用在中國人身上這點，沒有不同的看法。

在日本的外國人貿易史上，從1631到1641這段期間正是鎖國政策逐步成形的一段期間。此由絲綢分派公會的重組開端，而在荷蘭商館從平戶遷移到長崎後完成。在這中間，絲割符制度歷經一些調整與修正、同時官方也發佈了幾道鎖國令。

絲綢分派公會的重組發生於1631與1633兩年。其要點包括：幕府將軍放棄以他的名義購買部份進口絲的主張，但是將軍的專用服裝師（吳服師）、江戶、大阪以及九州某些藩的商人則被允許加入成爲公會的一員，享有成員的權利。

幕府將軍之所以放棄以他的名義購買部份進口絲的主張，是由以下的原因造成的：首先是葡萄牙人已經減少了他們的進口量；其次是德川政治體制已經屹立不搖、日本國家已經完成統一。將軍不再需要藉著操作生絲來影響物價或者打擊大名。可是將軍和他的家人、隨從還是需要衣著。於是在放棄用將軍的名義購入生絲之後，1631年，幕府就讓

61　山脇悌二郎，《長崎の唐人貿易》（東京：川弘文館，1964），p.10。

62　中田易直，〈鎖國の成立と糸割符〉，p. 15；山脇悌二郎，《長崎の唐人貿易》，p.10。

63　山脇悌二郎，《長崎の唐人貿易》，p.10。

六名將軍的吳服師以個人的名義加入絲綢分派公會。這些吳服師本來是從將軍名下買進的生絲當中領取其製衣材料，現在他們一起被分配六十「丸」生絲（1丸＝50斤＝0.5擔）。[64] 吳服師既然是拿分配到的生絲來為將軍和他身邊的人製作衣服，在絲綢分派公會分配手上的生絲時，他們當然享有優先權。必須等到他們確定分到名下的3,000斤生絲以後，其他商人才能要求分到他們自己的那一份。[65]

在1604與1631年之間，絲綢分派公會的成員由來自堺、京都及長崎的商人組成。起初，堺每年得到的配額是120「丸」，而京都和長崎各100「丸」。1631年起，江戶得到50「丸」。1631年時，堺、京都、長崎與江戶合起來，從他們所得到的生絲中，挪出20「丸」給大阪。從次年起，大阪單獨得到30「丸」的配額。1633年起，江戶的配額提高為100「丸」，而大阪提高為50「丸」。

依照中田易直的說法，所以讓江戶和大阪的商人加入絲綢分派公會，那是出於幕府的城市管理政策的考量。因為生絲交易商幾乎也就是這些城市的領導性商人；而就江戶與大阪的情形來說，擔任絲割符幹部的商人通常也就是這些城市現任的市區首長（日文稱為「町年寄」，即市區長老）。隨著經濟的發展，在寬永（1624-1642）年間，江戶與大阪在商業及政治上的地位已經超越堺、京都和長崎。他們的商人被允許加入絲綢分派公會也就理所當然了。[66]

1631年時，絲綢分派公會也把他們的特權授予少數北九州的商人，當成是一種補償。這是因為到了這個時候，九州的大名們已經被剝奪參

64　藤野保，〈大名領國における糸割符の變遷と商人の動向〉，《史淵》，第100號(1968年3月)。

65　加藤榮一，〈成立期の糸割符に関する一考察〉，p.94。

66　中田易直，〈鎖國の成立と糸割符〉，p.14。

與海外貿易的機會，也不被允許拿他們的資金作「海事保險借貸」[67]，投資在外國船身上。[68]讓這些北九州商人加入絲綢分派公會，這些商人背後多少有大名撐腰，也就算變相地給相關的大名一點點補償，讓他們多少獲得一些利潤。[69]等到後來在1641年荷蘭商館遷移到長崎以後，平戶的商人也被分給10「丸」配額，這也是在同樣的考慮下做成的決定。[70]

在1631與1641的十一年間，鎖國政策是一步接著一步發展出來的。傳統上詮釋鎖國政策的形成都說多少與天主教有關。其論點是說：就社會結構而言，天主教不利於封建社會的階層制度；而就道德上來說，也與武士道的精神相違背。[71]再者，不要忘記：1614-1615年間，傳教士曾經協助豐臣秀吉的兒子暨繼承人豐臣秀賴固守大阪城、對抗德川家康；而1637-1638年間，日本天主教徒也積極參與北九州的天草、島原叛亂，反抗幕府。對幕府而言，是可忍，孰不可忍！當然要禁教和鎖國。筆者認為這樣的說法並不貼切。好比說，將中國人及荷蘭的貿易處所限制在長崎，其實可能也只是為了方便管理罷了。[72]

有一位日學者林基又提出一個不一樣看法。他認為禁止日本人到海外貿易，應該是由絲割符交易商推動的。因為到1635年時，中國人和荷蘭人多少都已經被納入絲割符制度下管理了。只有日本自己的朱印船沒有納入。絲割符交易商因此致力於禁止朱印船進口生絲，以便確保他們

67　日本人稱呼此種借貸為「投銀」或「拋銀」；這種作法在葡萄牙文中稱為 "respondencia"、荷蘭文為 "bottomrij"、英文為 "bottomry"。

68　永積洋子，〈オランダ貿易の投銀と借入金〉，《日本歷史》，第351號(1977年8月)，pp.77-79。

69　中田易直，〈鎖國の成立と糸割符〉，p.14-15。

70　藤野保，〈大名領國における糸割符の變遷と商人の動向〉，pp.58-59.

71　George Sansom, *A History of Japan, 1615-1867* (Stanford: Stanford University Press, 1963), p. 44.

72　永積洋子，〈平户藩とオランダ貿易〉，pp.10-11。

的獨佔性壟斷。[73]無獨有偶,加藤榮一也主張將荷蘭商館遷入長崎的舉動是由絲割符商人推動的,目的在迫使荷蘭人接受全套的絲割符制度。[74]然而中田易直反對此一說法。他認為,朱印船的投資者或經營者本身若不是位居政府要職,就是本身也是絲割符交易商。一方面,這些人可以由別處獲利;另一方面則因荷蘭人在海上攔截船隻早已讓朱印船貿易的利潤銳減,停止派船下海的損失其實已經有限。[75]因此他們也願意,或者至少不反對,遵守海禁的規定。透過以上的推論,中田易直主張鎖國政策完全出自幕府的主動,而非係由絲割符交易商推波助瀾之所致。幕府展開鎖國政策的作為,無疑帶有憎惡天主教的意味。此外,政府也討厭朱印船在海外惹出的種種糾紛。自德川家光執政的期間(1623-1651)起,幕府偏好國內的發展,而不愛國外的交往,從而落實了鎖國策略。[76]中田易直的說法,其實是走回傳統解釋的老路。[77]不管禁止日本國民出海,以及遷移荷蘭人的商館是出自那一方面的主動,總之,這兩項作為都有助於鎖國政策的強化,也使絲綢分派公會更能全面壟斷生絲交易。

等到鎖國政策完全實現之後,就只有中國人和荷蘭人可以到日本貿易了。而就在這個時間,東亞的國際局勢也發生了激烈的變化。中國的明朝滅亡,清朝起而代之;鄭成功一族起而抗清,支配著太平洋的西部沿岸。生絲的供給量大幅度地滑落。日本人求絲益切。這一來,進口商在議價時也就比以往受到尊重。絲綢分派公會面臨著一個難題:出價若低,買到生絲的機會就小、獲得的生絲數量就少。為了吸引更多商人載運絲貨到日本販賣,於是在1655年就將絲綢分派公會解散,改採自由交

73　中田易直,〈鎖國の成立と糸割符〉,p.10。

74　Iwao Seiichi, "Japanese Foreign Trade in the Sixteenth and Seventeenth Centuries," p. 63.

75　Kato Eiichi, "The Japanese-Dutch Trade in the Formative Period of the Seclusion Policy, Particularly on Raw Silk Trade by the Dutch Factory at Hirado, 1620-1640," pp. 15-16.

76　中田易直,〈鎖國の成立と糸割符〉,pp.11-12。

77　George Sansom, *A History of Japan,* p. 44.

易（日文稱作「相對交易」）了。要再過三十年，當中國開放與日本之間的直接貿易、生絲大量來到日本之時，才又恢復絲割符制度。從此一直維持到德川幕府的末期。[78]

三、結論

在十七世紀最初的四十個年頭，日本的外國貿易十分繁盛。好幾個國家的商人都裝運生絲及絲綢到日本販售，而幕府在這段期間最關心的事情莫過於要如何管理生絲的購買與如何分派給日本商人。爲了實現管理的目的，於是設立了絲綢分派公會。此外，在1631年之前，幕府掌控了經由絲綢分派公會所取得的進口絲的絕大部份。這讓幕府可以直接操縱生絲在日本國內的行銷。1631年，幕府自身放棄承買生絲的權力，而絲綢分派公會也就完全取得壟斷由葡萄牙人所進口的生絲的支配權。不過，由於絲綢分配公會的成員主要來自幕府直轄的幾座城市，因此幕府也還是能夠影響國內的生絲貿易。

在1631與1641年之間，日本採取了禁止朱印船出海的政策，並且也將葡萄牙人驅逐出境。至於英國人和西班牙人從更早幾年起就已不到日本貿易了。結果就只剩下中國人和荷蘭人繼續作著進口絲貨的生意，可是在1641年前，這兩國的商人也都被納入絲割符制度之下管理了。在1633年時，他們都已經被要求接受絲割符價格交易，而在1635年時，又限制中國商人只能到長崎一地貿易。六年之後，荷蘭人也獲得同樣的對待。絲割符制度終於完全籠罩整個生絲的進口貿易。不巧地是，當日本鎖國政策徹底實行之後，太平洋西岸的國際情勢發生重大變化。鄭成功

---

78 太田勝也，〈「鎖國」體制成立當初の糸割符に關する一考察──明曆元年の廢止について──〉，《德川林政史研究所研究紀要》，1975。

一族掌控了貿易路線，從而掌控了生絲與絲綢的供給。因應時代條件，
絲綢分派公會也就被解散了。

雪爪留痕
——十八世紀的訪歐華人[1]

> 人生到處知何似，應似飛鴻踏雪泥。
>
> 泥上偶然留指爪，鴻飛那復計東西。
>
> 老僧已死成新塔，壞壁無由見舊題。
>
> 往日崎嶇還記否，路長人困蹇驢嘶。
>
> ——蘇軾，〈和子由澠池懷舊〉

前言

　　十五世紀末開始的歐洲人地理探險與所謂的「地理大發現」，目標在探尋歐洲與印度及中國之間的海上通道，藉以利用這條交通路線發展歐洲與亞洲之間的貿易。

　　最早出現在中國海域的是葡萄牙人，第一次出現大約在1514年左右。十六世紀上半葉葡萄牙人在廣東到浙江的中國海域嘗試各種可能的貿易機會。1554年獲得允准，1557年起定居在澳門。葡萄牙人在澳門的定居給中國人，特別是廣州附近一帶的中國人一個方便接觸歐洲人與歐洲文明的機會。差不多從那個時候起，就開始有華人利用歐洲船舶前往歐洲。

　　不過，東南亞亦早有華人流寓，葡萄牙人在1509年時就在馬六甲遭遇過華人。隨後荷蘭、西班牙和英國人也陸續在東南亞建立殖民地。由於從事建設、商業與生產事業的必要，歐洲殖民者招徠了許多華人到東南亞居住。僑居海外的華人也有機會造訪歐洲。

　　到了十八世紀初，歐洲的貿易公司陸續在廣州開業，他們的船舶常川往來歐洲與中國。[2] 中國人若想前往歐洲，也就可以在澳門之外多了

1　作者感謝黃一農教授的高見，並且謝謝他提供數篇文章。

2　參考陳國棟，〈1780-1800，中西貿易的關鍵年代〉，收入本書，pp. 283-311。

一些機會。有時候，迫於需要，歐洲船舶也僱用華人水手，這些人也可能隨船到了歐洲。

歐洲人到東方來，與東方人接觸，對東方的瞭解雖然不見得完整與深入，可是其中總不乏客觀、有系統的觀察記錄。有關這方面的研究也比較豐富。

然而十六世紀之後到底有那些華人造訪過歐洲？他們對歐洲的印象如何？他們有沒有把自己的看法拿來與本國人分享？他們的出現在歐洲又給當地人帶來怎樣的衝擊？

很可惜的是造訪歐洲的華人，就中國士大夫的觀點而言，幾乎都是微不足道的小人物。這些人出國，未必用心觀察（當然也未必有能力觀察）他們客居的所在，回國之後也鮮少留下記錄。

由於先輩學者的努力，有關天主教人士在十八世紀造訪歐洲的史實，爬梳整理出來的比較多。特別是方豪教授曾寫一文，題爲〈同治前歐洲留學史略〉，提及一百多位訪歐華人，大都與天主教有關。其中極高比率的人都到義大利文華書院（聖家修院）就讀。

可是對於在其他情況下造訪歐洲的華人，除了自己也留下記錄的謝清高外，幾乎在中國文獻中都找不到任何的蛛絲馬跡。

前幾年由於業師史景遷（Jonathan D. Spence）教授出版了一本小書《胡若望的疑問》，引起相當的注意。其實史景遷並不是第一個提起胡若望的人，但是他以生花妙筆，提醒了讀者，即使是微不足道的小人物，只因他有不尋常的經歷，還是有可能被重建出來一個有趣的故事。胡若望是個特殊的個案，而且是屬於與宗教有關的案例。他是耶穌會士傅聖澤（Jean-François Foucquet）帶去歐洲的，原來的目的是幫忙傅聖澤抄寫中國文獻，協助解讀。後來的發展，大出雙方所料，結局是胡若望被關在巴黎沙榔東瘋人院，在那裡住了三年（1723-1725），最後才被救出。[3]

由於其他造訪歐洲的非宗教性華人本身不具重要性，他們自己又極難得留下任何記錄，因此他們得以從歷史陳跡中被挖掘出來，通常也是意外。筆者在研治中西貿易史的過程中，偶然接觸到零零星星的有關這類旅歐華人的撰述，加上一些也是意外的巧合，拾取到點點滴滴相關的資料，甚至於主人翁的畫像。現在利用這些材料，拼湊成篇，講述這些十八世紀訪歐華人的故事，目的不在建構任何偉大的知識，只是出於好奇，拿這些故事來和讀者分享而已。

本文的重點擺在十八世紀旅歐的非天主教人士。但為補充一些必要的背景知識，也擬簡單敘述三位較早期的造訪者，其中兩位且為天主教徒，即樊守義與沈福宗。樊守義在康熙皇帝的要求下，曾經寫下了一篇可能為最早的華人的旅歐遊記〈身見錄〉。沈福宗則以造訪過牛津大學波德廉圖書館（the Bodleian Library）而較為人知。

一、清初的先驅造訪者（1735以前）

1.沈福宗

沈福宗造訪歐洲的時間其實還不到十八世紀，但是他的教育程度比較高，與我們要介紹的其他人物不同，因此先拿來作個引子。他是南京人[4]，天主教人士。他在康熙十九年（1680）或康熙二十年（1681）時，隨著耶穌會會士柏應理（Philippus Couplet），由澳門搭船前往歐洲。康熙二十一年（1682）到達葡萄牙首都里斯本，在那裡進入天主教

3　Jonathan D. Spence, *The Question of Hu* (New York: Alfred A. Knopf, 1988)；史景遷著、黃秀吟、林芳梧譯，《胡若望的疑問》（臺北：唐山出版社，1996）。

4　當時西方人所記之「南京」未必指專南京城，通常也指江蘇省，甚至連江西省也算在內。

的初學院就讀。後來可能還到過羅馬深造。康熙二十三年（1684）時，他出現在法國巴黎，與柏應理一同在凡爾賽宮觀見法王路易十四世。當年九月出版的一份法國雜誌《豪邁報》（*Mercure Galant*）對這個事件有如下的報導：

> 他帶來的中國青年，拉丁文說得相當好，名曰Mikelh Xin。本月十五日他們二人到凡爾賽宮，獲蒙皇帝召見，在河上遊玩，次日又蒙賜宴。……皇帝在聽完他用中文所念祈禱文後，並囑他在餐桌上表演用一尺長的象牙筷子的姿勢，他用右手，夾在兩指中間。5

此外，沈福宗也曾展示孔子的畫像、介紹中國文字與書法，並且提到一些社會現象與習俗。也就是說，做到相當深度的文化交流。

康熙二十六年（1687），沈福宗來到英國，造訪了鼎鼎大名的牛津大學波德廉圖書館，幫忙為該館所藏的中文圖書編目，也與東方學家海德（Hyde）見面。在這一回的造訪中，他也有機會被引介給英國國王詹姆士二世（James II）。他是第一位有記錄的遊歷過英國的華人。

沈福宗在康熙三十一年（1692）自歐洲返國，仍與柏應理同行。三十三年（1694）回到澳門，可惜柏應理已於中途物故。沈福宗回到中國以後的事蹟無從查考。6

---

5 轉引自方豪，〈同治前歐洲留學史略〉，《方豪六十自定稿》上冊（臺北：著者自刊本，1970），p. 388。

6 以上參考方豪，〈拉丁文傳入中國考〉、〈同治前歐洲留學史略〉，收在《方豪六十自定稿》，pp. 14、388；章文欽，《澳門歷史文化》（北京：中華書局，1999 ），pp. 84-85；Graham Topping, *Oxford and China* (Oxford: University of Oxford, 1995), p. 5；最新研究見Theodore Foss, "The European Sojourn of Philippe Couplet and Michael Shen Fuzong, 1683-1692", in Jerome Heyndrickx ed., *Philippe Couplet, S. J. (1623-93): the Man Who Brought China to Europe* (Nettetal: Steyler Verlag, 1990), pp. 121-142.

2.「祖國的威廉」

沈福宗之後不久，又有華人訪問過倫敦，只不過這個人並非來自中國本土，而是來自荷蘭殖民地爪哇。《新舊東印度誌》（*Oud en Nieuw Oost-Indien*）的作者法倫退因（François Valentijn）曾於1686-1713年間服務於巴達維亞。在這二十多年間，他觀察到當地華人中，只有兩位能準確地發出荷蘭語的"r"音，同時說荷蘭語也說得和荷蘭人一樣流利。其中一位被叫作「祖國的威廉」（*Vaderlandse* Willem），曾經「訪問過荷蘭許多城鎮，而且曾經訪問過英國倫敦，並在倫敦有幸與英國國王威廉三世（William III，在位：1688-1702）交談了一段時間。」[7] 這位「祖國的威廉」造訪英國的時間，想來就在十七世紀末，或十八世紀初的最初一、兩年。

3. 樊守義

親歷歐洲，並且親自寫下記錄的第一個中國人應該是樊守義。守義，也叫作守利或守和，字利如（利如是從他的教名Louis來的），山西平陽人。生於康熙二十一年（1682），卒於乾隆十八年（1753）。從青年時代起，他就幫著耶穌會士艾遜爵（中文文獻也作艾若瑟，Francesco Provana）處理教會的工作。康熙四十六年（1707），皇帝差遣艾遜爵為信使前往羅馬晉見教宗，艾氏遂帶著樊守義同行。他們由澳門搭乘葡萄牙船，取道南洋，橫越太平洋，繞過南美洲南端，先抵巴西。四十七年

---

7 Leonard Blussé, "Doctor at Sea: Chou Mei-yeh's Voyage to the West (1710-1711)", in Erika de Poorter ed., op. cit., pp. 12-13. 這位威廉三世其實是光榮革命(The Glorious Revolution)時與他的夫人瑪莉(Mary)一道從荷蘭返回英國繼承王位的那位威廉。「祖國的威廉」應該是透過荷蘭友人的安排才有機會到倫敦，並且與原來住在荷蘭的威廉三世見面。至於「祖國的威廉」這個綽號中的「祖國」指的也應是荷蘭無疑；而「威廉」一名當然是影射他曾與威廉三世見過面這件事。

（1708）抵達葡萄牙，觀見葡萄牙國王。四十八年（1709）往西班牙、義大利，謁見教皇，隨即留在義大利求學，加入耶穌會。五十七年（1718）再回到里斯本，次年春登船返回中國，仍與艾遜爵同行。

康熙五十九年（1720）夏天船到廣州，但艾遜爵卻已不幸死在半途，因此樊守義自稱「余獨回歸中土」。兩廣總督和廣東巡撫把他歸來的情形報告到北京，康熙皇帝下令召見。於是他就前往京城。在那裡，好奇的王公大臣經常向他詢問國外的事情。為了一勞永逸，他乾脆撰寫了一篇名為〈身見錄〉的長文，公諸於世。內容以他所見到的港口、城市、建築為主，議論不多。可惜這個文件在中國似乎流通不廣。因此在他的年代，除了康熙皇帝與少數近臣外，大概也沒有多少中國人分享到樊守義的歐洲之旅經驗。目前已知的〈身見錄〉抄本共有兩件，都收藏在義大利。其中一件經方豪教授抄錄，將它發表在他的《中西交通史》一書中；另一件抄本最近也被影印問世。

樊守義在歐洲總共待了十三、四年。這期間，他參觀過無數的地方，觀見過教皇兩次，會晤過許多王公貴族，更學會了拉丁文，並且取得教士的資格。回國後在北京附近、山東和東北一帶展開他的傳教事業。[8]

4. 周美爹

前述「祖國的威廉」從荷蘭爪哇殖民地前往歐洲，相關記述極其模糊。所幸不久之後有另一位來自爪哇的華人也造訪荷蘭，並且有較多的

8　以上參考方豪《中西交通史》(臺北：中華文化出版事業社，1954)，第四冊，pp. 186-195收錄了〈身見錄〉的全文；Giuliano Bertuccioli, *Fan Shouyi e il suo viaggio in Occidente* (Napoli: Istituto Universitario Orientale, 1999), pp.341-420，文末收錄了另一個抄本。有關樊守義的生平事跡，也可參考章文欽，前引書，pp. 85-86；江柏煒，〈城市、記憶與歷史：中國首部旅歐遊記《身見錄》抄本的考察〉，《城市與設計學報》，第二、三期(1997年12月)，pp. 301-317；Paul Rule, "Louis Fan Shouyi and Macao," *Review of Culture* (1994), pp. 249-258。

記載可供玩索。這個人的名字，在中文文獻中稱爲「周美爹」或「周美官」。可能因爲辨識認知上的差異，包樂史（Leonard Blussé）教授把他叫作「周美爺」。無論如何，「官」、「爹」、「爺」都只是對不同年紀的男子表示尊敬的綴詞而已。十九世紀中葉完成於現在印尼雅加達的〈開吧歷代史記〉曾有如下兩段記述：

> 康熙二十年辛酉三月，即和（蘭）一六八一年，大王螺吉祿伴牛氏（Rijklof van Goens）得病辭位。……時有一唐人醫生姓周名美爹（上句楊本作「時有唐醫生爹周美官」），大王伴牛氏素與他相知，深信其術，即向眾人云，要帶周美爹同回祖家，且治自己之病。眾人許之，于是本年十一月廿五日，同搭甲板船回祖家。周美爹既到祖家，伴牛氏令住一厝，門外使人把守，其飲食衣服器用，俱皆無缺，惟不肯放其出街遊玩。住有一年之間，至康熙廿一年，壬戌，五月，即和（蘭）一六八二年六月，祖家甲板賫（？賣）文來吧，准高里哖然是必蠻（Cornelis Janszoon Speelman）吧國大王，周美爹亦同此船回吧，入賀大王。王與眾雙柄議，賞周美爹出入開大傘行儀，不理嘧喳嘮事。凡上人有病，請他醫治。當時吧中第一位神醫也。
>
> （康熙二十五年，丙寅，1686）是年唐八月，醫生周美爹卒，葬塚地。（自壬戌至丙寅年，開大傘五年。）[9]

就此引文來看，敘事必有誤。因爲依引文，周美爹於康熙二十年十一月底才離開巴達維亞，前往荷蘭，二十一年五月即已回到巴城，前後不到七個月。雖然他搭乘的是荷蘭東印度公司船（甲板，馬來文*kapal*，指歐式船舶），也不可能在六、七個月間作一來回，更談不上「住有一年之間」。

9　許雲樵校註，〈開吧歷代史記〉，《南洋學報》，9：1（1953年7月），pp. 33-34。

　　周美爹造訪荷蘭這件事，歷史上確實發生過，但是〈開吧歷代史記〉所記載的時間錯了。

　　前面曾經提到過法倫退因聲稱他只認識兩名能準確發出"r"音的華人，第一位是「祖國的威廉」，第二位則是周美爹。可是法倫退因卻說周美爹是在1709年與退休總督裕安伴烏倫（Joan van Hoorn）一起離開巴達維亞前往荷蘭的。明瞭荷蘭語發音的人不難理解〈開吧歷代史記〉為何會發生記載上的錯誤。因為十八世紀後期才開始撰寫〈開吧歷代史記〉的作者們，搞混了伴牛氏（Van Goens）與伴烏倫（Van Hoorn）兩個人的名字。在荷蘭語中，"g"的發音非常接"h"，只是前者讀得很重並且帶有喉音而已。對不是很熟悉荷蘭語的人來說，Van Goens與Van Hoorn讀起來其實相當地接近，從而把馮京當成了馬涼。

　　依據包樂史的研究[10]：周美爹在巴達維亞擁有甘蔗園與糖廊，同時也擔任過巴達維亞城華人社群的遺產管理人（當地稱為「武直迷」，荷文*boedelmeester*），更重要的是他是一位成功的醫生。正是因為他的醫術受到總督伴烏倫的欣賞與信賴，從而被邀請同行到荷蘭。他們自巴達維亞出航的時間為1709年10月31日（中國康熙四十八年九月二十九日），搭乘的是荷蘭東印度公司船隊的旗艦「三登堡號」（the *Sandenburg*），在1710年7月17日（中國康熙四十九年六月二十一日）到達荷蘭，耗時八個月。同年9月29日，東印度公司理事會（the *Heeren Zeventien*）決議，准他隨該公司同年秋季的船隊返回東方。出航的日期不詳，但在同年12月5日，他已從南非開普敦寄出一信給他在阿姆斯特丹的友人維特森（Nicolaes Witsen, 1641-1717）。想來他在10月初就已經離開荷蘭。他待在荷蘭的時間大約在七十五天左右。

10　以下的敘述依據Leonard Blussé, op. cit., pp. 7-30。該文中譯見包樂史著，莊國土、吳龍、張曉寧譯，《巴達維亞華人與中荷貿易》(南寧市：廣西人民出版社，1997)，第八章〈跨洋醫生周美爺〉，pp. 231-255。

在周美爹前往荷蘭的八個多月航程中，由於與伴烏倫一家朝夕相處，當然交換了不少知識；周美爹甚至還試圖教導伴烏倫夫人把脈的方法。在阿姆斯特丹居住的一段期間，伴烏倫介紹周美爹與維特森交往，兩人相處甚歡，談了不少學問。維特森是荷蘭東印度公司理事之一，同時也是一位熱心的學藝的贊助者。

在荷蘭居停的兩個多月中，周美爹大都住在阿姆斯特丹，不過，可以確定的是他曾經造訪過海牙。因為維特森曾經在他的書信中提到周美爹曾告訴他「荷蘭居民並不擁擠，甚至在看來有較多人的海牙或阿姆斯特丹也不擁擠。」可是，如同〈開吧歷代史記〉所說的那樣，當他身在荷蘭時，周美爹並沒有多少機會可以離開寓所，也就無緣多多觀察當地的風光、社會與人文。即便有，他也沒有留下記錄與感想可以和華人世界分享。

5. 「廈門眞官」

從以上介紹的沈福宗、「祖國的威廉」、樊守義與周美爹的個案，以及現在很有名的胡若望的故事來看，康熙年間造訪歐洲的有記錄人士，若非與天主教有關，即是來自荷蘭殖民地爪哇的訪問者。當然，這是因為文獻不足，而個人又見聞不廣的緣故。不過，自從康熙二十二年（1683）開放歐洲人到中國貿易以來，中國的藝術品與手工藝品也已源源流向歐洲，很快就開啓了歐洲文化史上所謂「中國風」（*chinoiserie*）的時代。中國出口藝術，以及其對西方設計的影響，長期以來已經受到相當大的注意，可是會不會也有中國藝術家或工藝家也前往歐洲發展呢？雖然我們所知還是很有限，可是湊巧有一位被稱為「廈門眞官」（Amoy Chinqua，譯音）的人物卻有作品留了下來。

「廈門眞官」是一位泥塑家。他為柯勒（Joseph Collet）所造的一座全身塑像，現在典藏在倫敦的國家肖像畫廊（the National Portrait

圖一 「廈門真官」的泥塑作品〈柯勒塑像〉

Leo Akveld and Els M. Jacobs eds., *The Colourful World of the VOC, 1602-2002*
（Bussum, the Netherlands: THOTH Publishers, 2002）, p. 181.

Gallery）。[11] 作品底下有「廈門眞官，1716年造」（Amoy Chinqua, fecit 1716）的署名；同一段文字也記錄在柯勒本人的《私人函件集》（*Private Letter Books*）裡。

柯勒爲英國東印度公司（The East India Company）的高級職員。1712至1726年間，先是在蘇門答臘島西岸的明古崙（Benkulu, Bencoolen）商館服務，其後陞任印度馬德拉斯長官（Governor of Madras）。爲了讓住在英國老家的愛女伊利莎白（Elizabeth）能常常看到他的樣子，柯勒便請「廈門眞官」爲他作了這座全身塑像。這種作用正像是我們旅居在外時寄照片給家鄉的親人一樣，只是當年攝影技術還沒出現。

1712至1726年間，柯勒本人並沒有到過中國，因此「廈門眞官」也不會在中國爲他塑像。若就文獻所載，這座泥塑是於1716年在馬德拉斯完成後，裝船運回英格蘭的。這意味著1716年時「廈門眞官」曾旅居馬德拉斯。不知道他後來有沒有造訪歐洲，也不知道他最終有沒有回國。無論如何，他可能是到域外發展、爲歐洲客戶工作，並且留下名字的第一位工藝家。[12] 幾十年後，我們就可以找到確實在歐洲發展的華人藝術家的事蹟了。

11　這座塑像在2002年荷蘭慶祝該國東印度公司成立四百年紀念時，被借到位在鹿特丹的海事博物館(Prins Hendrik Maritiem Museum)展出。筆者於10月10日訪問該館，有幸親眼目睹。

12　以上參考Leo Akveld and Els M. Jacobs eds., *The Colourful World of the VOC, 1602-2002* (Bussum, the Netherlands: THOTH Publishers, 2002), p. 181; David Piper, "A Chinese Artist in England," *Country Life*, July 18, 1952, pp. 198-199.

二、乾隆年間的造訪者（1736-1795）

1. 林利官

　　從康熙末年到乾隆初期，我們一時沒有找到天主教人士以外的旅歐華人的資訊。下一個出現的人物，管見所及，爲林利官（Loum Riqua，譯音）。1757年4月倫敦出版了一張他的網線銅版畫（mezzotint）全身像。[13] 原出版者的說明如下：

　　該華人於1755年（乾隆二十年）到達里斯本（Lisbon），地震時人在該地，因天意而倖免於難。[14] 在遭遇許多艱苦與葡萄牙人的惡劣對待之後，他於1756年來到倫敦。在當地，他獲得不同的待遇，有幸被陛下、其他王室成員、大多數的王公貴人等接見，這些人都對他愛惜有加。他向尊貴的東印度公司申請搭載他回家，獲得仁慈的接待，並被慷慨地安置在他們的一艘船舶帶他回廣州，他的故鄉。[15]

這是我們對他所知的一切。他的職業爲何？爲何到歐洲？都沒有資料進一步說明。不過，他的到來可能給英國作家果德斯密（Oliver Goldsmith, 1728-1774）帶來靈感。不出三、五年，後者就託名一位旅英華人，寫了一本叫作《世界公民》（*Citizen of the World*）的書。（後文有進一步的描述。）

13　原畫爲Dominique Serres所作。該銅版畫複製在James Orange, *The Chater Collection: Pictures Relating to China, Hong Kong, Macao, 1655-1860, with historical descriptive letterpress* (London: T. Butterworth, 1924), p. 492; Louis Dermigny, *La Chine et L'Occident: Le Commerce à Canton au XVIIIe Siècle, 1719-1833: Album* (Paris: S.E.V.P.E.N., 1964), no. 52.

14　1755年里斯本大地震，罹難人數多達30,000人！

15　C. R. Boxer著，朱傑勤譯，〈明末清初華人出洋考〉，pp. 15-16；James Orange, op. cit., p. 484。

圖二　林利官畫像

Louis Dermigny, *La Chine et L'Occident: Le Commerce à Canton au XVIIIe Siècle, 1719-1833: Album* (Paris: S.E.V.P.E.N., 1964), no. 52.

2. 潘啟官一世？

　　有些學者認為廣東外洋行商人、同文行行主潘文巖（潘啓官一世，Puan Khequa I, 1714-1788）也親自造訪過歐洲。這樣的想像是因為瑞典哥德堡（Gothenburg）的歷史博物館（Gothenburg Historical Museum）典藏有一幀潘文巖的畫像。以研究中國貿易瓷知名的學者喬格（C. J. A. Jörg）認定他是在1740年代，也就是乾隆初年，造訪過瑞典首都斯德哥爾摩，同時留下那張畫像。[16]然而哥德堡所藏潘啓官一世的畫像，眼袋很顯著；官服補子很像是「仙鶴」（文官一品），都不可能是一個二、三十歲的青年所能有的特徵。潘文巖果真訪問過瑞典，絕不可能是1740年代的事。

　　另一位美國學者巴素（Dilip Basu）也曾認真檢討過潘文巖是否到過瑞典的問題。在他的博士論文中，他提到：十八世紀中葉的瑞典企業大亨對中國貿易極感興趣。他們同時也將瑞典所產的銅、鐵、鋼、紙以及木材運到西班牙的卡迪斯（Cadiz）銷售以換取中國貿易所必須支付給中國人的西班牙銀圓。在廣州方面，潘啓官一世正與經營中國貿易的瑞典東印度公司有大筆的生意來往，同時還投資一位瑞典大亨撒革廉（Niklas Sahlgren）的卡迪斯貿易。也就是透過撒革廉這位瑞典商人的邀請，潘文巖可能在1770年造訪瑞典，並且把他自己的肖像畫呈獻予撒革廉。[17]關於潘文巖於1770年造訪瑞典一事，巴素雖然指出了一些依據，可是並不堅實。[18]梁嘉彬雖然沒有看過巴素的作品，卻也在很久以前就

16　C. J. A. Jörg, *Porcelain and the Dutch China Trade* (The Hague: Martinus Nijhoff, 1982), pp. 70 and 80; Loius Dermigny, op. cit, no. 49也複製了同一張畫像。

17　Dilip Kumar Basu, "Asian Merchants and Western Trade: A Comparative Study of Calcutta and Canton, 1800-1840" (Ph. D. dissertation, University of California, Berkeley, 1975), p. 355.

18　Ibid., p. 376, note 78.

圖三　潘文巖（潘啟官一世）畫像

Louis Dermigny, *La Chine et L'Occident: Le Commerce à Canton au XVIIIe Siècle, 1719-1833: Album*,
no. 49.

簡單推論過不可能有潘啓官一世造訪瑞典這樣的事情。[19]我們還可以進一步提出以下的論證：

　　1770年左右正是廣州外洋行商人所組成的「公行」面臨存廢的時刻，潘文巖當時受英國東印度公司之託，正在設法向中國官府行賄，以促成「公行」的解散，結果也達成任務。[20]作爲一位行商，潘啓官其實經常得出入地方政府衙門，自然也就沒有消聲匿跡兩、三年的可能。因此，在1770年左右，他絕對不可能造訪瑞典。何況廣州商場的主要貿易組織，如英國東印度公司、荷蘭東印度公司，也都不曾提到1770年時有潘文巖出國這回事。稍後我們將提到一位眞正到過瑞典的華人蔡阿福（Choi-A-fuk，譯音）。這個人在1786年7月到達哥德堡，並造訪過斯德哥爾摩。他不但被稱爲是第一個造訪瑞典的華人，而且在主人家的留言簿留下簽名，在瑞典畫家的筆下留下畫像。以潘文巖的地位（1770年左右如日中天），豈是非行商的蔡阿福可比？蔡阿福都受到那麼高規格的接待（國王也接見他），而瑞典文獻竟未有一語道及，顯然是眞的沒到過。

　　至於哥德堡歷史博物館藏有潘啓官一世的畫像，那更不足爲奇。丹麥首都哥本哈根的國家博物館（Nationalmuzeet）就典藏有東生行行商劉章官（劉承霈）的畫像。[21]廣東最有名的行商伍浩官（伍秉鑑）更常拿自己的肖像送給外國朋友，時至今日，世界各地都還至少有十幾張的收藏。[22]劉章官與伍浩官都沒有離開過中國的記錄。

19　梁嘉彬，《廣東十三行考》（臺中：東海大學，1960），pp. 207-208。

20　Kuo-tung Anthony Ch'en, *The Insolvency of the Chinese Hong Merchants, 1760-1843* (Taipei: Academia Sinica, 1990), pp. 7-8.

21　Leo Akveld and Els M. Jacobs eds., op. cit., p. 150.

22　Albert Ten Eyck Gardner, "Cantonese Chinnerys: Portraits of How-qua and other China Trade Paintings," *The Art Quarterly*, 16:4 (Winter 1953), pp. 305-324.

3. 汪伊通

行商的肖像畫大多是廣東的中國畫家所繪製，其後再流傳到海外的。不過，至遲到十八世紀下半葉，我們已經開始看到歐洲畫家爲旅歐華人所作的肖像畫。首先讓我們介紹一位被叫作汪伊通（Wang-y-Tong，譯音）的年輕中國男孩，十八世紀最重要的英國畫家之一的雷諾（Joshua Reynolds, 1723-1792）爲他作過畫。

英國伯明罕市的美術博物館，在1961年2月18日至同年3月19日，舉行了一個以雷諾的畫作爲主題的特展。展出的作品中，有一件令人感興趣的油畫作品，標題是"WANG-Y-TONG"，50×40吋，畫於帆布上。作畫年代爲1776年。展覽目錄對該作有如下說明：

> 汪伊通是多瑟公爵夫人（the Duchess of Dorset）的一名華籍小廝（page）。她安排他去「七橡樹公學」（the Sevenoaks School）唸書。一般說法都認定他是由英國東印度公司的一名布列克船長（Captain Blake, 1713-1790）帶到英格蘭的。不過，布列克船長的兒子約翰·布列克（John Bradby Blake）與第三代的多瑟公爵（the Duke of Dorset）恰巧是「西敏寺公學」（the Westminster School）的同校同學，而約翰·布列克又在1766年去了廣州，受雇於英國東印度公司。這或許可以說明爲何汪伊通會來到科諾爾（Knole）。[23]

這張畫在1776年8月以前就完成了。因爲多瑟公爵在該年8月付給畫家73鎊10先令（大約相當於中國白銀300兩）。這幅畫最早著錄的年代爲1780年，著錄的標題爲"Mr. Warnoton, a Chinese."

伯明罕市美術博物館的說明，在細節上與事實略有出入，需要進一

23　Mary Woodall ed., *Exhibition of Works by Sir Joshua Reynolds P.R.A., 1723-1792* (Birmingham: City of Birmingham Museum and Art Gallery, 1961), p. 38.

圖四　汪伊通畫像

Aubrey J. Toppin, "Chitqua, the Chinese Modeller, and Wang-Y-Tong, the 'Chinese Boy' ", *Transactions of the English Ceramic Circle* (1942), Plate LVIa.

圖五 汪伊通畫像（局部）

Aubrey J. Toppin, "Chitqua, the Chinese Modeller, and Wang-Y-Tong, the 'Chinese Boy' ", Plate LVIb.

步說明。多瑟公爵的家族姓沙克維爾（Sackville），[24] 科諾爾爲其莊園與宅邸的統稱，位在英格蘭肯特（Kent）郡之七橡樹（Sevenoaks）鎮。第三代多瑟公爵叫作約翰（John Frederick Sackville, 1745-1799）。他的原配夫人名叫戴安娜（Arabella Dianna），當時已經改嫁他人。[25]因此，這裡所謂的「多瑟公爵夫人」其實只是多瑟公爵的情婦，名叫芭伽莉（Giannetta Baccelli，她是一名義大利舞者）。目前，在科諾爾宅邸樓梯間的下方，有一座這位女士的裸體石膏像；還有另一位畫家韓富瑞（Ozias Humphry）所作的一幅素描，記錄十八世紀另一位英國名畫家騫士博（Thomas Gainsborough, 1727-1788）爲這位女士作畫的事件。在此素描中，芭伽莉擺了一個倚靠著高腳檯（dais）的姿勢，而她的侍僮汪伊通則正從門口走過來。[26] 宅邸中有一間特別的房間，稱作「大紅會客室」（the Crimson Drawing Room），掛著多幅雷諾的作品，因此也叫作「雷諾室」。1961年伯明罕展出的汪伊通肖像就掛在這個房間裡。[27]

由於雷諾享有盛名，連帶著英國人也對汪伊通感到興趣。1935年倫敦聖保羅大教堂主任秘書兼圖書館館長（Chancellor and Librarian of St. Paul's）墨斯理（Mozley）牧師的太太墨斯理女士就曾寫過一本題爲《羅瑟希斯的布列克家族》（*The Blakes of Rotherhithe*）的專書，並在《劄記與詢問》（*Notes and Queries*）雜誌發表討論汪伊通的文章。根據這些作品，《約克快報》（the *York Herald*）的記者托平（Aubrey J. Toppin）在1942年發表一篇文章，[28] 提供我們有關汪伊通的進一步資

---

24 這個家族的一名女性後裔Victoria Mary Sackville-West (1892-1962)爲英國著名作家。

25 他們共同的女兒Mary Sackville第二度結婚時，嫁給名叫William Pitt (卒於1857年)的第一代阿美士德侯爵(1st Earl Amherst)。

26 騫士博所作的畫(油畫)，今藏倫敦the Tate Gallery。

27 以上參考The National Trust, *Knole, Kent* (London: the National Trust, 1978), pp. 17, 33, 35 and 46.

訊，轉介如下：

約翰・布列克（John Bradby Blake, 1745-1773）為墨斯理女士高祖的兄弟，對英國陶瓷業的研究者來說，他是一位饒有興味的人物。當衛基伍德（Josiah Wedgwood）從事製造「浮雕玉石器皿」（jasper）胚體的實驗時，曾經得自約翰・布列克從中國寄回給他的高嶺土及白墩子樣本的幫助。約翰・布列克本人也是一位出色的自然學者與植物學家。他於1773年11月突然逝世於廣州，得年僅28歲。汪伊通是由他從廣州帶到英國的，而非他的父親布列克船長做了這件事。

托平在他的文章中也提到雷諾另有一幅畫作（收藏在Albert Hamilton女士家中），畫的也是汪伊通。這是一張大膽而認真的畫稿。畫中的這位少年表情靈敏，甚至於有一些愉悅，顯然他是個引人注目人物。墨斯理女士還指出第三張畫像，以前都認為是雷諾所作，但更可能是別的藝術家的作品，在那幅畫中該名少年的特徵更為接近東方味道。最後，托平也提到了出現在為義大利舞者芭伽莉所作肖像之畫稿中的汪伊通。不過，他誤以為這張畫稿係騫士博所作，錯了。如前所述，畫家是韓富瑞，汪伊通與騫士博同為畫中人。但托平指出這張現存於科諾爾的畫稿只是一張畫稿，從未出現在任何完成的作品裡，則無爭議。

在1773年約翰・布列克死後，汪伊通與約翰・布列克的父親——英國東印度公司屬下的布列克船長——住在一起。有一位迪蘭妮（Delany）女士提到過這名少年與布列克船長於1775年曾造訪過她，那時候她認為汪伊通是名年輕人。同一年，衛基伍德在他的《常識書》（*Common Book*）裡寫下了：「……關於中國瓷器……來自倫敦布列克先生家裡的

28　Aubrey J. Toppin, "Chitqua, the Chinese Modeller, and Wang-Y-Tong, the 'Chinese Boy'," *Transactions of the English Ceramic Circle* (1942), pp. 151-152.

一名中國男子……汪伊通（Whang-at-Tong）說道青花瓷（the blue Nankin china）通常在送入窯口之前先行著色……。」這是有關該名少年有跡可尋的最後記錄。

4. 陳佶官

托平在提到墨斯理女士所說的第三張畫像時，指出這幅畫在葛拉維（Graves）與科羅寧（Cronin）論述雷諾的名著中被敘述成「汪伊通，亦即聰明的藝術家陳佶官（譯音，Tanchequa；別處又作Tan Chitqua）」。他認為葛拉維與科羅寧兩人搞錯了，因為汪伊通與陳佶官是完全不同的兩個人。出現在英國畫家畫作中的汪伊通顯然只是個男孩或年輕人，而在其他場合出現的陳佶官顯然是位中年男子；再者，1771年5月號的《紳士雜誌》（The *Gentleman's Magazine*）也是如此描述這位陳佶官。[29]

那麼，誰是陳佶官呢？湊巧我們對他知道得多一些，因此故事也就要講得長一點。首先，我們根據一些研究者的敘述整理出來他在英國的經歷：

陳佶官是一位塑造人偶的匠師。原來在廣州賣泥娃娃，在當地顯然頗有一些名氣。他搭乘東印度公司船「侯峯頓號」（the *Horsendon*），在1769年8月，從中國抵達英格蘭。「有些人說他的動機是因為好奇，另有些人則說是逃避債主。」到達倫敦之後，定居在市區諾佛克街（Norfolk Street）的一家帽店裡。他的作品顯然頗有銷路。他用黏土捏塑小型半身像，隨後加以著色。

有關這位泥塑家的最早的一項描述，出現在1769年11月班特利

29　參考Aubrey J. Toppin, "Chitqua, the Chinese Modeller, and Wang-Y-Tong, the 'Chinese Boy'," pp. 149-150.

（Thomas Bentley）寫給他的事業合夥人、著名的英國陶瓷大師衛基伍德的一封信。信中提到：「有一位中國的人像捏塑家最近來自廣州，他也就是那些製造被帶至英格蘭的官員人偶的藝術家之一。……他打算在這裡住上幾年。他穿著中國服飾。他製作小偶像（以黏土做的小半身塑像，並加以著色），以驚人的速度達到唯妙唯肖的效果。」班特利造訪過他三次，巨細靡遺地描述著他：「他能講一點英文……。他的臉色黝黑，眉毛幾乎一刻也沒有停止擺動。他的手臂十分細長，像是一名纖細婦人的手，而他的手指頭很長。……他的衣料主要是綢緞。我看過他穿著鮮紅色與黑色……。」

當其在倫敦居住的期間，曾經接獲不少訂單，而且成為一時的名人。他的價格是：每座半身像10個金幣（guineas），全身塑像15個。從當時人的記述，他應該是自己從中國帶來塑像用的黏土。據說他全憑記憶創作，作品十分逼真。他曾為喬治三世及王后所接見，為皇家「步兵」（the Royal "Infantry"）塑造偶像。衛基伍德也在1770年的春天為他擺姿勢、當模特兒，請他塑像。不過並沒有證據顯示衛基伍德曾請他設計陶瓷作品。

1770年4月23日英國皇家畫會[30]在波爾摩爾畫廊（Pall Mall Gallery）舉行第一回正式晚宴，陳佶官受邀與會。出席的貴賓之中，尚有狄逢郡公爵（the Duke of Devonshire）和另外五名貴族、瓦爾波（Horace Walpole）以及葛力克（David Garrick）等人；而陳佶官本人也在次日揭幕的年度展示（Annual Exhibition）中展出他的一件人偶作品──他在皇家畫會的唯一一次的展出。陳佶官在晚宴的現身給與會者留下深刻的印象。當時也在場的好古大師吳氏（Richard Gough）描繪他這個人，

---

30 「皇家畫會」(the Royal Society)成立於1768年，雷諾為其首任會長(President)，任職至1790年辭職為止。

說他：「中等身材，年約四十或多些，瘦而修長。……嘴唇之上覆蓋著一吋長稀疏的髭毛，既硬又黑。頭頂上光禿無髮，只有後腦杓的毛髮編結成一條長長的尾巴，約莫有一碼（90公分）長。他的雙唇翹起，鼻子很長，眼光不甚有神，指甲就像我們所見的本地坐著工作的工匠那樣。他穿著自己本國的服飾；戴著著色綢帽，邊緣有摺縫綢面翻起；他穿了一件好似綠綢襯衣的有襯裡的貼身小衣；他穿的外衣類似一種小外套；他的襯褲與他的襯衣大同小異；而他的便鞋則是黃顏色的。他抱怨天氣冷，沒火取暖；只有因為沒有噪音的寧靜才會讓他愛上鄉間而非倫敦，因為在倫敦市街沒有人欺負他。他最愛自己家鄉的氣候，在次一回船期就回去了。」其實他沒有成功地回家，他被迫在倫敦再逗留了一年（請參考下文）。

1771年的春天，陳佑官曾造訪了皇家畫會所設立的學校，這些學校不久前才剛在倫敦城裡的老索摩瑟大廈（the Old Somerset House）設立。隨後不久，他便安排回家。或許，對從亞熱帶來的廣州人陳佑官而言，忍受一年倫敦的氣候確實已經很不容易了。他寫了一封信給住在牛津（Oxford）的傑芙瑞（Jeffrey）小姐和她的兩位女性友人，請她們設法為他在離航的東印度公司船找一個艙位。

陳佑官的友人不負所託。然而幸運之神並沒有照顧他。英國東印度公司給了他搭乘「格林維爾號」（the *Grenville*）的機會，而該船在1771年3月揚帆，他在葛拉弗森（Gravesend）港登船。可是，外國人的長相與舉止引起了船上水手們的猜疑，他的登船並沒有受到熱絡的歡迎。更不巧的是他意外地翻落船外，「隨潮汐載沉載浮約末半哩之遙」後，靠著他的寬鬆衣物給撐浮起來，免於溺斃，撈起來時已經半死不死了。這件事，加上海員們莫名其妙的迷信式的恐懼，使得這些海員們就如同看到鬼一樣，把他當成是個瘋子來對待，用「中國狗」這樣的惡毒字眼來咒罵他。這一切把他嚇壞了。他甚至懷疑自己是否能夠活下去，於是乞

求船上的木匠爲他打製一個棺木，拜託木匠把他的屍體帶回岸上，因爲在他的祖國水葬並不合法。這時候，「格林維爾號」的船長把陳佶官從不幸中給解放出來。船長在狄爾（Deal）港將他送上岸。可憐的陳佶官在走回位在拾串區（the Strand）的居所時，一路被暴民追打。勉強回到諾佛克街，再次渡過另一個令他不滿的冬天。有人說他可能在1772年離開英國。可是所有該年的東印度公司船舶的行船記錄顯示只有歐洲籍的乘客登船，找不到他的名字。

　　陳佶官離開英國以後的故事隱晦不明。1797年5月號的《紳士雜誌》刊載的一條訃聞寫道：「在中國廣州，陳佶官也就是（如某些人所寫的）石鯨官（Shykinqua），那位曾來本國的天才藝術家。他逝世的消息，以及服毒自盡的消息，由1796年12月到達馬德拉斯的船舶帶至該地。」[31]這個報導把石鯨官與陳佶官當成是同一個人，錯了。死掉的人應該是石鯨官，與陳佶官無關。[32]

　　陳佶官在倫敦旅居的兩年，主要是靠做泥娃娃爲生。然而目前唯一能確認是他的作品的，僅有他爲阿斯鳩（Anthony Askew）醫生所做的塑像。該像由被塑者的女兒琵比絲夫人（Lady Pepys）[33]饋贈給皇家外科醫師公會（the Royal College of Physicians）。佶官（Chequa）這樣的名字好像一直都跟著它，而根據家族裡的傳說，這是佶官爲了感謝醫生

31　以上參考Martyn Gregory ed., *Tricorns and Turbans: An Exhibition of British Portraits* (London: Martyn Gregory, 1987), pp. 12-13; David Piper, "A Chinese Artist in England," *Country Life*, July 18, 1952, pp. 198-199; Aubrey J. Toppin, op. cit., pp. 149-150.

32　行商石鯨官(石夢鯨，而益行)因爲欠繳關稅，於1796年2月間在南海縣監牢熬刑至死；同年年初，另一位行商蔡文官(蔡世文，萬和行)也吞服鴉片自殺。兩人之死，時間至爲接近。所以「石鯨官服毒自盡」是合併兩個事件所造成的誤解。不過，石鯨官與陳佶官又是截然不同的兩個人。石鯨官姓石，陳佶官姓陳；前者爲行商，後者爲人偶匠。把兩個不相干的人誤會是同一個人，顯然是傳聞失實所致。關於石鯨官與蔡文官之死，參考Kuo-tung Anthony Ch'en, op. cit., pp. 297-311.

33　從男爵(baronet) Lucas Pepys爵士的遺孀。

的細心照顧而製作的。

該件作品爲黏土所製,未曾經過窯燒,表面用油質顏料彩繪,高13吋。姿態也許有些僵硬,但即使鼻子稍微受損,臉部表情卻仍依稀可見。該塑像笨重而堅固,基座的中心部分略爲鏤空。衣服白色,醫師袍子則爲深紅色襯以淡粉紅色,石座以及小樹群漆成墨綠色。這個塑像如果不曾上色的話,看起來或許會更舒服;不過漆料無疑有助於將這坨未經窯燒過的黏土繃湊在一起。看得出來醫生先生當時年約五十歲,手中所握的手杖是聞名的「金頭手杖」的傳眞寫照。這一切都與一位名叫霍傑次(T. Hodgetts)的藝術家爲該名醫生所作的銅版畫像有相當高度的相似性。

陳侁官爲阿斯鳩醫生的病患,而他塑造該座肖像也正是回報對那位醫生的照料與慈祥的感激。這個事實是在一本名爲《金頭手杖》(*The Gold-headed Cane*)的小書裡提起的。書爲麥邁可(William McMichael)醫生所作,他於1824至1829年間擔任外科醫師公會的會籍管理員(Registrar),並且也是威廉四世(William IV)國王的醫生兼圖書館館長。在這本書中,印著霍傑次所作的銅版畫,同時也記述著那隻金頭手杖的想當然耳的流傳過程:它先後被知名的醫生雷德克里夫(Radcliffe)、米德(Mead)、阿斯鳩(塑像的主人翁)、匹凱恩(Pitcairn),以及最後一位的拜里(Mathew Baillie)擁有過。(所有這些人的肖像均見於皇家外科醫師公會。)拜里太太,[34] 也就是該手杖的最後一位所有者的寡婦,將它捐贈給公會。所有曾經擁有過該手杖的人的紋章都鏤刻在杖上,而在阿斯鳩醫生的塑像上,該手杖握在他的左手位置。

此外,還有另一座塑像,研究者派柏(David Piper)也把它當成是

---

34 應該就是琵比絲夫人。

陳佶官的作品，歸屬雷德福小姐（Miss Ursula Radford）所有。它所呈現的是一名不知名男子拿著一本書斜倚在一張躺椅上。躺椅有一呎長，木頭做的；人偶設色，藍色外袍下為白色襯衫。不過，派柏也說，雖然這座塑像所穿著的外套，反映著一個1770年左右的年代的剪裁，年代是可信的。可是也不能排除出現這樣的情形：陳佶官的同行在中國塑造了這樣的東西，而有人把它帶到英國。派柏從個人的觀點出發，認為當時流行的英國紳士們的平面肖像，整體而言，一般都極平淡乏味；反之，陳佶官的作品卻相當寫實生動，可以說為英國肖像畫「注入一些新的點子」。不過，陳佶官的雕塑品材質易碎，這一、兩件之外，有幸保留下來的想必不多。

至於陳佶官本人，他也成為英國藝術家描繪的對象。我們先介紹左藩尼（Johann Zoffany, ca. 1734-1810）所作的畫。左藩尼是一名日耳曼人，二十五歲那年來到英格蘭。他作畫極尊重客戶的意見，總是牽就他們的想法來表現。因此之故，他的畫作藝術價值並不高，不過倒頗具史料價值。

左藩尼曾受英王喬治三世（George III，1760-1820在位）的囑託為剛成立不久的皇家畫會的集會場合作畫。陳佶官就出現在這張名畫的左上角。這張畫目前仍收藏在溫莎堡（The Windsor Castle），有些文獻將之稱為「皇家畫會的寫實畫派」（Life-School at the Royal Academy）。[35]陳佶官在該畫中現身，使人得到一個錯誤的印象，誤以為他是皇家畫會的榮譽會員，其實沒有任何證據指向這樣的結論。那個團體畫是以人工光線的方式表現的；而根據瓦爾波的說法，左藩尼是在這些藝術家們向

35　參考R. H. Wilenski, *English Painting* (London: Faber and Faber, 1964), pp. 107-109. 該畫作的一張彩色複製本見Mark Evans ed., *The Royal Collection: Paintings from Windsor Castle* (Cardiff, U. K.: National Museum of Wales, 1990), p. 133. 該畫作其實要到1773年才完成。Richard Earlom把它作成銅版畫。

他走來的時候把他們給「塞」進畫裡的，事先並沒有先作畫稿。這是為喬治三世（國王）製作的。陳佶官見於背景部分，左手邊的位置，正從衛斯特（Benjamin West）與邁爾（Jeremiah Meyer）的肩上往外張望。

圖六　左藩尼的皇家畫會聚會圖
（陳佶官出現在左邊數來第三位）

Mark Evans ed., *The Royal Collection: Paintings from Windsor Castle* (Cardiff, U. K.: National Museum of Wales, 1990), p. 133.

1771年時，皇家畫會成員之一的摩提默（John. Hamilton Mortimer, 1740-1779）在泉園（Spring Gardens）的藝術家協會（the Society of Artists）展示過一張「中國泥塑家陳佶官的七分半身肖像」（Portrait of Chitqua the Chinese Modeller, three quarters）。[36] 油畫，畫於帆布上，21×16吋，現在由私人收藏，曾於1987年在倫敦的馬丁・革列哥里畫廊（Martyn Gregory Gallery）展出。[37]

圖七　陳佶官畫像（摩提默作）

Martyn Gregory ed., *Tricorns and Turbans: An Exhibition of British Portraits* (London: Martyn Gregory, 1987), p. 13.

36　Aubrey J. Toppin, op. cit., pp. 149-150.

37　Martyn Gregory ed., op. cit., pp. 12-13.

此外，還有一位叫作格里庸（Charles Grignon）的畫家也畫陳佶官。這位格里庸有可能是「小查理」（Charles the Younger）——當時為希普里阿尼（Cipriani）的一名早熟的徒弟——，他在1770年，他十六歲那年，在皇家畫會展出他的第一張畫作。當左藩尼在為這個團體的每個人作畫時，格里庸也為受繪者當中包括了陳佶官在內的某幾位人士畫了一些速寫。[38]

圖八　陳佶官畫像（格里庸作）

David Piper, "A Chinese Artist in England," *Country Life*, July 18, 1952, p. 198.

38　陳佶官的速寫複製在David Piper, op. cit., p. 198。

　　稍早我們在介紹林利官的時候，曾經提到一位名叫果德斯密的作家，他是畫家雷諾的朋友。果德斯密在1760-1761年間，假託一名旅居英國的華人「廉記」（Lien Chi Altangi）與在中國的友人的通信，發表過一系列書信體的文章，後來結集出版成《世界公民》一書。[39] 這本書流通很廣，一再重印。其中有一個版本由沙立文（Edmund J. Sullivan）繪製插圖。沙立文為「廉記」所繪的肖像，註明是「臨摹（稍事改動）自雷諾所作的肖像」。[40] 即便如此，畫中人物與格里庸的速寫倒十分類似。至於雷諾本人是否真的為陳佶官作過畫，很遺憾地，本文作者也找不到相關資料以供證實。

　　陳佶官於1769-1771年間在倫敦活動，並且有機會躋身上流社交圈，多少使他成為一名聞人，於是有人就不免利用他的名氣為自己的作品促銷。

　　眾所周知，十八世紀是歐洲所謂的「中國風」時期，建造中式園林為一時風尚。代表這股風尚的一位建築家就是瑞典人詹伯斯（William Chambers, 1726-1796），他曾為英國王太子的遺孀奧古斯塔（Augusta）改造倫敦植物園丘園（Kew Garden），並於1772年出版了《東方園林論》（*Dissertation on Oriental Gardening*）一書。[41] 次年，當這本書再版時，詹伯斯加入另外的一個長篇文字，聲稱是「廣州府紳士陳佶官所作之說

39　關於Oliver Goldsmith及其作品，請參考史景遷(Jonathan D. Spence)著、阮叔梅譯，《大汗之國──西方眼中的中國》(臺北：商務印書館，2000)，pp. 93-103；John Forster, *The Life and Times of Oliver Goldsmith* (Fourth edition. London: Chapman and Hall, 1863), pp. 148-157.

40　Oliver Goldsmith, *Citizens of the World* (London: Gardner, Darton & Co., no date), facing title page.

41　關於詹伯斯的生平與成就，請參考朱謙之，《中國思想對於歐洲文化之影響》(臺北：臺灣時代書局，1977──原刊於1940)，p. 34；J. L. Cranmer-Byng ed., *Lord Macartney's Journal, 1793-4* (London: Longmans, 1962), p. 370, note 41.

圖九　《世界公民》插圖——「廉記」畫像

Oliver Goldsmith, *Citizens of the World* (London: Gardner, Darton & Co., no date)，卷首。

明性論述」（An Explanatory Discourse by Tan Chet-qua of Guang-chew-fu, Gent.）。在這一部分的文字前，他還寫了以下一段文字：

> 全世界都認識佶官，知道他如何在28年第四個月出生在廣州府；也知道他如何被教養成一位人偶匠（face-maker），知道他有三名妻子，其中兩位他十分疼惜；而第三位他不太搭理，因為她是名悍婦，並且有雙大腳。……[42]

引文中的「28年」如果看成是西元1728年的話，這位陳佶官在1769年時正好四十出頭。加上詹伯士所描寫的陳佶官也是一位人偶匠，顯然他是想藉著影射才離開英國不久的陳佶官的名義來為他的作品打廣告！至於詹伯士對陳佶官所作的描述，顯然是出自誇張的口吻，反映的是西方世界所理解、或所想認定的中國人形象；是否屬實，也就不勞深究了。[43]

5. 丹亞彩

法國啟蒙運動大師伏爾泰（François Marie Arouet de Voltaire, 1694-1778）曾經寫過一篇不怎麼有名的文章，題目叫作〈與阿姆斯特丹一名華人的一席談〉（A Discourse with a Chinese in Amsterdam），藉著與一名住在阿姆斯特丹的華人的談話，發揮他對中國文化的看法。這名華人不可能是周美爹，因為時代不對。但會是誰呢？如同果德斯密的「廉記」或是詹伯斯的陳佶官一樣，有可能是虛構的，也有可能是影射某位曾到

42　Sir William Chambers, *A Dissertation on Oriental Gardening*, 1773, second edition. (India Office Library and Records 所藏), p. 115.

43　以上參考David Piper, op. cit., pp. 198-199。藝術家Whitely曾為其*Artists and Their Friends in England*一書的寫作而搜集不少有關陳佶官的資料。這些資料現在收藏在大英博物館的「印刷品室」(the Print Room)。筆者並未到倫敦檢視這些材料，希望有志者能去作研究。

阿姆斯特丹的華人吧！我們無法作一定論。

　　不過，在1775年時，的確又有一名華人來到荷蘭。他的名字叫作丹亞彩（Tan Assoy）或陳亞彩。[44] 他的到來與海牙的一名律師羅耶（Jean Theodore Royer, 1737-1807）有關。這位律師從年輕時起就發展出對中國語言、文化的興趣，業餘之時致力於自修中國語文、收集中國文物。經由荷蘭東印度公司（*Verenigde Oostindische Compagnie*, the VOC）在廣州辦事人員的引介，他也與住在廣州的一位姓王，教名卡羅斯（Carolus）的天主教人士通信，因為王某的拉丁文相當好。透過王某的協助，他收集到更多的圖書與文物，漸漸地形成可觀的收藏。

　　一位荷蘭東印度公司的職員在1775年時將他的僕人（*bediende*, servant）丹亞彩帶到鹿特丹。[45] 羅耶造訪這位朋友後，將丹亞彩借到海牙，讓他在家裡住了兩個星期。難得有一個中國人在身邊，羅耶在這短短的十四天中，充分利用丹亞彩的協助，為他的收藏品書寫品名標籤，並且加以拼音及翻譯。丹亞彩可能也向羅耶解說官話與他自己所說的南方方言。兩週之後，丹亞彩前往阿姆斯特丹等船回國。這時候，荷蘭國主（*stadhouder*）威廉五世（Willem V）從羅耶的父親那邊聽到了丹亞彩這號人物，有意一見。由於公主威廉米娜（Wilhelmina）興趣更高，就由後者選定了一個見面的時間。丹亞彩因此風塵僕僕地趕回海牙，可

44　他自書自己的姓名為「舟亞彩」，但是「舟」實在不可能讀若"Tan"。最靠近「舟」而能夠讀"Tan"的漢字應該是「丹」，故將他的名字暫時寫作「丹亞彩」。不過，這個人雖然的確認識字，也會寫字，照理說實在不應該會把自己的姓名寫錯，可是他真的把自己的姓氏寫成毫無道理的「舟」，因此不免令人懷疑他的姓氏說不定更可能是也可以讀作"Tan"的「陳」。

45　當時外國人離境時，帶著中國僕人一道上路，雖然於法不合，可是並不少見。例如曾經與Isaac Titsingh一起帶領荷蘭使節團向乾隆皇帝朝貢(乾隆五十九年，1794)的Andreas Everardus van Braam Houckgeest，在朝貢活動結束後，移居美國時，就帶著五名中國僕人。參考Thomas La Fargue, "Some Early Visitors to the United States," *T'ien Hsia Monthly*, 11:2 (October-November, 1940), pp. 130-131.

圖十　丹亞彩致羅耶的名帖

Jan van Campen, *De Haagse Jurist Jean Theodore Royer (1737-1807) en Verzameling Chinese Voorwerpen* (Hilversum, the Netherlands: Verloren, 2000), p. 82.

是他原來在鹿特丹初見羅耶時所穿著的較正式的中國服裝都已經打包上船了。聰明的羅耶立刻想到自己的收藏品中不是正好有各式各樣的中國衣物嗎？於是將丹亞彩打扮一番，送他去見了荷蘭國主與公主。據說會面相當成功。隨後，丹亞彩就急速前往阿姆斯特丹，及時趕上要載他回家的東印度公司船。[46]

6. 蔡阿福

　　稍早我們曾提到過蔡阿福才是第一位造訪過瑞典的華人。過去我們對這個人一無所知。1994年6月20-22日瑞典國立東方博物館館長，Director of the Museum of Far Eastern Antiquities, Stockholm）維爾京（Jan Wirgin）在臺北國立歷史博物館主辦的「中國古代貿易瓷國際學術研討會」上發表一篇，揭露了蔡阿福的故事。現在轉述如下：

　　瑞典國立東方博物館收藏有不少中國瓷器。其中一件淺盤完全是照1780-1790年間歐洲流行的樣式做的，並且以金色及綠色為其主要的顏色。盤面中心用金筆書寫著"Afock"這樣的一個名字。維爾京說，這樣的盤子是中國商人蔡阿福（Choi-A-fuk）於1786年訪問瑞典時帶來的。顯然他是事先訂作，拿來作為禮物兼作名片使用。維爾京並指出，除了這個個案之外，他不曾見過其他類似作用的盤子。

　　蔡阿福是在那年7月，搭乘瑞典東印度公司的船隻「斐特烈號」（the *Adolph Friederic*）到達哥德堡。同年九月，他造訪過一個瑞典名流的莊園，在貴賓名簿上用中文簽下他的名字。莊園主人在旁邊加註一段話，說他是一名住在廣州的官員的兒子，搭瑞典船來到該地；主人還強調說蔡阿福是第一位造訪瑞典的華人。

　　稍後，蔡阿福由哥德堡前往斯德哥爾摩訪問。根據一條日記的描

46　Jan van Campen, *De Haagse Jurist Jean Theodore Royer (1737-1807) en Verzameling Chinese Voorwerpen* (Hilversum, the Netherlands: Verloren, 2000), pp. 80-82.

圖十一　蔡阿福用作名片的盤子

Jan Wirgin, "Chinese Trade Ceramics for the Swedish Market"，國立歷史博物館主辦，「中國古代貿易瓷國際學術研討會」會議論文，p. 26, fig. 18.

圖十二　蔡阿福與瑞典女子

Jan Wirgin, "Chinese Trade Ceramics for the Swedish
Market," p. 26, fig. 19.

述，蔡阿福被形容成是一位端正有禮而廣受歡迎的人物。大家都對他感興趣，想和他會面。有好幾回，他被請去與公爵夫人和公主共進晚餐，也收到小小的禮物。

有兩位瑞典藝術家——腓特烈‧馬丁（Frederik Martin）及艾力亞‧馬丁（Elias Martin, 1739-1818）——以蔡阿福爲對象作畫。在其中一張素描中，蔡阿福穿著中式衣裳，持扇而坐。一位面目姣好的女子握住他的長辮，在手中把玩。在另一幅現在收藏在斯德哥爾摩國立博物館（the National Museum）、由艾力亞‧馬丁所繪的油畫中，在把玩蔡阿福辮子的女子旁邊，還可見到一名男子，用好奇的眼光凝睇著蔡阿福。[47]

7. 謝清高

乾隆年間曾經造訪歐洲而且留下個人紀錄者，恐怕只有謝清高（1765-1821）一人。謝清高是廣東省嘉應州人，少年時代即上船工作。十八歲那年遭遇船難，被外籍商船救起，從此就不斷搭乘外國船舶前往各地貿易，從而有機會造訪很多國家。後來因爲雙目失明，於是從海上生涯退休，退居澳門。嘉慶二十五年（1820），他的同鄉楊炳南爲他作了口述訪問，並且參考一些文獻，整理成《海錄》一書，記錄他在乾隆四十七年至嘉慶元年（1782-1796）的十四、五年間的國外見聞。學者推測他所搭乘的船舶當以葡萄牙船爲主。從《海錄》的記述中，他的確造訪過歐洲，所到之處應該不止一個國家，但是對葡萄牙的記載特別詳細，不止描述其疆域、港口，而且兼及於其文武官制、屋宇、服飾、婚姻、宗教、禮節與物產。其內容之豐富，比起樊守義對義大利的報導實有過之而無不及。可惜的是他對自己在歐洲的活動並無隻字道及。[48]

---

47 Jan Wirgin, "Chinese Trade Ceramics for the Swedish Market," pp. 18-19.

48 參考章文欽，〈謝清高與葡萄牙〉，《澳門歷史文化》，pp. 99-107；馮承鈞注釋，

8. 林亞九

　　本文初稿在故宮博物院的「十八世紀的中國與世界」學術研討會宣讀後，好友韓書瑞（Susan Naquin）小姐告訴我她見過另一位十八世紀訪歐華人的記述及其肖像。2003年7月19日，我從電子郵件收到她傳來的圖片，並且提醒我法國學者戴米尼（Louis Dermigny）在其編輯的《康司東關於中國商務的備忘錄》（*Les Mémoires de Charles de Constant sur le Commerce à la Chine*）一書中提過這個人。現在依據該書及韓書瑞所提供的資料，也將林亞九（Lum Akao）這位訪歐華人帶進來介紹，以誌這段情誼。

　　從林亞九的畫像左上角拙劣的署名「香山林亞九」這五個字，我們知道它是廣州府香山縣人，或許就是澳門人吧。他於1779年結識了服務於法國印度公司（*Compagnie des Indes*）的人士康司東（Charles de Constant），當年他才十一歲，而康司東本人也不過才十七歲。康司東懂葡萄牙語和少許中文，而林亞九也能說葡萄牙語。這兩個人溝通無礙，年紀又輕，大概很快就交上朋友。每回康司東來到中國，都僱用林亞九當他的貼身僕人。

　　到乾隆五十八年（1793）時，林亞九已經二十五歲了，同時也結了婚，有兩房妻室，並且育有子嗣。前一年，康司東第三度來到中國，而在這年年初準備乘著季風返回歐洲。他邀林亞九同行，林亞九也同意了。當船隻航行到歐洲海域時，他們的座船被英國人擄獲，人被送到倫

《海錄注》（臺北：商務印書館，1970）；謝清高口述、楊炳南筆錄、安京校釋，《海錄校釋》（北京：商務印書館，2002）；劉迎勝，〈謝清高與居澳葡人——有關《海錄》述者謝清高幾則檔案資料研究〉，《文化雜誌》，第三十九期(1999)，pp. 109-118；黃順力，〈清代海商眼中的世界——《海錄》〉，《中國社會經濟史研究》，1996年第四期，pp. 93-94；安京，〈關於《海錄》及其作者的新發現與新認識〉，《海交史研究》，2002年第一期，pp. 36-46。

圖十三　林亞九畫像

圖版來源：韓書瑞（Susan Naquin）教授提供。

敦。林亞九一時成為「風行人物」（*un personnage à la mode*），並且在海德公園（Hyde Park）獲得英王喬治三世的接見。[49]這一年法國畫家董蘆（Henry-Pierre Danloux, 1753-1809）因為逃避法國大革命的動亂也來到倫敦，在萊斯特廣場（Leicester Square，即現在倫敦唐人街所在）開設一間畫室。1793年年底，康司東請董蘆為林亞九畫了一張肖像，後來也製成銅版畫。至於林亞九後來的遭遇如何，沒有後續的記錄。

9. 關作霖

最後，我們擬提一下廣州外銷畫畫家關作霖作為十八世紀訪歐華人故事的殿軍。

依據香港藝術館的館員丁新豹的說法，關作霖是廣州最早的油畫家。他是廣州府南海縣人，曾經附搭洋船出國，遍遊歐、美各地，見到歐、美畫家所作油畫傳神逼真，便專攻油畫。學成歸來後，在廣州府城開設畫店，為人寫真。[50]宣統版的《南海縣志》對他有如下的描述：

> 關作霖，字蒼松，江浦司竹逕鄉人。少家貧，思託業以謀生；又不欲執藝居人下。因附海舶，遍遊歐、美各國，喜其油相傳神，從而學習。學成而歸，設肆羊城。為人寫真，栩栩欲活，見者無不詫歎。時在嘉慶中葉，此技初入中國。西人亦驚以為奇，得未曾有云。（據采訪冊修。）[51]

前一版（同治，1862-1874）的《南海縣志》不見有關「關作霖」的記述。因此，我們推測以上的記載應當是1910年前夕才採訪到的。這或許是因為到了清末，民氣大開，人們才敢講起出國的事情。可惜宣統

49 Louis Dermigny ed., *Les Mémoires de Charles de Constant sur le Commerce à la Chine* (Paris: S.E.V.P.E.N., 1964), pp. 49-50, 73, 97及113。

50 香港藝術館主編，《晚清中國外銷畫》(香港：香港市政局，1982)，p. 15

51 鄭榮編，《南海縣志》(宣統庚戌、1910年原刊)，21/8a。

《南海縣志》對關作霖的出國時間以及前往的國家都說得很含糊。從其「設肆羊城」的時間在「嘉慶中葉」的記載推斷，他歸國後在廣州活躍的時間應在1806至1810年前後，也就是十九世紀初年。而他既然「遍遊歐、美各國」，同時又花了一些時間在國外學習油畫，那麼，他步出國門的時間也就很可能發生在十八世紀最後一、兩年了。

三、結論：一些觀察與評論

十八世紀末以前造訪歐洲的中國人士，大概只有樊守義與謝清高兩人積極地留下其見聞紀錄。樊守義是為了應付康熙皇帝與王公大臣而親筆撰寫其〈身見錄〉的。謝清高則是因為住在中國政權不太管得到的澳門，透過口述、再由他人記錄的方式留下他的所見所聞。此外，可能就沒有類似的著作了。

沒有主動留下中文記述並不表示這些人雖然走過卻不留下痕跡。例如史景遷教授所討論的胡若望，他就有一封寫給傅聖澤神父的中文書信留下來。本文敘述的蔡阿福、丹亞彩等人也有相關的文物保存至今。不過，這些造訪者的事跡大多還是透過歐洲人的記載、描繪（包括文字與圖畫）從而在兩百多年後的今天，還能讓我們找到一些蛛絲馬跡。就這點來說，其實他們還算是幸運的一群人。

天主教人士，特別是那些前往義大利那不勒斯的文華書院（聖家修院）學習天主教神學的人，人數比較多，而生平事跡多少也可以找到一些資料，方豪教授已經對他們作了詳細的研究。其他的這些俗人（laymen），能夠留下蹤跡的，大概是因為他們的特殊身分、特殊活動，引起寄居地社會上層的興趣，因此得以被記錄下來的吧。

另外有一種人，在十八世紀時也有機會踏上歐洲的土地。這些人是中國籍的水手。歐洲與中國廣東之間，航程相當遠，耗費的時間經常在

半年以上。歐洲人不像中國船員，有帶蜜餞上船食用的習慣，往往因爲缺乏維他命C的補充，死於敗血症（scurvy）。於是回程之時，不得不在亞洲補充當地的水手。中國水手因此也就有機會前往歐洲。不過，他們大都被限制在港口居住，不能自由行動；而他們的知識水準通常也不高，也沒有機會與歐洲的知識分子接觸，從而也就沒有可供探索的資料留給後代。[52]

圖十四　在阿姆斯特丹等待回國的中國水手們

Jan van Campen, *De Haagse Jurist Jean Theodore Royer (1737-1807) en Verzameling Chinese Voorwerpen* (Hilversum, the Netherlands: Verloren, 2000), p. 60.

52　Jan van Campen, op. cit, p. 60。這樣的水手人數可能很少。舉例而言，英東印度公司的廣州職員就記錄了一件陳情案，提到有32名在公司船「洛可」(the *Locko*)號上工作的中國水手，由英格蘭回到廣州。船長貝爾德(Captain Baird)拒絕依約付給他們工資，因此請求公司當局給他們救濟。結果英國公司的廣州職員決議每人發給他們四枚銀圓。參考倫敦印度辦公室圖書檔案館(India Office Library and Records)所藏IOLR-G/12/79-3, pp. 33-34, 1785/04/10；IOLR-G/12/72, p. 83, 1781/04/28也有另外一個個案。

圖十五 一名為歐洲船舶服務的中國水手畫像

Louis Dermigny, *La Chine et L'Occident: Le Commerce à Canton au XVIIIe Siècle, 1719-1833: Album* (Paris: S.E.V.P.E.N., 1964), no. 53.

　　來自中國的天主教造訪者大多是稍有學問基礎的學生，來自其他行業的造訪者則大都出自中國社會的下層。即便在不同的程度上，他們都受到歐洲社會的關注，終究他們只能激起當地社會一時的好奇，並沒有深遠的影響。而這些人回到中國後，更是迅速淹沒在茫茫人海中，除了湊巧被楊炳南發現的謝清高外，從此也就無聲無息。他們的歐洲經歷對於自己所屬的中國社會，似乎一點影響也沒有發生。

　　這些人其實都是偷偷摸摸地出國，偷偷摸摸地回來。即使他們有什麼見聞，大概也不敢張揚。因為按照十八世紀中國的法令，本國貿易商與水手在完成出、入境的年貌、特徵的申報，取得許可之後，可以出航貿易，不過他們也必須在一定的期限內返國報到，否則為他們作保的人會受到懲罰，而這些人延遲歸國也另有處分。貿易商與水手之外，其他的出國事件都不合法，要受到極重的處罰。

　　學者皆知，康熙五十六年（1717）禁止中國人前往南洋貿易。稍後福建水師提督施世驃奏請對康熙五十六年以前因故滯留國外的華人，給予三年期限，准其歸國。雍正五年（1727）閩浙總督高其倬奏請重新開放南洋貿易，獲得允准。次年，高其倬又奏請再給康熙五十六年前已經出國，但仍滯留海外的華人一個機會，再給他們三年期限，讓他們可以自由回國。皇帝斷然拒絕，說是「目今洋禁新開，禁約不可不嚴，以免內地民人貪利飄流之漸。其從前逗遛外洋及違禁偷往之人，不准回籍。」

　　到了雍正十三年，羈旅在外的華人又透過家鄉的船戶、行戶與耆老向地方官懇求讓他們回國。經過審慎的調查與周詳的考慮，閩浙總督郝玉麟、福建巡撫盧焯、福州將軍阿爾賽與福建水師提督王郡等四位涉及海洋事務的地方首長，破天荒地會銜上奏，為這些人請命。他們說明這些海外華人不是不想早早歸國，而是因為「或因貨物未銷，不能即回；或因欠賬未清，不甘棄置；或因借本虧折，無以償還，因將所存些須，就番經營，冀復原本；或因置買田宅，一時不得售主。輾轉稽延，不覺

定限已逾。」他們請求再定三年期限，給這些人回國的機會。結果還是得到冷冷的答覆：「今既開洋，此法應嚴，不可屢更，以開將來邀視之端。」否決了四位福建地方首長的請求。雍正皇帝的態度那麼堅決，不為別的。他擔心國人旅居在外，有接濟盜匪，乃至破壞其統治秩序的疑慮。[53]

對前往東南亞貿易的出國人員的管制如此之嚴，除非身為貿易家或水手，大概都很難以合法的方式出國。當然，學者們的研究早已揭露十八世紀期間，華人移民東南亞的人數相當可觀。不過，這些人都是偷渡出去的，並沒有回國的打算，顧慮也就比較少。至於往返遙遠的歐洲，花費的時間很長，即使冒用南洋貿易的名義，大概也很難依限返國。而且，如同本文所提到的這些個案那樣，訪問者所搭乘的幾乎都是歐洲籍的船舶，那根本不可能被政府當局允許。這也說明一般人要造訪歐洲，先別說旅途的困難與面對不可知未來的恐懼，首先就得設法找門路、違法偷渡，方有成行的可能了。

出國很難，女人出國更困難。我們完全沒有中國女子在十八世紀造訪歐洲的記錄，顯然事實上也沒有。若有，必然會在歐洲社會造成更大程度的騷動，那就一定會有好事者留下記錄。其實，女子不只不太可能造訪歐洲，就是到東南亞，也十分不容易。〈開吧歷代史記〉記載著一個很特別的例子，講到康熙三十八年（1699）正月，有一位名叫王界的人帶著他的妻子搭船到了巴達維亞。夫妻兩人在巴城與人廣泛交際，甚至連巴達維亞總督也約見他們。後來他們再搭中國帆船歸國。回國後就被人檢舉攜帶婦女出國的事情。結果相關人員都遭到連累，統統判了死刑！[54]

---

53 《宮中檔雍正朝奏摺》第二十四輯(臺北：故宮博物院，1979)，pp. 393b-396a.
54 〈開吧歷代史記〉，p. 35。

我們在文章開頭提到了史景遷教授的《胡若望的疑問》，寫十八世紀初一位意外的訪歐華人。其後，他並沒有延續這個方向寫作，反倒寫了《大汗之國》[55] 這本書，講西方世界（包括歐洲）的知識界如何去理解或想像中國的樣子。十八世紀的訪歐華人，特別是非天主教人士，在歐洲人對中國的思維一事上，幾乎不曾提供任何有力的刺激或靈感。從北京城統治廣大中國的皇帝，對於這些微不足道的冒險旅行家，除了樊守義外，大概也一無所知吧。

──原刊於《故宮學術季刊》，第二十一卷第二期（2003年冬季），pp. 233-263。

---

[55] Jonathan D. Spence, *The Chan's Great Continent: China in Western Minds* (New York: W. W. Norton, 1998)；史景遷著、阮叔梅譯，《大汗之國：西方眼中的中國》(臺北：臺灣商務印書館，2000)。

清代前期（1644-1842）
海洋貿易的形成

一、海禁的發生與解除

　　清世祖福臨於順治元年九月十九日進入北京城，即位爲中國的皇帝。[1] 然而，就全國的範圍而言，漢人抵抗異族的活動仍在持續進行著。尤其是以南明諸王爲中心，先後在東南沿海地區建立起來的流亡政權，清朝的八旗軍隊一時還對他們莫可奈何。因此，沿海的活動也還未進入滿洲人的支配之下。

　　順治四年，清朝的大軍暫時拿下了福建。適巧先前來此與南明進行朝貢貿易的琉球、安南、呂宋三國的貢船滯留未歸。清軍便將貢使送往北京。順治皇帝利用這個機會，命令他們回國轉告本國國王：滿洲人已經領有天下，統治中國，各國應照舊前來進貢。在這一年六月八日（丁丑）他頒給琉球國王的敕諭中有云：

　　朕撫定中原，視天下爲一家。念爾琉球自古以來世世臣事中國，遣使朝貢，業有往例。今故遣人敕諭爾國，若能順天循理，可將故明所給封誥，遣使齎送來京，朕亦照舊封錫。[2]

　　給安南、呂宋兩國的敕諭亦相同。由此可見，新有天下的清朝政府乃是自然而然地承襲了明朝人對待海上諸國的辦法。[3]

　　稍後清廷的武力也支配了廣東。順治四年七月二十五日的上諭聲明廣東附近各國，即南洋各國，如暹羅與安南等，只要能「傾心向化」，稱臣入貢，則將待之如朝鮮而不加矢鏑。貢使並將可由特定的路線前往

1　《清世祖實錄》，卷8，p. 14a。
2　同上註，卷32，p. 18。
3　清初的制度與行政仍舊以萬曆《大明會典》爲依據，見《清世祖實錄》，卷81，p. 7ab。朝貢貿易載在《大明會典》，故清初承襲朝貢貿易的作法是極自然不過了。

北京，朝見大皇帝。[4]

其實，這也即說明了這段期間兵馬倥傯，滿洲朝廷尚無暇慮及沿海活動的管理辦法；同時，在順治十年以前，也還沒有國家經由海道前來進貢。

從順治十一年到康熙十八年，前後二十六年的時間，廣東是在平南王尚可喜、尚之信父子兩人的統治下。[5] 福建的廈門，在康熙二年以前則大體上爲鄭成功的反清軍隊所控制。[6] 其間，從順治十七年開始，清廷在部分沿海地區實行海禁，並將居民往內陸遷徙，稱爲「遷界」。

海禁的根本目標在於對付明鄭的勢力，而「遷界」則在於使海禁的實施更爲徹底。這樣的辦法，明代也曾用來對付倭寇。[7] 不過，此際提出這個辦法的卻是降清的明鄭軍官黃梧，時間是在順治十四年（1657）。

順治十七年，清廷經過一段時間的躊躇後，派遣兵部尚書蘇納海、侍郎宜理布往江南、浙江、福建，就其實施的可能性進行調查後，決定在這一年九月間開始對同安、海澄（皆在廈門附近）的居民實行遷界。

全面性的遷界以實行海禁是在順治十八年定議，次年（康熙元年）開始執行的。依照這個辦法，「片板不許下水，粒貨不許越疆」，將島嶼及沿海地區的居民往內地遷移，使沿海三十至五十里的地面淪爲廢墟。這種「堅壁清野」的戰略，目的在使明鄭的軍隊絕對無法從中國沿海得到任何補給。[8] 而清廷所以要這樣大費周章，無非是因爲它所掌握

4　《清世祖實錄》，卷33，p. 10a。

5　自順治七年起靖南王耿繼茂入粵，順治十一年二月辛巳移耿藩於廣西，令尚藩專鎮廣東。見《清世祖實錄》，卷81，pp. 9a-11b。

6　謝國禎，〈清初東南沿海遷界考〉，《國學季刊》，第2卷第4期(1930年12月)，pp. 820-822。

7　陳文石，《明洪武嘉靖間的海禁政策》(臺北：臺灣大學文學院，「文史叢刊」之20，1969)，pp. 24-26。

的水師在戰鬥力上遠不及明鄭水師的緣故。[9]

在實行海禁的這段期間，中國船隻不准出海；至於外國船隻之前來中國進行貿易者，分別屬於暹羅、荷蘭（巴達維亞殖民當局）、英國、葡萄牙（澳門當局）四個國家、地區所有。其中暹羅採取朝貢貿易的方式。[10]荷蘭當時正努力著要打開與中國的貿易，不斷與臺灣的明鄭及廣東的平南王交涉貿易。清朝政府也接受荷蘭爲朝貢國家之一，但貢期卻一改再改。[11]英國也試圖開發與中國的直接貿易，但收獲不大，也未曾採取朝貢貿易的形式。[12]

葡萄牙人自嘉靖年間租得澳門以來，即以該地爲據點，對中國進行貿易。澳門屬於廣州府香山縣。清初仿明制，設嶺南道香山副將海防官專管稽查。後歸香山縣縣丞（又稱「左堂」、「分縣」或「二印」）及其上司衙門管轄，[13]行政權仍屬中國。從澳門可以經由陸路或粵江三角洲的水路到達廣州省城。當清朝的大軍到達廣州以後，澳門的葡萄牙人就表示臣服於新的政權。順治四年，戶部議覆，同意兩廣總督佟養甲的請求，准許中國商人載送貨物到澳門與葡萄牙人交易，而禁止葡萄牙人進

8　謝國禎，前引文。

9　關於順治年間，清軍水師的力量不如鄭成功所部的事實，請參考方豪，〈由順治八年福建武闈試題論鄭氏抗清的主力〉，《方豪六十自定稿》，上冊(臺北，1969，著者自刊本)，pp. 663-682。

10　關於清代暹羅朝貢貿易的研究，請參考Sarasin Viraphol, *Tribute and Profit: Sino-Siamese Trade, 1652-1853*, Harvard East Asian Monographs, no. 76 (Cambridge, Mass.: Harvard University Press, 1977)。

11　荷蘭的貢期先訂爲八年一次(順治十二年，1655)，再改爲兩年一次(康熙二年，1663)，其後又恢復爲八年一貢(康熙五年，1666)。開放海禁以後，曾經允許荷蘭五年一貢，並且准許他們在福建、廣東兩省貿易。見《皇朝政典類纂》，p. 3745；《清聖祖實錄》，卷127，pp. 6a、9a。

12　彭澤益，〈清代廣州洋行制度的起源〉，《歷史研究》1957年1月號，p. 4；H. B. Morse, *The Chronicles of the East India Company trading to China*, vol. I, pp. 32-46。

13　Tung-tsu Ch'ü, *Local Government under the Ch'ing* (Taipei, 1971年新月圖書公司翻印本)，p. 8。

入廣州城。這樣的貿易辦法係承襲自明崇禎十三年（1640）的規定。[14] 自康熙皇帝即位，實施海禁、遷界之後，葡萄牙人以非中國人的關係不必內徙，但地方官吏限制對他們生活必需品的供給，而且也停止了商人下澳貿易的辦法。[15]

澳門的貿易停止後，葡萄牙人的生計遭到很大的打擊。為了改變現況，葡萄牙人乃在康熙九年（1670）派遣瑪訥·撒爾達磊（Manuel Saldanhal）前往北京交涉，但是沒有什麼收獲。[16] 康熙十七年，澳門商人本多·白勒拉（Bento Pereyra de Faria）再度以葡王之名入貢，請求改善澳門的現況。[17] 結果，清廷同意：在海禁未解除之前，暫時恢復廣州與澳門之間的旱路貿易，也就是恢復佟養甲奏准的辦法。

澳門本身為香山縣東南端的一個小半島，距離廣州約四十里格（league，一里格約等於三英哩或十華里），在與香山縣連接的地峽上築有厚厚的城牆加以隔斷，此即「前山寨」。旱路貿易便在前山寨進行。

旱路貿易在康熙十八年十二月正式批准，在此後五年間為中外貿易唯一的孔道，貿易相當興盛。而葡萄牙人自然也就成為外國貿易商人當中的壟斷者。

廣州在實施海禁之前原本設有市舶提舉司，[18] 禁海之後由藩王負責貢舶貿易，歸廣東鹽課提舉司兼管。[19] 康熙十九年尚之信的勢力被剷

14 《清世祖實錄》，卷33，p. 18b；梁廷枏，《粵海關志》(臺北：文海出版社，「近代中國史料叢刊」續輯第184種)，pp. 1854-1855。

15 張德昌，〈清代鴉片戰爭前之中西沿海通商〉，收在《中國近代史論叢》第一輯第三冊(臺北：正中書局，1956)，p. 102；彭澤益，前引文，p. 5。

16 《清聖祖實錄》，卷33，p. 20a；卷34，p. 10a；Fu Lo-shu, "Two Portuguese Embassies to China during the K'ang-hsi," the T'oung Pao, new series, XLIII (1954), p. 84.

17 《清聖祖實錄》，卷76，p. 3 ff；Fu Lo-shu, ibid., pp. 87-92.

18 梁廷枏，《粵道貢國說》(臺北：華文書局，1968)，pp. 229-230。

19 梁嘉彬，《廣東十三行考》(臺中：東海大學，1960)，p. 36，註16。

除，清廷撤平南王藩，恢復市舶提舉司。自此時起至粵海關設立時為止，由宜爾格圖擔任市舶使，他後來也成為第一任粵海關監督。從當時市舶提舉司徵稅的規模來看，[20] 貿易的規模不算大。

附帶一提的是在尚藩統治廣東的期間，除了貢舶為合法的貿易外，藩王也私下進行走私貿易，派鹽商沈上達主持其事。[21] 走私貿易在撤藩之後曾申令禁止。[22]

總而言之，在康熙二十三年以前，由於清廷尚未能確立其政權，因此沿海的貿易受到相當大的阻礙。雖然如此，對中國政府或中、外商人而言，貿易是有利之事實倒也展露其端倪了。

到了康熙十九年，三藩之亂已經平定了，而明鄭的勢力也成強弩之末。於是，距離臺灣較遠的山東省在這一年奏開海禁，准許沿海居民捕魚、煮鹽。[23] 到了康熙二十二年八月，臺灣納入清朝的版圖，康熙皇帝完成了統一中國的大業。十月十九日，兩廣總督吳興祚奏請展界，招民耕種廣州等七府沿海的田地。[24] 同一時間，兵部也奏請撤消遷界令，實行復界或展界，開放沿海的耕地。於是，清廷分派大臣前往江南、浙江、福建、廣東四省，就展界與開放海禁的情況進行調查。據奉差大臣

---

20 早路貿易的情形，參考彭澤益，前引文，pp. 9-12；宮崎市定譯，〈清代對外貿易の二資料〉，《アジア史研究》，第二冊(京都：同朋舍，1974)，pp. 439-441。稅餉的徵收，康熙十九年僅二十六兩餘，二十年有一萬二千二百兩，二十一年一萬八千零七十六兩。二十二年定額，每年二萬零二百五十兩。宜爾格圖又寫作伊爾格圖，如康熙二十三年九月初一日的上諭就提到「奉差郎中伊爾格圖」(《清聖祖實錄》，卷116，p. 18)，但其他資料(如《明清史料》)則都寫作宜爾格圖。

21 彭澤益，前引文，pp. 7-9。沈上達的家人於尚藩撤廢後被編入內務府。見《吳耿孔尚四王全傳》(臺北：臺灣銀行經濟研究室，「臺灣文獻叢刊」第241種)，p. 26。

22 彭澤益，前引文，p. 11。

23 周凱，《廈門志》(臺北：臺灣銀行經濟研究室，「臺灣文獻叢刊」第95種)，pp. 177、194。

24 《清聖祖實錄》，卷112，p. 23。

之一的吏部侍郎杜臻的記載，他們的目的有四：

> 察瀕海之地以還民，一也；緣邊寨營、烽堠，向移內地者，宜仍徙于
> 外，二也；海壖之民以捕鮮、賣鹽為業，宜弛其禁，三也；故事：直隸天
> 津衛、山東登州府、江南雲台山、浙江寧波府、福建漳州府、廣東澳門，
> 各通市舶，行賈外洋，以禁海暫阻，應酌其可行與否，四也。[25]

在奉差大臣提出報告後，清聖祖於康熙二十三年七月下令開放海
禁，將前述各種考慮次第付諸施行。[26]不過，外洋通商還有一些耽擱。
這是因為在皇帝原則上同意開放貿易之後，戶科給事中孫蕙言奏言「海
洋貿易宜設立專官收稅」。[27]廣州等處原設有市舶使（主掌貢舶貿易），
現在要另外設立專官來取代他，意味著中外貿易性質的徹底改變。孫蕙
言的奏摺發交九卿討論，九卿主張派「部院賢能司官」前往各省專就貿
易一事擬定辦法、制定稅則。這是二十三年四月的事，比正式開海禁還
早三個月。[28]

於是吳世把奉差到福建、宜爾格圖奉差到廣東。雖然在公文上他們
此時（二十三年八月）被稱為「奉差前往廣東福建二省收稅郎中」，[29]
其實已是第一任監督了。他們到了當地，參考其他稅關的稅則，籌設衙
門、召募書辦及各種衙役。[30]江南、浙江兩省的情形，雖然文獻不足
徵，大概也與此相去不遠。於是第二年（康熙二十四年），江、浙、

---

25 杜臻，《閩粵巡視紀略》，「四庫全書珍本四集」，第113冊（臺北：臺灣商務印書
  館），卷一，pp. 3-4。按：此書書口題為「粵閩巡視紀略」，彭澤益前引文所引別本亦
  題如此。商務本係影印臺北故宮博物院所藏文淵閣本四庫全書，其書名之訛乃係沿
  襲該院之著錄。見《國立故宮博物院善本書目》，卷上，p. 82。

26 《康熙朝東華錄》，卷8，p. 300a。

27 《清聖祖實錄》，卷115，pp. 21-22。

28 同上註。

29 《明清史料》，丁編，第8本，p. 745a。

30 同上註，pp. 745a-746a。

閩、粵四個海關就成立了。[31]

粵海關設立之初，廣東巡撫李士禎是很重要的共同負責人。在一些以他的名義發表的公告中，宣佈停止廣東與澳門之間的陸路貿易、取消市舶提舉司，規定自康熙二十四年起，海上出入的洋船全部都赴粵海關監督衙門納稅。[32] 此外，又將客商的貨物區分爲「來廣省本地興販」的「落地貨物」與「外洋販來貨物及出海貿易貨物」；前者在佛山稅課司繳納「住稅」，後者才向粵海關衙門繳納「行稅」。[33]行、住二稅的區分一直沿續使用下去，所以乾隆四十四年（1779），廣東巡撫李質穎云：

> 廣東省客商往來貨物，俱係在粵海關徵收錢糧。惟本地所用茶油、茶葉、廢鐵、梭麻等項，運至省城售賣者，例係廣州府於東、西二關徵收落地稅銀。……向來貨物係東關掛號給票，西關收稅。[34]

西關即位於廣州與佛山之間。

二、開放海禁的原因

1. 貨幣金屬的需求

開放海禁的原因之一是對貨幣金屬的需求。此處所謂的貨幣金屬特

---

31 夏燮，《中西紀事》（臺北：文海出版社，「近代中國史料叢刊」第106種），p. 31。故大略而言之，監督的派遣與開放海禁的時間相去不遠，而海關衙門之設置則稍後。有關粵海關成立的時間，過去學者言之未能明晰，故有爭議。見張亨道，〈粵海關船料之研究〉，《中國總合研究》，創刊號（東京，1975年6月25日），pp. 101-104。

32 李士禎、吳興祚會奏，〈請除市舶衙門旱路稅餉銀疏〉，載李士禎，《撫粵政略》（臺北：文海出版社，1988），「卷之二‧奏疏」，pp. 211-216。

33 李士禎，〈分別住行貨稅〉，《撫粵政略》，「卷之六‧文告」，pp. 729-732。

34 臺北故宮博物院藏，軍機處奏摺錄副，第024027-1號。

別專指銀、銅兩種礦物，在清代「銅、銀複本位制度」下，兩者既爲商品，又爲貨幣，對清代的經濟體系影響甚大。至於黃金，在清代僅爲一種商品，而不作爲貨幣或貨幣的準備（reserves），在明、清間也以一種著名的出口商品而聞名。[35]

明、清以來，隨著經濟的成長與政府開銷的擴大，對於貨幣的需求很大。[36] 我們知道，就全世界來說，商品貨幣的供給，完全仰賴世界上該種礦物的開發，[37] 而單就一個國家而言，則還可以仰賴自外國進口。清朝人自然理解到這種情形，[38] 因此也從事銀、[39] 銅[40]礦的開採。但是開礦則必須聚集一些工人，管理上大不容易。[41] 政府疑慮礦工有太高的叛亂取向。[42] 而且明朝末年礦使四出，使得開礦一事在民間心理上也很難接受。[43]

這一來，進口自然成爲貨幣供給的唯一路途了。就白銀而言，明代中葉以來，經由馬尼拉已有大筆的白銀不斷地流入中國，[44] 日本原來也將白銀輸入中國，但在江戶幕府寬文八年（康熙七年，1668年）開始便

---

35 Sarasin Viraphol, op. cit., p. 9. 清朝在雍正八年以後禁止黃金出口，參考印光任，《澳門紀略》(臺北：廣文書局，1967)，p. 16b。

36 參考佐伯富著、林茂松譯，〈中國史的發展與銀的問題〉，《國立臺灣大學歷史學系學報》，第三期(1976年5月)，pp. 247-253；佐伯富著、陳國棟譯，〈山西商人的起源〉，《史學評論》，第二期，pp. 3-4。

37 John M. Culberton, *Money and Banking* (New York: Mcgraw-Hill Inc., 1972), pp. 225-226.

38 比如說慕天顏就明白地指出：「蓋銀兩之所由生，其途二焉：一則礦礫之銀也，一則番舶之銀也。」見《皇朝政典類纂》，p. 3746。

39 全漢昇，〈清代雲南銅礦工業〉，《香港中文大學中國文化研究所學報》，第七卷第一期(1974年12月)，pp. 158-182。

40 全漢昇，〈明清時代雲南的銀課與銀產額〉，《新亞學報》，第十一卷，pp. 61-88。

41 參考嚴中平，《清代雲南銅礦政考》(臺北：文海出版社，「近代中國史料叢刊」，第556種)。

42 清朝君臣經常討論這個。參考《硃批諭旨》，第一函第五冊，孔毓珣奏摺。

43 明末礦使四出，引起很多民變。參考龔化龍，〈明代採礦事業發達和流毒〉，收入包遵彭等主編，《明代經濟》(臺北：學生書局，1968)。

加以禁止。至於銅，中國主要從日本進口，日本雖曾在寬永十四年（明思宗崇禎十年，1637年）加以禁止，但在正保三年（清世祖順治二年，1645年）便加以恢復了。[45]

在禁海的四十年間，銀、銅進口甚少，造成通貨的緊縮與經濟的不景氣。對於缺乏銀子的影響，慕天顏在奏開海禁的奏摺中說得最為貼切，他說：

且開採既停而坑冶不當復問矣；自遷海既嚴，而片帆不許出洋矣。生銀之兩途並絕，則今直省之所流轉者止有現在之銀兩。凡官司所支計、商賈所買市、人民所恃以變通，總不出此。而且消耗者去其一、湮沒者去其一、埋藏製造者又去其一。銀日用而日虧，則無補益之路。用既虧而愈急，終無生息之期。由今天下之勢，即使歲歲順成，在在豐稔，猶苦穀賤傷農，點金無術。何況流亡迭見，災歉頻仍？[46]

關於銅礦（銅錢）缺乏的情形，慕天顏的同時代人王士禎作了以下的觀察，他說：

近且洋銅不至，各布政司皆停鼓鑄。錢日益貴，銀日益賤。今歲屢經條奏，九卿雜議，究無良策。即每銀一兩抵錢一千之令，[47] 戶部再三申飭，亦不能行，官民皆病。[48]

---

44 全漢昇，〈明清間美洲白銀的輸入中國〉，收入其《中國經濟史論叢》（香港：新亞研究所，1972），上冊。

45 以上見山脇悌二郎，《近世日中貿易史の研究》（東京：吉川弘文館，1960），p. 66。

46 《皇朝政典類纂》，p. 3746。

47 康熙二十三年時，銀一兩只易制錢八、九百文，這一年是康熙四十四年以前唯一一次銀錢比價低於官定兌換率情形，也就是說銀價相對於銅價偏高，對銀的需要比對銅錢的需要來得迫切。參考劉翠溶，《順治康熙年間的財政平衡問題》（臺北：嘉新水泥公司，「嘉新論文」，1969），pp. 9-11；陳昭南，《雍正乾隆間的銀錢比價變動》（臺北：中國學術著作獎助委員會，1966），p. 24，〈康熙年間的銀錢比價〉表。

銀的缺乏造成物價的下跌（以致於「穀賤傷農」），但銀錢兌換率又低於官定之比例，即銀價相對於銅價又偏低，或說銅價相對於銀價偏高。這對於一般使用銅錢的低級官員、士兵和小老百姓來說是極其不利的，對於整個經濟體系來說，由於不能鼓勵生產，當然是更加不利了。

既然根本的問題在於海禁，於是開放海禁成爲不可避免的要求。[49]

清朝對於貨幣金屬的需求，始終是不變的，因此一方面在雲南開採銀、銅礦，一方面也嚴禁這兩樣東西的輸出。[50] 只許外國商船「以貨易貨」。這種對貴金屬只許輸入不許輸出的思想，雖然沒有以貴金屬即「國富」（national wealth）的觀念，但與西洋重商主義（mercantilism）中的「重金主義」（bullionism）也有相當程度的類似了。[51]

清朝不斷輸入銀、銅，一方面引起日本禁止白銀的輸出，並且在正德五年（康熙五十四年，1715）開始，對銅礦的輸出加以設限，規定中國船每年輸入以三百萬斤、荷蘭船以一百五十萬斤爲限，是爲「正德海舶互市新例」。[52] 而白銀不准出口的問題，後來一方面有了變通，一方面也影響到鴉片的進口。

2. 人民生計的考慮

閩、粵兩省依山傍海，地形上山多田少，而人口眾多，人民的生計依賴海上的漁撈與貿易是長久以來的歷史事實。[53]

48　王士禎，《居易錄》（「漁洋山人集」本），卷九。

49　胡平生，〈粵海關志初探〉，《史原》，第八期，p. 199。

50　《粵海關志》，pp. 1228-1250。

51　參考張漢裕，〈英國重商主義要論〉，《張漢裕博士論文集(二)：經濟發展與經濟思想》（臺北：三民書局，1974），pp. 201-237。

52　山脇悌二郎，前引書，p. 68。

53　藍鼎元云：「閩廣人稠地狹，田園不足於耕，望海謀生，十居五、六。內地賤菲無足輕重之物，載至番境，皆同珍貝。是以沿海居民造作小巧技藝以及女紅針黹，皆於洋船行銷。」見《鹿州初集》（閩漳素位堂刊本，光緒庚辰年跋），卷三，p. 3a。

但是自順治十八年厲行海禁、實行遷界以來，片板不許下海，卻對兩地人民的生計造成莫大的傷害。藍鼎元云：

> 南洋未禁之先，閩、廣家給人足。遊手無賴，亦為欲富所驅，盡入番島，鮮有在家飢寒竊劫為非之患。既禁以後，百貨不通，民生日蹙。居者苦藝能之罔用，行者嘆至遠之無方。故有以四、五千金所造之洋艘，繫維杇蠹於斷港荒岸之間。駕駛則大而無當，求價則沽而莫售。拆造易小，如削棟樑以為杙，裂錦繡以為縷，於心有所不甘。又冀日麗雲開，或以弛禁復通之候。一船之敝，廢中人數百家之產，其慘目傷心，可勝道耶？沿海居民蕭索岑寂、窮困不聊之狀，皆因洋禁。[54]

並且由於閩、廣出口的商品原本不盡是兩地的土產，有許多的東西，如出口大宗的絲、茶，根本是經由遠途貿易，從別的省分轉運而來的。自明代中葉以來，遠途貿易的發達，早已將整個中國大陸的經濟體系，在一定的意義上聯成一氣了。[55] 因此，開洋貿易的影響，也可以透過遠途貿易影響到別的省分。

光從生絲的產銷來說，生絲的主要產地在長江三角洲，除了行銷全國外，也從各個口岸輸往國外。這是明代中葉以來就很興盛的事業。[56] 在乾隆中葉禁止絲觔出洋（運往日本例外）時，閩浙總督與福建巡撫會奏的一個摺子說明了閩、廣貿易對長江三角洲農民生計的影響。奏摺中云：

54 《鹿州初集》，卷三，pp. 3ab。

55 Evelyn Sakakida Rawski, *Agricultural Change and the Peasant Economy of South China* (Cambridge, Mass.: Harvard University Press, 1972), pp. 67-77 ff.

56 曹永和，〈從荷蘭文獻談鄭成功之研究〉，《臺灣早期歷史研究》(臺北：聯經出版社，1979)，pp. 384-385；山脇悌二郎，前引書，第三章；全漢昇，〈自明季至清中葉西屬美洲的中國絲貨貿易〉，收入其《中國經濟史論叢》，上冊。

即以產地而論，浙省之杭、嘉、湖及紹屬之諸暨，產絲最盛。每屆新絲出後，江、浙、粵、閩販絲客民挈本而來者甚多。所產粗絲頃刻得價售賣，農民轉覺生計裕如。今奉禁之後，……粗絲消（當作銷）售轉滯，於農民反有轉售不遠之苦。[57]

這是因為一般農民已不完全倚賴糧食作物的生產來維持生計與繳納租稅的緣故，使得工商業對他們的影響力強大，[58] 因而外洋貿易也會間接影響到他們的收入。

事實上以粵海關為遠途貿易之終點（即遠洋貿易之起點）的，並不只絲一項。舉凡粵海關出口的大宗，如茶葉[59]、大黃[60]、瓷器[61]……等等，全都翻山越嶺地來到廣州。而且就廣州一地而言，對外貿易帶來的還有佛山絲織業、製鐵業，[62] 廣州銀錢業[63]、木器業[64]……等的發達。而廣州的洋貨行[65]更是不用說了。由廣東進口的洋貨，由客商和洋商[66]攜往湖廣、北京等地銷售，甚至由北經轉輸到陸鄰的藩屬國家——如朝鮮[67]——也吸收了許許多多的人力從事於這個行業，增加了國人許多就業的機會。

57 《皇朝政典類纂》，p. 3751。

58 Ping-ti Ho, *Studies on the Population of China, 1368-1953* (Cambridge, Mass.: Harvard University Press, 1959), pp. 96-108.

59 茶葉的主要產地在江西、福建、安徽。

60 臺北故宮博物院藏，宮中檔奏摺原件，乾隆朝第056570號。

61 因為瓷器的主要產地在江西景德鎮的緣故。

62 參考趙岡、陳鍾毅，《中國棉業史》（臺北：聯經出版社，1977），p. 58。

63 臺北故宮博物院藏，宮中檔奏摺原件，嘉慶朝第019254號，附件二。

64 《中國近代貨幣史資料》（臺北：文海出版社），第一冊，p. 37。

65 《鴉片戰爭文獻彙編》（臺北：鼎文書局），第四冊，p. 7。

66 臺北故宮博物院藏，軍機處奏摺錄副，第069434號。

67 張存武，《清韓宗藩貿易》（臺北：中央研究院近代史研究所，1978），p. 153。

　　這些現象雖然是就開海之後的事實所作的觀察，但在明、清之交（十七世紀）時已經有此現象，也是無庸爭議的。康熙二十三年開放海洋貿易的上諭提到：「前令開海貿易，於粵、閩一帶民生有益。若兩省民用充阜、財貨流通，於各省俱有裨益。」[68] 可以說明康熙皇帝對人民生計的問題——用現代的術語來說，「國民就業」的問題——是有深切地體認的。

　　尤其是在後來，「就業」的問題根本是全國人民關心的事項，而在清廷想全面或部分停止貿易的時候，不得不考慮這個問題。道光元年粵海關監督文祥與兩廣總督、廣東巡撫會奏的摺子上，論及海禁政策時云：

　　有為疑慮之論者，謂嚴禁之後，外夷貨船來者較少，湖絲、茶葉銷售稍滯，銀貨不能流通，商賈未免竭蹶，粵東省分必至逐漸蕭條。[69]

可以說是很能凸顯這個問題的重要性。

　　官方對於人民生計的關心，固然部分是傳統中國政府重視人民生計的傳統，[70] 更重要的是對於「飢寒起盜心」，對因生計困難而造成社會不安，進而造成大小變亂的疑慮。如藍鼎元提到：

　　沿海居民蕭索岑寂窮困不聊之狀，皆因洋禁，其深知水性、慣熟船務之舵工、水手不能肩擔背負，以博一朝之食，或走險海中，為賊駕船，圖目前餬口之計。其遊手無賴，更靡所之。群趨臺灣，或為犯亂。辛丑（康熙六十年，1721）臺寇陳福壽之流，其明效大驗也。今禁南洋有害而無利，但能使沿海居民，富者、貧者困，驅工商為遊手，驅遊手

---

68 《明清史料》，丁編，第八本，p. 745b。
69 臺北故宮博物院藏，宮中檔奏摺原件，道光朝第001114號。
70 這個傳統一直為儒家學者官僚所提倡。

為盜賊耳！[71]

前引粵海關監督文祥等的奏摺也接著說：

> 且謂現經到處嚴拏，爛匪、蜑艇[72]類多失業，恐致劫奪。[73]

因此，人民生計問題的考慮，對於開洋貿易也有很大的影響。

3. 財政上的理由

清朝自順治元年入關以來，為了完成徹底統一的工作，不得不繼續用兵。軍餉的支出浩繁，據當時人的觀察，在鄭克塽降清以前的四十年的時間，清朝的財政一直是入不敷出的。[74] 為此，清廷不得不用盡各種挹注的辦法來平衡財政上的收支。[75]

在平定三藩之亂（康熙二十年）與解決明鄭的反抗勢力（康熙二十二年）之後，對於善後問題的處置，仍然需要一大筆的開銷。因此，在康熙二十一年以後，清朝政府仍然要不斷地尋找新的財源。比如說，在新平定的雲南，為了鎮壓反叛的力量而大量駐軍，需餉甚多，因此康熙皇帝便採納了雲貴總督蔡毓榮的意見，利用雲南豐富的銅礦資源，「開鑛藏」、「廣鼓鑄」以在地籌措軍餉。[76]

在征服臺灣之後，對於臺灣富饒的物產與明鄭時代已極發達的遠洋貿易，[77] 康熙皇帝豈有等閒視之之理？因此，我們可以看到解除海禁一

---

71 《鹿州初集》，卷三，pp. 3ab。

72 「爛匪」即「爛仔」，為廣州地方的地痞流氓；蜑民船隻則經常用來經營色情交易。較詳細的資料可看中央研究院傅斯年圖書館藏，不著撰人，《示儆錄存》(抄本)。

73 臺北故宮博物院藏，宮中檔奏摺原件，道光朝第001114號。

74 劉翠溶，前引書，p. 155。

75 劉翠溶前引書的討論即以這個問題為中心。

76 嚴中平，前引書，pp. 1-3。

經議定實行，在日本貞享二年（康熙二十四年，1685）七月，清廷便以官船十三艘，裝載臺灣所產的糖販賣到日本，並且命福州武官江君開、廈門文官梁爾壽等在船監督。[78]

就廣州而言，廣東在尚藩父子統治的時期，曾經由鹽商沈上達主持走私貿易，獲利不貲，康熙皇帝自然曉得。而康熙十九年後開放的廣東、澳門間的旱路貿易，雖然相當興盛，可是由於貿易量、值不大，因此稅收也不多。[79] 這樣，要增加財政上的收入，就只好開放貿易了。

福建、廣東兩處的海外貿易大有利可圖的事實還可以從開放外洋貿易之後，康熙四十一年到四十三年間，曾在廈門、廣州兩地出現所謂的「皇商」的事實來加以說明。[80]「皇商」是指那些「領（內務府）帑銀為資本的商人」，[81] 也就是內務府商人。與皇室對外貿易的興趣極有關係，自然是不言而喻的。[82]

不過，就皇帝本人而言，這種貿易上的興趣，無非還是從財政的角度來考慮為主的。因此開海貿易在政府決策上的意義還是在於政府可以從這件事情上取得一筆稅收，充作當地兵餉的財源之一。所以康熙二十三年上諭大學士云：「且出海貿易……薄征其稅，可充閩、粵兵餉，以

---

77 曹永和，前引文，pp. 373-379。該文的這個部分，原題〈鄭成功之通商貿易〉，發表在《鄭成功復臺三百週年專輯》（臺北：臺灣省文獻委員會，1962）。關於明鄭時代的貿易，也請參考岩生成一，〈近世日支貿易に關する數量的考察〉，《史學雜誌》，第62卷第11期(1953年11月)，pp. 981-1020；Laurence Thompson, "The Junk Passage Across the Taiwan Strait: Two Early Chinese Account," *Harvard Journal of Asiatic Studies*, vol. 18.

78 木宮泰彥著、陳捷譯，《中日交通史》（臺北：九思出版社），下卷，p. 336；《華夷變態》（東京：東洋文庫，1958），上冊，pp. 491-501。

79 彭澤益，〈清代廣州洋行的起源〉，《歷史研究》，1957年1月號，pp. 10-11。

80 梁嘉彬，前引書，p. 52；劉翠溶，前引書，p. 103；H. B. Morse, op. cit., vol. I, pp. 100-101.

81 劉翠溶，前引書，p. 98。

82 劉翠溶，前引書，p. 103。

免腹裡省分轉輸協濟之勞。腹裡省分錢糧有餘……故令開海貿易。」[83]

　　以閩、粵兩省關稅的「正額」作為該省兵餉的一部分這個政策，在本文所討論的這段期間，始終不曾改變，因為不但在清初，兵餉是政府歲計最大的財政開銷，[84] 即使在嘉、道之間也是如此。[85] 所以乾隆二十九年兵部的議奏中便提到「各省關稅解京……廣東、福建二省課銀向係為備本省兵餉。如歷年存剩積多，始酌定起解戶部。」[86] 事實上從雍正元年起，除了正額留貯藩庫充作兵餉外，所有超過正額的稅收（盈餘、贏餘）就已全部起解。[87] 起解京師，交付戶部銀庫，主要的目的也是供給（八旗）京營的兵餉和其他的經費之用。[88] 這還是平時的情況。在有戰事的時候，軍費浩繁，而且康熙「永不加賦」之後，地丁項目的收入缺乏彈性，[89] 可是關稅收入的長期成長（至少粵海關如此）則對於配合清廷的度支來說，也有不小的貢獻。[90]

　　即使康熙時開放海禁的目的之一，僅在得到關稅的「正額」以供給廣東、福建兩省駐防八旗和綠營的兵餉，但是歷史的發展也使得因「軍需」而造成的財政上對海關稅收的倚賴，[91]而使得重行海禁成為很難實

83　《清聖祖實錄》，卷112，p. 18。

84　《清聖祖實錄》，卷80，pp. 26b-27b。參考劉翠溶，前引書，pp. 155-156，表三十「順治十一年戶部的收支」及其他各頁。

85　如道光三十年上諭中便云：「據戶部核覆大學士耆英奏理財之要，以地丁、鹽課、關稅為歲入之大端，以兵餉、河工為歲出之大端。」見《籌辦夷務始末補遺》(臺北：中央研究院近代史研究所，1966)，p. 258。

86　《清高宗實錄》，卷712，p. 1。

87　陳國棟，〈清代前期粵海關的稅務行政〉，《食貨月刊》，第十一卷第十期(1982年1月)，pp. 44-46。

88　《粵海關志》，pp. 1126-1128。

89　參考Yeh-chien Wang (王業鍵), "The Fiscal Importance of the Land Tax during the Ch'ing Period," in *Journal of Asian Studies*, 30:4 (August 1971), pp. 829-842.

90　陳國棟，〈粵海關的利益分配〉，《食貨月刊》，第十二卷一期(1982年4月)，pp. 19-33。

91　同上註。

現的辦法。[92] 當嘉慶、道光年間，中、英貿易關係上呈現緊張局面的時候，清廷最關心的問題就變成了英國貿易所提供的稅收占粵海關稅收的若干？停止英國貿易有什麼困難？[93]

三、廣州獨口貿易的形成

1. 對渡口岸的傳統

明代前期行「貢舶貿易」，貿易的辦法中有一點就是每個國家規定在一個口岸登陸。《江南經略》云：

> 凡外裔入貢者，我朝皆設市舶司以領之。在廣東者專為占城、暹羅諸番而設。在福建者專為琉球、在浙江者專為日本而設。[94]

這自然是爲了接待上的方便，但何嘗不是爲了管理上的方便呢？

滿洲人取代朱元璋的後代統治中國，接受了大部分的既成事實與制度，這種以特定口岸爲登陸地點的習慣自然維持下來了。比如說對日本的貿易，自浙江舟山島出發；[95] 琉球來華的貿易在福建海關進行[96]……便是這種「對渡口岸」傳統的繼續。

清廷接受這種「對渡口岸」的傳統，在與臺灣交通上表現得最爲強烈。

清代規定以蚶江對渡鹿港，[97] 以淡水對渡福州，[98] 以廈門對渡臺灣

---

92 臺北故宮博物院藏，軍機處奏摺錄副，第052817號。

93 臺北故宮博物院藏，宮中檔奏摺原件，嘉慶朝第016625號等件。

94 《江南經略》，卷八，〈開互市〉條；又見《籌海重編》，卷十，〈開互市〉條。兩個文獻的文字略異，但內容則相同。

95 《史料旬刊》，p. 156a。

96 參見臺北故宮博物院藏，宮中檔奏摺原件，乾隆朝第023164號等件。

97 周憲文，《清代臺灣經濟史》(臺北：臺灣銀行經濟研究室，「臺灣研究叢刊」第45

府（臺南），[99] 這樣政府可以設官以便利稽查和徵稅。[100] 則指定外國在某一個特定的港口貿易何嘗不是清朝人認為最方便的管理辦法呢？

並且明清時代東亞一帶的貿易主要是由帆船裝載的，這對於季風（東北季風、西南季風）的利用是很自然的。而這些口岸的規定，恰恰可以利用一季的季風，對渡的口岸之間也就是最便捷的航路，因此大部分的國家也樂於遵守這個規定。

不過，清朝時代的海上情勢畢竟與明朝有別了。因為歐洲各國及其在東南亞的殖民地也與中國進行貿易了。在開放海禁後，前來貿易的西洋、南洋各國因為不是以貢舶貿易的方式來進行，清朝原本未曾指定口岸，也就無「例」可以依循，因此西洋船也就往來遊弋，貿易於新開放的四個海關之間。[101]

其中閩海關的廈門口曾經一度很熱鬧，呂宋、暹羅與英國皆來貿易，[102] 英國還曾遠至浙海關的定海（寧波）。[103] 不過，基本上，西洋各國大抵上皆在廣州貿易，而且即使赴別的港口貿易，似乎也要先得到粵海關監督的同意。[104] 因此，一位學者曾經推斷早在乾隆二十四年以

98　臺北故宮博物院藏，宮中檔奏摺原件，乾隆朝第059213號。

99　周憲文，前引書，p. 80。

100 Donald R. DeGlopper, "Social Structure in a Nineteenth-Century Taiwanese Port City," in *The City in Late Imperial China*, esp. p. 634.

101 荷蘭則因為在順治十年、十二年間曾派遣使節到中國，以朝貢的方式交涉貿易，所以清朝也指定荷蘭由廣東登陸，康熙二十五年則准許他們可以在廣東或福建登陸。參考註11。

102 高崎美佐子，〈十八世紀における清タイ交涉史〉，《お茶の水史學》(1967年10月)，pp. 20-21。

103《史料旬刊》，p. 190b，陳鳴夏奏摺云：「定海一隅，收泊東西洋艘，昔年創立紅毛館子定海銜頭，嗣聚泊廣東澳門、福建廈門，迄今數十年，番船不至，館亦圯。」此係乾隆二十年(即十八世紀中葉)的情形。寧波在十六世紀時為中西貿易的大港。參考方豪，〈十六世紀國際貿易港Liampo考〉，《方豪六十自定稿》(臺北：著者自刊本，1969)，pp. 91-167。

前，粵海關監督就已負起管理所有西洋各國貿易的責任。[105] 但其論據並不充分，事實上要到乾隆二十至二十四年間發生了洪任輝（James Flint，一名洪任）的案子以後，清朝經過一段時間的考慮，才決定歐洲各國及其殖民地只可在廣州一口貿易。

2. 洪任輝事件

乾隆二十年，鴬蛤唎國（即英國）商人蛤蜊生（Harrison，一作喀唎生）與通事洪任輝經過廣州到寧波貿易。於四月二十三日到達。五月十一日，浙江提督武進陞安排他們貿易之後，上奏云：「紅毛船多年不至，今既遠番入境，自應體恤稽查。」奉硃批：「知道了！」[106] 同意洪任輝的貿易。

於是在乾隆二十至二十四年間，「紅毛夷船」就一而再、再而三地到寧波貿易。[107]

洋船每年到中國來的數目本來就變化不大，現在既然往寧波貿易，則到廣州的就要減少了。於是兩廣總督奏報自乾隆二十一年六月至九月（貿易季節）「共到洋船十四隻。向來洋船至廣東省者甚多，今歲特別稀少。」[108] 洋船到廣東較少，廣東的稅收自然減少了。廣東督撫和粵海關監督自然不樂意這種情形長此發展下去。而且，對清高宗來說他更有

---

104 洪任輝於乾隆二十年赴寧波貿易的時候就先從粵海關監督李永標處取得「商照」。見《史料旬刊》，p. 190a。

105 Preston M. Torbert, *The Ch'ing Imperial Household Department* (Harvard University Press, 1977), p. 98.

106 《史料旬刊》，pp. 190-191相關各奏摺。此數摺均奉硃批「知道了」或「覽」。通常硃批使用這兩個成語時，大致上都表示皇帝沒有什麼意見，也就是原則上同意的意思。參考齊如山，《齊如山隨筆》（臺北：中央文物供應社，1953），p. 41。

107 《史料旬刊》，p. 62a；臺北故宮博物院藏，宮中檔奏摺原件，乾隆朝第013636號，閩浙總督喀爾吉善、兩廣總督楊應琚會奏云：「今乾隆二十年、二十一年外洋番船連來數隻，收泊定海，運貨寧波，交易往來，視同熟徑。」

別的考慮。於是我們看到他命軍機大臣寄信給閩浙總督喀爾吉善及兩廣
總督楊應琚云：

> 查前次喀爾吉善等兩次奏有紅毛船至寧波收口，曾經降旨飭禁，[109]
> 並令查明勾引之船戶、牙行通事人等嚴加懲治。[110] 今思小人惟利是視，
> 廣東海關設有監督專員；[111] 而寧波稅則較輕，稽查亦未能嚴密，恐將來
> 赴浙之洋船日眾，則寧波又多一洋人市集之所，日久慮生他弊。[112] 著喀
> 爾吉善會同楊應琚照廣省海關現行則例再為酌量加重，俾至浙者獲利甚
> 微，庶商船仍俱泊澳門一帶，而小人不得勾串滋事，且於稽查亦便。其
> 廣東洋商至省勾引夷商者，亦著兩省關會，嚴加治罪。喀爾吉善、楊應
> 琚著即遵諭行。[113]（乾隆二十一年閏九月乙巳，初十日。）

北京方面的考慮主要是管理上的困難，而初步決定的辦法是增加浙
海關的關稅，以「寓禁於徵」的方式強迫洋船仍舊到廣州貿易。

於是喀爾吉善與楊應琚遵旨於同年十月十九日[114]、十一月八日[115]及
十二月二十日[116]先後上了四個奏摺提出增稅的辦法。辦法是這樣的：

---

108 臺北故宮博物院藏，宮中檔奏摺原件，乾隆朝第013635號；《清高宗實錄》，卷
　　522，p. 12。
109 該二奏摺當即《史料旬刊》，pp. 190a-191b，日期分別為乾隆二十年五月十六日及六
　　月二十二日。由於硃批均為「覽」，因此可能是在稍後才另頒上諭反對洋船收泊寧
　　波。
110《史料旬刊》，pp. 50b、52a。
111 乾隆十五年復設粵海關監督時，其他三海關仍交由巡撫、將軍管理。見《粵海關
　　志》，p. 430。
112 所謂「他弊」，包括了「民風、土俗」的變化。參考《清高宗實錄》，卷522，p. 12。
113 臺北故宮博物院藏，宮中檔奏摺原件，乾隆朝第013635號；《清高宗實錄》，卷
　　522，p. 12。
114 臺北故宮博物院藏，宮中檔奏摺原件，乾隆朝第013138號。
115 臺北故宮博物院藏，宮中檔奏摺原件，乾隆朝第013289號。
116 臺北故宮博物院藏，宮中檔奏摺原件，乾隆朝第013635、013636號。

今臣等公同酌議：擬將粵海關徵收外洋番船現行各項稅則令浙海關悉照征收。其正稅則酌量加徵一倍；「估價」[117] 一項按照浙省貨物時值估計增加。[118]

對於乾隆二十一年閏九月以後來到浙江的兩艘番船，喀爾吉善一方面督率寧波道[119]、府催令回國，並向他們強調「粵省貿易事事便利，浙省牙商貧乏，海道迂徊，無益有損。」[120] 希望他們不要再來。這個處理方式，乾隆皇帝大不以為然。他似乎以為增稅是最好的辦法，所以硃批云：「此皆不妥。若浙省納稅重於粵省，則汝雖招之，彼亦不來矣。」[121]

喀爾吉善等建議的增稅辦法，戶部同意後報告清高宗。得旨：「依議！」但對喀爾吉善等的奏摺中提到的「若不更定章程，必致私扣暗加，課額有虧，與商無補。」認為是不了解他主張增稅的本意。他說：「更定章程，視粵稍重，則洋商無所利而不來，以示限制，意並不在增稅矣。」[122]

可惜的是乾隆皇帝對他自己這套「寓禁於徵」辦法的自信，很快地就遭到了一個迎頭痛擊。乾隆二十二年，浙江巡撫楊廷璋即奏稱：「紅毛番船一隻來浙貿易，著照新定則例輸稅。」[123] 對此「增稅之後，番商猶復樂從」的事實，乾隆皇帝只得承認，他一方面主張再提高稅率，

117「估價」為「正稅則例」所未載的貨物，以推估的價格徵收一定比率的稅金。參考陳國棟，〈清代前期粵海關的稅務行政〉，p. 34。

118 臺北故宮博物院藏，宮中檔奏摺原件，乾隆朝第013635號。較詳細的辦法，見宮中檔奏摺原件，乾隆朝第013636號、《清高宗實錄》，卷533，pp. 11a-12b；又見臺北故宮博物院藏，《皇朝食貨志》(稿本)，「食貨志六」「關稅十二」。

119 即寧紹台道。他經常受浙江巡撫之委派，兼管浙江海關的關務。

120 臺北故宮博物院藏，宮中檔奏摺原件，乾隆朝第013635號。

121 臺北故宮博物院藏，宮中檔奏摺原件，乾隆朝第013635號。

122《清高宗實錄》，卷533，p. 12。

123《清高宗實錄》，卷544，p. 23b。

另一方面主張「將來定海[124] 一關即照粵海關之例，用內府司員補授寧台道，督理關務，約計該商等所獲之利，在廣、在浙輕重適均，則赴浙、赴粵皆可惟其所適。」並且將兩廣總督楊應琚調任閩浙總督，借重他辦理粵海關的經驗來處理這些事情。[125]

楊應琚於到任不久就上了一個奏摺，說明「番商希圖避重就輕，以泊寧波，就近交易，便益良多。若不設法限制，勢必漸皆舍粵趨浙。再四籌度，不便聽其兩省貿易。」當然他也順承皇帝的意旨，強調將浙海關的稅則比照粵海關的情形再提高些，使得番商無利可圖，這樣就會回到廣東貿易。皇帝當然同意他的意見，並且說「（洋船）來浙者多，則廣東洋船失利，而百姓生計亦屬有礙也。」[126] 這麼說來，到乾隆二十三年年尾時，尚未嚴禁夷船到浙，只不過一再以增加浙海關的稅率為強迫洋船赴廣東貿易的手段而已！不過，皇帝的意思既不希望寧波（定海）又成一個澳門，故浙江督、撫再也不許洋船在浙江貿易了。[127] 久而久之，自然也就成為「定例」了。

對於這樣的結果當然不是洪任輝或他所代表的東印度公司[128] 所願意看到的。於是在乾隆二十四年洪任輝又往浙江而來。五月三十日到了雙嶼港，[129] 為浙江省定海鎮總兵羅英笏所驅逐。羅要他回廣東，洪任

---

124 定海即舟山群島，行政上隸屬於寧波府，貿易事務則涉及浙海關。

125《清高宗實錄》，卷544，pp. 23b-34b。時當乾隆二十二年八月。

126《清高宗實錄》，卷549，p. 37（乾隆二十二年十月戊子，二十九日）。

127 沒有資料顯示北京方面曾經明確地下過命令禁止洋船收泊寧波，因此連官方編的《皇朝食貨志》（「食貨志六」「關稅十二」）在乾隆二十二年條下也只是說：「尋又申禁洋船不准收泊浙海。其偶有駛至者，仍令回廣東貿易納稅。」而沒有肯定地指出申禁的日期和依據。因此該書所指的其實也不過是由一連串的措施所形成的慣例罷了。在本文前段，作者已經提到乾隆二十一年時喀爾吉善已經採取了這個作法。

128 H. B. Morse, *The Chronicles of the East India Company trading to China*, vol. V, pp. 68-84. 請參考英國倫敦，公共檔案館(Public Records Office)所藏外交部檔案，F.O. 233/189各件。

129 雙嶼港屬於寧波府管轄。參考方豪，前引文，pp. 103-115。

輝要他收下一份呈文後離去。但洪任輝並不回廣東，反而北上直駛天津，在天津又呈文控告廣東行商黎光華欠帳未還及粵海關舞弊等事。[130] 乾隆皇帝任命福州將軍新柱、給事中朝銓及兩廣總督李侍堯爲欽差，調查此事。[131] 其結果及處理的情形在後文中將會分別提到。不過，最重要的是閩、浙、廣東三省地方官在處理這件事情上，已經確認「番舶向來在粵東貿易，不准任意赴浙」了！[132]

雖然在乾隆二十四年以前，在閩、浙貿易的歐、美船隻本來也不多，可是從此以後，它們是不能再來了。一般學者便認爲清朝從此進入獨口貿易的時期。其實，這僅是針對歐、美各國而言，而且受到影響較大的也只是英國、荷蘭等國。至於南洋的歐洲殖民地則依舊可以在閩、粵兩省貿易。

比如說呂宋（即菲律賓，西班牙的殖民地）即可如此。呂宋在乾隆二十年以前即數度到福建貿易，[133] 乾隆二十三年，又有呂宋船到廈門。上諭詢問是否與洪任輝一樣，是想在該地開關貿易的，「如係向來到廈門番船，自可照例准其貿易，否則仍須令其回棹赴粵。」閩浙總督楊應琚回奏之後，呂宋可以在廣東、福建貿易。[134] 只是就事實而言，此後呂宋商船眞正到福建貿易的也不多。在乾隆四十七年以前，據臺北故宮博物院所藏宮中檔奏摺原件所顯示的，似乎只有乾隆二十九年、四十六年兩次而已，而且都是藉口「遭風飄至廈門」，從而請求就地貿易。[135]

---

130 以上見《史料旬刊》，pp. 62a-64a。

131 臺北故宮博物院藏，宮中檔奏摺原件，乾隆朝第025706號；《史料旬刊》，pp. 50b-52a、63b-68a、107b-108a、165a-166b以及F.O. 233/189相關各件檔案。

132 《史料旬刊》，pp. 63a、107a。

133 《史料旬刊》，pp. 228b-229a、350a。

134 《清高宗實錄》，卷553，p. 6。

135 臺北故宮博物院藏，宮中檔奏摺原件，乾隆朝第019054、019973、040238號。

　　乾隆四十六年那艘呂宋船遭風飄至廈門，照例謀求貿易。巡撫楊魁奏稱：「（該船）驗無傷損形跡，恐係意存趨避。請嗣後該國商民來閩船隻並無損壞者，一概不准發賣貨物。」乾隆四十七年上諭卻以爲此非「體恤遠人」之意，「如因閩海關輸稅定例與粵海關多寡不一，該國商民意圖就輕避重，何不咨查粵海關條例，令其按照輸納，該商民等趨避之弊，不杜自絕。嗣後該國商船有來閩者，俱照此辦理。」[136] 不過，此後呂宋船更少到福建來了。[137]

　　暹羅在開放海禁以前就來中國進行朝貢貿易。那時候是阿猶地亞（Ayutthaya）王朝。這個朝貢貿易在雍正初至乾隆二十二、三年間十分興盛，主要的貿易口岸爲廈門。[138] 而乾隆二十四年至三十二年，阿猶地亞王朝崩潰，鄭昭的曼古王朝代之而起，乾隆四十六年（1781）再度請貢，要求前往廈門及寧波貿易。[139] 然而上諭只准許該國經由廣東進貢，在廣東（廣州）貿易。[140]

　　因此，就歷史事實而不是就法規來說，到中國貿易的東洋、西洋與南洋各國，差不多都只有一個口岸可以讓他們下貨貿易。其中除了琉球自始至終都在福建進行朝貢貿易外，各國都只能從廣州入口了。因此如果說乾隆二十三、四年以後，中國的貿易港只限於廣東一口，[141] 則專就外國船進口貿易而言，大體上可以這麼說。若從中國出口貿易而言，

136《清高宗實錄》，卷1141，pp. 20b-21a。

137 周凱，《廈門志》，p. 184。

138 高崎美佐子，前引文，p. 29；Viraphol, op. cit., pp. 121-140.

139 臺北故宮博物院藏，軍機處奏摺錄副，第030434號爲鄭昭之金葉表文，中、泰文對照，中文部分將曼古譯爲「望閣」。表文略云：「暹羅國望閣新城國長鄭昭……特差……頂戴番字金葉表文併請貢方物及漢字貢單、表文前來進貢天朝大皇帝陛下。此係自有邦國以來賓服朝貢之舊例。」

140 高崎美佐子，前引文，p. 24；《清高宗實錄》，卷1137，pp. 16a-19b。

141 高崎美佐子，前引文，p. 24。

則四大海關依舊各自發揮他們的功能。

四、清代前期對外貿易的性質

1. 西洋來市、東洋往市與南洋互市

　　嘉慶二十年（庚辰），名學者包世臣就他對清代對外貿易的觀察作了以下歸納，他說：「現今東西兩洋皆與中華回市：西洋來市，東洋往市。」[142] 雖然大體上以臺灣海峽的沿長線爲界，將時人所知的海洋世界分成東洋（包括日本、琉球、呂宋、印尼）與西洋（上述地區以西的臨海地區）[143]，不過，今日所謂「東南亞」的地區，當時更有一個通行的名稱：「南洋」。如果將包世臣所謂的「東洋」限定指日本；「西洋」再限定指印度以西的歐美各國，則包世臣的言論將更合乎歷史事實，同時對於清代中國與南洋地區貿易的情形，再加上一句「南洋互市」，則我們將可以很清楚地勾劃出清代前期中國對外的貿易秩序。

　　明代中葉倭寇騷擾華南沿海，朝廷屬行海禁，但效果不大。[144]明、清之交倭寇的問題雖已緩和，可是歷史的經驗卻深深地影響了清朝臣工的心理，從而影響了決策。康熙二十三年，朝臣論及開放貿易可否准行時，奉差閩、粵的大學士席柱就以爲「海上貿易自明季以來原未曾開，故不准行。」清聖祖乃云：「先因海寇，故海禁不開。爲是今海氛廓清，更何所待？」[145]於是下令開放貿易。

　　不過，爲了愼重起見，他還是在康熙二十四年派遣了文武官員隨商

---

142 包世臣，《安吳四種》，卷26，p. 6b。

143 Viraphol, op. cit., p. 7.

144 Rawski, op. cit., pp. 67-71.

145《康熙朝東華錄》，卷8，p. 300a。

船到日本，就日本的國情作一些必要的了解。康熙三十九年（1700），皇帝又派遣杭州織造烏林達（*ulin-i da*，即「司庫」）莫爾森前往長崎，調查日本的國情民風。[146] 則顯然對日本方面的現況，康熙皇帝本人還是十分關心。後來，在得到莫爾森的報告之後，對於日本人「遂不以介意，而開洋之舉繼此而起。」[147]

因此，開放海禁以來，不但中國人可以到日本貿易，原則上日本商船亦可以來華貿易。直到康熙五十六年禁止中國人前往南洋貿易之時，才順便禁止東洋船隻來華。[148] 此時依舊不禁止華商赴日貿易。事實上，除了遭風漂失的船隻外，[149] 清代前期根本就沒有日本船來華貿易，[150] 只有中國船隻前往日本，所以說「東洋往市」。至於鄰近日本的琉球（中山國）則向中國進行朝貢貿易，中國商人亦有前往該國貿易者。[151]

至於「西洋來市」，則是中國船隻無法「往市」所造成的。因為中國當時的海上交通工具──帆船（junk）──裝載量不大，而且不適合遠航；中國商人一方面只願近海航行，另一方面當時中國人的世界知識也十分有限，不敢輕易冒險，加上清朝政府亦有限制國人定期回航的規定……等等因素，[152] 因此印度以西及太平洋的航路不得不由歐、美各國來支配。當乾隆五十八年（1793）英使馬戛爾尼帶來英王雅治（George

---

146 松浦章，〈杭州織造烏林達莫爾森の長崎來航とその職名について〉，《東方學》，第55輯(1978年1月)，pp. 1-14。

147《硃批諭旨》，第十四函第三冊，p. 63b。

148《宮中檔雍正朝奏摺》第七輯(臺北：故宮博物院)，p. 498。

149 參考《史料旬刊》，p. 69a，相關文獻部分亦見《嘉慶朝外交史料》及《道光朝外交史料》。

150 張存武，前引書，p. 237。這是因為日本德川幕府實行「鎖國政策」的關係。參見岩生成一，《朱印船と日本町》(東京：至文堂，1966)，pp. 91-100。

151 Viraphol, op. cit., pp. 39, 194.

152 參考《明清史料》，丁編，第八本，pp. 774a-775b。

III，在位：1760-1820）的國書，提及歡迎中國人前往歐洲貿易時，清朝的答覆也只是推說中國物產豐饒，不假外求，從而加以婉拒。[153]

麻六甲海峽以東、臺灣海峽以南的南洋地方，在明代以來即已遍布著華人的足跡。中國式的帆船穿梭於南洋島嶼之間，使得整個南洋差不多就成了中國人的「我們的海」（*mare nostrum*）。清朝於開放海禁之後，准許國人前往南洋貿易，亦准許南洋船隻來華貿易，故本文稱之為「南洋互市」。

南洋互市在康熙五十五至五十六（1716-1717）年間因為朝廷懷疑歸航的船隻太少，又恐怕國人有偷運米石接濟盜匪之嫌，因而加以改變，禁止國人船隻前往南洋貿易。雍正初年，皇帝表示他對海洋事業一籌莫展，不過他又認為「嚴行海禁」總是沒錯。然而，由於沿海居民對進口糧食的迫切需求，皇帝只好改變初衷。於是，自雍正五年（1727）起，中國船隻又遊弋於南洋，恢復了南洋互市。[154]

2. 朝貢貿易與非朝貢性質的貿易

蔣廷黻曾云：「中國（與世界各國之間）只有朝貢關係，因此也只有朝貢貿易，而沒有國際貿易。」[155] 用這些話來描繪清代前期海洋貿易的性質並不正確。可是主張清代之貿易為朝貢貿易者卻一直不乏其人。[156]

這個說法的根本問題在於將清初的對外關係與清朝對「世界秩序」的看法混為一談。就事論事，清代前期對外貿易的形態可以區分為三個

---

153 H. B. Morse, op. cit., vol. I, pp. 244-252.

154 Viraphol, op. cit., p. 70.

155 Tseng-tsai Wang, *Tradition and Change in China's Management of Foreign Affairs*, p. 9.

156 如費正清(John King Fairbank)便是當中之赫赫有名者。參考其所著*Trade and Diplomacy on China Coast* (Stanford: Stanford University Press, 1969)。

類型：（1）在向皇帝呈進貢物之後進行首都（北京）或邊界的朝貢貿易；（2）在首都進行貿易，但不必進貢；（3）在邊界貿易，亦不必進貢。[157] 換句話說，清代前期的中外貿易，並不以朝貢貿易為必要條件，因此也不能籠統地稱之為「朝貢貿易」。

我們可以說清代前期所行的對外貿易是朝貢貿易與非朝貢性質的貿易一併舉行的。而在這兩種不同性質的貿易方式的背面卻有完全相同的「世界秩序」觀。也就是中國與其他各國的關係只有天朝與藩屬的關係。再用蔣廷黻的話來說，「沒有國際關係，只有朝貢關係。」[158] 因此，不行朝貢而逕行貿易的邦國，一旦欲與大清皇帝進行交涉，則仍舊要遵守朝貢的儀節。[159]

專就集中於廣州的貿易邦國來說，只有暹羅是採取朝貢貿易的方式，但暹羅的朝貢原則上由廣東督、撫經理，而不由粵海關監督負責。[160] 其他在廣州貿易的西、南洋國家則進行非朝貢性質的貿易。

附帶要加以說明的是以上對朝貢貿易與非朝貢貿易的討論，只是從「來市」的情況加以考慮的。因為朝貢貸易原本是明朝的對外貿易政策，而明朝實施海禁，「片板不許下海」，人民不能出洋貿易。但是清朝開海貿易，人民可以名正言順的「往市」，因此即使是朝貢貿易，也只是就單向而言。

---

157 Mark Mancall, "The Ch'ing Tribute System: An Interpretive Essay," in J. K. Fairbank ed., *The Chinese World Order* (Harvard University Press, 1974), pp. 75-76.

158 Tseng-tsai Wang, op. cit., p. 9.

159 這也就是英國在乾隆五十八年(1793)以及嘉慶二十一年(1816)兩次遣使來華交涉時，清廷均要求使臣行朝貢之禮的由來。

160 詳見梁廷枏，《粵道貢國說》。

五、結語

由以上的論列可以很清楚地看出清代前期對外貿易的性質，有很強烈的「分殊主義」（particularistic）色彩，所以對本國人與外國人採取不同的待遇、對不同的邦國實行相異的辦法。在這樣一個近代之前（pre-modern）的架構下展開了中外之間的貿易。

——原刊於《大陸雜誌》，第六十四卷第二期（1982年2月），pp. 21-35。

鴉片戰爭以前
清朝政府對進出口商品的管理

引言

　　從康熙二十三年（1684）設置江、浙、閩、粵四個海關以來，尤其是在乾隆二十四年（1769）以後，粵海關負責管理絕大部分的對外貿易。在整個粵海關的行政體系中，由於廣州官場上的某些官員也有權參與粵海關的事務，因而粵海關監督的權力始終受到多方面的限制。[1] 雖然如此，在對外處理有關貿易的事務時，他卻表現出極大的權力。

　　這種極大的權力源生於皇帝的終極權力，因爲粵海關監督的各種處理方案，原則上要事先徵得皇帝的同意，要不然也得在事後經過皇帝的追認，才能加以確定。這一點雖然使得監督在處理貿易事務時不能夠果斷，但是處理的辦法一旦定案，監督卻可以堅持，也必須堅持其付諸實行。因爲此時粵海關的政策已不是監督個人的意志，而是大皇帝的意志——絕對權力者的意志。

　　職是之故，儘管中外商人對於粵海關的政策嘖有煩言，甚至於一再陳請改善，可是監督卻可以居之不移，依然故我。這種顢頇的態度是中西貿易史上，衝突時起的主要原因，同時，也是監督在處理對外貿易事務上習慣於作單方面的考慮，因此也使得海關的政策既缺乏主動性，又缺乏彈性，從而無法適切地解決問題。對外貿易遷涉到的問題是多方面的，有如驗關、報稅、貿易糾紛……等等都是。不過，貿易的基本內容仍是商品，本文擬即從清朝政府對進出口商品的管理來就其貿易政策進行瞭解。

1　參考陳國棟，〈粵海關(1684-1842)的行政體系〉，《食貨月刊》，11：4 (1981年7月)，pp. 35-52。

一、進出口商品之管制

　　清朝基於各種理由，對某些商品的進口或出口加以「永久」或暫時的限制。[2]下文即從政策的運用來探討設限的原因。

　　一、茶葉：茶葉自廣州開放貿易以來即已深受英國人的歡迎，在十八世紀開始後，遂成為東印度公司最重要的進口品。其中尤以武夷（武彝，Bohea）、松蘿（Singlo）及屯溪（Twankey）等茶自中國出口最多。[3]武夷茶產在福建，松蘿茶和屯溪茶產在安徽。[4]這些茶葉經過陸路或內河水運，再經由長江水道轉而利用以「使節路」聞名的重要交通路線，運到廣州出口。[5]

　　這條路線自南昌或九江開始，可以利用贛江和北江的水路，也可經由陸路往來。在九江，清朝政府設有九江關，從九江關經過樟樹鎮（在清江縣東北）、吉安、泰和、萬安、贛縣（此處設有贛關），經過大庾嶺再越過梅嶺進入廣東省境，經過南雄、曲江（韶州，清朝在此設有韶關，即太平關），再經過英德縣、西江驛到達南海縣的佛山鎮，進入廣州的西關地區。[6]行商及夷館皆在西關。途中經過九江關、贛關及韶關均須納稅。因此從產地到出口，清朝政府可以徵收四次關稅。為了這個目的，清朝規定福建本省所產的茶，禁止自廈門出口。[7]

2　參考梁廷枬，《粵海關志》，卷十七至十九，「禁令」。

3　張德昌，〈清代鴉片戰爭前之中西沿海通商〉，收在《中國近代史論叢》第一輯第三冊(臺北：正中書局，1956)，pp. 126-127。

4　臺北故宮博物院藏，軍機處奏摺錄副(以下簡稱「錄副」)，第048576號；參考Public Records Office藏英國外交部檔案，F.O. 233/189, no. 14 (本件亦見許地山編，《達衷集》，p. 138)；蔣攸銛，《繩枻齋(蔣攸銛)年譜》(臺北：文海書局，「近代中國史料叢刊」第191種)，p. 98。

5　「錄副」，第048576號。

6　張德昌，前引文，pp. 112-113。

7　周凱，《廈門志》(臺北：臺灣銀行經濟研室，「臺灣文獻叢刊」第95種)，p. 177。

但是福建、安徽的茶葉還是可以自九江利用長江水路運至下游,在
寧波出口。同時寧波也在中國生絲的生產區內。從寧波可以利用中國沿
海的帆船販運濱海各省。[8]

乾隆二十一年到二十四年洪任輝等試圖開展寧波貿易的目的之一就
是要利用有別於「使節路」的另一條商路,這樣可以節省一部分關稅和
運輸成本(水腳費)。[9]清朝政府也認爲他們有「規避韶、贛等關稅課」
的嫌疑,[10]因此先是提高浙海關的稅率,「寓禁於徵」,繼而乾脆禁止
西洋貿易船隻赴浙。

不只是西洋人想利用寧波,基於成本與運輸速度的考慮,中國商人
也想經過寧波將茶葉運到廣東再出口。然而在嘉慶十四年以前,因爲中
國東南沿海有朱濆、蔡牽等海盜橫行,航運不安全。直到嘉慶十四年殺
平了這些海盜,洋面平靖,這個目的才得到實現的機會。[11]海運開始在
嘉慶十八年,進口廣州茶葉爲七十六萬四千七百九十餘斤,到嘉慶二十
一年,就成長到六百七十二萬三千九十餘斤。[12]成長速率甚大。

當時兩廣總督兼署粵海關監督蔣攸銛認爲茶葉海運雖然避免了韶
關、贛關的課稅,但也增加了浙海關的出口稅和粵海關的進口稅,對於
全國的稅課影響不大。可是他又認爲客商與夷商可能在沿海島嶼私自交
易,而且茶葉裝貯板箱、竹簍,包裝得既緊密而且數量上又太多,海關
檢查不容易,可能會有夾帶違禁品的情形。遂奏請自嘉慶二十三年起,

8　關於中國沿海的水路交通,可參考上野康貴,〈清代江蘇の沙船いっいて〉,《鈴木
　　俊教授還曆紀念東洋史論叢》,pp. 57-72。

9　張德昌,前引文,p. 121。

10　臺北故宮博物院藏,宮中檔奏摺(以下簡稱「奏摺」),乾隆朝第013636號。

11　「錄副」,第048576號。有關這些海盜的一篇最近的研究,見Wei Peh T'i (魏白蒂),
　　"International Security and Coastal Control: Juan Yuan and the Pirate Suppression in
　　Chekiang, 1799-1809," in *Ch'ing-shih Wen-t'i* (清史問題), vol. 4, no. 2 (December, 1979),
　　pp. 83-112.

12　「錄副」,第048576號。

停止茶葉海運至廣州，但不禁止運往江南（江蘇）以北，得到硃批允准。[13]

從茶葉被禁止海運的例子來看清朝政府對於商業上考慮最大的是稅課的多寡，其次是管理上的便利。他們既不願意犧牲一點稅，也不肯改進管理的辦法，而寧可犧牲一條便利的商路。

二、生絲：生絲在十六、十七世紀是中國外銷商品中最重要的一項，進入十八世紀後也依然鼎盛。清朝政府並且也利用生絲以換取鑄錢用的日本銅。[14]

在將西洋來船局限到廣州一口的同時，生絲包括其製成品的出口也遭到某種限制。

乾隆二十四年前數年間生絲及其加工品的價格一直高漲，[15] 於是御史李兆鵬奏准禁止出洋。[16] 二十五年禁止外洋夷船販。但是為了交換日本銅，二十六年江蘇巡撫陳宏謀奏准赴東洋辦銅的船隻可以依配額出口絲、綢。次年，兩廣總督蘇昌等因英國商人伯蘭（Samuel Blount）等的要求，奏請絲觔出洋。上諭（五月）以禁止絲觔出洋後絲價並未下跌，顯然「生齒日繁」才是真正造成絲價上揚的原因，於是同意按照東洋辦銅之例，准許外國船隻每船配額為土絲五千斤、二蠶湖絲三千斤，至於頭蠶湖絲及紬綾緞定則禁止輸出。稍後因夷商「情願少帶絲斤」而「量

---

13 「錄副」，第048576號。

14 曹永和，〈從荷蘭文獻談鄭成功之研究〉，《臺灣早期歷史研究》(臺北：聯經出版社，1979)，pp. 384-385；山脇悌二郎，《近世日中貿易史の研究》(東京：吉川弘文館，1960)，第三章；全漢昇，〈自明季至清中葉西屬美洲的中國絲貨貿易〉，《中國經濟史論叢》(香港：新亞研究所，1972)，上冊。

15 參考中山美緒，〈清代前期江南の物價動向〉，《東洋史研究》，38：2 (1978)，pp. 83-88。

16 該奏摺見《史料旬刊》，p. 350b。他認為外國毛織品的價格太高，並不怎麼適合中國人使用。同時，「蠶絲之利，衣被天下」，為民生之所必需。既然販米出洋，例有明禁，則衣、食不分，絲綢也應禁止出口。

織些疋頭帶回」，於是又奏准可以依十比八的折換率輸出綢緞。乾隆二十九年又奏准廣東省往南洋貿易的本港船亦可依配額出口絲、綢。浙、閩兩省亦援例獲准。同時這一年廣東的外洋商船亦獲准每船加帶粗絲二千觔。[17] 從此以後生絲及其加工品的出口便在配額的限制下。這種限制對於貿易的成長當然是不利的。

同時為了管制絲綢的去向，對於從浙江販到廣東的湖絲也進行了追蹤。因為浙絲也是經過安徽、江西以入廣東的一條商路（在洪任輝的企圖失敗以後，絲只有走廣州出口一途），在太平關必須登記、繳稅，於是由督、撫札行南雄府及管理太平關的肇羅道[18] 將過境的絲斤綢緞數目按旬[19] 開單具報，轉發廣州府查對——因為這些絲綢一向都運到廣州或佛山鎮，賣予舖戶或機坊——，[20] 並且有粵海關之大關委員於出口時加以檢查。至於沿海的稽查則不用說是免不了的。

絲綢出口採取配額制的目的自然是受到辦銅船隻以配額的方式出口的影響，而對辦銅船隻所採取的辦法，多少也是對德川幕府限制銅礦出口而採取配額制[21] 的一種反應。為了全國性政策的一致性，對廣州外國船隻出口的絲綢加以限制乃是必然的了。

---

17 「奏摺」，乾隆朝第014519、018995號；《大清會典事例》，卷191，pp. 25b-26a、28b-29a；《皇朝政典類纂》，pp. 3749-3752。

18 太平關通常由南韶連道管理，南雄府知府亦有時奉命管理。參考「奏摺」，乾隆朝第030745、034003號。

19 但記錄中又稱為「月報」，而不是「旬報」。

20 廣州城外的西關是密佈著機坊的地方。雖然這些機坊是否經營絲織業缺乏直接的說明，但是廣州既然接受了大量的生絲，那麼西關機坊就是絲織業作坊的可能性就不該置疑了。至於佛山鎮本身，則是另一處絲織業中心。參考趙岡、陳鍾毅，《中國棉業史》（臺北：聯經出版社，1977），p. 58；Louis Dermigny, *La Chine et L'Occident: Le Commerce à Canton au XVIIIe Siècle, 1719-1833* (Paris: S.E.V.P.E.N., 1964), Tome IV, p. 86; Anonymous, "Description of the City Canton," in *The Chinese Repository*, 2：7 (August, 1833), pp. 305-306.

21 山脇悌二郎，前引書，p. 70。

再者，粵海關原來禁止黃、紫兩色的絲綢出口，因為這是代表統治權威的服色。乾隆三十五年，粵海關監督德魁等人才以（1）海關檔案中對此並無明文規定；（2）外國人也會染造黃、紫兩種顏色的絲綢，奏請開禁，硃批「知道了」，[22] 則政治符號（political symbol）原本係針對本國人民而設的，有很長一段時間也影響了商品的出口。

三、米：米是中國人的主食，而中國是一塊「飢荒的土地」(the famine land)，[23] 調劑糧食的供需成為政府的重要職責之一。因此禁止食米出口，當然成為清朝的基本政策，更何況朝廷還經常懷疑船隻載運食米出口，有「接濟盜匪」之嫌呢！[24]

專就廣東一省而言，「廣東戶口繁多，本省所產之米不敷民食，每藉粵西、湖南販運接濟。」尤其是「廣州省城……需米最多。商販三日不至，市價即時騰貴。」[25] 因此，康熙末年以來廣東省與福建省一樣，都進口外國米（以暹羅米居多），官方訂有減稅或者其他獎勵的辦法。[26] 這種辦法不只針對本國商人而已，米船免稅的優待也實施於西洋各國（及其東方殖民地）。

舉個例子來說明。嘉慶十一年粵海關監督阿克當阿以兩廣米價並昂，下諭外洋行商人潘致祥等鼓勵各國船隻載運米石前來，只要不附載其他商品便可不用丈量輸鈔。並訂定有效期限為自發諭之日（二月十一日）始至九月底止。[27] 結果一口氣來了三、四十隻港腳船（從印度各港來的船）約載米四十萬石，造成廣州米價的大幅下跌，也造成了潘致祥

---

22 「錄副」，第011876號。

23 這是華洋義賑會的馬洛利(Mallory)所著的一本書的書名：*China: The Famine Land.*

24 參考《硃批諭旨》，第一函第四冊，p. 51b等處。

25 《硃批諭旨》，第二函第一冊，pp. 24a、25a、32b、39a及52b。

26 「奏摺」，乾隆朝第011015、013097號；參考高崎美佐子，〈十八世紀における清タイ交涉史〉，《お茶の水史學》(1967年10月)，pp. 18-32。

27 F.O. 233/189, p. 130.

與東印度公司大班哆林文（James Drummond）之間的不愉快。[28] 可惜的是中國的內地商路網不能良好地發揮行銷的功能，而進口米的政策進行得也不積極，因此對於解決中國的糧荒貢獻亦不大。

四、白鉛：白鉛（tutenague）也是廣州的重要出口品。原產地在湖南彬州、廣西桂州，[29] 運到廣州以後，集中在佛山鎮。洋行商人於此採買，運至省城報關請驗納稅。[30]

嘉慶十二年初，有一艘英國船隻一口氣購買了白鉛五、六百擔（即五、六萬斤）出口，數量極大，引起監督常顯的注意。他在經過與總督及藩、臬兩司討論之後上奏。上諭命常顯就出口的情形加以查明，以便對白鉛的出口加以限制或禁止。因爲過去雖然不曾禁止白鉛出洋，但是它是鑄錢的材料之一，而當時主要產地廣西省的產量又下降，因此也就有了管制的理由。常顯於是奏定以十年來出口最少的一年之出口量七十萬觔作爲定額，禁止超過這個數字，並令佛山同知加以稽查。所以不完全禁止的理由是因爲常顯認爲「白鉛……爲夷人歲需之貨，今若一旦禁止，不許出洋，在遠夷無知，不免心生疑慮，似不足以昭體恤而示懷柔。」[31] 到了道光十二年，兩廣總督李鴻賓等更進一步奏請「查明外夷各國均已產鉛，無須來粵販運，請將報部出洋白鉛定額，暫時停止。」[32]

於是白鉛的出口先是遭到類似絲綢的命運，繼之以徹底的禁止。其根本的目的在維持本國的貨幣供給。

28　F.O. 233/189, no. 132. 據H. B. Morse, *The Chronicles of the East India Company trading to China*（臺北：成文書局，1975翻版），vol. III, pp. 27, 38-39，則有港腳船三十隻運來米二十七萬石、公司船運來三萬八千石。

29　張德昌，前引文，p. 129。

30　「奏摺」，嘉慶朝第009694號。

31　「奏摺」，嘉慶朝第009694號。

32　《明清史料》，庚編第三本（臺北：中央研究院歷史語言研究所，1960），p. 285b，「戶部月終冊」。

　　五、大黃（rhubarb）：大黃的出口在乾隆末年，每年約有六、七萬至十餘萬斤，係自四川、陝西運到廣州出口的。主要的購買者為賀蘭（荷蘭）、弗蘭西（法國）、瑞國（瑞典）和連國（丹麥）；英國、美國輸入的不多。[33] 在西北，大黃也經由蒙古、新疆出口到俄羅斯。乾隆五十四年間，因為中、俄之間的衝突，先行下令禁止新疆方面的出口，既而規定廣州亦不可出口，理由是「西洋等處與俄羅斯境壤毗連，常通交易。」大黃可能經由各國轉售到俄國。[34] 不過，因為廣東官員的請求，還是讓西洋各國以五百斤為額，暫准出口。等到俄國的問題解決之後，署兩廣總督郭世勳又奏請讓大黃自由出口，得到批准。[35] 由此可見大黃被用來作為「控制外夷」的武器之一，並且也不斷地使用這個武器。[36]

　　六、棉花：棉花在雍正年間以前即已進口，[37]到了乾隆中葉以後成為印度出口到廣州的最重要商品。最初港腳商人只能用白銀來彌補與中國貿易的差額，其後棉花與鴉片終於代替了白銀。[38]

　　乾隆四十二年前，緬甸因為與清朝的長期衝突而遭到停市。李侍堯（原任兩廣總督，於四十二年初調任雲貴總督）上奏云：

　　在粵省時見近年外洋港腳船隻全載棉花，頗為行商之累，因與監督德魁嚴行飭禁。嗣後倘再混裝棉花入口，不許交易，定將原船押逐。初不知緬甸出產棉花……而緬匪之晏共、羊翁（按：此二地名皆係仰光——

33　「奏摺」，乾隆朝第056570號。

34　「奏摺」，乾隆朝第056570、056608、056628、056765、056860號；《清高宗實錄》，卷1320，pp. 7b-9b、卷1321，pp. 12b-14a、卷1323，pp. 32ab、卷1341，p. 3ab、卷1361，pp. 35b-36b、卷1367，pp. 27a-28b。

35　《清高宗實錄》，卷1401，p. 17b。

36　參考張德昌，前引文，p. 129。

37　《史料旬刊》，p. 132b。

38　Earl H. Pritchard, *Anglo-Dutch Relations during the Eighteenth Century* (臺北：虹橋書店，1972翻版)，p. 125。

Rangoon——之譯音）尤為洋船收泊交易之所。緬甸棉花悉從海道帶運，似滇省閉關禁市有名無實。[39]

於是嚴行查禁廣州進口棉花，已到之船不准下貨。[40] 但緬甸很快地就和清朝妥協，於是雲南與緬甸的互市恢復，廣東同時獲准將棉花進口、下貨。因為事情發生在同一個貿易季之內，並沒有影響到港腳船的交易。[41] 但無疑地已為廣州之貿易帶來了一些不必要的騷擾。

再就李侍堯的奏摺來說，他提到了他尚在兩廣總督任上時即已禁止棉花進口。上論也提到「內地處處出產棉花，供用極為寬裕，何藉取給外洋？」[42] 並不重視印度棉。其實，不管內地是否真的供應充裕，至少這些棉花可以經過加工，再以棉布（nankeens）方式出口，則似乎未曾為官方所注意到，雖然棉布是很重要的出口品。

七、除了以上討論的各種商品外，有些商品是例禁，永遠不准進口或出口的。若有違規，必招處罰。以食鹽為例，兩廣地方係粵鹽的行銷範圍，別的鹽區的鹽不可進。乾隆二十九年，有一艘英國船附載一些食鹽進口，署兩廣總督明山勒令該船載回，並且申明「此後如再將鹽斤載入內地，定將船、鹽入官，商、梢（水手）一并治罪。」[43] 這當然是為了保護食鹽專賣的緣故。

---

39 《清高宗實錄》，卷1031，p. 20。

40 《清高宗實錄》，卷1031，pp. 20b-21a；《史料旬刊》，pp. 447a-448b；F.O. 233/189, no. 16(i) (《達衷集》，pp. 148-151同)；「奏摺」，乾隆朝第031400、031402、031418、031804、031809號。

41 《清高宗實錄》，卷1033，pp. 14b-15b；F.O. 233/189, no. 16 (iii) (《達衷集》，pp. 151-152同)；參考H. B. Morse, op. cit., vol. III, pp. 24-25。

42 《清高宗實錄》，卷1031，pp. 20ab。

43 「奏摺」，乾隆朝第018485號。

二、小結

本文由於僅就粵海關對有關貿易事務的處理作個案的探討，因此並不能照顧到粵海關實際政策的每一方面。事實上只有採取編年式的敘述方式才可能面面顧到。不過，基於這些個案的探討，我們已經能夠掌握粵海關政策的基本精神。那就是說，一切的考慮都不是以有利於廣州貿易的進行為優先。各種各樣的理由，如財政上的要求、如政治表徵的考慮、如對叛亂的過度防患與外交策略的運用……等等，在在都影響到廣州貿易的順利進行。

由於清廷基本上以自給自足式的經濟為滿足，因此雖然官員們也了解到廣州貿易對人民生計與國家財政都有相當的貢獻，但是由於他們習慣於作單方面的考慮，從不做知彼的工作（其實知己的工作也做得不太好），因此動不動就想訴之於封艙[44]的辦法來強迫外國船隻接受中國官員的處理方案。清朝的作法造成了外國商人與中國政府之間長期缺乏諒解的狀態。嘉慶初年以後，中英之間更是衝突時起，終於在鴉片走私問題的處理上達到悲劇的高潮。

清朝在處理對外貿易事務上還有一點不合理的地方。比如說洪任輝請求改善粵海關收取陋規的情形時，欽差大臣一方面雖然認為「勒索外番陋規，國體所繫」，[45] 另一方面卻認為地方官員即使要減免番船「出口食物稅銀……亦不應於番商甫經控告之時陳請，致長習風。」[46] 為了面子，絕對不肯即時改善。所以我們大體可以同意魏斐德（Frederic Wakeman）的說法：清朝的貿易政策是「把商業的利益附屬在政治上的

---

44 Tseng-tsai Wang, *Tradition and Change in Chinese Management of Foreign Affairs: Sino-British Relations, 1793-1877* (Taipei; Soochow University, 1972), pp. 12-13.

45 《史料旬刊》，p. 64b。

46 《清高宗實錄》，卷596，p. 8。

國家理性（*raison d'etat*）之下」的。[47]

——原刊於《大陸雜誌》，第六十四卷第六期（1982年6月），pp. 19-24。

---

[47] Frederic Wakeman, "The Canton Trade and the Opium War," in *The Cambridge History of China*, vol. 10, part. I (New York: Cambridge University Press, 1978), p. 163.

1780-1800，
中西貿易的關鍵年代

前言

如眾所周知，在地理大發現（十五世紀末）以後，當歐洲人將他們的商業與軍事影響力擴張到東半球時，東亞及東南亞的國家若非處於分裂的狀態，就是採取了某種方式的閉關自守政策。這種國際間的差異性維持了好幾個世紀，一直到十九世紀中葉才發生徹底的改變。就中國而言，從十六世紀初以迄鴉片戰爭（1840-1842）期間，中外之間的自由貿易並不被容許。由於外部的騷擾或內部的政爭，加上其他因素的考量，海路貿易時禁時開。最後一次海貿開放始於1684年，那一年就在沿海各省設立了海關，准許外國人來華，也准許中國人出海貿易，唯針對這樣的開放政策，政府同時也實施了限人、限地的管理辦法。

就鴉片戰爭以前，中國的海上貿易全局而言，可以以「西洋來市、東洋往市、南洋互市」簡單數語概括。[1] 在本文中，我們暫時不討論與東洋及南洋的貿易。（唯南洋貿易若由歐洲商人經手則被視為「西洋來市」的一部分。）

鴉片戰爭以前中國國力正強，政府也有能力照自己的意思來制訂有關的規範，並且付諸施行。政策上的制定幾乎全憑決策者一方的偏好，很少反映貿易形勢上的變化。因此有關中西貿易政策最大的改變只發生在1750年代末期，規定歐洲來船限定在廣州一口交易。但即使是此一政策也不是針對貿易本身結構的變化而發。實際上，在1684與1840年之間，中西貿易的內涵不管是就參與者、就商品的規模與結構等各方面來看，都經歷了相當大的改變。就中，1780到1800的二十年可以說是最關鍵性的年代，許多與貿易有關的重大改變都在這二十年間發生。首先，就外國人所帶來的貿易來說，1780、1790年代正是許多舊的貿易伙伴退

1　陳國棟，〈清代前期 (1644-1842) 海洋貿易的形成〉，收入本書，pp. 241-269。

出，而新來者加入的年代。其次，在外國人所出口的商品方面，茶葉地位如日中天，而印度棉花則在進口品方面開始居於領導地位。再者，1780年代之後的一、二十年，也正是外國貿易伙伴重新調整他們的財務安排，以適應中國貿易新形勢的年代。

本文的目的主要在整理、說明這一、二十年間，有關中西貿易的重大變遷。變遷雖然集中於那一、二十年，但中西貿易的發展卻是其來有自。因此，對其歷史背景也將適當地交待。在第一節要先介紹1780年代以前中西貿易的主要外國伙伴，突顯出英國東印度公司在中西貿易中取得無與倫比的地位與其他外國公司的退出中西貿易。第二小節探討影響英國公司崛起的一個非常重大的因素──英國「折抵法案」的立法與實施。第三小節介紹在1780年代以後新加入中西貿易的外國伙伴。最後一節的結論部分則兼及十八世紀後中西貿易的其他變遷，並且就整個中國海上貿易的問題簡述十八世紀末期的二十年所擔負的關鍵性意義。

一、1780年代中西貿易伙伴的變化

葡萄牙人、西班牙人與荷蘭人遠在十八世紀以前即已加入對華貿易。不過，他們基本上是由亞洲境內的其他地方進行與中國的貿易，而非直接從其歐洲母國進行，例如，葡萄牙人以澳門為據點、西班牙人以馬尼拉、荷蘭人利用巴達維亞。但其他歐洲國家在十七世紀末與十九世紀間，卻已從歐洲直接派船來華。英國東印度公司成立於1600年，在十七世紀間與中國的交易極其有限，但1715年以後，他們成功地在廣州設立辦事處，貿易快速興隆。法國人於路易十四在位期間也成立了一家東印度公司（1664），並且間歇性地派船來華。可是在1780年代以前，由於法軍在印度受挫於英國東印度公司孟加拉殖民地總督柯賴甫（Robert Clive），公司遂被解散。此後在他國名義掩護下，法國人還維持少量的

貿易，直到1787年另一個新公司的旗幟才在廣州重新升起。然而自舊公司解散以後，法國對中國的貿易規模就已微不足道。[2] 不久之後，法國大革命爆發，中、法之間的貿易也就完全中斷了。

　　丹麥人在印度的川克巴爾（Trenquebar）有塊殖民地，以此爲據點，他們在十七世紀時就已時有時無地派船來中國。但與中國的常態貿易還是要等到1731年丹麥亞洲公司（Danish Asiatic Company）成立時才開始。不過，即使那樣，他們的交易量還是不高。[3] 在中國，他們也購買茶葉，因爲競價的關係，時常引起英國東印度公司的不滿。[4] 大約從1773年開始，丹麥公司積極地加入所謂的「印度匯款」（India Remittance）事業，那就是說協助歐洲人把他們在亞洲賺得的金錢匯回歐洲。該公司在廣州的部門也參與這種財務安排，並且以更優惠的條件與英國公司競爭。[5] 換言之，該公司的存在頗不利於英國公司的發展。不過，由於在商品的實際交易上，丹麥公司所扮演的角色不重，利潤也

2　倫敦India Office Library and Records 所藏檔案 Factory Records (以下簡作IOLR, G/12), G/12/76, p. 141; G/12/82, pp. 70-71; G/12/86, p. 197; H. B. Morse, *The Chronicles of the East India Company trading to China, 1634-1833* (Oxford: Oxford University Press, 1926-29), vol. 2, p. 39; Louis Dermigny, *La Chine et L'Occident: le Commerce à Canton au XVIIIe Sirècle, 1719-1833*, 4 vols. (Paris: S.E.V.P.E.N., 1964); M. Beurdeley, *Porcelaine de la Compagnie des Indes* (3rd and revised edition. Fribourg, 1974); Robert Picard et al., *Les Compagnie des Indes* (Grenoble, France: Artaud, 1966).

3　Erik Gøbel, "Danish Country Trade Routes in Asian Waters in the Seventeenth and Eighteenth Centuries," in Karl Reinhold Haellquist ed., *Asian Trade Routes: Continental and Maritime* (London: Curzon Press, 1991), pp. 106-108.

4　IOLR, G/12/66, pp. 177-178.

5　IOLR, G/12/72, pp. 163-165; G/12/73, p. 82; G/12/76, pp. 134-138; Kristof Glamman, "The Danish Asiatic Company 1732-1772," *Scandinavian Economic History Review*, 8:2 (1960), pp. 109-149; Gøbel, op. cit., pp. 104-116; Ole Feldbaek, *India Trade under the Danish Flag: European Enterprise and Anglo-India Remittance and Trade*, Scandinavian Institute of Asian Studies Monograph Series, 2 (Copenhagen: Studentlitteratur, 1969) and "Country Trade under Danish Colours: a Study of Economics and Politics around 1800," in Karl Reinhold Haellquist ed., *Asian Trade Routes: Continental and Maritime*, pp. 96-103.

就不大。而歐洲政局的詭譎終究使其主事者在1792年時撤走了在廣州的營業人員。[6]

瑞典人也在1731年時成立一家公司到亞洲尋求財富。他們的行徑與丹麥人相類，買些茶葉，也從事匯款到歐洲的事業。他們派來中國的船舶數量不大，在1746與1766年間有36艘，1766與1786年間有39艘。在1786到1806的二十年間，雖然還派出了31個船次，可是其黃金年代已然消逝。此後就不再派船東來。公司的財務日益惡化，1813年終歸解散。[7]

1780年代以前，英國東印度公司的首要競爭對手為荷蘭東印度公司，也稱為「聯合東印度公司」（*Vereinigde Oostindische Compagnie*）。該公司成立於1602年，在十七世紀時為歐洲人在東亞世界最有力的貿易機構，但其對華貿易的盛期其實是從1735到1780的五十餘年。

十七世紀早期，荷蘭人經由臺灣的熱蘭遮城（臺南）與中國大陸貿易。1662年，熱蘭遮城及臺灣的統治權落入鄭成功手中，荷蘭人喪失對華貿易的據點。中國雖然在明鄭滅亡之後開放海上貿易，但荷蘭人由於無法在中國或靠近中國之處獲得一個據點，只好以巴達維亞為中心，向到此經商的帆船貿易家買賣商品，進行一種間接的貿易。

1717與1727年間，由於中國禁止帆船前往東南亞，荷蘭人一時無法取得他們想要的茶葉、瓷器之類中國產品。加之，荷蘭母國南部的奧斯登（Ostend）地方在這個時候成立了一家以遠東為目的地的貿易公司。預期到可能的激烈競爭，荷蘭東印度公司決定展開與中國的直接貿易，並且在1728年付諸實現。直接貿易意味著母國的管理機構（稱為「十七

6　IOLR, G/12/ 103, p. 199.

7　S. Roth, *Chinese Porcelain Imported by the Swedish East India Company* (Gothenburg, 1965); C. Koninckx, *The First and Second Charters of the Swedish East India Company, 1731-1766* (Belgium: Van Ghemmert, 1980); Jan Wirgin, "Chinese Trade Ceramics for the Swedish Market," paper presented in the International Symposium on Ancient Chinese Trade Ceramics, Taipei: June 20-22, 1994.

人小組」，"Heren Zeventien"）必須設法籌措所需的現金（因為對華貿易為入超），也就註定了荷蘭貴金屬的外流。同時，直接貿易也剝奪了巴達維亞參與中國貿易的機會，後者遂向十七人小組抗議。在避免金、銀外流，同時也照顧到巴達維亞的利益前題下，1735到1756年間，歐洲派出的船都順路先行停靠巴達維亞，在那裡裝載大量東南亞產品（藉以推銷巴達維亞當局所搜羅的物資，並且也不用自歐洲運出現金），然後再往廣州。回程則不再取道巴達維亞。賬目上的問題，巴達維亞自可與總公司結算。但巴達維亞當局也希望能獲得一些中國商品，為此，他們也被允許每年派一艘船去中國。

由於財務上的依賴，1735到1756年間，荷蘭對中國的直接貿易其實是由巴達維亞主持的。為了直接掌控這個貿易，1755年十七人小組決定重組中國貿易。他們在阿姆斯特丹的總部成立了一個「中國委員會」（China Commission），由這個委員會來經管直接貿易。船仍由歐洲派出，仍往巴達維亞裝載東南亞產品，續航到廣州，再直接返回阿姆斯特丹。不過，巴達維亞卻被剝奪了派船前往中國的權利。「七年戰爭」（1756-1763）期間，由於荷蘭是中立國，其東印度公司的業務也就興旺無比；反觀英國則因捲入那場戰爭，其船舶經常遭到交戰國的騷擾或劫奪，一時聲勢落在荷蘭之後。戰後荷蘭東印度公司仍維持很好的經營狀態，與英國東印度公司一同分享廣大的中國市場，將其他歐洲國家拋擲在後。此時，即在1760與1780年間，瑞典、丹麥和法國的來船一年很少超過兩艘。

不幸的是第四次英荷戰爭（1780-1784）摧毀了荷蘭的中國貿易。戰爭初期，荷蘭船經常被英國海軍捕掠，損失慘重。隨後，荷蘭船就不再出現在中國海域。戰後荷蘭雖然想要恢復對華貿易，可是由於英國的「折抵法案」已經生效，荷蘭自中國所出口的茶葉在歐洲失去了市場，荷蘭的貿易也就難以再盛。同一時間，歐洲政局的演變也不利於荷蘭公司。1799年，該公司終於因為財務破產而遭致解散。[8]

二、「折抵法案」與英國東印度公司的經營

　　從以上對歐洲公司簡史的回顧，我們不難發現在1780年代以後東印度公司已躍升爲對華貿易的獨大機構。歐洲列強之間的戰爭、各公司內部的經營手法等等因素對此種消長自然有其作用，但除此之外，英國通過「折抵法案」更是關鍵性的一著。「折抵法案」的執行在其他方面也影響到中國對外貿易的結構。且讓我們先瞭解一下這個法案的意義。

　　這個法案關係到中國茶在英國銷售的問題。茶葉最早被引進到歐洲大約是十七世紀中葉的事，並且很快就傳入了英國。「在英國，國會在1660年起開始就茶葉課稅；而英國東印度公司自1669年起進口。」[9] 在十八世紀中，飲茶成爲英國社會的風尚；英國成爲歐洲消費茶葉最多的國家。因此，大多數歐洲公司在與中國貿易的同時，都想從中國進口茶葉，一方面供本國消費，他方面則設法賣到英國。

　　英國首相庇特（William Pitt）在1784年時估計，英國人民之中，有三分之二的人，每年消費三磅的茶葉。[10] 事實上，即使貧窮人家也都飲用不少的茶葉。作爲一位當代的觀察者，艾登爵士（Sir Frederick Eden）[11] 也有如下的鮮明描述：

8　C. R. Boxer, "The Dutch East India Company and the China Trade: Porcelain, Silks and above all Tea Formed the Basis of a Lucrative Trade between the Chinese and Dutch in the Eighteenth-Century," *History Today* (London), no. 29 (1979), pp. 741-750; C. J. A. Jörg, "The China Trade of the V.O.C. in the 18th Century,"《關西大學東西學術研究所紀要》，no. 12 (1979), pp. 1-26 及其 *Porcelain and the China Trade* (The Hague: Martinus Nijhoff, 1982), pp. 11-90.

9　G. Schlegel, "First Introduction of Tea into Holland," *T'oung Pao*, series II, vol. I (1900), p. 471.

10　William Cobbett, *The Parliamentary History of England, from the Earliest Period to the Year 1803*, vol. 24, col. 1010.

11　後來晉封爲開溫第士勳爵(Lord Cavendish)。

任何不嫌麻煩，在用餐時間，一腳踏進中色克斯（Middlesex）或薩來（Surrey）窮人家村屋的人將會發現：茶不分早晚是一般唯一的飲料，而且總是在晚餐時大量飲用。12

由於茶葉的進口爲東印度公司的專利，歐陸各國所進口的茶葉理應不能合法地銷到英國。於是走私盛行。在整個十八世紀，走私成爲全英國最受矚目的事情。

就走私茶葉一點來說，歐陸茶葉的供應者享有一些優越條件。首先，他們的船舶遠較英國東印度公司所有的爲大，平均運費及其他開支也就相對爲低，成本當然也跟著減少。13 其次，他們往往擁有功夫、小種等英國公司所無法充分供應的茶葉。14 再者，英國的合法貿易商人必須支付很高的關稅和國內通過稅——低價位的茶葉，如武彝茶，稅率爲進口拍賣價的127.5%；高價位的茶葉，如熙春，爲75.9%。15 在此狀況下，走私者有利可圖也就不難想像。

由於大量的茶葉經由非法的管道銷售到英國，國家財政收入大爲短少。因此，在十八世紀間，英國政府也嘗試過不同的手段以消滅走私，但成效不彰。16

---

12 Jack C. Drummond et al., *The Englishmen's Food: A History of Five Centuries of English Diet* (London, 1937), p. 204.

13 Thomas Bates Rous, *Observations on the Commutation Project, with a Supplement* (London, 1786), p. 28.

14 Hoh-cheung Mui and Lorna H. Mui, "Smuggling and its British Tea Trade before 1784," *American Historical Review*, 74:1 (1968), p. 49.

15 H. B. Morse, *The Chronicles*, vol. 2, p. 116.

16 Cal Winslow, "Sussex Smugglers," in Douglas Hay et al., *Albion's Fatal Tree: Crime and Society in Eighteenth-Century England* (New York: Pantheon, 1975), pp. 119-166; Mui & Mui, "Smuggling," pp. 57-73.

　　1784年夏天，庇特向英國國會提出了一個對付茶葉走私的新法案，並且順利完成立法，這也就是所謂的「折抵法案」（The Commutation Act）。該法案將茶葉的關稅劃一降低爲12.5%，而通過稅則完全免除。因此而造成的稅收損失，則以徵收一種名爲「窗戶稅」（Window Tax）的新稅加以補足。換言之，「窗戶稅」的徵收是用來抵補大部分的茶稅，因此稱爲「折抵法案」。

　　「折抵法案」的施行十分順利。結果，由於走私者的獲利機會大爲減少，從而消聲匿跡；同時歐洲各國也失去了一個最重要的茶葉市場。歐陸各國進口的茶葉只好大幅減少，而英國公司則大爲增加。再者，由於進口關稅的降低與通過稅的免除，茶葉的零售價格也大幅度下滑，因此喝得起茶的人比以往更多；而個人消費量也隨著增加。國內需要的增加，當然又再進一步擴大了東印度公司的進口規模。就在此後的一、二十年間，歐陸各國都捲入了法國大革命的戰局與隨後的拿破崙戰爭，沒有充分的餘力去照顧與中國的貿易。於是，英國東印度公司遂獨霸了中國茶葉對歐洲的出口。

　　如表一所見，在1784年前的十年期間，總數190,689,504磅中，只有60,180,022磅，也就是不到三分之一，是由英國人運到歐洲的。平均每年才6,018,002磅。可是，在「折抵法案」通過的次年，英國東印度公司所售出的茶葉就超過了16,000,000磅，相當於前此每年進口到歐洲總平均量的80%。表二爲立法前後東印度公司茶葉交易的另一項比較情況。在1776-1780的五年期間，英國公司享有廣州茶葉出口總量的31%；可是在1786-1790期間，情況完全改觀，英國公司享有67%的高比率。加上減稅效果所刺激出來的新消費量，1780年代中期以後，每年自中國出口的茶葉都超過160,000擔（21,333,333磅）。【參考圖一】

圖一 1760 - 1833英國東印度公司自廣州出口茶葉數量圖

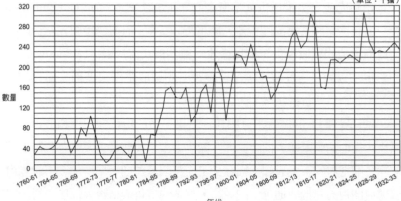

（單位：千擔）

資料來源：Earl H. Pritchard, *The Crucial Years of Early Anglo-Chinese Relations, 1750-1800* (Washington, D. C.: State College of Washington, 1936), p. 395; H. B. Morse, *The Chronicles of the East India Company Trading to China*, vol. II, III, and IV (Oxford: Oxford University Press, 1926-29), *passim*.

表一 1772-1781年間英國東印度公司及其他歐陸公司出口中國茶葉的比較

貿易年分 (止於該年三月)	他國船數 （艘）	出口茶數量 （英磅）	英國船數 （艘）	出口茶數量 （英磅）	總船數 （艘）	出口茶總量 （英磅）
1772	8	9,407,564	20	12,712,283	28	22,119,847
1773	11	13,652,738	13	8,733,176	24	22,385,914
1774	12	13,838,267	8	3,762,594	20	17,600,861
1775	15	15,652,934	4	2,095,424	19	17,748,358
1776	12	12,841,596	5	3,334,416	17	16,176,012
1777	13	16,112,000	8	5,549,087	21	21,661,087
1778	15	13,302,265	9	6,199,283	24	19,501,548
1779	11	11,302,266	7	4,311,358	18	15,613,624
1780	10	12,673,781	5	4,061,830	15	16,735,611
1781	10	11,725,671	13	7,970,571	23	19,696,242
合計	117	130,509,082	92	58,730,022	209	189,239,104
		英國私商出口量		1,450,000		
		歐陸公司出口量		130,509,082		
		總 計		190,689,104		

原註：歐陸各國公司用來從事中國貿易的帆船皆較英國公司所用者為大。

說明：原數字的錯誤，已依平衡計算式的方式加以調整。

資料來源：Thomas Bates Rous, *Observations on the Commutation Project, with a Supplement* (London, 1786), p. 28.

表二　英國及其他外國貿易家自廣州出口之茶葉數量的比較

（單位：擔；1擔＝133.3英磅）

	1776-80		1786-90	
英國東印度公司	210,207	（31%）	774,386	（67%）
法國、荷蘭、丹麥及瑞典	488,372	（69%）	322,386	（28%）
美國	尚未加入廣州貿易		52,184	（5%）
合計	698,579	（100%）	1,148,645	（100%）

資料來源：H. B. Morse, *The Chronicles of the British East India Company trading to China* (Oxford: Oxford University Press, 1926-1929), vol. II, p.118.

　　茶葉因此成為英國東印度公司最主要，且近乎唯一關心的事項。為了應付新的形勢，在「折抵法案」通過後的十年間，它採取了一系列的革新動作。這當中，最重要的一項就是去計算每年該自中國進口多少茶葉。

　　自來倫敦的茶商，在向東印度公司標得茶葉之後，通常被容許將所承購的茶葉繼續貯存在公司的倉庫，需要時再領出。因此，從公司倉庫領出茶葉的數量就被用來當作英國市場需要量的一項指標。

　　需求的估計方式以估算三年為原則。因為派船前往中國，完成交易再返回英國約需兩年，而「折抵法案」規定東印度公司的倉庫隨時必須保有足供全英國人消費一年的茶葉。從這連續三年的需求數字中，公司減掉存貨數量，再減掉當年預定的進口量、已經發出訂單的數量，最後就得到應該增加的訂貨量。[17]

　　為了應付日益增加的茶葉採購，英國公司在廣州的機構也進行必要的改組。早先，東印度公司的「貨監」（supercargo）隨船而來，交易完了即隨原船回去。在廣州採買茶葉時，不同船隻的貨監雖然有時互相合作，有時卻彼此競爭，往往為此而支付較高的價錢。因此，早在1757-

17　Mui & Mui, "The Commutation Act and the Tea Trade in Britain, 1784-93," *The Economic History Review,* second series, 16:2 (1963), pp. 236-237; *The Management of Monopoly: A Study of the East India Company's Conduct of Its Tea Trade, 1784-1833* (Vancouver: University of British Columbia Press, 1984), pp. 94-95.

1758年貿易季中，在總公司「理事會」（the Court of Directors）的指示下，同一年度來華的貨監就只組成一個單一的委員會，藉以增強與中國行商的議價能力。[18] 有一個學者遂說，行商在兩年之後組成「公行」絕非意外，因為正是用來對付這個新成立的貨監委員會。[19] 稍後，1770年，「公行」在英國東印度公司運作下解散，而貨監卻不再隨當季船舶返回歐洲。這使得貨監有機會更清楚地瞭解中國的市場變化，有利於其交易的談判。[20]

英國公司對其廣州機構的進一步改組發生在1779-1780年貿易季。這一年，總公司自倫敦派出了兩名資深職員來廣州與貨監委員會的主席一起成立一個「特別委員會」（Select Committee），擁有一切交易的現場決策權。可是，在該貿易季終了時，「特別委員會」的三名成員卻因各種理由不得不返回歐洲，因此商務仍舊由舊有的貨監委員會執行。然而，隨著茶葉需要的增加，來船越來越多，貨監委員會的成員也跟著膨脹，大大不利於議事的進行與商務的處理。到了1786-1787年貿易季中，「特別委員會」再度被設立，並且維持到1834年該公司退出中國市場為止。中國行商稱「特別委員會」的主席為「大班」，其下人員為二班、三班。非「特別委員會」成員的其他貨監則聽由該委員會指揮。[21]

18 H. B. Morse, *The Chronicles*, vol. 5, p. 65.

19 Wen Eang Cheong, "Canton and Manila in the Eighteenth Century," in Jerome Ch'en and Nicholas Tarling eds., *Studies in the Social History of China and South-East Asia* (Cambridge: Cambridge University Press, 1970), p. 239; *Mandarins and Merchants: Jardine Matheson and Co., A China Agency of the Early Nineteenth Century* (London: Curzon Press, 1979), p. 18.

20 J. B. Eames, *The English in China* (London: Curzon Press, 1974), p. 92; Peter Auber, *China: An Outline of its Government, Laws and Policy; and of the British and Foreign Embassies to, and Intercourse with that Empire* (London: Barbury, Allen & Co., 1834), p. 178.

21 IOLR, G/12/65, letter #9; H. B. Morse, *The Chronicles*, vol. pp. 61, 118.

就這樣，在「折抵法案」通過後很短的時間內，東印度公司在廣州完成了最有利於經營的組織改組。

除了改組其廣州機構之外，英國公司還得面對一個新問題。在1780年代中葉，該國的茶葉需要量激增，然而中國供應的茶葉品質卻越來越差。在「折抵法案」實施前，英國人消費較多武彝、較少功夫。其後則相反。武彝茶的市場越來越小，功夫茶葉越來越大。這當然反映在東印度公司在廣州的採買活動上。由於市場的需要萎縮，中國茶商也就不用心去製造武彝茶葉。而功夫茶葉的需要大量增加，茶商一時不能取得這麼多的茶葉，於是以摻假的方式來增加其數量。[22] 其結果都降低了茶葉的品質。為了對付這個問題，英國公司遂決意派遣一名「茶師」（tea inspector）到廣州擔任驗貨的工作。第一名茶師Charles Arthur在1790年來到中國，由於他具有分別茶葉好壞的專業能力，而且有察覺造假的技巧，英國出口茶葉的品質大為改善。[23]

由於茶葉採購的激增，英國公司也面臨了新的資金取得的難題。在財務的重新安排上，造成了對中國國際貿易的重大改變。其主要的改變有三：（一）棉花成為進口到中國的主要商品；（二）「港腳商人」與個人身分的英國商人開始積極參與中國貿易；（三）中國行商被迫在出售茶葉時，相對被要求購買一定比率的英國毛料。

英國東印度公司在廣州採買中國商品所需的資金極為龐大。就拿1786-1787年貿易季為例，廣州「特別委員會」在貿易季開始之初估計，因應船鈔（相當於噸稅）、規禮、人事費及辦理商品的採購，所需資金總數高達白銀5,585,497兩，相當於西班牙銀圓7,757,634圓。[24]

22　IOLR, G/12/103, pp. 230-231.

23　Mui & Mui, "The Commutation Act," p. 243; *Management of Monopoly*, p. 38.

24　IOLR, G/12/83-2, p. 88.

　　即使早在1784年以前，英國公司在茶葉採購上的規模便已不小。由於大量採購茶葉，英國公司遭致嚴重的逆差，從而必須由英國運送貨幣前來清償債務。[25] 這一來，東印度公司就受到國內重商主義者的嚴厲批評。再者，在美國獨立戰爭期間（1774-1783），實際上也不可能從英國運出太多的現金。[26] 公司理事會遂要求其在印度的機構設法幫忙籌措這筆費用。適巧在1757年普列西（Plassey）之役後，英國東印度公司在印度開始直接領有土地，更在1765年取得徵稅權（稱為"*diwani*"），從而其在印度的機構手頭上有多餘的貨幣。對總公司的要求，印度部門也努力執行了差不多二十年。[27]

　　然而不管從英國本土還是從印度運出現金的作法在1770年代末期以後越來越難進行。在1779與1785年間，當美國獨立戰爭進行中時，歐洲根本沒有辦法運出現金。雖然在戰爭之初，印度還設法在1779-1780年的貿易季中運送一些現金到廣州。可是印度白銀外流也不利於本地的經濟活動，1781年時加爾各答的總督（總管英國公司在印度的一切事務）遂下令禁止一切的貴金屬自印度出口到外國。這個禁令即使在1785年以後也不曾解除。而這一年以後，英國公司也恢復由歐洲運送現金到廣州的作法。在1786-1792年間，也總共運到了10,188,439西班牙銀圓。然而這筆現金加上公司在廣州銷售的毛料收入還是遠不能抵補購買茶葉及其他商品的費用。而因為茶葉採買的增加，這個差距也越來越大。[28]

　　東印度公司在印度的三處殖民地的統治機構（稱為"presidencies"）

25　Earl Hamilton Pritchard, *The Crucial Years of Early Anglo-Chinese Relations, 1750-1800* (Taipei: Rainbow Bridge reprint, 1970), p. 399.

26　H. B. Morse, "The Provision of Funds for the East India Company's Trade at Canton during the Eighteenth Century," *Journal of the Royal Asiatic Society*, 1922:2 (1922), pp. 227-255.

27　Peter J. Marshall, *East Indian Fortunes: The British in Bengal in the Eighteenth Century* (Oxford: Oxford University Press, 1976), pp. 89, 97, 99, 248-249.

28　H. B. Morse, "Provision of Funds," pp. 240-243; IOLR, G/12/72, pp. 163-165.

爲此也做過不少努力。出口現金既然不可行，他們遂以鼓勵出口印度產品到中國，並將其對價交付給廣州「特別委員會」支付茶價。在倫敦理事會的主導下，加爾各答的總督先墊錢給「港腳商人」，並且提供免費的船運服務給他們，相對地要求他們將在廣州出售印度產品的所得提交給「特別委員會」使用。[29] 在這樣的安排下，印度產品開始大量銷往中國，其中尤以棉花最屬重要。而正巧的是印度棉花在此際的供給量很大，有很多「港腳商人」願意從事這樣的貿易，而中國也有廣大的市場。不過，利用公司墊款與免費船運也意味著必須以公司廣州辦事處的貨監爲印度商品的「託售人」（consignees），「港腳商人」不愛這樣的安排。變通的辦法是他們自行將印度商品運到中國求售，再將其現金移交給「特別委員會」，換取在印度或歐洲兌現的匯票。

印度棉花早在1704年前，就已由英國東印度公司首次行銷到中國來。[30] 可是在早年，其進口量非常地少。即使是在1784-1785年後的兩、三年間，進口值都還很少超過 400,000兩。然而自1787-1788年貿易季以後，印度棉花的進口卻突然激增。從那一季一直到十八世紀末，每年的進口值都在2,000,000兩以上，進口量則超過200,000擔（12,000噸）。【參考圖二】

也許有人會在此問起在東印度公司籌措資金的狀況下，鴉片所扮演的角色如何？因此再進一步處理棉花的問題以前，或許要先談一下這件事。就印度產品銷往中國這點來說，鴉片也是「港腳商人」的一項主要商品。但鴉片不能合法進口，因此英國東印度公司也迴避直接參與鴉片的走私。廣州的「特別委員會」強烈地建議公司把走私鴉片的事交給

29 S. B. Singh, *European Agency Houses in Bengal, 1783-1833* (Calcutta: Firma K. L. Mukhopadhyay, 1966), pp. 36-40.

30 H. B. Morse, *The Chronicles*, vol. 1, pp. 130-132.

圖二　1785－1834年間進口到廣州棉花數量

單位：10,000擔

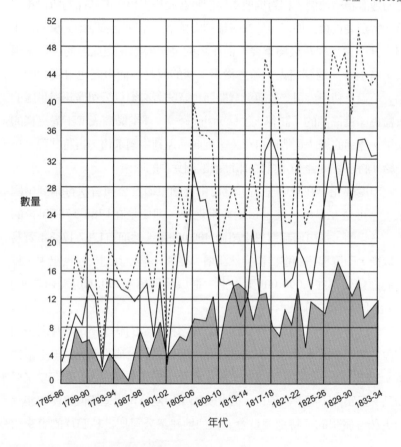

圖例：(1) 下方陰影部分，由公司船載運。

(2) 中間平滑線條涵蓋部分，由港腳船載運。

(3) 上方虛線所涵蓋部分，為全部進口總數。

資料來源：Morse, 1926-29/2,3,4: *passim.*

「港腳商人」去獨自處理，而不要要求廣州的公司貨監當這些鴉片的「託售人」。這樣一來，銷售鴉片的所得雖然不能事先安排交給廣州「特別委員會」，可是後者相信，鴉片的貨主最終還是會透過「特別委員會」匯款到歐洲的服務來處理他們的所得。如此一來，「特別委員會」還是可以利用到這筆資金。[31]

實際上，一直到1780年代初期，中國市場對鴉片的需求量都還很小。所以在1782年一艘叫作「無雙號」（the Nonsuch）的「港腳船」雖然運了大量（約兩千箱）的鴉片到廣州，其買主最後卻只能再轉運到馬來半島一帶去銷售。[32]

由於東印度公司日益增加的資金需求，它鼓勵「港腳商人」進口印度商品到中國。雖然他們不直接介入鴉片走私，但因為提供匯款服務，變相地也使走私者有了一個確定的取回銷售鴉片所得的管道，也就相應刺激了這一種商品買賣。1784年以後，鴉片在中國的銷售因此也就有所增長。如「特別委員會」所觀察到的：

> 必須注意到1786年至少兩千箱被運到中國，因此不但售價高昂，而且其數量也超過六年以前每年的五、六百箱——這是此項貿易蓬勃發展的最有力證據。[33]

話說回來，在1780年代及隨後數年間，大量消費鴉片的時機還沒到達。廣州進口鴉片的總值在1823年以前其實都小於棉花。[34]

棉花在印度銷往中國商品中具有無與倫比的地位正好發生在西印度

31　IOLR, G/12/84, p. 81.

32　IOLR, G/12/76, pp. 62, 120, 127-130.

33　IOLR, G/12/86, p. 214.

34　H. B. Morse, "Provision of Funds," p. 241; Michael Greenberg, *British Trade and the Opening of China, 1800-1842* (Cambridge: Cambridge University Press, 1951), p. 106.

地區舊貿易中心蘇拉特（Surat）衰落，而孟買（Bombay）興起之時。
在此轉變中，許多富有的祆教商人（稱爲Parsees或Parsis）挾帶著大量
的資金，由蘇拉特遷移到孟買。祆教商人與孟買當地的印度教買辦（稱
爲banias）一起出資來發展孟買附近固加拉特（Gujerat）地方棉花的生
產與行銷；而孟買則被利用來作爲出口棉花到中國的主要港口。[35]

　　值此機會，祆教商人在對華貿易上遂扮演起重大的角色。他們與其
他的「港腳商人」（大部分爲英國人，但居於印度）爲主要的棉花出口
者。若是利用公司的墊款與船運，貨主都事先同意將出售棉花後所取得
的現金（或債權）完全交給「特別委員會」來運用。實際上則以「港腳
商人」自運自銷爲主。至於英國東印度公司自己則很少從事於棉花的交
易。[36]

　　最後一個問題是，棉花突然大量進口，中國市場能否吸收？答案是
肯定的。因爲廣東、廣西兩省經常迫切需要棉花的供應。[37] 雖然每年都
有大量的「南京」（nankeens）棉布從長江三角洲運到廣州，而且其品
質也都比兩廣土布優越，可是其售價也更高。更何況這些「南京」棉布

35　Ashin Das Gupta, *Indian Merchants and the Decline of Surat, 1700-1750* (Wiesbaden,
　　1979); Lakshmi Subramanian, "Banias and the British: the Role of Indigenous Credit in the
　　Process of Imperial Expansion in Western India in the Second Half of the Eighteenth
　　Century," *Modern Asian Studies*, 21:3 (1987), pp. 473-510; Pamela Nightingale, *Trade and
　　Empire in Western India* (Cambridge: Cambridge University Press, 1970), pp. 22, 23, 207,
　　208, 238.

36　例如，在1788-89年貿易季中，廣州總共進口了145,800擔棉花。但其中，只有 61,632
　　擔經由公司船運達；其餘84,168擔則爲「港腳商人」自行運到。而公司船所運的
　　61,632擔棉花的貨主大抵仍爲「港腳商人」。公司名下自行輸入的只有3,300擔。參考
　　H. B. Morse, "Provision of Funds," p. 241。

37　Samuel Ball, "Observations on the Expediency of Opening a New Port in China," in Rhoads
　　Murphey ed., *Nineteenth Century China: Five Imperialist Perspectives*, Michigan Papers in
　　Chinese Studies, 13 (Ann Arbor: Center for Chinese Studies, the University of Michigan,
　　1972), p. 2; IOLR, G/12/275, p. 59.

都是運來出口，而非供當地消費的。[38] 大量進口印度棉花使廣東、廣西兩省可以製造便宜的棉布供當地使用。[39] 後來，十九世紀初孟加拉（Bengal）一帶所產的棉花也運銷中國，[40] 福建完全吸收了這些商品。[41] 由於中國市場的吸收能力很強，印度棉花的進口也就持續成長。雖然在1823年以後，棉花的相對地位讓步給鴉片，每年進口的棉花在絕對數量上還是繼續在成長。直到鴉片戰爭前也一直維持著這樣的趨勢。【參考圖一】

　　鼓勵向中國出口印度產品之外，為了平衡貿易逆差，英國東印度公司也採取了強迫中國行商承購英國毛料的作法。基於英國法律的規定，東印度公司每年必須運往中國一定數量的製造品，因此該公司就以出口毛料的方式來滿足此一要件。但英國毛料在中國銷售的情形不佳，行商經常不願承買。在現金不足的情況下，為了填補貿易逆差，於是廣州「特別委員會」就推出了「以物易物」的手段，以購買等比率的毛料為行商售茶給東印度公司的必要條件。[42]

38　Earl H. Pritchard, op. cit., p. 396; H. B. Morse, *The Chronicles*, *passim*.

39　Anonymous, "A Dissertation upon the Commerce of China," in Rhoads Murphey ed., *Nineteenth Century China: Five Imperialist Perspectives*, p. 30; 彭澤益，〈鴉片戰爭前廣州新興的輕紡工業〉，《歷史研究》，1983：3 (1983)，pp. 109-116。

40　早在1788年時，廣州辦事處即已寫信給加爾各答當局，指出「過去數年發生在棉花上的大量需求，說明那種商品若能自孟加拉出口將對此一貿易大有助益。」然而此項建議一直到十九世紀初才被實現。來自孟加拉的最早一批進口貨大約在1802-1803年貿易季銷到中國，伍秉鑑 (浩官)為其買主。參考IOLR, G/12/89, p. 2; G/12/144, p. 28; G/12/145, pp. 191-192.

41　Samuel Ball, op. cit., p. 2.

42　H. B. Morse將「以物易物」起始的一年定為1770-1771年貿易季，但東印度公司的檔案則指出了一個較早的日期。早在1769年，大班們就已經向理事會報告：「為了克服處理吾等之毛料的困難，我們已經促使最大一部分簽約賣茶葉給我們的商人買下四分之一或八分之一可能來到此間的毛料。藉由此一手段，它們比以往更進一步分給眾商人，我們希望因而銷售得更快。」參考H. B. Morse, *The Chronicles*, vol. 5, pp. 158-159; IOLR, R/10/7, p. 12.

依據「特別委員會」在1803年時的回顧，「以物易物」方式的起源如下：

把茶葉合同的相對比率等同於毛料的計劃，源始於行商因後一商品慘遭損失，而依等比率分配茶葉則被視為一公平的補償。在此原則下我們認為該手段公平而正當，而且在同一原因仍存在時，此一制度在任何狀況下都應被遵守。[43]

不過，實際上，最初只有那些信譽卓著的行商才被允許參與這項茶葉——毛料「以物易物」交易。後來，由於要擴大參與，以便利茶葉的採購和議價的空間，自1787-1788年貿易季起，所有開業行商都被納入這一作法。[44]

總結上文，我們有以下之發現。「折抵法案」不止消除了走私，擊敗了歐陸的公司，而且也大大擴大了英國東印度公司在中國的茶葉採購。為了應付此一局面，英國公司改善了茶葉需求的估算方式、改組了其廣州辦事處，設置了一個有效率的「特別委員會」，並且也任命了一名茶師在廣州負責驗茶。英國東印度公司的商業管理大大改善之後，茶葉採購的增加也就可以確保。然而，在此同時，因為採購增加，需要支付的現金也就跟著擴大。英國公司也成功地克服籌措資金的問題。其方法為鼓勵印度與中國之間的貿易。而其帶來的結果則是棉花大量進口到中國。印度的祆教商人及其他非服務於東印度公司的英籍商人也就緊隨著活躍於中國貿易。最末一點，也是較不重要的一點則是，東印度公司

---

43 IOLR, G/12/144, pp. 60-61.

44 依1803-1804年度的「特別委員會」所言，將所有的行商都包括到茶葉——毛料交換設計的動機，大致如下：「這個政策也是想要擴大我們與更多的行商作生意，只要他們值得公司的肯定與支持。如此亦可避免他們相互勾結。若我們只與少數幾家往來，那將很危險。」參考IOLR, G/12/145, pp. 138, 212.

安排了以購買毛料爲中國行商承攬茶葉合同的必要條件。其牽涉到的毛料價值雖然不算很大，但是大大有益於在中國推銷英國的工業製品，也有益於東印度公司的資金籌措。

三、1780年代及其稍後的其他重大事件

「折抵法案」的施行在1780年代中葉以後，對中國之對外貿易的新形勢發生了很大的作用。可是就1780年代中葉以後中國對外貿易的新局勢來說，它並不是唯一的主導力量。在1780年代左右，還有一些其他重要的事件，也值得重視。這至少包括了美國人加入對華貿易、西班牙人設立與中國直接貿易的「皇家菲律賓公司」（the Royal Philippine Company），也包括中國瓷器停止成爲外銷歐洲的大宗商品幾個要項。

在1780年代前後，歐洲大陸的公司若非已遭解散，就是不再積極參與對華貿易。但在地球的另一頭，卻有另一群商人開始走上與中國交換商品之途。那就是美國商人。美國一獨立，船隻就迫不及待地被從這個新興的國家遣往中國。中美貿易沒有更早開始，那是因爲在獨立之前，在英國「航海法案」（the Navigation Act）的規範下，北美殖民地必須尊重母國東印度公司壟斷的特權。[45]戰後的美國被剝奪了以前與英國其他殖民地貿易的權利。這些擅長航海與貿易的美國人遂將其眼光挪到對華貿易，冀望有所斬獲。在1784年「中國皇后號」（the *Empress of China*）成功地試航以後，中美之間的貿易遂順利展開，並且繼續發榮滋長。美國商人的貿易規模雖然不及英國東印度公司，但也不可小看，它佔有外商的第二順位。[46]

---

45 Foster Rhea Dulles, *Old China Trade* (London: Macdonald and Jane's, 1974), p. 1.

46 IOLR, G/12/79-2, pp. 45, 116; Philip Chadwick Foster Smith, *The Empress of China* (Philadelphia: Philadelphia Maritime Museum, 1984), p. 25.

美國人積極參與對華貿易的情形反映在來華船隻的數目上。就拿1789年為例。早在1789-1790年貿易季的季初，就已有十三艘美國船停泊於廣州港。[47]【參考表三】

表三：1789－1790貿易季季初到達廣州的美國船隻

船名	船長姓名	出航港口	到達日期
Anthony, Brig	Richd. Pooler	New York	6月26日
Samson	Saml. Howell	Philadelphia	31日
Massachusetts	Benjn. Carpenter	Boston	8月28日
Astrea	Jas. Magee	Salem	9月18日
Union	Jno. Ashmead	Philadelphia	18日
William Henry, Brig	Benjn. Hodges	Salem	10月5日
Three Sisters, Brig	Benjn. Webb	Salem	7日
Federalist	Richd. Dale	Philadephia	7日
Light Horse	Jcha Nichols	Salem	7日
America	Jacob Sarly	New York	10日
Jay	Thos. randall	New York	16日
Washington	Mark kaskett	New York	16日
Morse	Orielle	New York	16日

附註：最後兩艘船來自茅里西斯(Mauritius)，船員為法國人。
資料來源：IOLR, G/12/96, 1789/11/01, p. 75.

美國商人帶來新種類的商品。最早他們試銷人蔘（粉光），績效良好。但在清代中國，人蔘為內務府的專賣事業，因此很快地就被禁止進口。其後，還是有一些美國商人走私這項商品，但數量有限。[48]

在人蔘的交易橫生波折之後，美國商人開始嘗試另一種新商品——產於北美洲西北地區的皮毛。在十八世紀初年，中國已從俄羅斯進口皮毛。而在該世紀下半葉，北美西北（特別是哥倫比亞Columbia河流域）

47　Kenneth Scott Latourette, "Voyages of American Ships to China, 1784-1844," *Transactions of the Connecticut Academy of Arts and Sciences*, 28 (1927), pp. 237-271.

48　Howard Corning ed., "Letters of Sullivan Dorr," *The Proceedings of Massachusetts Historical Society*, 67 (1941-1944), pp. 179-364.

的皮毛生產業發展起來以後，商人也透過俄國人之手將他們的產品銷往中國。然而，從1778年以後，因為中、俄之間的衝突，這一條銷售管道也被波及，不得不暫行中止。加拿大的皮毛生產者遂仰賴英國東印度公司來向中國推銷其產品。[49] 可惜兩者之間的合作並不愉快，而英國東印度公司引進的皮毛交易也不太成功。[50] 來自蒙特婁（Montreal）的加拿大商人遂於1784年籌組了一家「西北公司」（the North West Company），試圖自己掌握這項貿易。這正是美國商人初航中國的同一年。西北公司遂委託美國商人將皮毛運往中國銷售，結果十分成功。受此鼓舞，許多原本就已參與中國貿易的外商也各自派船到北美洲西北角尋找皮毛來華銷售。[51] 對此現象，英國東印度公司卻表示樂見其發達，因為透過其匯款服務，他們有把握取得銷貨後的現金來增加其茶葉採購的能力。[52]

然而，即使開發了新的商品市場，對華貿易本身還是造成美國商人方面的逆差，他們於是不得不自南美洲搬運大量的白銀來中國。當1780年代與1820年代之間，也就是自南美取得白銀還不太困難的一段期間，美國人與西班牙的「皇家菲律賓公司」及馬尼拉的大帆船（galleon）貿易商同為廣州商場所需之白銀的三大供應者；尤其是自1805年以後，英國東印度公司完全停止以它自己的船舶運送白銀到中國後更是如此。[53]

---

49 例如，在1787年時，兩艘英國籍帆船 (the *King George* 與 the *Queen Charlotte*) 所載運的皮毛就被指定由廣州特別委員會託售。見IOLR, G/12/88, pp. 33, 91.

50 Harold A. Innis, *The Fur Trade in Canada: An Introduction to Canadian Economic History*, revised edition (Toronto: University of Toronto Press, 1956), p. 243; Melville H. Watkins, "A Staple Theory of Economic Growth," *The Canadian Journal of Economics and Political Science*, 29:2 (1963), pp. 141-158; E. E. Rich, "Russia and the Colonial Fur Trade," *The Economic History Review*, second series, 7:3 (1955), pp. 307-328.

51 參與皮毛貿易的船舶包括有澳門、法國、孟加拉 (港腳船) 等。參考IOLR, G/12/82-2, pp. 8-9, 20; G/12/84, p. 136; G/12/86, p. 202.

52 IOLR, G/12/82-2, pp. 8-9; G/12/82-3, p. 90.

　　適才我們提到了「皇家菲律賓公司」在輸入美洲白銀到中國一事上扮演了一定的角色。該公司於1785年獲得西班牙國王的特許狀（charter）後隨即成立。它被授予西班牙母國與馬尼拉之間直接貿易的特權。由於西班牙本身並無適合亞洲市場的商品可供輸出，該公司因此被特許得以從布宜諾斯艾利斯及利馬運出白銀，經由太平洋航路，到馬尼拉購買亞洲商品。[54] 同一時間，也就是在1785年，發自西班牙王室的一道詔敕也將過去不合法的馬尼拉與印度之間的「港腳貿易」加以合法化了。接下來，1787與1789兩年也分別有皇家詔敕將馬尼拉港開放給活躍於亞洲貿易的其他歐洲商人。[55] ——前此馬尼拉只許西班牙人、葡萄牙人、中國人與亞美尼亞人（Armenians）入港。馬尼拉的開放對中國的帆船貿易有很大的衝擊，但暫時不能在此論列。要先說明的是，馬尼拉的開放對廣東的白銀流入頗有影響。

　　我們方才提到「皇家菲律賓公司」被允許將白銀運到亞洲。這些白銀正是英國東印度公司渴望用來融通其營運資金的工具。正巧，從1788年以後，西班牙政府也允許「皇家菲律賓公司」直接派船前往廣州。[56] 無庸置疑地，他們的船自己會運送白銀到中國以進行商品採購。此外，透過其他管道，該公司自南美搬到馬尼拉的白銀也進一步轉運到廣州。其一是透過英國東印度公司的努力；其二則是由於來自印度地區的「港腳商人」的投機行為所致。

53　Wen Eang Cheong, "Trade and Finance in China: 1784-1834, a Reappraisal," *Business History* (Liverpool), 7:1 (1965), p. 40.

54　同上註，pp. 39-40。

55　Wen Eang Cheong, "Changing the Rules of Games (The India-Manila Trade: 1785-1809)," *Journal of Southern Asian Studies*, 1:2, pp. 7-9.

56　例如，廣州特別委員會在1788年年初就記載了一艘名叫*St. Felippe*，屬於皇家菲律賓公司，來自馬尼拉的船舶，停泊在黃埔港內。參考IOLR, G/12/88, p. 173; W. E. Cheong, "Changing the Rules of Games ," p. 11.

由於受到籌措資金的壓力，英國東印度公司——不管是其在倫敦的總部還是其在廣州的辦事處——打從「皇家菲律賓公司」設置伊始就打算盤要利用這批由菲律賓公司搬到亞洲來的白銀。最早曾有一項安排——英國公司提供印度的棉布（這在西屬中、南美洲有很好的市場）給菲律賓公司，而後者提供白銀——但沒能成功。[57] 在迫切需要現金的場合，英國公司則支付10%的年利，向菲律賓公司借款，這倒成功了。[58] 不過，白銀的供給實際上來自其他較不確定的管道——透過英國治下印度地區從事印度與馬尼拉之間港腳貿易的商人。菲律賓公司透過這些港腳商人購買了大量的印度棉布。由於馬尼拉與西屬美洲均無相當之商品可以交換，因此這些港腳商人就從馬尼拉搬走了大量的白銀。然而在中國的廣州，貨幣市場上一直缺乏足夠的現銀，於是這些港腳商人或是直接把白銀運到廣州，或者在回到印度以後再把白銀重新裝船運到廣州，以便在那裡賺取一些「申水」。他們把白銀交給英國東印度公司特別委員會，以較高的匯率換取在印度或在歐洲兌現的期票。[59] 這樣的安排實在有助於英國公司解決現金需求的問題。

在1785年以前，曾經風光一時的馬尼拉與阿卡普科（Acapulco，在墨西哥）之間的大帆船貿易已經式微。[60] 以往，廣州市場上所需的白銀有一大部分來自大帆船的供應。在其式微之時，正巧美國商人加入中國

57　W. E. Cheong, "Changing the Rules of Games," pp. 1-4; IOLR, G/12/84, p. 103; G/12/87, p. 73.

58　IOLR, G/12/84, pp. 81-82.

59　W. E. Cheong, "Changing the Rules of Games," pp. 8-10; IOLR, G/12/79-2, p. 101.

60　大帆船的運作止於1813年。到了1820年則與墨西哥的航運都完全中止。但實際上，早在1785年以前，大帆船即已式微。參考 W. E. Cheong, "Canton and Manila in the Eighteenth Century," in Jerome Ch'en and Nicholas Tarling eds., *Studies in the Social History of China and South-East Asia* (Cambridge: Cambridge University Press, 1970), p. 242.

貿易、皇家菲律賓公司成立、馬尼拉開放給歐洲船隻入港，這些新的因素適時解決了把西屬美洲的白銀送到中國流通的問題。而最有利於英國公司的業務推展。

最後，十八世紀結束前中西貿易史上還有一個很容易觀察到的事實必須稍加介紹。那就是歐洲人停止大量出口瓷器。從商品價值來說，中國瓷器並不是主要出口品。但因其裝飾藝術和其易於保存的特性，自來廣受注意。而在十八世紀末年以前，歐洲瓷器的生產還很落後，瓷器又可用來壓艙，避免船隻因載重不足而傾覆，因此大量出口。從這兩點來說，瓷器出口問題在十八世紀末的重大變化也值得一提。

1780年代以前出口到歐洲的瓷器數量極其龐大。舉例而言，在1730與1789年間，由荷蘭東印度公司運到歐洲的件數就多達42,500,000件。[61] 再如英國東印度公司也是很大的出口者。他們主要的目的是用瓷器來壓艙，每一年採購的價值約在三萬兩以上。[62]

然而在十八世紀最後一、二十年，歐洲的瓷器採購卻突然降到微不足道的狀況。荷蘭東印度公司已經搖搖欲墜，沒有出口瓷器事屬正常。但是拜「折抵法案」之賜，如日中天的英國東印度公司卻也停止出口瓷器，這就有意思了。英國公司停止出口瓷器的藉口是出口關稅太高，但事實上還有別的原因。[63]

---

61 C. R. Boxer, op. cit., p. 745.

62 在1784-85年貿易季終了，特別委員會在其帳本上記下了對Exchin（西成行）及Synchong兩大該公司的瓷器供應商未付欠款分別爲27,756.629及3,887.798兩。這兩筆未付款即該季該公司出口的瓷器總價。至於當季新發出的訂單則爲31,644.427兩，或44,000圓。(IOLR, G/12/180, p. 1.)由於現金不足，在1785-1786年貿易季終了時，廣州委員會對西成及Synchong兩家瓷器供應商的累積未付款高達65,671.911與11,574.297兩。他們設法付給兩家共77,246.208兩或107,286.400圓，清償了部分債務。見IOLR, G/12/85, p. 1; G/12/87, p. 1; G/12/95, p. 1; G/12/97, p. 1.

63 早在1783年時，粵海關監督就已打算將瓷器的出口稅加收一倍，但因外國人的反對

　　英國停止進口中國瓷器的最主要原因是造瓷技術的改進與社會風尚的改變。十八世紀間風行一時的「中國風」（*chinoiserie*）在世紀末已經褪色；歐洲流行起「古典主義」（*classicism*）的復古風潮。中國瓷器遂被批評為「缺乏雅趣與形制」，因此被認為不及「由天才橫溢的衛基伍德先生帶給現代使用的無與倫比的希臘、羅馬式花瓶之典型。」[64] 也就是說，衛基伍德（Josiah Wedgwood）在瓷器製作與行銷技巧上的改進擊敗了中國製品。[65] 英國東印度公司停止出口瓷器，可以將其有限的資金集中用於茶葉採購，而不裝載瓷器所多餘出來的空間也正好用來運茶。

　　1780年代及其稍後數年間，美國商人的加入、皇家菲律賓公司的設立、馬尼拉港的開放、中國瓷器的失去歐洲市場等等，對「折抵法案」來說都是獨立的事件。但間接地，都有助於英國公司的茶葉採買、裝運與融資。這樣的結果使得英國東印度公司能保持對華貿易的霸主地位。

四、結語

　　由以上粗略的觀察，我們看到1780-1800年之間中西貿易上確實發生了很大的變化。在這一段期間，原本相當活躍於中國貿易的歐陸國家，如荷蘭、法國、丹麥與瑞典都陸續從中國市場退出，而使得英國東

而作罷。然而，因為瓷器商通常不是行商，而行商必須分攤送禮給與貿易有關的各級官員的費用，因此行商也很想向瓷器出口商收取規費。他們看來似乎是成功了，而瓷器的出口價格當然也跟著上漲了。參考IOLR, G/12/77, pp. 122, 145, 169-170; G/12/110, p. 15; G/12/122, p. 108.

64　Margaret and R. Soame Jenyns Jourdain, *Chinese Export Art in the Eighteenth Century* (London: Country Life, 1950), p. 54.

65　N. McKendrick, "Josiah Wedgwood: An Eighteenth-Century Entrepreneur in Salesmanship and Marketing Techniques," *The Economic History Review*, second series, 12:3 (1960), pp. 408-433.

印度公司在無強勁競爭對手的情形下，獨領一時的風騷。

除了其他因素之外，英國在中西貿易上的卓越地位實拜「折抵法案」之賜。這個法案不但使得歐陸國家自中國出口茶葉到歐洲後找不到一個銷貨的市場，將以往走私者的市場還給英國東印度公司；而且因為稅金大幅地降低，國內市場也緊跟著擴大。然而，如果英國東印度公司不能滿足市場的需求，其地位的確保也可能會有問題。在1784年以後的十年，該公司卻能應付得當。一方面改組了廣州辦事處，加強其採購、議價能力；設置一名茶師，維持了茶葉的品質。更重要的是，大量茶葉採購需要大筆資金，而他們也成功地克服這方面的難題。

現金籌措的問題所以能夠解決，部分是東印度公司本身的安排，部分是歷史的巧合。東印度公司一則利用其印度殖民地的稅收，融資給「港腳商人」來推展中印間的貿易，其次則利用匯款的服務，將流通於廣州的現金收為己用。事實證明後者顯然更為重要。在1784年以後，正巧美國商人加入對華貿易、西班牙人設立「皇家菲律賓公司」經營歐洲、南美與亞洲之間的直接貿易，二者都自南美運來大量的白銀。這些白銀幾經轉手，紛紛來到東印度公司廣州辦事處購買匯票，東印度公司也就有足夠的現金可用。相形之下，利用印度的財政收入來融通中印貿易以間接取得現金的作法倒不是那麼重要了。

英國東印度公司的財務安排與1784年以後中西貿易史上的偶發事件對中國的進口商品也發生不小的影響。中印貿易被發展出來以後，印度棉花成為中國最主要的進口品，其次則為鴉片，只是其地位在十八世紀結束以前遠不及棉花。此外，新商品如人蔘、皮毛等也都曾被開發為進口品。另一方面，傳統大量出口到歐洲的中國瓷器卻因其他因素喪失了歐洲市場。這一切都發生在十八世紀結束前的一、二十年。

英國公司的高張聲勢、新貿易伙伴及新商品的加入、舊貿易伙伴與舊商品的退出，造就了一個新的貿易形勢。中國政府對這些事情似未深

入瞭解，而中國商人則在其他因素之外，也未能成功地應付。於是，1780年代以後，中西貿易中國方面的壟斷者——行商——日益經營困難，而破產歇業的事也就時有所聞。[66]

　　總之，1780年代後的一、二十年正是中西貿易史上很重要的幾年。其實，就整個鴉片戰爭以前清朝的海上貿易來說，也是同等重要。「東洋往市」的對日帆船貿易在這一、二十年間開始急速走下坡；南洋方面，東部的馬尼拉與巴達維亞對中國帆船的吸引力正快速讓步給西部的檳榔嶼、新加坡和馬來半島。在出帆地與南洋貿易的從事者方面，福建廈門也先見奪於潮洲，繼之以海南島等地。本文僅止於討論中西貿易，東洋與南洋的問題就暫且罷論了。

——原刊於《中國海洋發展史論文集》第六輯（臺北：中央研究院中山人文社會科學研究所，1977），pp. 249-280。

---

66 陳國棟，〈論清代中葉廣東行商經營不善的原因〉，收入本書，pp. 343-372。

1760–1833年間
中國茶葉出口的習慣作法[1]

以下的討論將只限定在出售給英國東印度公司，由他們從中國出口
的那些茶葉。作這樣的考量，有一點是因爲英國東印度公司在中國茶
葉的出口貿易上，享有舉足輕重的地位。在1760與1784年之間，差不
多有50%的中國茶葉總出口量是裝到英國船舶上運出口的。而在1784年
以後，由於英國首相威廉・庇特（William Pitt）執行「折抵法案」（the
Commutation Act）[2]，大幅度降低了茶葉輸入英國的進口稅，導致英國東
印度公司從廣州出口的茶葉數量大幅度地增長。（參考圖一）結果從那時
候開始，一直到1833年爲止，該公司都成爲無與匹敵的最大出口商。[3]本
文只處理英國東印度公司自中國出口的茶葉，還有另一個理由，那就是
本文是以英國東印度公司的檔案爲主要素材來撰寫的，這批材料對於自
己公司的記錄自然比較詳盡。

　　本論文分成兩大部份。頭一個部份處理交易制度的結構，這包括由
茶葉生產地到廣州的運輸路線及運輸手段、相關人員彼此之間交易茶葉

1　本文使用的主要材料爲存放在英國倫敦印度辦公室圖書檔案館（the India Office Library and
　　Records, IOLR）的英國東印度公司檔案。筆者參考的兩個主要的系列分別爲「商館檔案：
　　中國及日本之部」(檔號爲G/12)以及「中國檔案」(檔號R/10)，細節詳Noel Matthews與M.
　　Doreen Wainwright合編，*A Guide to Manuscripts and Documents in the British Isles relating to
　　the Far East* (Oxford: Oxford University Press, 1979), pp. 37-38及p. 43。本文引用這些檔案
　　時，會依序寫出檔號、冊號，記錄登載日期，然後如果有頁碼時再加上頁碼、無時則在
　　頁碼的位置記上 "n. p."。

2　Hoh-cheung and Lorna H. Mui, "William Pitt and the Enforcement of the Commutation Act,
　　1784-1788," English Historical Review, vol. 76, no. 300 (July, 1961).

3　在十八世紀後期，大不列顛及其殖民地大約消費了從中國出口出去的茶葉之70%或者
　　更多一些。參考Earl H. Pritchard, "The Struggle for Control of the China Trade during the
　　Eighteenth Century," *The Pacific Historical Review,* vol. III (1934), p. 28. 而在十九世紀時，以
　　1821-22這一季爲例，由英國東印度公司出口的茶葉總價爲7,362,138(墨西哥)銀元；而
　　由英國私商(公司以外的英國商人)出口的茶葉總價爲1,037,380銀元；至於由另外一批主
　　要出口商美國商人出口的則爲3,385,720銀元。三者合計11,785,238元。這當中英國公
　　司就佔了62.5%。見Hosea Ballou Morse, *The Chronicles of the East India Company trading to
　　China, 1645-1834* (Oxford: Oxford University Press, 1926-29), vol. IV, p. 22 and passim.

的模式等林林總總的問題；後面一個部份則探討這樣的一個制度得以維持下去的道理何在，分析茶葉買賣的獲利情況，並且也將檢討一些企圖改變現行制度的騷動所帶來的影響。

圖一　1760-1833英國東印度公司自廣州出口茶葉概況圖

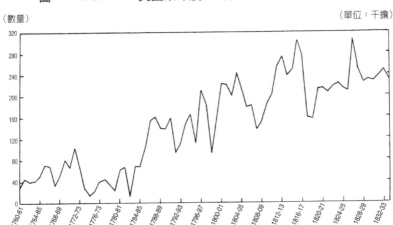

（數量）　　　　　　　　　　　　　　　　　　　　　　（單位：千擔）

資料來源：Earl H. Pritchard, *The Crucial Years of Early Anglo-Chinese Relations, 1750-1800* (Washington, D. C.: State College of Washington, 1936), p. 395; H. B. Morse, *The Chronicles of the East India Company Trading to China,* vol. II, III, and IV (Oxford: Oxford University Press, 1926-29), *passim.*

一、出口茶的交易方式

在本論文所討論的時期當中，中國的出口茶葉產在兩個主要的區域：黑茶產於福建與江西交界的武夷山、綠茶則產於安徽的東南區塊。茶葉的收購由茶商或者由介於他們與茶農之間的牙人來進行。茶商隨後把收購來的茶葉運下廣州，先把這些茶葉寄放在城中茶行（亦稱茶棧）的倉庫裏，然後再將它們售給行商（即外洋行商人，俗稱「十三行」），其後行商再轉售給英國東印度公司。偶爾，茶商也會請行商當中間人，經由後者將茶葉直接賣給英國公司。不過，在正常的情況下，茶商並不

親自與行商進行交易，而是委請茶行老闆居間與行商磋商。[4]因為在茶葉出口的作法上有這樣的習慣，因此東印度公司的「大班」等人就把茶行老闆們叫作「茶牙子」（tea-brokers）。[5]

且讓我們從茶葉的運輸開始說起吧。以廣州市場為目標的綠茶，先會被運到安徽省最南端的婺源；經由水路，從婺源轉運到江西省的南昌，自南昌經由贛江水面到南安（大庾）。在南安這個地方，這些茶葉必須改由陸運，越過梅嶺，以到達廣東省北部的南雄。在南雄時，再度上船，經由北江運到廣州。黑茶先在武夷山區的星村集貨、包裝，用竹筏運到崇安。其後，由挑夫挑過山嶺，到達江西省的鉛山。這以後，它們經過多次轉運，先到河口鎮、繼到南昌。打從南昌起，就依循與綠茶一樣的路線來到廣州。[6]（參考圖二）

將茶葉由產茶區運下來到廣州是一件千辛萬苦而所費不貲的工作，一如綠茶商的夫子自道：

……在運送它（茶葉）時，要換過七次船，並且得在三處稅關繳稅；沿途經過許多的危險，有無數的艱辛要克服，這使得把茶葉從一地搬運到另一地的工作成為一項辛苦的事情。[7]

4　IOLR, R/10/28, 1820/01/06, pp. 84-85.

5　IOLR, G/12/214, 1819/02/25, p. 114.

6　Samuel Ball, "Observations on the Expediency of Opening a New Port in China," in Rhoads Murphey ed., *Nineteenth Century China: Five Imperialist Perspectives*, Michigan Papers in Chinese Studies, no. 13 (Ann Arbor: Center for Chinese Studies, the University of Michigan, 1972), p. 19; Samuel Ball, *An Account of the Cultivation and Manufacture of Tea in China* (London: Longman, Brown, Green and Longmans, 1848), pp. 351-352; Hoh-cheung and Lorna H. Mui, *The Management of Monopoly: A Study of the East India Company's Conduct of Its Tea Trade, 1784-1833* (Vancouver: University of British Columbia Press, 1984), pp. 4-11.

7　IOLR, G/12/214, 1819/02/25, p. 115.

圖二　江西省地圖：自崇安及婺源運茶至南雄之路線圖

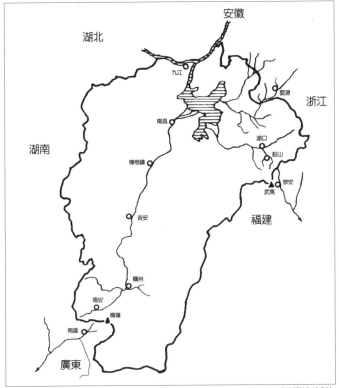

（陳國棟繪製）

結果下來，加到這些茶葉的成本就相當可觀了。英國東印度公司派駐在廣州的茶師（tea inspector）波耳（Samuel Ball）就曾估計：從星村搬運一擔（100斤）工夫茶下來廣州的代價若不是3.65兩銀子[8]，那就該是

8　Samuel Ball, "Observations on the Expediency of Opening a New Port in China," p. 9.

3.92兩[9]，這樣的數字約略相當於「栽種與製造」成本的三分之一。[10]英國公司的大班們也承認：

> 運輸茶葉到廣州的費用絕對佔他們（按：茶商）成本中相當高的比重；而完全由茶商承擔的搶劫及耗損等風險無疑也很不小。[11]

茶商們當然有考慮過替代性的運輸路線。在崇安地方，經由閩江，可以透過水運將茶葉運到福州。從福州，又可以利用沿海航運把茶葉進一步送往廣州。依據波耳的估算，如此一來所花費的成本每擔也只不過0.43兩銀子而已。[12]由內陸路線改採此一替代路線所能省下來的金錢是十分可觀的。可是很不幸地是，既存的法律禁止黑茶經由福州或其他福建省的港口出口。[13]此一禁令的動機顯而易見：福建省內陸沒有稅關。若允許黑茶經過福州或廈門出口，則國庫的收入將招致鉅額的損失。

即便如此，當時也還有另外一種替代可能性。不管是綠茶商還是黑茶商都可以利用錢塘江及其支流把他們的茶葉先運到杭州，從杭州經沿海海運再到廣州。採用這條路線運茶的費用要比經過江西省到廣州少掉很多。乾隆年間（1736-1795），茶商們的確斷斷續續地利用過這一途徑。可是嘉慶（1796-1820）初年時，中國沿海海盜充斥，茶商們也就被迫只能走回使用內陸路線運茶的老路了。[14]

不過，接近嘉慶十四年（1809）時，所有的海盜若不是已經投降，

9   Hoh-cheung and Lorna H. Mui, *The Management of Monopoly: A Study of the East India Company's Conduct of Its Tea Trade, 1784-1833,* pp. 353, 354 and 356.

10 Ibid., p. 354.

11 IOLR, R/10/26, 1812/03/03, p. 104.

12 Samuel Ball, "Observations on the Expediency of Opening a New Port in China," pp. 9 and 20; Samuel Ball, *An Account of the Cultivation and Manufacture of Tea in China,* p. 356.

13 周凱，《廈門志》(臺北：臺灣銀行經濟研究室，「臺灣文獻叢刊」第95種，1961)，p.177。

14 IOLR, G/12/116, 1797/01/22, p. 85.

就是已經被敉平了。經由杭州的海路再次打開。[15] 茶商們很快地在嘉慶十八年（1813）起重新採用這條路線，而光是在那一年就有 7,648 擔茶葉從海上運出去。三年之後，這個數目增長到67,231擔，[16] 這差不多是同一年英國東印度公司出口總量的四分之一。[17]

正當茶商們高高興興地享受著海運帶來的好處的時刻，地方上的官員們卻不認為海運茶葉數量的急遽增長是個好兆頭。沒多久，兩廣總督蔣攸銛就給皇帝上了一個奏摺，請求禁止這樣的作法。在其論述當中，蔣攸銛極力撇清他的動機與稅收有多大的關係，他說：贛關（在江西）與韶關（在廣東）所少收的關稅，可由浙海關（此處徵收出口稅）及粵海關（此處徵收進口稅）多收的部份加以彌補。他更進一步辯說：他的動機是考慮茶葉經過大洋外海、稽查不易，同時也考慮到違禁物品可能藉由茶箱、茶簍的掩護而被偷偷地運入廣州。為了避免這些困擾，他才主張禁止茶商裝運貨物從大海上走。不過，他又畫蛇添足地指出：此項禁令應該只對銷往廣州的茶葉生效，至於那些供給華北地區消費的茶葉就不在此限制之下了。皇帝很快地就批准了他的建議。[18]

其實會在銷往廣州的箱簍上出現的問題，難道說就不會出現在那些銷往華北的包裝中嗎？蔣攸銛的說法未免太過於牽強！至於他堅稱說他的想法與稅收沒關，也不完全可靠。雖然就整個國庫的收入而言，海運

15　臺北故宮博物院藏，軍機處奏摺錄副，第048576號（嘉慶二十二年六月十七日，蔣攸銛奏摺）；Wei Peh-ti, "Internal Security and Coastal Control: Juan Yuan and the Pirate Suppression in Chekiang, 1799-1809," *Ch'ing-shih Wen-t'i*, vol. 4, no. 2 (December, 1979), pp. 8-12; Dian H. Murray, *Pirates of the South China Coast, 1790-1810* (Stanford: Stanford University Press, 1987).

16　軍機處奏摺錄副，第048576號。

17　在 1816-17 這一個貿易季節，英國公司從中國出口了 274,914 擔的茶葉。見 Hosea Ballou Morse, *The Chronicles of the East India Company trading to China*, 1645-1834, vol. III, p. 243.

18　軍機處奏摺錄副，第048576號；蔣攸銛，《繩枻齋年譜》，收入「中國近代史料叢刊」第191種(臺北：文海出版社，1968)，p.98；IOLR, G/12/208, 1817/10/22, pp. 48-49.

茶葉或許不會給國家帶來損失；可是針對那幾個受到影響的個別稅關來說，衝擊可大了。我們也許可以猜想蔣攸銛關心的可能只是廣東省內地稅關（韶關）的稅收。因爲他的身分是兩廣總督，他必須爲廣東省內地稅關能否徵足戶部規定的年度定額負責。[19]至於針對銷往北方的茶葉來說，這些茶葉原本就不經過廣東省境，無論是採用海運還是陸運，都不會影響到他身爲兩廣總督的職責，他根本不用在乎。

不管蔣攸銛是怎麼想，反正從嘉慶二十三年（1818）起，海運一途就已對茶商關閉了。[20]他們被迫選取花費高的陸路。雖然說，如果他們的茶葉能順利脫手，他們的運輸成本也就因爲包含在售價中而得以收回；可是，萬一茶葉在廣州銷售不出去時，他們便不可能再承擔另一筆昂貴的運費，把這些茶葉運出廣州求售。到了這個地步，茶商的處境也就十分尷尬了。

在廣州，那些從茶鄉搬運下來的茶葉，最後賣給了東印度公司的大班們。因爲這層關係，在廣州的交易就或多或少受到大班們辦事方式的左右了。大班們通常採用三種方式來替公司買進茶葉，好讓公司的船舶運回歐洲。這三種方式分別爲：（1）與行商訂定合約、（2）在公開市場上增加採購、與（3）在一個貿易季節即將結束時向茶商購買他們手上剩餘的茶葉，然後在下個貿易季節時裝船運回歐洲。

公司所需的茶葉主要是透過合約來供應的。每一年，當商貿季節接近終了（大約在陽曆三月附近）時，大班們計算出下一個貿易季所需茶葉的種類及數量，然後和行商簽訂合同，預訂很大的一個部份。[21]爲了啓

---

19 阮元(編)，《廣東通志》(道光二年版)，167/13ab。

20 蔣攸銛不久之後即去職。然而他所定下的政策繼續由繼任的阮元施行，不作絲毫更動。見IOLR, G/12/211, 1818/01/16, pp. 26-27.

21 計算年度茶葉需求的實例可參考 Hosea Ballou Morse, *The Chronicles of the East India Company trading to China, 1645-1834,* vol. II, pp. 126-127.

動這樣的合同，公司大班通常得先支付訂金給行商。[22] 相對地，行商就必須以約定的價格供應特定品質和數量的茶葉。若是合約中的某些部份不能執行，行商就得要受罰。

合約茶之外，當季所需的其餘茶葉大都由前一個貿易季季尾，在公開市場上買到的茶葉來應付。每年二月底或三月初，當公司的船隻都揚帆離港後，而在廣州的其他買家也都完成了當季的買賣時，市場上多少會剩下一些茶葉沒有在當季賣出去。公司大班們通常利用這樣的一個機會，以大幅降低的價格向行商購買、或者透過行商的仲介向茶商購買這些茶葉。英國人把這種性質的採購稱作「冬季採買」（winter purchase），而透過「冬季採買」所購得的茶葉就叫作「冬茶」，或者用廣州當地的用法來說，叫作「押冬」。[23]

由於合約茶與冬茶的採購都發生在當季公司船實際抵達廣州港之前，因此這兩種採購加起來有時候會不夠裝滿所有的來船。在此情況下，公司大班們也會在廣州的市場上，以與合約茶相等的價位購買現貨茶。這種採購就是所謂的「增加購買」（additional purchase），通常發生於一個貿易季節裏較前面的那個階段。[24]

在茶葉的交易當中，茶商（或茶行）是不允許直接與外國人買賣的。因此，茶葉的供應理論上應該由行商來備辦。行商爲了履行這樣的目的，一般可以作如下的安排：（1）派出他的行夥到產茶區去買茶；（2）與茶商訂約，由茶商運來指定品質和數量的茶葉；（3）從廣州的現貨市場上購買茶葉；（4）充當茶商與公司大班之間的仲介者，促成兩者之間的買賣。

---

22 Hosea Ballou Morse, *The Chronicles of the East India Company trading to China, 1645-1834,* vol. II, pp. 53 and 126.

23 IOLR, G/12/248, 1832/07/14, p. 119.

24 IOLR, G/12/113, 1796/06/24, p. 9.

　　由下鄉採買所備辦的茶葉通常帶有特定的品牌（稱作「字號」），點明它們是某某行商的財產。這類型的茶葉統稱爲「本庄」，意思就是說是行商自己的商品。[25] 雖然說，如果行商派遣自己的行夥到產茶地去買茶、運回廣州賣給公司可能創造很大的利潤，可是也不能不說還是有一些不利的地方。首先，該行夥所擁有的茶葉知識以及他本人在茶鄉的信用未必比得上茶商。其次，在產茶區買茶通常要使用現金，因此該行夥就得攜帶一大筆銀子在身邊。第三，如前所述，要把茶葉從茶產地搬運下來頗爲費事，麻煩不少。各家行商與英國東印度公司的買賣都很大，需要很多的茶葉。如果這些茶葉都用下鄉採購的方式來供應，那麼該行商就必須派出好幾位行夥、帶去大量的現金。實際上，這並不容易辦到。老實說，大多數行商經常都面臨著資金不足、周轉困難的問題，因此也只有少數幾家行商有能力派遣行夥下鄉去採買。而當有能力這麼做的時候，行商也只會選購幾種字號而已，他一般還是依賴透過向茶商訂茶的方法來履行大部份的合約義務。

　　定訂合約的安排是供應茶葉最可靠的方法。這種方法的細節，一如行商們自己所說的，差不多是以下這個樣子：

　　訂約的辦法在於茶商，透過茶行與行商議定之後，講明數量與價格，取得特定字號的茶葉，約定茶葉送到廣州及提交給外國人的時間點。在行商先支付給茶商一筆訂金後，完成協議，交付有關各方收執。[26]

25　英國公司大班認爲行商派人下鄉採買茶葉可以「對付廣東茶商與茶行哄抬價格的企圖」，因爲可以在沒有這兩種人介入的情形下供應茶葉。參考 IOLR, R/10/27, 1812/04/30, n.p.; R/10/26, 1816/04/03, p. 36; R/10/26, 1816/04/18, p. 43; R/10/68, 1818/12/02, n.p.

26　IOLR, G/12/240, 1828/09/18, p. 339.

圖三　行商謝治安致英國茶師禮富士函（部份）

說明：此係東裕行行商謝治安致東印度公司茶師禮富士（一作厘富師，John Reeves）的函件，日期為1828年5月28日
（道光八年四月十五日）。此處所示為函中談及包裝、本裝的部份。「裝」字乃「莊」或「庄」字的異寫。著
者藏。

　　要讓合約生效，訂金是不可或缺的。（行商向茶商訂茶的合約稱爲
「議單」，所支付的訂金稱爲「定單銀」）這也是誘使茶商把他們的茶葉運

下來廣州最不可或缺的手段。[27]此種行商透過合約而到手的茶葉稱作「包庄」，意思就是依合約取得的商品。[28]「包庄」構成廣州茶葉供應上最大的一部份。舉例而言，如同圖三所見，1828-29貿易季節工夫茶的總供給量大約有400個字號，而當中的320或330個字號是依合約而取得的商品。其比率約為百分之八十。

行商交茶給英國公司人員的第三種方法是在現貨市場上採買。一旦採取這樣的作法，行商就不用在交茶給公司之前九到十個月就先預付出去訂金。行商所以有機會在現貨市場採買，那是因為茶商通常會帶下來比他們的合約數量多的茶葉到廣州，以「碰碰運氣」，看看能不能在市況佳時撈上一筆。[29]從茶商的觀點而言，以這種方式被帶到廣州市面的茶葉就叫作「賣庄」，意思就是待價而沽的商品。[30]

由於現貨市場上茶葉的價格是由供需條件來決定的，因此沒有辦法在相當一段時間以前就能預期。如果一家行商在上一個季度末就已跟大班們簽下了合約，而他選擇、或者不得不在履約期限接近時只靠在現貨市場上買茶交貨，那麼他一定會在他的交易上遭致極大的風險，造成損失。達成行的行東倪秉發（榜官）和會隆行的鄭崇謙（侶官）的經驗就是血淋淋的實例。在1800年代末期，這兩家行商陷入財務上的困境。他們付不出任何的訂金以便與茶商簽下合約，於是就被迫在廣州買茶交貨。結果，廣州現貨市場上的茶葉需求突然暴增，而價格也就跟著飛漲。這兩家行商的交易也就完全無利可圖。[31]

---

27 英國大班觀察到：「給茶商一些訂金絕對能保證茶葉被運下廣州。」見 IOLR, R/10/26, 1811/04/11, p. 27 and cf. R/10/26, 1812/03/03, p. 107.

28 佐佐木正哉 (編)，《鴉片戰爭前中英交涉文書》(東京：巖南堂，1967)，p.37。

29 IOLR, R/10/68, 1818/06/17, n.p.

30 佐佐木正哉 (編)，《鴉片戰爭前中英交涉文書》，p.37；IOLR, G/12/240, 1828/09/18, p. 338.

31 IOLR, R/10/68, 1816/12/02, n.p.

　　在以上所提到的三種交易茶葉的模式當中，茶葉是先由行商買下，然後再轉賣給東印度公司的。行商本身因此很在乎他們自己的得失。不過，偶爾他們也充當仲介者，透過他們讓茶商把茶交給公司大班。在此場合，他們收受一份佣金，而不用管該次交易的盈虧如何。[32]

　　不管採取那一種方式來供給茶葉，所有以賣給外國人消費為目的的茶葉都在陽曆十月、十一月間運達廣州。茶葉一到廣州，就先存放到茶行（茶棧）的棧房。接下來，行商就從各種茶葉的不同字號中做出「樣茶」，交給大班們驗貨。經過這樣的檢查之後，大班們就和行商確認合約的交易，暫訂一個成交價格（與合約價格相當或略加增減）。在乾隆五十五年（1790）以前，大班們自己驗茶；那年以後，東印度公司在廣州安排了一名「茶師」，專門負責這項工作。[33]

　　在驗貨時圓滿成交的茶葉就在陽曆十二月或次年正月左右裝船運離廣州。不過，在裝船之前，整個字號的茶葉還要以抽樣的方式再被檢查一次，看看其他的茶箱內的茶葉是否與「樣茶」的品質一致，或者更好或更壞。要是一個字號的茶葉經過再次抽查後發現品完全一致，那麼驗貨時講定的價錢就完全確定了。如果發現茶葉比樣茶還好，價錢就提高一些；[34]而如果發現品質不及樣茶，價錢就被拉下，甚至於整個字號都

32　IOLR, G/12/125, 1799/01/05, p. 14; G/12/221, 1818/03/10, p. 74.

33　Hosea Ballou Morse, *The Chronicles of the East India Company trading to China, 1645-1834,* vol. II, p. 181; Hoh-cheung and Lorna H. Mui, *The Management of Monopoly: A Study of the East India Company's Conduct of Its Tea Trade, 1784-1833,* p. 164, note 69.

34　例如在1810-11這一季，由天寶行行商梁經國(經官)經手交給公司檢驗的茶葉，就被茶師認定為品質高於「樣茶」。結果該字號的茶價也就被公司大班從每擔25兩提高為26兩。見IOLR, G/12/176, 1811/04/10, p. 78.

會被拒收。[35] 在大班與行商調整過價錢之後，行商轉過來再去和茶商按照同樣的方式增減最後的價格。

二、茶葉交易的利潤問題

在茶葉的交易中，行商通常是獲利者。一般而言，在大班付給行商與行商付給茶商的價格之間，都會存在著一個差額。這個差額有一個特別的叫法，稱作「餉磅」，意思是指預留下來繳交關稅的保留款。實際上，這個差額通常遠比支付關稅所需的數目大得多。老實說，「餉磅」根本可以視為行商的「毛利潤」。[36]

嘉慶（1796-1820）中期，有幾家行商陷入資金周轉的困境。一些情況比較好的大行商與英國東印度公司的大班們想出一種辦法來幫忙這些不幸的小行商紓困。辦法是由大行商以周轉不靈的行商的名義與公司交易茶葉，然後把從「餉磅」中扣除實際支付的關稅之後剩餘的利潤記到個別周轉困難的小行商名下，協助他們清償積欠公司的債務。福隆行的關成發與西成行的黎光遠就是這樣的兩家困難行商。英國公司大班們估計派給這兩家小行商的獲利可能是這個樣子：

---

35 例如在1801-02這一季，由廣利行行商盧觀恒（茂官）經手交給公司檢驗的一個字號的茶葉，就被認為品質不及「樣茶」。公司大班讓盧觀恒就以下兩項作一選擇，看他是要每擔減價4兩銀子，還是說整個字號的茶都被拒收。盧觀恒選擇被拒收。見 IOLR, G/1/2/138, 1802/03/13, pp. 162-163.

36 佐佐木正哉（編），《鴉片戰爭前中英交涉文書》，p.37。「餉磅」也稱作「包餉費」，見梁廷枏，《夷氛聞記》，收在「鴉片戰爭文獻彙編」（臺北：鼎文書局，1973），第六冊，p.13。

茶葉種類	箱數	重量(擔)	每擔的餉磅(兩)	餉磅總數(兩)
工夫茶	15,000	10,000	9	90,000
屯溪茶	4,000	2,300	8	18,400
冬茶	15,000	10,000	7	70,000
累計		22,300	--	178,400

由於有關此一交易而衍生的關稅與各項使費都應由名義上辦理交易的行商來支付，因此以下的數目必須從餉磅的總數中扣除，情況如下：

出口關稅[36]	28,800兩
分攤對政府的捐輸 分攤償付已破產行商的外國債務	10,000兩 10,000兩
總　　數	48,800兩

各項費用扣除之後，兩家行商在這一次22,300擔的茶葉交易中可望獲得的餉磅總額還剩下129,520兩。此一餘額可以看作是該行商的「淨利潤」。平均下來，每擔茶葉的「淨利潤」要比5兩多一些。[38]在1819-20這個貿易季節，東印度公司從廣州出口的茶葉總量為213,882擔，[39]意味著可能帶給全體11家行商的總利潤高達100萬兩以上！如果把個別行商與英國公司交易的不同比重考慮進來，[40]擁有比較大分量交易的個別行商可獲利約140,000兩；而交易規模較小的行商也可獲利約70,000兩。當然哪，只有把事業經營得好的行商才能真正完全享受到這筆利潤。

37　檔案原文作「進口關稅」(Import Duties)，不合文意，可能是抄寫錯誤所致。

38　IOLR, R/10/28, 1819/12/01, pp. 27-28.

39　Hosea Ballou Morse, *The Chronicles of the East India Company trading to China, 1645-1834,* vol. III, p. 347.

40　同上註，p. 350。

茶葉交易其實是行商僅有的獲利來源，[41] 他們整家行號的開銷以及其他交易所可能招致的損失（例如買賣英國毛料，這是與英國公司交易茶葉的附帶買賣，行商不得拒絕，卻幾乎篤定賠錢），都必須由茶葉的利潤來支付。於是他最終所能支配的利潤也就大幅度削減了。不過，光就茶葉單項商品的交易來說，行商一直都是贏家，尤其是在合約茶的場合，他們總能把被公司大班殺價的損失轉嫁給茶商，從而確保免於任何實質的損失。

行商固然享有自茶葉獲利的好處，茶商可就沒有這麼安穩，而且後者的獲利空間也相對小得多了。因為我們的資料很不足，因此茶商的獲利狀況很難具體描述。[42] 然而，就算是存在著獲利的空間，茶商也因為公司大班經常在裝茶葉上船時減價從而蒙受損失，此等作法幾乎消磨掉他們大部份的利潤。更嚴重的是還有以下兩種狀況進一步侵蝕了他們的利潤，甚至於消耗掉他們的資本。往往，他們當中的某些人就陷入破產的境地。

首先，他們深受廣州出口茶葉市場波動起伏的影響。就「賣庄」而言，這種情況尤其嚴重。以下我們就舉一些例子說明市場波動給茶商帶來的不幸。

在1781-82與1782-83兩個連續的貿易季節當中，只有極稀少的幾艘船隻來到廣州，因此公司的採購也就相對有限。【參考圖一】茶商們根本賣不出去手邊多餘的茶葉。結果，「許多最值得尊敬的鄉下商人，亦即買賣工夫、熙春和松蘿的茶商」全都垮了。[43]

---

41 佐佐木正哉 (編)，《鴉片戰爭前中英交涉文書》，p. 37。

42 依據茶師波耳(Samuel Ball)所言，茶行的佣金是每擔白銀0.60兩。或許我們可以假定留給茶商的獲利空間要比這個數字大一些，好比說，每擔一、二兩銀子。參考Samuel Ball, *An Account of the Cultivation and Manufacture of Tea in China*, p. 381

43 IOLR, G/12/77, 1783/01/17, p. 9; G/12/77, 1783/02/24, p. 21; G/12/77, 1783/12/06, p. 175.

　　與此相似，1791-92貿易季節對熙春茶的茶商來說也是一個不景氣的年分。這一部份是因為市場的蕭條，另一部份則肇因於茶葉品質的低落——這是攙假所造成的後果。茶商被指責說：他們「想賺錢想過頭了」。由於綠茶商人的茶葉賣得很糟糕，他們「在1791那一季被迫面對大量茶葉被削減價格而束手無策，……而在最近的一季（1792-93），總共搬回去好幾千箱賣不出去的（綠茶）。」綠茶商的損失必然大得嚇人。公司大班們一毫不爽地記錄下一家接著一家綠茶商的絕境。[44]同樣的狀況，在1795-96、1798-99、1807-08和1817-18各貿易季都再度出現，並且正好與其前一個貿易季的茶葉需求大幅削減互相呼應。[45]茶商自然受害匪淺。四個貿易季節當中，後面兩個年分比起前面兩個更為嚴重。

　　在1807-08季末的時候，茶商手上持有非常大量的、賣不出去的茶葉。由於數量實在很龐大，因此大班們不得不憂慮這些茶葉「將會被用來攙和到下一季的茶裏」，而「他們（茶商）將會蒙受沉重的損失。」[46]很不幸的是：緊接而來的那一季也看不到任何好轉的跡象。結果，在英國公司的船隻全都揚帆出港之後，市面上還沒有賣出去的茶葉就高達120,000箱！（重80,000擔；以茶商的供應價來計算，約值1,600,000兩）。大班們被迫不得不想辦法增加冬茶的採購，以紓解行商及茶商的困境，結果一口氣總共買了40,000箱，後來更追加至50,000箱。[47]即便如此，還是有許許多多箱的茶葉只能留待下一季以更低的價格再賣給公司。[48]我們不難想像茶商的財務困境有多麼糟糕。[49]

　　行商倪秉發與鄭崇謙在再下來的一季（1810-11）裏破產了。而茶商

44　IOLR, G/12/106, 1793/12/27, p. 9.

45　IOLR, G/12/113, 1796/06/24, p. 5.

46　IOLR, G/12/162, 1808/02/25, p. 115.

47　IOLR, G/12/167, 1809/03/03, p. 32; G/12/167, 1809/03/17, p. 54.

48　IOLR, G/12/170, 1810/02/24, p. 70.

49　IOLR, G/12/179, 1812/01/11, p. 50.

在這兩個行商名下交付給公司的茶葉湊巧也被評定出很低的價格。茶商先是拒絕接受這樣的低價，但又無法堅持太久，終究還是被迫接受了公司的開價，因為市場上根本沒有其他的買家！就連大班們也不得不承認這些茶商們「無疑成為淒慘的受害者」，而在接下來兩個貿易季節中，果然有好幾家茶商倒閉了。[50] 在1811-12這一季，茶葉的供應自然減少，而茶價也就漲回一些。[51] 可是在1813-1814這一季，茶葉的需求又變小了，於是當季多茶的茶價又跌得很低。茶商抱怨連連，不想與行商講定價錢。他們

　　堅稱因為在茶鄉付出的價格很高，所以損失很大；而情況更慘、損失更大的是有很多字號的茶葉在秤重（裝箱）時被（公司大班）拒收，理由是品質不及「樣茶」。此外，他們手上還有好幾個字號的茶葉根本賣不出去。

　　茶商威脅說，他們不打算與七家小行商（這幾家行商的財務狀況堪虞）訂立任何新約，除非這幾家小行商能替他們的多茶爭取到比較好的價格。[52]

　　市場上對茶葉的需要很快地又再度回升，而在1815-16這一季達到其頂點。【參考圖一】在該季，大班們就沒辦法用自己的開價買到多茶了。[53] 於是在下一季，英國公司縮小其採購，但減價效果不大。大體說來，從1810-11到1816-17這幾個貿易季，公司的需求量其實都很高，每年都超過200,000擔。[54] 可是在1817-18這一季，需求量卻大幅度降低。就

50　IOLR, R/10/26, 1812/01/24, p. 83; G/12/175, 1811/02/26, pp. 210-211; G/12/175, 1811/03/16, pp. 241-242; G/12/176, 1811/03/27, pp. 51-52; G/12/176, 1811/04/21, p. 87.

51　IOLR, R/10/26, 1812/10/26, 1812/01/24, pp. 82-84.

52　IOLR, G/12/190, 1814/06/01, p. 38.

53　IOLR, R/10/26, 1816/03/04, p. 17.

54　IOLR, R/10/68, 1818/06/17, n.p., Mr. Urmston的備忘錄。

拿工夫茶當作一個指標吧。對照大班們在前一季立約訂了16,860,000磅（126,450擔），但在1817-18這季卻只訂了130,000箱（約74,500擔）。[55]與1816-17那一季相差了大約40%。行商們實在不相信公司只需要那麼少量的茶葉，而茶商們更難以置信。行商與茶商兩者之間所訂的合同大大超過了公司要他們供應的數量，而行商爲此也依例付給茶商訂金。在1817-18貿易季中，過多的茶葉被運下來廣州。其中備有「樣茶」送到公司商館供大班們檢驗的茶葉總量就高達240,000箱（約180,000擔）。大班們嘀咕：「即使是那些小行商，他們的合約只有81個字號，送來給我們（檢驗的樣茶）就多達120個字號。」[56]

　　因爲大班們拒絕收購超過他們與行商的合同所訂購的茶葉，大量的茶葉就留在行商的手上，等待看看能不能以冬茶的方式出售。行商名下多餘的茶葉、加上茶商多帶下來的茶葉到處充斥，使得冬茶的市場也有供應過度的問題。價格不用說是低得不得了。大班們只肯付給茶商非常低下的價格，也就是說不含「餉磅」，工夫茶每擔只出價實價9兩。假定行商的「餉磅」空間每擔還是能夠有7兩之多，則行商能從公司得到的茶價每擔也才16兩；比起合約價的26兩來說，足足少了10兩。[57]

　　茶商死命不肯接受公司的開價，而大班們也堅決不肯提高價格。行商們根本無法拉攏雙方的差距。最後，他們自己先妥協，由自己吃點虧，答應給茶商每擔11.3兩。[58]然而，就算如此，茶商還是損失慘重。更慘的是，由於冬茶的需求是那麼地低，因此在冬茶交易過後，市場上沒有成交的茶葉還是堆積如山。茶商的處境淒慘，正如以下這段話的描

55　IOLR, R/10/26, 1817/03/17, p. 270.

56　IOLR, R/10/68, 1818/06/17, n.p., Mr. Molony的備忘錄。

57　IOLR, R/10/68, 1818/06/17, n.p., Sir Theophilus Metcafe致英國東印度公司特別委員會(the Select Committee)函件。

58　IOLR, Y/10/68, 1818/06/17, n.p.

述：

> 品格高尚、財力雄厚的人顧及自己的名聲，硬吞下上一年蒙受到的損失；而財力薄弱的人就被逼入絕境、頓失常軌。有些人賣掉了妻女，無意於人生。[59]

由於某些茶商的茶葉在驗茶時無法過關，於是在協助財務困難的小行商周轉的設計下，英國公司原本爲小行商預付出去的訂金，也就無法收回了。

大班們認爲茶葉供給來得太多，肇因於合約有支付訂金的規定，他們推想可能因此使茶商們誤以爲公司最後總是會收下他們交來的茶葉。於是在1818年3月14日的會議中，大班們決定中止預付訂金的辦法。他們同時責成小行商們遵從此一決議。不過，這個決定後來又改變了，而支付訂金的辦法還是繼續下去了。[60]

除了市場的起落無常之外，茶商們也經常被捲入行商的財務困境。雖然一般而言，所有的行商在茶葉交易上都享有厚利，可是因爲他們自己的經營不當與官府的需索無度，也常周轉不靈。在1760與1843年間，總共有43家行商關門。每一回，當有行商倒閉時，政府當局通常照例會叫繼續營業的其他行商扛下破產者積欠外國人的債務、分年攤還；可是破產行商積欠本國人的債務就沒人理了。很不幸地是：茶商由於與行商關係密切，常常也就是被破產行商欠債的本國商人當中的大戶。

我們權且舉兩、三個例子來說吧。在1780-81這一季，泰和行顏時瑛（瑛舍）與裕源行張天球（球舍）倒閉了。前者積欠茶商西班牙銀元

59　IOLR, R/10/68, 1818/06/17, n.p.

60　IOLR, R/10/68, 1818/06/17, passim.; R/10/68, 1818/06/26, n.p.; R/10/28, 1820/01/06, pp. 82-84.

1,300,000元，後者欠600,000元。[61] 在另一個個案中，當萬和行的蔡世文（文官）死後，他的繼承人也在1797年破產，積欠茶商超過300,000兩銀子。[62] 再說一個。1810年年初，當鄭崇謙瀕臨破產邊緣時，他虧欠本國人的債務就高達400,000兩。[63] 西成行的黎光遠在1822年倒閉。倒閉時，他光是積欠綠茶商的未償債務，就已高達130,000兩銀子。[64]

在英國東印度公司的出口盛期，茶商供應該公司的方式以辦理「包庄」貨及「賣庄」為主。「包庄」貨有時在交貨時被減價，有時更可能被大班們拒收。而他們的「賣庄」與冬茶則受到冬茶市場的市況所左右。此外，他們又無法避免被捲入行商的財務困境。他們實在是出口茶葉貿易的終極受難者。因此，茶商們如果不想些辦法來改善自己的處境，那豈不太奇怪了嗎？然而茶商畢竟得透過行商才能將茶葉賣給外國商人，因而被周轉不靈或者破產的行商所拖累，乃是無可奈何之事，無從著力。此外，他們所能獲得的救濟之道，不外還是要在茶葉交易制度上去設想。因此之故，茶商自然想要去設法改變既有的制度。這在1817-18年的危機之後就果然發生了。

1819年2月，在該季的茶事終了之後，綠茶商們在其「公所」集會，決意要採取集體行動。這些綠茶商都來自安徽，據說有400人出席了那場聚會。他們責怪合約制度造成他們的不幸，決心針對松蘿、熙春、皮茶、珠茶、雨前等各類茶，日後不再訂約承辦。[65] 進一步，他們也決定不理製作「樣茶」交付行商，轉交給英國東印度公司檢驗的作法。因為如他們所言，檢驗「樣茶」及秤重裝箱時的查驗帶給公司大班操縱

61　IOLR, G/12/270, 1780/11/16, p. 234.

62　IOLR, G/12/118, 1797/09/11, p. 127.

63　IOLR, G/12/168, 1810/01/11, p. 191.

64　IOLR, G/12/227, 1822/11/16, p. 459.

65　IOLR, G/12/214, 1819/02/25, p. 115.

價格的機會。對他們來說，在檢驗「樣茶」時講定的價格在秤重時還要被更動，實在是一件難以忍受、極其不便的事情。後面的那個時機發生時，貿易季節已趨近尾聲，對茶商來說很難再找到其他的出售機會，以致於不管大班們提出多麼不合理的價格，他們往往都不得不屈從接受。

眾綠茶商們廢止合約制度的論點持之成理，言之有據。首先，在前頭一季度末簽訂合同時，完全無法預測下一季茶葉產出的概況。萬一發生任何天然災害，諸如乾旱、霪雨之類，產茶區的茶價無疑會飆漲而茶葉的品質下落。可是即便如此，茶商還是得依約照的價格、約定的品質辦備茶葉。結果損失慘重就不在話下了。

而針對兩階段評定其茶價這件事來說，雖然在少數的個案中，也有茶商的茶葉被認定整體品質優於「樣茶」、從而被給予比起在檢驗「樣茶」時講定的價錢為高的情形，這種情況畢竟不多。更常見到的是一整個字號都被認為不及「樣茶」，從而被削減價格或者根本被公司拒收。當茶葉被拒收時，茶商只能想辦法賣到別處或賣給別人（而這種機會不多），要不然就只好以更低的價格在公司採買冬茶時再提出給大班們考慮。

茶商們於是決定要採取一種新的交易形式：當茶葉運下來到廣州時，它們還是照舊堆放到茶行的棧房裏。而當有買賣時，茶行與行商應自全部的茶箱當中抽取若干箱作為樣本來講定價錢。一旦買賣完成，立刻就在相關的各種人物的見證下秤重，重新裝箱；而當茶葉要運交給買主時，都必須讓茶行與茶商在場。在茶葉售出完結之後，如果再有任何短缺，就只有茶行應負責任，茶商就不用管了。[66] 在這樣的安排下，茶葉的價格就只在第一次（也就是唯一的一次）檢驗時講定，而買賣也就在當下確認，不得翻悔。採用這種作法後，茶商將不再受到茶價更動的困

66　IOLR, G/12/214, 1819/02/25, pp. 116-119.

擾。他們也無庸爲任何重量上的問題負責。

然而，話說回來，此一全新的提議也不見得沒有缺失。首先，在沒有合約的情況下，他們的茶葉能不能賣出去就完全沒有保證了。其次，要所有的茶商自行協調出運下廣州的茶葉總量幾乎是辦不到的，因爲他們沒有單一的組織、習慣於自行其是。茶商沒有合約規範，任意自行搬運茶葉到廣州的結果，可能使廣州市場的茶葉供給遠超過需求，從而造成市價重挫。第三，沒有合約就沒有訂金，大都數茶商必然受害。因爲他們的營運資金一向並不寬裕，短少了訂金，周轉起來不免困難重重。

行商們當然關切綠茶商的舉動。英國大班們雖然聲稱不在乎要不要合約的問題，但也讓大家知道「他們的職責與意願都會與行商齊步，給予協助。」[67]然而，即便大班的立場傾向於支持行商，行商還是沒有法讓茶商妥協。茶商們隨即離開廣州，返回家鄉或茶鄉。

茶商走掉之後，茶行成爲他們的代言人。行商於是和茶行磋商，達成以下的協議：訂立合約的作法大體上還是要保留下來，可是茶葉到廣之後的交易辦法可以改變。在「包庄」茶搬進棧房之後，先行分成兩大區塊，然後從兩大區塊之中，隨機各抽出一箱作爲「樣茶」，交給公司檢驗。如果公司接受了「樣茶」，那麼，行商還可以再查驗看看同一字號的其他的茶箱裏的茶葉是否與「樣茶」的品質相符。一旦這樣的查驗告終，而所有其他的茶葉也與「樣茶」不相上下，那麼，行商就被假定已經接受了這批茶葉，而要爲此後公司的減價或拒收負完全的責任。如此一來，綠茶商也就成功地規避了公司二度查驗所滋生的損失。[68]

正當綠茶商與行商之間爭論不休的時候，黑茶商也沒有乖乖地保持安靜。他們一樣聚集在一起，以爭取較好的條件。談判從2月或3月間就

67　IOLR, G/12/216, 1819/03/30, p. 30.

68　IOLR, G/12/216, 1819/04/25, pp. 35-39.

已開始，可是一直到同年的12月都還沒法達成任何協議。[69] 黑茶商的困擾，一如在他們事後寫給大班們的信函中所說的，同樣也是公司在秤重下船前的減價作為。他們說道減價或拒收之害使得：

資本大者被降為小；資本小者全歸於無。更令人摧心搗肺的是：有些茶人完全喪失其所有，被迫拋家棄子，而本人則變成流浪的亡命之徒，無力返家。種種痛苦不堪的情狀多到不可細數，而且他們所遭受的困乏與傷害也罄竹難書。[70]

為了救治這些弊害，他們想到和綠茶商類似的辦法。不過他們不去碰合約與訂金的問題，只要求不管是在檢驗「樣茶」、還是在秤重出貨時，都就查驗茶葉、評定茶價兩事作一些調整。他們認為，在第一回檢驗「樣茶」時，他們的茶葉一般都被評價得比他們想像的低。而在茶葉被宣告不及「樣茶」時，他們又被削減價格。黑茶商們指控：即使連他們的茶葉大致都與「樣茶」不分上下，「已經沒有缺點可挑時，（大班們）還使用進一步的強制手段以便殺低價格。其接下來的意圖顯然是想把那些茶葉丟到一旁，好讓它們變成冬茶。於是各種吹毛求疵的手法都用上來了。」[71]

黑茶商於是作出如下的提議：他們依舊同意照先前的作法製作一份「樣茶」，其後再自每個字號（各種黑茶每一個字號皆為六百箱）中隨機取出三十箱來與「樣茶」作比較。如果這三十箱都和「樣茶」的品質相符，那麼，整個字號的茶葉就應被秤重收受，而買賣便宣告完結。如果不然，交易就停止，而整個字號的茶葉也就留在茶行的棧房。照此辦法，減價或拒收的事就不可能被強加到黑茶商身上，而後者的損失也就

69　IOLR, G/12/217, 1819/12/21, pp. 134-135.

70　IOLR, G/12/217, 1819/12/04, pp. 96-97.

71　IOLR, G/12/217, 1819/12/21, p. 136.

不會擴大。[72]

　　東印度公司的大班們不願意接受此一提議。行商們於是設法尋找其他可能的解決方案。在磋商期間,「首名商人」同孚行行商潘致祥建議:一旦茶商拒絕承認某個字號的茶葉品質不及其「樣茶」時,應由「公所」(行商的公會)來擔任茶商與公司之茶師兩者之間的仲裁者;此外,其他的作法一如其舊。然而大班們同樣也聽不進去這樣的建議,辯稱他們必須信賴自己的茶師的判斷。接下來,他們就按照自己的辦法展開行動,藉以打破茶商的聯合行動。方法是挑選幾位個別的茶商,出比較高的價錢給他們,誘導這些人賣茶給公司。不過,大班們的努力還是白費心機。[73]

　　行商們繼續尋求妥協。在 1820 年 1 月 5 日這天,出乎大班們的預料,眾小行商突然通知說:他們已經與黑茶商達成協議!他們已經部份滿足了黑茶商的要求。行商方面讓步的部份是:當減價一事發生時,行商同意自行承擔所減價錢的一半。[74]而沒過多久,廣州府南海縣知縣也下令黑茶商解散,不許再行聯合。[75]

　　在 1819-20 年這回的抗爭中,綠茶商與黑茶商都從行商那邊獲得一些讓步。從那個時間點開始,茶商就不再獨自承擔他們的商品被東印度公司減價或被完全拒收所衍生的損失。然而他們也不能完全遂其所願。在未來的年頭裏,他們持續奮鬥以爭取其交易的獲利空間。關鍵性的問題依舊存在於英國大班們對茶葉的評價問題。[76]然而,只要英國東印度公司繼續營業、同時又是最有力的茶葉買家,那麼行商與茶商就都沒有

72　IOLR, G/12/217, 1819/12/21, p. 135.

73　IOLR, G/12/217, 1819/12/25, p. 150.

74　IOLR, G/12/217, 1820/01/06, pp. 167-169.

75　IOLR, G/12/217, 1820/01/24, pp. 186-187.

76　IOLR, G/12/236, 1826, p. 410.

辦法再越雷池一步。事實上，由於公司通常都會支持行商的利益，因此
茶商的利益也就比較可能被犧牲。不過，很快地，這個問題就消失了。
1833年英國政府取消東印度公司的對華貿易特權，開放所有的英國公民
到中國作生意。這件事給廣州茶葉出口商的結構帶來了劇烈的改變。茶
商利用此一時機，脫離行商的影響力，從而交易茶葉以供出口的作法也
就大異於前。[77]在1833-34這個貿易季節以後，延續多年的傳統作法也就
成了昨日黃花。

結束語

在1760與1833年間，以外國市場為目標而在廣州從事的茶葉交易涉
及四個群體，亦即茶商、茶行、行商以及英國東印度公司的大班（或其
他出口商）。茶葉由茶商從產地裝運下來，送到廣州。隨後茶行就居間
擔任茶商與行商之間的媒介以進行交易。這些茶行因為其所提供的服務
而獲得一筆佣金，但不用分擔任何交易的賺賠。因此，單就獲利問題來
說，在中國商人這方面，只有茶商與行商會受到交易結果的影響。

絕大多數的茶葉是透過合約完成交易的。而在此作法之下，行商的
利潤受到保障，可是相反地，茶商卻承受一切賠錢的風險。他們先是必
需忍受公司大班減價或拒收的損失，進而經常被牽連到行商的財務困境
當中。在此之外，茶商更免不了要承受廣州市場供需條件起伏變化的後
果。結局下來，茶商所招致的損失可能極為沉重。即使想要改善他們在
茶葉交易中的處境，茶商還是無法不理會行商，因為法令要求他們只能
透過行商把茶葉賣給最終的出口商。再者，茶商也沒有辦法透過操縱市

---

77 W. E. Cheong, *Mandarins and Merchants: Jardine Matheson & Co., A China Agency of the Early Nineteenth Century,* Scandinavian Institute of Asian Studies Monograph Series, no. 26 (London: Curzon Press, 1979), pp. 195-200.

場上的供需以抬高價格，因為他們的同行人數相當多，而他們每一家的資本額又不大，要以集體或個別的力量來操縱市場幾乎是天方夜談。於是，他們僅有可能的救濟方法，不外是群起抗爭以稍稍改變交易模式。在1833年英國東印度公司的特許權廢止之前，綠茶商與黑茶商多多少也獲得了一點成功。

──原刊於*The Second Conference on Modern Chinese Economic History* (Taipei: the Institute of Economics, Academia Sinica, 1989), pp. 745-770. 原刊出時以英文發表，本次重刊之中文稿由陳國棟譯出。

附錄

　　佐佐木正哉，《鴉片戰爭前中英交涉文書》（東京：嚴南堂，1967），頁34-39收錄的第五十一號文件為道光十四年十月間，萬源洋行商人李應桂的稟文。當時英國東印度公司已經停止對華貿易。李應桂在稟文書講述他自己對東印度公司時代茶葉交易制度的理解，頗有參考價值。茲抄錄相關文字如後：

　　至茶葉為外夷所必需，洋行經理夷人出入口貨物，惟茶葉向可坐享其利。

　　從前英咭唎公司向各行分大小股，定買黑、綠茶。議明所定正額給價若干，分別頭、二、三盤，洋商轉向茶客包定，名曰「包庄」。照番價每百斤，除餉磅八、九兩及十兩不等。

　　正額之外，名為「押冬」，每百斤亦可除餉磅五、六兩。

　　無力洋行，不能先附茶客定單者，正額亦得餉磅六兩七錢，載明包單；押冬餉磅四、五兩。

　　即茶客未向洋行包定者，名曰「賣庄」；洋行交番，除扣餉磅，照「包庄」無異。

　　其餘花旗、港腳及各國夷人，凡買茶葉，亦得餉磅五、六兩不等。夷人茶客，均所明知，歷來毫無異議。

　　計公司正額、押冬及各國夷人餉磅，通扯每百斤六兩。除先完餉外，總可盈餘四、五兩不等，此即坐享之茶利也。

　　其餘一切貨物，價無一定，漲跌匪常。間之各貨滯消，損多益少，但能得餉銀、行用而不虧折者，即是好運氣、大便宜。如遇一貨而稍獲微利，實近來罕見罕聞之事也。

　　若謂何至如此？即總商稟稱：入口貨某行出價高者，將貨賣與該

行；出口貨某行要價低者，即與該行定買。此即爭奪虧折之明証也。然又何以爭奪，甘心虧折？

　　貧乏之商，因人賠累，急於轉輸，出於無可如何。希冀受其進口之貨，雖然虧哲，望其多消茶葉，稍微彌縫。其如夷人梟薄性成，並不向虧折之行定買茶葉。看平日趨奉如何，能得夷人之歡心，則消茶必多；不慣逢迎，消茶必少。且行友賢愚不一，利己不顧損人，見某行已受夷人進口虧折之貨，恐夷人多買某行茶葉，必向夷人謂某行茶葉不好，不可受某行愚弄。夷人一聞此言，雖向受進口貨虧折之號買茶，必存心大殺其價，使此行進口、出口皆虧，自然交易不成。便可向趨奉之行多多買茶，此從前謝五餽送夷人轎子之所為也。雖已奉拏究辦，歲遠日長，恐暗中未必竟再無其人，似不可不防其漸。

　　因思洋行設有會館，延請司事，原以稽查稅餉、行用、攤捐等事。若將茶葉一欵歸總，設立總櫃，無論何國何夷，向何行買茶；經手之行向茶客議價，無論貴賤，每百斤酌中扣除餉磅五兩五錢，無減無增，以五錢歸經理之行支出完納，其餘餉磅盈餘，及[78]五日內交貯會館總櫃。此外一切進出口貨物應完正餉若干，由該行自納外，其向有行用者，照沽價抽用；其無行用者，應抽公費，率由舊章，統定五日內交入會館總櫃。凡有起貨、下貨，由經理之行報驗發艇，均由會館核明，盖用公戳，方准報驗起貨、下貨。如應交行用、公費有一單悮期拖延者，會館公所不得將該行報單盖用公戳報驗。每月派總商一人、散商三人，協同公請會館誠篤司事，佩帶櫃匙，總理出入。如各行有應完公欵，知會值月行友、會館司事，眼同開櫃，支出若干、尚存若干，由支銀之行親筆登部[79]，交會館總理、司事，協同稽核收查。年終結算，除支消一切公費外，如有盈餘，按

股均分：總商得兩股、散商得一股，作各行需用之費。如此變通事宜，立定章程，則此後餉項可免虧折，且可歲有盈餘，彌補前虧，而又與夷人毫無窒碍，利幾利人，事歸畫一。

若謂設立章程，恐夷人曉曉藉口，窒碍難行。伏思各貨餉磅、行用、公費，以及茶葉餉磅盈餘，皆率由舊章，並非起於今日。且茶葉餉磅贏餘，定議五兩五錢，較前有減無增，存貯總櫃，便於辦公支用。非如從前開設公行壟斷，將各貨畫歸公買公賣；亦非如百前憲[80]請將夷貨官為鐵撤，奉部駁者不同。

今只請將按照舊章之茶葉餉磅溢息歸公，其餘各貨，除照舊扣除餉磅、公費外，為其按照市值，平買平賣，並令夷人看貨還錢，兩相情願，豪無抑勒。夷人有何窒礙壟斷？如有曉曉藉口者，此即不願定立章程，將茶息歸公之輩暗中主咬，希圖吳善其身，竊恐將來富有者日富，貧者日貧，又須代人賠累，轉致挪移虧欠。此窮行無一生機之實在苦情也。倘蒙俯如所請，則商[81]與梁承禧虧欠雖多于別商，無須十年即可彌補清楚，轉乏為股。具（？且）茶息歸公，心無所私，自無趨奉夷人之獎，漢奸自絕。從此華夷相安於無事，豈非裕課恤商也。

80　百齡。
81　李應桂。

論清代中葉
廣東行商經營不善的原因

前言

　　過去數十年關於鴉片戰爭以前中國近代經濟史的研究，基本上都環繞著一個問題，那就是如果沒有外國勢力介入，中國是否能夠自行發展出現代資本主義的問題。從大陸上通行的術語來說，那就是鴉片戰爭以前，中國有否資本主義萌芽的問題。講到資本主義的萌芽，首要的事，當然要提及商業資本與商人。因為當時其他形式的資本並不發達。從大陸知名學者傅衣凌的鉅著《明清時代商人及商業資本》以及其他中外學者的研究中，我們可以清楚地了解，清代的主要商人，依籍貫來分，以徽州（新安）商人、山西商人與福建商人最為傑出；以其經營事業的地點與內容來分，以兩淮鹽商、廣東行商、以及江浙銅商最為重要。從交易的總量來說，後面這三類商人也擁有最大的規模。在清代中葉（約1760-1843年）兩淮鹽業與江浙洋銅業差不多都由徽州商人與山西商人所操縱，而福建商人則在相當長的一段時間中為廣東行商的主要來源。

　　關於兩淮鹽商，從何炳棣1954年在《哈佛亞洲學報》的一篇文章開始，已經有了許多出色的研究。[1] 而關於江浙洋銅商，在過去數十年中，也有佐伯富、松浦章、大庭脩等日本學者精彩的探討。[2] 至於有關廣東行

1　Ping-ti Ho (何炳棣), "The Salt Merchants of Yang-chou: A Study of Commercial Capitalism in Eighteenth-Century China," *Harvard Journal of Asiatic Studies*, vol. XVII (1954), pp. 130-168；蕭國亮，〈清代兩淮鹽商的奢侈性消費及其影響〉，《歷史研究》，1982:4 (1982年8月)，pp. 135-144。

2　其中尤以松浦章的研究最為傑出，例如〈乍浦の日本商問屋について——日清貿易における牙行〉，《日本歷史》，第305期 (1973年10月)，pp. 100-115；〈唐船乘組員の個人貿易について——日清貿易における別段賣荷物〉，《社會經濟史學》，41:3 (1975年10月)，pp. 25-46；〈長崎貿易における在唐荷主について——乾隆～咸豐期の日清貿易の官商・民商〉，《社會經濟史學》，45:1 (1979年6月)，pp. 77-95；〈中國商人と長崎貿易——嘉慶・道光期を中心に〉，《史泉》，第54期 (1980年3月)，pp. 39-64。最近的研究有劉序楓，〈清代前期の福建商人と長崎貿易〉，《九州大學東洋史論集》，第16期 (1988年1月)，pp. 133-160。

商的研究，雖然有汗牛充棟的著作，可是除了梁嘉彬的《廣東十三行考》外，並無更嚴謹深入的成就。大部分的作品都以 H. B. Morse 的*The Chronicles of the East India Company Trading to China*, 1635-1843為史源。Morse的書一方面只是英國東印度公司檔案的摘要，另一方面他所參考的材料並不完整。因此，有關行商的研究不但流於印象式，而且也缺乏完整性。[3]為了彌補這個缺憾，筆者於1986-1989年間分別在北美與英國從事有關行商史料的研究，並撰成 *The Insolvency of the Chinese Hong Merchants, 1769-1843* 一書，本文即爲該書主要論點之詳細摘要，請當行學者多多指教。

本文所使用的原始材料，主要有三個來源：（一）英國東印度公司檔案；（二）中國清代檔案；（三）美國的商業文書及帳冊。英國東印度公司檔案有三個系列，其中兩個系列典藏於英國倫敦的印度辦公室圖書檔案館（India Office Library and Records），即（1）「中日商館檔案」（G/12: Factory Records: China and Japan），包括了有關廣州貿易的日記（Diaries）和議事錄（Consultations）等等。這批檔案是每一年貿易季節終了，由東印度公司廣州商館職員謄錄寄回倫敦總公司的記錄。（2）「中國檔案」（R/10: China Records），這個系列除了也包含了日記與議事錄外，同時也收錄了廣州商館與總公司之間往來的書信。這個系列是廣州商館逐日登錄的稿本，材料的價值當然比前一個高，因爲前一個系列根本就是從這個系列謄錄出來的。由於兩個系列都分別遺失了某些年

3　H. B. Morse, *The Chronicles of the East India Company trading to China, 1635-1834*, 5 vols. (Oxford: Oxford University Press, 1926-1929); Earl H. Pritchard, *The Crucial Years of Early Anglo-Chinese Relations, 1750-1800* (臺北：虹橋書店影印本，1970)；以及*Anglo-Chinese Relations during the Seventeenth and Eighteenth Centuries* (臺北：虹橋書店影印本，1972)；Louis Dermigny, *La Chine et L'Occident: le Commerce à Canton au XVIIIe Siècle, 1719-1833*, 4 vols. (Paris: S.E.V.P.E.N., 1964)。此外，有兩本博士論文亦處理行商的一般問題，即Ann Bolbach White, "The Hong Merchants of Canton," University of Pennsylvania, 1967; Dilip Kumar Basu, "Asian Merchants and Western Trade: A Comparative Study of Calcutta and Canton, 1800-1840," University of California, Berkeley, 1975。

份，因此合併使用兩個系列，對於史實的重建，自然可收截長補短之
效。除了以上兩個系列之外，美國康乃爾大學的「華生文庫」（Wason
Collection, Cornell University）亦藏有一份特殊的東印度公司檔案，即
（3）「馬戛爾尼文書」（Macartney Documents）。這個系列由二十一冊稿
本組成，是東印度公司理事會（Court of Directors）為1792-93年馬戛爾
尼出使中國而自公司檔案中整理出來供馬戛爾尼參考的材料。對於前述
兩個系列，此一文書亦有補充訊息的功能。

本文所使用的第二組原始材料為臺北故宮博物院所藏的宮中檔奏摺
原件、軍機檔與外紀檔奏摺錄副、以及其他相關檔案。這些材料配合民
國二十年代北平故宮博物院出版的清代文獻，如《史料旬刊》、《文獻
叢編》、《清代外交史料》等等，可以補充一些英文資料所缺的訊息。

最後一項原始材料則為美國一些地方歷史學會及博物館所庋藏的商
業書信與帳冊。美國自1784年獨立成功後開始與中國直接貿易。該國的
商人遺留下來許多寶貴的商業文書。這些文書不但保留了中美商人往來
的史實，而且對於某些個別行商也不乏深入有趣的刻劃，對於了解行商
的種種問題有很多助益。由於這類材料分別收藏在不同的地方，作者限
於財力與時間未能逐一查閱，僅使用了麻州歷史學會（Massachusetts
Historical Society）所藏之各項檔案，並利用了該學會及沙崙（Salem,
Massachusetts）的伊塞克斯文物館（Essex Institute）所出版的各種中國
貿易（China Trade）書信。不過由於沙崙與波士頓在鴉片戰爭以前在中
美貿易上的地位十分重要，本文所得利用的材料其實已具有很高的代表
性了。其他一時未能參考的材料對本文的立論影響應是相當有限的。

一、行商經營困難的事實

根據以上各項資料，我們得知從1760年廣東行商成立「公行」開始

到1843年行商制度廢止爲止，前後共八十四年，共有四十七家洋行先後
營業【參考表一】，這四十七家當中的三十七家在1771與1839年間陸續
停業。平均不到兩年即有一家停止營業。停業的洋行中，有兩家是因爲
行商退休，有四家洋行停業的原因不明，有八家因能力不足或涉及官方
認定的違法情事而被勒令歇業，另有三家因業主（行商）死亡，後繼無
人而關閉。其餘的二十家洋行所以不能繼續營業，都是因爲週轉不靈導
致破產的結果【參考表二】。破產的洋行數目因此佔停業行商的二分之
一以上，而超過全部洋行的五分之二。事實上，除了業主退休的兩家洋
行外，所有其他三十五位歇業的行商，在結束營業的時候，即使形式上
沒有破產，負債也都早已大過資產，繼續營業的可能性已微乎其微了。

　　1843年以前停業的洋行固然大多遭遇過週轉不靈的困難，僥倖維持
到1843年的十家洋行在其結束營業時，除了同孚行（潘正煒）與怡和行
（伍秉鑑）外，其他八家的情況大多也很不好。尤其是其中的天寶行
（梁承禧）與廣利行（盧繼光）在1843年時，分別各自負欠外國商人白
銀一百多萬兩，實質上已經是破產了。[4]從洋行週轉不靈的情形來看，

4　東印度公司檔案，G/12/262, p. 28, 1838/11/28；　G/12/263,　pp.　5-6,　1839/05/22；
　　G/12/248, p. 76, 1832/05/15；G/12/248, p. 84, 1832/05/21；R/10/29, pp. 254-155，無日
　　期：R/10/29, p. 386, 1829/11/20；*The Chinese Repository*, vol. XII (November, 1843), p.
　　615；H. B. Morse, *The International Relations of the Chinese Empire* (臺北：成文出版社
　　影印本，1978), vol. I, p. 165；Anonymous, *The Chinese Security Merchants in Canton
　　and Their Debts* (London: J. M. Richardson, 1838), p. 37；J. B. Eames, *The English in
　　China* (London: Curzon Press reprint, 1974), p. 309; T. F. Tsiang (蔣廷黻), "The
　　Government and the Co-hong of Canton, 1839," *The Chinese Social and Political Science
　　Review*, vol. XV, no. 4 (January, 1932)；W. E. Cheong (張榮洋), *Mandarins and
　　Merchants: Jardine Matheson & Co., A China Agency of the Early Nineteenth Century*,
　　Scandinavian Institute of Asian Studies Monograph Series, no. 26 (London: Curzon Press,
　　1979), pp. 96-97；Yen-p'ing Hao (郝延平), *The Commercial Revolution in Nineteenth
　　Century China: The Rise of Sino-Western Mercantile Capitalism* (Los Angeles and
　　Berkeley: University of California Press, 1986), p. 308；H. B. Morse, *The Chronicles*, vol.
　　IV, pp. 207, 327；梁嘉彬，《廣東十三行考》(臺中：東海大學, 1960)，p. 165。

表一　行商名稱及年代表，1760 - 1843

	西文稱謂	中文稱謂	姓名	行名	擔任行商年代
1.1	Puau Khequa I	潘啓官	潘文巖	同文	1760以前　～1788
1.2	Puan Khequa II	—	潘致祥	同文	1788　　～1807
2.1	Sweetia	—	顏——	泰和	1760以前　～1762
2.2	Yngshaw	瑛　秀	顏時瑛	泰和	1762　　～1780
3.1	Ton Suqua	陳壽官	陳——	廣順	1760以前　～1760
3.2	Ton Chetqua	—	陳——	廣順	1760　　～1771
3.3	Tinqua	陳汀官	陳——	廣順	1771　　～1776
3.4	Conqua	—	陳——	廣順	1776　　～1778
4.1	Chai Hunqua	—	蔡——	義豐	1776以前　～1770
4.2	Sy Anqua	—	蔡——	義豐	1770　　～1775
4.3	Seunqua	—	蔡昭復	義豐	1775　　～1784
5.1	Sweequa	蔡瑞官	蔡——	聚豐	1760以前　～1761
5.2	Yokqua	—	蔡——	聚豐	1761　　～1771
6.1	Chowqua I	—	陳文擴	源泉	1760以前　～1789
6.2	Chowqua II	—	陳——	源泉	1789　　～1792
7.1	Teunqua	—	蔡——	逢源	1760以前　～1760
7.2	Munqua	蔡文官	蔡世文	逢源	1760　　～1796
				萬和	
7.3	Seequa	—	蔡——	萬和	1796　　～1797
8.1	Footia	—	張——	裕源	1760以前　～1760
8.2	Kewshaw	球　秀	張天球	裕源	1760　　～1780
9.1	Ton Honqua	—	陳——	遠來	1760以前　～1760
9.2	Conqua	—	陳——	遠來	1760　　～1781
10.1	Geequa	—	葉——	廣源	1760以前　～1768
10.2	Teowqua	—	葉——	廣源	1768　　～1775
11.1	Shy Kinqua II	石鯨官	石夢鯨	而益	1778　　～1790
11.2	Shy Kinqua II		石中和	而益	1790(1778)～1795
12.1	Sinqua	—	吳——	豐泰	1782　　～1785
12.2	Eequa	—	吳昭平	豐泰	1785　　～1790
13	Geowqua	釗　官	伍國釗	源順	1782　　～1798
14	Pinqua	丙　官	楊岑巽	隆和	1782　　～1793
15	Seequa	—	—	—	1782　　～1784
16.1	Lunshaw	—	—	—	1782　　～1784
16.2	Conqua	—	—	—	1784　　～1786
17	Howqua	—	林時懋	泰來	1784　　～1788
18	Chetai	—	李——	—	1791　　～1791
19.1	Mowqua I	懋　官	盧觀恆	廣利	1792　　～1812
19.2	Mowqua II	—	盧文錦	廣利	1812　　～1835
19.3	Mowqua III	—	盧繼光	廣利	1835　　～1843
20	Yanqua	葉仁官	葉上林	義成	1792　　～1804
21.1	Puiqua	伍沛官	伍秉鈞	怡和	1792　　～1801

（續次頁）

（接前頁）

	西文稱謂	中文稱謂	姓名	行名	擔任行商年代
21.2	Howqua I	伍浩官	伍秉鑑	怡和	1801 ～ 1826(1843)
21.3	Howqua II	―	伍元華	怡和	1826 ～ 1833
21.4	Howqua III	―	伍元薇	怡和	1833 ～ 1843
22	Ponqua	榜 官	倪秉發	達成	1792 ～ 1810
23	Tackqua	―	―	―	1792 ～ 1794
24.1	Gnewqua I	侶 官	鄭尚乾	會隆	1793 ～ 1795
24.2	Gnewqua II	―	鄭崇謙	會隆	1795 ～ 1810
25.1	Chunqua I	中 官	劉德章	東生	1794 ～ 1824
25.2	Chunqua II		劉承澍	東生	1824 ～ 1827
25.3	Chunqua III	―	劉 東	東生	1827 ～ 1830
26	Conseequa	崑水官	潘長耀	麗泉	1797 ～ 1823
27.1	Loqua	黎六官	黎顏裕	西成	1802 ～ 1814
27.2	Pacqua	黎柏官	黎光遠	西成	1814 ～ 1826
28	Inqua	―	鄧兆祥	福隆	1802 ～ 1810
29	Poonequa	麥觀官	麥觀廷	同泰	1804 ～ 1827
30	Lyqua	周禮官	周信昭	―	1804 ～ 1809
31	Fonqua	方 官	沐士方	萬成	1807 ～ 1809
32.1	Kinqua I	梁經官	梁經國	天寶	1807 ～ 1837
32.2	Kinqua II	―	梁承禧	天寶	1837 ～ 1843
33.1	Fatqua I	發 官	李協發	萬源	1808 ～ 1822
33.2	Fatqual II	―	李應桂	萬源	1822 ～ 1835
34.1	Puan Khequa II	―	潘致祥	同孚	1815 ～ 1820
34.2	Puan Khequa III	―	潘正煒	同孚	1821 ～ 1843
35.1	Manhop I	―	關 祥	福隆	(1811 ～ 1828)
35.2	Manhop II	―	關成發	福隆	1811 ～ 1828
36.1	Goqua I	謝鰲官	謝嘉梧	東裕	1809 ～ 1826
36.2	Goqua II		謝有仁	東裕 東興	1826 ～ 1843
37	Hingtae	―	嚴啓昌	興泰	1830 ～ 1837
38	Minqua	潘明官	潘文濤	中和	1830 ～ 1843
39	Pwanhoyqua	潘海官	潘文海	仁和	1830 ～ 1843
40	Saoqua	―	馬佐良	順泰	1830 ～ 1843
41	Chingqua	―	林應奎	茂生	1830 ～ 1831
42	Tuckune	―	―	―	1830 ～ 1831
43	Samqua	吳爽官	吳天垣	同順	1832 ～ 1843
44	Tungqua	通 官	王達通	福泉	1832 ～ 1835
45	Footae	―	易元昌	孚泰	1835 ～ 1843
46	Lamqua	―	羅福泰	東昌	1835 ～ 1837
47	Takqua	―	容有光	安昌	1836 ～ 1839

資料來源：Kuo - tung Ch'en, *The Insolvency of the Chinese Hong Merchants, 1760 - 1843*（臺北：中央研究院經濟
　　研究所，1990）。

表二　行商停業年份及停業形式表

	行名	停業年份	停業形式
5	聚豐	1771	A
10	廣源	1775	D
3	廣順	1778	B
2	泰和	1780	B*
8	裕源	1780	B*
9	遠來	1781	D
4	義豐	1784	B*
15	Seequa's	1784	D
16	Lunshaw's	1786	C
17	泰來	1788	B
12	豐泰	1790	B*
18	Chetai's	1791	A
6	源泉	1792	B
14	隆和	1793	C
23	Tackqua's	1794	A
11	而益	1795	B*
7	萬和	1797	B
13	源順	1798	B
20	義成	1804	R
1	同文	1807	R
30	Lyqua's	1809	C
31	萬成	1809	B*
22	達成	1810	B*
24	會隆	1810	B*
28	福隆 A	1810	C
26	麗泉	1823	B*
27	西成	1826	B*
29	同泰	1827	B*
35	福隆 B	1828	B*
25	東生	1830	B*
42	Tuchune's	1831	C
41	Chingqua's	1831	C
44	福泉	1835	A
33	萬源	1835	B
46	Lamqua's	1837	C
37	興泰	1837	B*
47	安昌	1839	C

說明：停業形式欄之符號分表如下：

A：有關該行一切記載字表中列舉之各年份後不再出現。

B：由地方官宣告破產，案情未經奏報中央。

B*：由地方官宣告破產，並將案情奏報中央。

C：因能力不足或違法情勢被地方官勒令歇業。

D：因行商死亡而歇業。

R：或地方官同意而退休。

資料來源：Kuo-tung Ch'en, *The Insolvency of the Chinese Hong Merchants*，1760 - 1843（臺北：中央研究院經濟研究所，1990）。

洋行經營困難的事實是相當顯著的。

再從洋行與行商存在的時間長短來看。四十七家洋行中,有十家開始於1760年以前,又有十家維持到1843年,這二十家的存在時間不適合與另外於1760與1843年間開業、停業的二十七家一起看。我們分別計算,結果發現1760年以前即已存在的十行在1760年後,平均各繼續了25.5年(最多48年,最少12年);維持到1843年的十行平均各存在了26.7年(最多52年,最少9年)。此外的二十七行則平均只各存在12年(最多37年,最少只有1年)【參考表三】。若從這二十七家洋行各自的最後一任行商營業的時間來看,平均則只有9.5年【參考表一】。以上這些數字多少也說明了洋行與行商均難維持相當長時間的營業。

綜上所述,在整個清代中業,廣東洋行的經營普遍地相當困難,同時大部分的洋行也都不容易維持長時期的營業。這個事實與傳聞中行商的富有可以說是南轅北轍。其實,行商富有的傳聞也不完全是空穴來風。因為行商的某些事業獲利性確實很高,這給人行商富有的必然推斷。其次,行商的生活方式比一般人奢侈,他們經手的交易價值又很大,政府更從它們手上獲得鉅額的關稅與捐輸報效的收入。這些事實在在地予人行商富有的印象,下文便從這幾個方面來檢討行商營收與開支的情形,以便說明何以行商普遍經營困難。必須先說明的一點是以下的探討係以全體行商作為討論的對象,而不就個別行商的特殊情形另作分析。

二、行商的可獲利性

行商普遍經營困難並不意味著行商的事業無利可圖。相反地,他們的可獲利性很高。因為可獲利性很高,所以儘管失敗的例子層出不窮,廣東洋行中還是出了兩家發大財的商人,即怡和行(伍秉鑑)與同孚行

表三 廣東洋行營業時間表

	行名	開業年代	總年數
1	同文行	1760以前-1807	48年以上
2	泰和行	1760以前-1780	21年以上
3	廣順行	1760以前-1778	19年以上
4	義豐行	1760以前-1784	25年以上
5	聚豐行	1760以前-1771	12年以上
6	源泉行	1760以前-1792	33年以上
7	達源、萬和	1760以前-1797	38年以上
8	裕源行	1760以前-1780	21年以上
9	遠來行	1760以前-1781	22年以上
10	廣源行	1760以前-1775	16年以上
11	而益行	1778-1795	18年
12	豐泰行	1782-1790	9年
13	源順行	1782-1798	17年
14	隆行	1782-1793	12年
15	Seequa's	1782-1784	3年
16	Lunshaw's	1782-1786	5年
17	泰來行	1784-1788	5年
18	Chetai's	1791-1791	1年
19	廣利行	1792-1843	52年
20	義成行	1792-1804	13年
21	怡和行	1792-1843	52年
22	達成行	1792-1810	19年
23	Tackqua's	1792-1794	3年
24	會隆行	1793-1810	18年
25	東生行	1794-1830	37年
26	麗泉行	1797-1823	27年
27	西成行	1802-1826	25年
28	福隆行A	1802-1810	9年
29	同泰行	1804-1827	24年
30	Lyqua's	1804-1809	6年
31	萬成行	1807-1809	3年
32	天寶行	1807-1843	37年
33	萬源行	1808-1835	28年
34	同孚行	1815-1843	29年
35	福隆行B	1811-1828	18年
36	東裕、東興	1809-1843	34年
37	興泰行	1830-1837	8年
38	中和行	1830-1843	14年
39	仁和行	1830-1843	14年
40	順泰行	1830-1843	14年
41	茂生行	1830-1831	2年
42	Tuckune's	1830-1831	2年
43	同順行	1832-1843	12年
44	福泉行	1832-1835	4年
45	孚泰行	1835-1843	9年
46	東昌行	1835-1837	3年
47	安昌行	1836-1839	4年

資料來源：同表一。

（潘致祥與潘正煒）。就怡和行而言，在1792年由伍秉鈞開業時，資產甚微。[5] 1798年，其叔伯伍國釗（源順行）破產時，秉鈞還替他承擔了所有負欠外國商人的債務。[6] 秉鈞於1801年去世，怡和行由伍秉鑑繼承。到了1834年，秉鑑自己估計已擁有26,000,000元（墨西哥銀元，下同）的資產，相當於市平白銀18,720,000兩。則怡和行在這三、四十年獲利的情形至爲可觀。[7] 就同孚行而言，第一位業主潘致祥雖然在1788-1807年間擔任同文行的行商，但同文行在1807年歇業時，潘致祥已經把所有的財產與他的家族分割了，因此他只繼承了部分同文行的資產。潘致祥於1815年新開了同孚行，於1820年去世。去世時留下的財產已達10,000,000元（7,200,000兩）。潘致祥的兒子潘正煒從1821年起繼續經營同孚行，直到1843年整個行商制度廢止爲止。數年後，潘正煒的家族所擁有的財產據說更多達20,000,000元（14,400,000兩）。[8] 怡和、同孚兩行都在少數幾十年間累積大量的資財，顯然行商的事業相當地有利可圖。

　　對整體行商而言，經手中外貿易有利可圖的事實更清楚地反應在商品的獲利性上。我們先就行商與英國東印度公司交易茶業的情形作一研究，便可證明。

5　東印度公司檔案，G/12/103, p. 39, 1792/09/21: "Puiqua is Brother to Geowqua & is supposed to have some capital, but hitherto we know little of him, except occasionally purchasing a few Chops of tea." 引文中之Puiqua當作 "Puiqua's father"。

6　東印度公司檔案，G/12/119, p. 97, 1798/01/26; G/12/119, pp. 117 & 121, 1798/02/06, G/12/119, pp. 126-127, 1798/02/11; G/12/119, pp. 129-130, 1798/02/12。

7　William C. Hunter, The "Fan Kwae" of Canton Before Treaty Days, 1820-1844 (Shanghai: Oriental Affairs, 1938), pp. 29-31；H. B. Morse, The Chronicles, vol. IV, pp. 59, 348。

8　William C. Hunter, Bits of Old China (Shanghai: Kelly and Walsh, 1911), pp. 78-80；Lawrence Waters Jenkins, "An Old Mandarin Home," Historical Collections (Essex Institute), vol. LXXI, no. 2 (April, 1935), p. 106；Cf. W. E. Cheong (張榮洋), "The Hong Merchants of Canton," Hong Kong - Denmark Lectures on Science and Humanities (Hong Kong University Press, 1983), pp. 19-36。關於1807年潘致祥與其族人分割同文行資產一事，見東印度公司檔案，G/12/273, pp. 101-107, 1821/10/11。

　　英國東印度公司在1760-1833年間爲廣東行商最主要的貿易對手。尤其是1784年英國國會通過所謂的「折抵法案」（Commutation Act），將茶業的進口稅由平均120%以上降爲12.5%，大大鼓勵了茶葉的消費。此後由英國東印度公司出口的茶葉數量便急速增加【參考圖一】。在此年以前，英國公司每年自中國出口的茶葉，平均不到80,000擔（一擔等於100斤，或60公斤）。從1784-85到十八世紀末，每年約輸出160,000擔。到了1810年以後，平均每年就高達240,000擔上下。根據筆者在1989年第二屆中國近代經濟史會議的一篇小文[9]的研究，行商可以從經手交易的茶葉上，獲得平均每擔四至五兩的利潤。以每擔四兩來說，整個行商團體在1784年以前，每年可以從與英國公司的茶葉交易上獲取

圖一　英國東印度公司自廣州出口之茶葉數量圖

（單位：千擔）

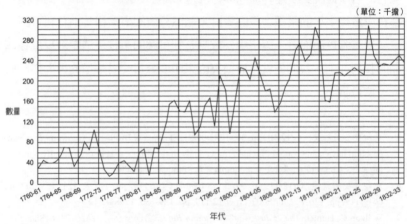

資料來源：Earl H. Pritchard, *The Crucial Years of Early Anglo-Chinese Relations, 1750-1800* (Washington, D. C.: State College of Washington, 1936), p. 395; H. B. Morse, *The Chronicles of the East India Company trading to China*, vols. II, III and IV (Oxford: Oxford University Press, 1926), *passim.*

9　Kuo-tung Ch'en (陳國棟)，〈1760-1833年間中國茶葉出口的習慣作法〉，收入本書，pp. 313-342。

320,000兩銀子的利潤。1784至1800年間，每年的利潤約爲640,000兩。1810年以後則每年高達960,000兩。因此，單就與英國東印度公司交易茶葉而言，整個行商團體所能獲得的總利潤是相當可觀的。

不過，行商與東印度公司交易茶葉，依雙方契約的規定，個別行商必須按照其出售給公司茶葉的多寡，等比例地購入公司進口到中國的英國毛料。由於茶葉與毛料的買賣互爲要件，因此在計算茶葉利潤時也應該同時考慮經手毛料交易的盈虧問題。一般而言，毛料的買賣對行商是不利的。毛料的價格，如同茶葉，也是行商與公司雙方議定的。公司要求的價格往往高於中國市面上的價格。（因爲公司的成本原本就高於中國的市價，但是爲了平衡中英之間的貿易，公司又不得不進口毛料到中國。）由於經手茶葉交易的利潤很高，行商爲了爭取出售茶葉給公司的機會，也就只好在毛料的價格上稍作讓步。因此，行商將毛料轉手出去的時候，大多都有所虧損。換言之，把毛料與茶葉的交易合併考慮時，行商的獲利情形就稍爲差些。

表四 茶葉及毛料的獲利率 %

交易資料	茶葉單項	茶葉及毛料合併	毛料單項
怡和行代西成行買賣，1823-1824	19.62	17.20	2.42
西成行買賣，1822-1823	15.38	12.97	2.41
怡和行代同泰、天寶、萬源三行買賣，1826-1827	16.00	9.44	6.56
廣利行代西成行買賣，1823-1824	19.62	16.95	2.67
廣利行自行買賣，1826-1827	16.00	8.97	7.03
東生行代西成行買賣，1823-1824	19.62	17.20	2.42
東生行代西成行買賣，1823-1824，另案	11.92	9.51	2.41
平均	16.88	13.18	3.70

資料來源：東印度公司檔案，R/10/28，1828/01/23，pp. 175-177。

　　表四爲1823-27年間幾家行商獲利率的資料，代表一般獲利的情形。據此，行商若只出售茶葉給公司而不購入毛料，則有平均16%的利潤。當毛料的交易也納入考慮時，平均獲利率就降到13%。表四的獲利率是依東印度公司的買入價格計算的。在1824-25一年的交易中，行商總共出售210,000擔茶葉給東印度公司，總售價超過7,500,000元（5,400,000兩）。我們即以13%的利潤率計算，全體行商當可獲得702,000兩左右的利潤。當年英國公司把他們的交易分成大略相等的二十五份。其中怡和行擁有四份；廣利、同孚與東生三行各自擁有三份；西成、福隆、東裕、同泰、天寶與萬源各行則分別擁有兩份交易。依據這些比例來計算，大行商怡和行伍秉鑑可以獲得112,320兩的利潤；中行商如同孚行潘正煒可得84,240兩；小行商如天寶行梁經國可得56,160兩。

　　一般而言，行商如果只與英國東印度公司買賣茶葉，則不但風險不大，而且可以穩獲相當可觀的利潤。因此，一個行商如果週轉不靈，則只有兩種可能：（一）開銷太大，遠非此項交易之利潤所能完全支付；（二）基於某些動機，該行商與英國東印度公司從事茶葉——毛料以外的交易，或者與該公司以外的其他外國商人作生意。以下就依此二方向對行商的開支與經營的情形加以探討。

三、行商的重大支出

　　過去學術界對於行商經營困難以至於破產的解釋偏重於強調行商的開支過大。這些說法可以分成兩點：其一是說他們的生活侈靡；其二則是說政府及有關的官員剝削他們剝削得太過份。這兩點說法揭示了炫耀性消費與官方的榨取同爲行商的重大支出之事實。此外，行商的重大支出尚有一項，那就是維持其營業設施（店面、棧房、雇工等）以及家人或家族的費用。

　　先說設施及家族的維持費。上節在估計行商經手茶葉交易之利潤時並未把他們的固定成本算進去——這也是當時的商業習慣。所謂的固定成本，就是維持店面、棧房、以及僱用帳房、夥計與工人等的費用。商業上交際應酬的開支也包括在內。至於家族生計的維持，行商的支出也相當可觀。例如十九世紀初仰賴天寶行為生的梁氏家族就有上百家之多。[10] 設施與家族的維持費兩項合併起來，一個大行商每年大約要支出50,000-60,000元，小行商20,000元。平均約40,000元或30,000兩左右。[11] 就整個行商團體而言，一年的支出約為300,000兩。

　　其次說到行商的炫耀性消費。這一類支出表現在三方面：（一）生活方式的侈靡；（二）個人社會地位的提昇；（三）增進家族成員向上的社會流動。第一方面關於生活方式侈靡的問題，事實上並不如一般想像地那麼嚴重。比起兩淮鹽商爭奇鬥富的情況而言，廣東行商顯得相當保守。他們既不像鹽商一樣大造庭園，也不似某些鹽商從事種種駭人聽聞的怪癖性收藏或活動。[12] 外國人眼中所見行商的侈靡行為主要是後者的筵席。然而，筵席的開銷在中國商場上本為不可或缺的項目；再者與宴的外國商人有時候也須分攤部分的費用。[13] 更重要的是，這些費用已經算在前述的固定成本中，只佔每行每年平均30,000兩當中的一部分，對行商財富的流失，影響應該不致於太大。

10　梁氏家傳云：「嘉慶十三年，(梁經國)遞承充洋商。……當洋行盛時，族鄰待舉火者，百數十家。病者藥之，急者周之。朋友稱貸，未嘗不予。」見梁嘉彬，《廣東十三行考》，p. 266。

11　Anonymous, "A Dissertation upon the Commerce of China," in Rhoads Murphey ed., *Nineteenth Century China: Five Imperialist Perspectives*, Michigan Papers in Chinese Studies, no. 13 (Ann Arbor: Center for Chinese Studies, the University of Michigan, 1972), p. 39；東印度公司檔案，G/12/211, p. 45, 1818/02/02。

12　有關兩淮鹽商的奢侈性行為，請參考註1。類似的行為在行商身上極少見到。

13　Josiah Quincy ed., *The Journal of Major Samuel Shaw, the First American Consul at Canton* (Boston: Crosby & Nichols, 1847), p. 179.

　　炫耀性支出的第二方面爲行商在提昇個人社會地位方面的花費。行商大都擁有官銜。這些官銜毫無例外地是他們捐錢給政府的回報。因此，有些學者也將求取官銜以提高行商本人的社會地位視爲一種炫耀性的消費行爲。其實，在取得官銜一事上，我們必須澄清，行商有時完全是出於被動的。不管主動或被動，對於在職的行商而言，參與科舉考試以獲得功名——擔任官員的資格——幾乎是不可能的。只有經由金錢的媒介，通過「捐納」或「捐輸」的手續，他們才有可能獲得官銜。所謂「捐納」是政府在國家有特殊財政需要的時候，將某些官銜或資格訂定一個價目表，讓人民來購買。幾乎所有的行商在開業之初或開業之前都已透過這種方式取得某種官銜。這種捐官方式花費不大。普通爲數百兩或數千兩，少時則不過數十兩銀子而已。[14] 因爲價錢不高，所以稍有貲財的商人都有能力捐納官銜，[15] 更不用說行商了。「捐輸」實際上是政府向商人要求的一種強迫捐獻。就行商的情況而言，這種要求通常都以全體行商爲對象。政府一次提出一筆數目，然後由全體行商分期來繳納。由於每家行商的交易規模大小不同，他們所個別分攤的捐輸也就有多寡的差別。政府在每次捐輸終了就依個別行商分攤數額的多寡，分別給予不同的官銜或其他獎勵。行商在捐輸上的支出雖然很大，而且隨著時間的下移又有增加的趨勢【參考表五】，但是自1780年爲始，行商團體就以「行用」的名義，在經手每筆交易時加收一定份量的費用，以應付各類政府對全體行商的需索。捐輸的支出自然也用「行用」來支付。因此，捐輸對於行商既得的利潤並不發生減少的作用。總之，無論捐輸

14　許大齡，《清代捐納制度》(北京：燕京大學，1950)，pp. 97-112；近藤秀樹，〈清代の捐納と官僚社會の終末〉，《史林》，46:2-4 (1963年3、5、7月)。

15　舉例言之，在一部清代福建省地方行政的參考書《福建省例》中，我們甚至可以看到1770年前後，漳州府龍溪縣一個小小的買賣黃麻的牙行商人(柯西銘)和他的兒子(柯冰霜)都有能力捐納。見《福建省例》(臺北：臺灣銀行經濟研究室，1964)，第五冊，pp. 611-612。

表五　行商歷年捐輸總額表，1773 - 1835

年代	事由	總額（銀兩）
1773	四川軍需	200,000
1787	臺灣軍需	300,000
1792	廓爾喀軍需	300,000
1799	湖廣軍需	120,000
1800	川陝軍需	250,000
1801	同上	75,000 *
	順天（北京）工賑	250,000 *
1803	惠州剿匪	100,000
1804	黃河河工	200,000
	防禦海盜	60,000 *
1806	同上	100,000 *
1808	南河（黃河）河工	300,000
1809	嘉慶皇帝五旬萬壽	120,000
1811	南河河工	600,000
1814	剿平山東林清之亂	240,000
1818	嘉慶皇帝六旬萬壽	200,000
1819	東河（黃河）河工	600,000
1826	新疆（喀什噶爾）回亂	600,000
1830	新疆回亂	200,000
1832	廣東（連山）猺亂	210,000
1835	興建廣東虎門砲臺	60,000
	總計	5,085,000

＊這幾次捐輸是由廣東行商與兩廣鹽商合捐來的。依據《廣東十三行考》及《兩廣鹽法志》，在1808年以前，這類捐輸皆由行商與鹽商平均分攤。因此，這幾個數字即由總數除以二得來。東印度公司的資料證明這樣的計算是正確的。1801年行商確實被要求250,000兩的工賑捐輸。

資料來源：梁嘉彬，《廣東十三行考》，pp. 164-165，297及281；《粵東省例新纂》，pp. 309-310，587；外紀檔，嘉慶二十五年二月冊；宮中檔，乾隆028903（39/05/19），048289（51/06/02）；宮中檔，嘉慶000219（01/02/25），005766（06/08/01），008450（07/07/18），011095（13/閏05/26），011961附件（13/09/09），012745（13/12/14）；軍機檔，053987（道光06/09/28），054007（道光06/11/05硃批），061900（道光06/09/28），062373（道光12/12/24）；倫敦公共檔案館（Public Records Office），外交部檔案，F.0. 233/189，no. 164；T. F. Tsiang（蔣廷黻），"The Government and the Co-hong of Canton, 1839"，*The Chinese Social and Political Science Review*，15：4（1932年1月），pp. 603，605；H. B. Morse，*The Chronicles of the East India company trading to China, 1635-1834*，vol. III，p. 167，vol. IV，p. 130。

與捐納，行商都因而獲致官銜，然而卻很少影響到他們財富的流失。

第三點要提到行商為促進家族成員向上的社會流動而增加的費用。為了達到這方面的目的，行商應當積極地從事藝文活動、交結文人名士，並且培養子弟參與科舉考試。可是實際這樣做的行商並不多。與同時代的兩淮鹽商不同，廣東行商很少大規模地贊助藝文活動，也不曾造就出多位舉人或進士。事實上，由於大部分的行商很難維持超過本身這一代的經營，因此很少行商有餘力或餘暇去從事藝文活動與教育子弟。在四十七家行商中，只有同文行、同孚行、怡和行與天寶行的成員在這方面略有表現。[16] 這四家行商，除了天寶行以外，都是經營情況極好的行商。

要言之，行商對炫耀性的消費並不像一般想像地那麼熱中。相反的，有些行商，如怡和行的伍秉鑑，更因為他的儉樸而為人稱道。[17] 因此，所謂行商為了彰顯己身或家人而揮霍無度，並不是事實，自然也不足以用來說明他們普遍經營困難的緣由。

影響行商財富的流失以致於週轉困難的最有力的傳統解釋是官府的剝削。事實上，這也確實是造成行商經營困難的一大因素。但是，官府的剝削究竟如何影響行商的經營能力，則值得進一步深入探討。前述捐輸的花費由於行商已透過行用來支付，可以不論。可是有關官員（包括

16　1840年以前，同文行和同孚行的潘氏家族生過兩位進士(潘有為、潘正常)、兩位舉人(潘正綿、潘正琛)。怡和行的伍氏家族雖然產生了三位舉人，但是除了伍元芳是自己考取的外，另兩名都是因為參與捐輸而由皇帝賞賜的。天寶行的梁氏家族則出了一名進士梁綸機(及第後改名梁同新)。見《廣州府志》(1879版)，41/15b-16a, 18b; 45/8b, 11b, 13a, 14b；《番禺縣續志》(1871版)，19/13b-14a, 45/5b；Wilfram Eberhard, *Social Mobility in Traditional China* (Leiden: E. J. Brill, 1962), pp. 83-84；東印度公司檔案，G/12/203, p. 182, 1816/10/30。

17　William C. Hunter, *The "Fan Kwae" of Canton*, pp. 29-30: "He (Houqua, 伍秉鑑) was a person of remarkably frugal habits (as regards his style of living) from choice and from being of a feeble frame of body."

粵海關監督、廣東的地方官及各衙門胥吏）的榨取卻以個別的行商為對象，從而必須用行商個人的財產來支付。對於一個已經開業的行商，官吏們可以透過兩種方式向他們榨取金錢。其一是藉著將行商羅織到涉外的走私或刑事案件，造成他們種種的不方便與不安，迫使他們不得不花錢賄賂以求免。其二則是純粹的勒索。粵海關監督由於經常要賠補到任前在其他財稅職務上對戶部的欠項，對金錢的需要往往十分迫切。[18] 他們又了解行商在與英國東印度公司的交易上有著鉅額的利潤可得，因此時常強迫行商按照他們與英國公司交易的比例，每年交給監督一筆或多或少的金錢。以上兩種榨取加起來，整個行商團體在十八世紀末葉以後，一年多達二、三十萬兩。不過，粵海關監督也很明白「擇肥而噬」的道理，總是向有錢的行商要得多些，而向週轉困難的行商要得少些，甚至於放過那些極端困難的行商。[19]

以上粗略地檢討了行商的三大開支，包括了：（一）設施及家族的維持費；（二）所謂炫耀性的消費；（三）官吏的剝削。這三個項目加起來，除去已考慮在成本的部分不算，在十八世紀末、十九世紀初每年平均約為600,000兩上下【參考表六】。同一時期整個行商團體可從與英國東印度公司交易茶葉及毛料上，獲得相等規模甚至於更多的利潤。換言之，如果全體行商都將他們的交易限定在與英國公司買賣茶葉及毛料上，則其收支平衡應該不至於發生困難，而其營業應當可以維持下去才對。然而，事實卻與此相反。因為行商經手的交易對象與內容並不以東印度公司買賣的茶葉及毛料為限。行商所以必須擴大他們的營業範圍，則是受其資金的規模與週轉的能力的約束所致。下一節即將探討這個問題。

18　參考拙文〈清代前期粵海關的利益分配〉，《食貨月刊》，11:10 (1982年1月)；〈清代中葉以後重要稅差專由內務府包衣擔任的幾點解釋〉，《第二屆中國社會經濟史研討會論文集》(臺北：漢學研究資料及服務中心，1983)。

19　關於廣東地方官吏剝削行商的事實，詳細的討論見Kuo-tung Ch'en, *The Insolvency of the Chinese Hong Merchants*, ch. III, pp. 121-136.

表六 行商每年所需最低總週轉金表　　　　（單位：兩）

項目	1760-1784	1784-1800	1800-1843
關稅	600,000	1,000,000	1,500,000
捐輸	80,000	80,000	80,000
夷債	—	120,000	120,000
設施及家族費用	300,000	300,000	300,000
官吏榨取	—	300,000	300,000
小計	980,000	1,800,000	2,300,000
與港腳商人結帳	—	2,000,000	4,000,000
總計	980,000	3,800,000	6,300,000

資料來源：見本文。

四、行商的資金規模與週轉能力

　　以上的討論，說明了在特定情況下（只與東印度公司交易兩種商品，且不考慮行商的營運資本），行商的收支至少可以平衡。然而如果把行商經營與資金運作的情形也納入考慮，行商週轉困難的問題就凸顯出來了。以下即將說明，行商由於資本的規模太小，而所需週轉的現金數額太大，加上他們又沒有自由退出這個行業的自由，因此他們不得不採取飲鴆止渴的手段以拖延時日。結果多數的行商到後來都累積了大量的債務，終於不得不因爲週轉困難而失敗。

　　先說資本的規模太小。東印度公司的檔案以及當時其他外國商人的記載大多證實行商在開業時資本十分有限。一般而言，行商在準備領取執照的時候，手上的資金往往只有四、五萬兩之譜，至多的情形也不過是一、二十萬兩。[20] 從第一代行商在開業以前所經營的事業，或從其社會關係來看，他們也不可能自籌或募集到更多的資金【參考表七】。

20　Ibid., ch. IV, "Hong Merchants Financial Predicaments," pp. 152-162.

表七 行商開業前社會關係表

	行名	開業年份	社會關係
11	而益	1778	某鹽商之姪，無行照商人
12	豐泰	1782	鴉片販子
13	源順	1782	泰和行掌櫃
14	隆和	1782	瓷器商人
15	Seequa's	1782	同文行伙計
16	Lunshaw's	1782	珍珠及珊瑚販子
17	泰來	1784	同文行伙計，無行照商人
18	Chetai's	1791	無行照商人，曾為Lunshaw's合夥人
19	廣利	1792	無行照商人
20	義成	1792	同文行伙計
21	怡和	1792	源順行行東伍國釗之姪
22	達成	1792	源泉行伙計
23	Tackqua's	1792	不詳
24	會隆	1793	無行照商人，隆和行合夥人
25	東生	1794	無行照商人
26	麗泉	1797	同文行行東潘文巖之姪，無行照商人
27	西成	1802	瓷器商人
28	福隆A	1802	生絲商人
29	同泰	1804	本人不詳，其合夥人Youqua為一生絲商人
30	Lyqua's	1804	絨布商人
31	萬成	1807	其父為一棉花及絨布商人
32	天寶	1808	某行商之伙計，曾經營南洋貿易
33	萬源	1808	廣利行行東盧觀恆之親戚
35	福隆B	1811	曾為茶商Ton Anqua之家僕，後為Inqua之合夥人
36	東裕	1809	通事，曾為Lyqua之合夥人
37	興泰	1830	其父為一金匠
38	中和	1830	其父為一茶商
39	仁和	1830	其父為粵海關書吏
40	順泰	1830	曾在澳門與外人交易，後與一鴉片販子合夥
41	茂生	1830	不詳
42	Tuchun's	1830	開業後與一鋪商合夥
43	同順	1832	其兄弟為英商Magniac & Co. 買辦，開業後與一茶商合夥
44	福泉	1832	開業後先與一通事合夥，後與一買辦合夥
45	孚泰	1835	與美商交易之無行照商人
46	Lamqua's	1835	不詳
47	Takqua's	1836	不詳

資料來源：Kuo-tung Ch'en，*The Insolvency of the Chinese Hong Merchants, 1760-1843*.

　　如表七所示，十八世紀後期加入為行商的人，大抵原來就與行商的
貿易有些關聯（如已開業行商的夥計、帳房、或親戚；或者是依託於行
商的無行照商人）；十九世紀前期成為行商的人士則原來差不多都是
「鋪戶」（店鋪老闆）、買辦或通事。由於這些行業都不可能創造大規模
的利潤，因此這些人也不大可能從他們的舊行業中累積大量的資本。茲
舉興泰行為例。興泰行行東嚴啓昌、嚴啓祥兄弟的資金來自其父親的遺
產。他們的父親自十八世紀末年以來即在廣州開設了一家金店，與當時
來華貿易的印度港腳商人（country traders）有不少生意上的來往。他
在1820年代去世。到他去世時，他的金店已經營業了二、三十年以上。
然而他留給兩兄弟的遺產卻不過四萬兩左右。[21] 這也就是嚴氏兄弟全部
資金的來源了。

　　行商能為預備開業所籌集的資金本已十分有限。這有限的資金在他
們領取執照的時候又立刻被有關的官員（兩廣總督、廣東巡撫、粵海關
監督）和其手下人強行取走了其中的一大部分。東印度公司的記錄和其
他有關的資料一再地提到每位行商在請領執照的時候都分別被榨取
20,000至60,000兩不等的銀子。因此有不少行商一開始營業就缺乏可供
週轉的資金，甚至於一開始就陷入負債的局面。[22]

　　等到行商真正開始營業以後，他很快地就面臨到需要現金週轉的壓
力。這方面的現金需求包括了繳給政府的關稅與捐輸、替已經破產的行
商攤還的「夷債」、維持營運設施與家族生計的費用、官吏榨取的款
項，以及真正的商業週轉。在關稅方面，粵海關每年的總稅收在1783-

21　Anonymous, *The Chinese Security Merchants in Canton and Their Debts,* p. 34；Michael
　　Greenberg, *British Trade and the Opening of China, 1800-1842* (Cambridge: Cambridge
　　University Press, 1951), pp. 66-67.

22　萬成行的沐士方提供一個顯著的例子。他於1807年開業時被官方榨取了70,000元(約
　　合50,000兩銀子)，於是一開業就處於負債的局面。見東印度公司檔案，G/12/167, p.
　　110, 1809/06/21，東印度公司廣州特別委員會(Select Committee)致全體行商函件。

84年以前約為600,000兩，從那時候到十八世紀末約為1,000,000兩；十九世紀初年約為1,500,000兩。[23] 這些關稅雖然也包括了一部分廣東本地船舶海上貿易的稅收，但是絕大部分仍是經過行商之手進出口的貿易關稅。捐輸的數目每年多寡不一，攏總說來，自1773年至1835年共被要求了5,085,000兩；平均每年全體行商要共同付出80,000兩【參考表五】。在「夷債」方面，自1780年起，清廷要求全體行商承攤歷年破產行商負欠外國商人的債務（此即所謂的「夷債」），行商即以收取行用的方式來支付。但是行用的收取是個別的行商從每筆交易中零星收集的，用來支付夷債時，如同支付捐輸的款項一樣，卻是要整批付出的。因此每次支付夷債時都對行商構成現金需求的壓力。自1780年到1843年，整個行商團體共負擔了7,846,000兩夷債，平均每年約80,000兩【參考表八】。至於設施及家族的維持費以及個別行商所需應付的官吏榨取，如前所述，全體行商每年共需付出600,000兩。以上所提及的關稅、捐輸、夷債、維持設施及提供家族生計各項，都必須以現金支付。其總數在1760至1784年間，每年的需要約為1,000,000兩；1784到1800年間約為1,800,000兩；十九世紀上半葉約為2,300,000兩【參考表六】。

行商在純粹商品交易以外的支出每年需要1,000,000至2,300,000兩白銀。然而行商自有的資金極其有限。即使他們在開業之初未曾被地方官吏剝削，每家的資本以100,000兩計，全體行商的資本總額也不過只有1,000,000兩。若把開業之初被地方官吏強行取去的數目去掉，行商真正可用來週轉的資金可就少得可憐了。雖然關稅、捐輸與夷債等款項都可以自其交易中取回，或者可以轉嫁到本國商人身上，可是行商往往得預先墊付。由於行商自有的資金遠不及需要週轉的總數，因此行商除了以各種方式籌款外，也不得不擴大交易的對象與商品的種類，藉著買空賣

---

23 梁廷枏，《粵海關志》(臺北：成文，「清末民初史料叢書」，第21種)，第二冊，pp. 703-734。

表八　行商代破產同業清償之夷債表

（單位：兩）

負債行名	破產年份	總　額＊	清償年數	每年金額
泰和行、裕源行	1780	600,000	10	60,000
義豐行	1784	166,000	n.a.	—
豐泰行	1790	255,000	6	42,500
而益行	1795	600,000	6	100,000
萬成行	1809	259,000	3	86,333
達成行、會隆行	1810	1,447,000	10	144,700
麗泉行	1823	372,000	5＊＊	74,400
西成行	1826	475,000	5	95,000
同泰行	1827	86,000	3	28,667
福隆行	1828	792,000	6	132,000
東生行	1830	418,000	3	139,333
興泰行	1837	1,656,000	8.5	194,824
天寶行＊＊＊	1838	720,000	10	72,000
總計		7,846,000		

＊ 以下所列各數均為整數。

＊＊ 前兩年只支付予東印度公司，後三年則包括所有外國債權人。

＊＊＊ 天寶行並未被正式宣告破產，但政府命令全體行商代為清償該行債務。

資料來源：《清代外交史料》，道光朝，2/25b-26a；宮中檔，嘉慶000219（01/02/250；東印度公司檔案，G/12/72,
　　　　 1781/04/25, pp. 80-81; G/12/72, 1781/04/30, p. 83; G/12/98, 1790/10/03, p. 52; G/12/110, 1796/03/22,
　　　　 pp. 259-260；G/12/179, 1812/02/24, p.141; G/12/181, 1812/12/24, p. 78; G/12/189, 1814/02/15, p. 127；
　　　　 G/12/274, 1823/02/01, p. 132; G/12/231, 1824/09/01, p. 111; G/12/238, 1827/07/14, p. 92; G/12/238,
　　　　 1827/07/01, p. 83; G/12/236, 1827/02/07, p. 530; Anonymous, *The Chinese Security Merchants in
　　　　 Canton and Their Debts* (London, J. M. Richardson, 1838)，p17。

空的手段，增加現金週轉的速率，挪新掩舊，以應付燃眉之急。因為這個緣故，行商在商品交易上所需的週轉金也跟著擴大了。

　　先就茶葉的買賣而言。行商每年賣給東印度公司的茶葉總價在3,000,000兩到9,000,000兩之間。為了取得這些茶葉，無論是透過事先訂購或是在廣州市場上現地採購，行商都必須在茶葉到手之前先付給茶商及茶行相當高比率的訂金。幸而東印度公司本身為了確保茶葉的品質與數量，在其手頭資金許可的情形下，也願意墊發訂金給行商。（當然，在此情形下行商必須犧牲一部分利潤。）因此，行商在與東印度公司交易茶葉一事上對週轉金的需求倒不是那麼地迫切。但是在其他商品或與其他貿易對手交易時，情況就不同了。行商與印度港腳商人的棉花買賣就是一個顯著的例子。港腳商人自1784年以後大量地進口棉花到中國，

圖二 廣州進口印度棉花數量圖

數量（萬擔）

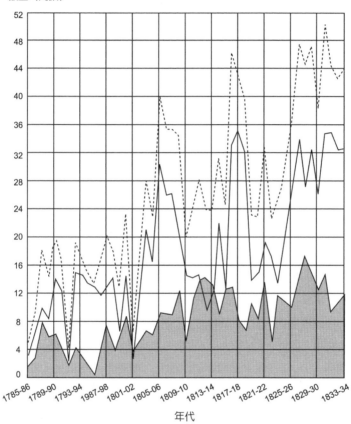

年代

說明：(1) 陰影區域為英國東印度公司所載運。

      (2) 中間線條以下區域為港腳商船所載運。

      (3) 虛線以下區域為當年總量。

資料來源：H. B. Morse，*The Chroricles of the East India Company trading to China, 1635-1834*，vols. II，III及IV，
        各處。

行商競相購買轉售【參考圖二】。然而他們很少出口中國的商品。因此，行商對港腳商人就有很大的逆差。港腳商人在每年七、八月間來華，而於十二月底以前返航。返航之前行商必須以現金和他們結清債務。這時候行商手上的棉花通常尚未脫手，因而需要大筆現金來週轉。以一擔棉花十兩白銀計算，行商在棉花的交易上所需的現金不下2,000,000至4,000,000兩一年。

假定茶葉方面的週轉問題都由東印度公司代為解決了（實際上行商往往還是得自行設法籌措部分的資金），而且棉花之外也沒有其他商品需要現金週轉（事實上則有此需要），則整個行商團體一年所需的週轉總金額當在1,000,000兩到6,000,000兩之譜【參考表六】。為了籌措這些週轉金，行商採取了以下三種方式：（一）擴大交易的對象，增加買賣的商品；（二）向貨幣市場借貸；（三）操作關稅。

第一種方式牽涉到行商的經營問題，表現出來的則是對進口商品不加揀擇地搶購。前文已提及行商若沒有週轉的問題，在僅與東印度公司交易茶葉及毛料的情況下，至少可以確保收支平衡。但是事實上行商的資金極其有限，因此不得不以多角化的經營方式，擴大交易的內容與對象，以高速度的週轉率來利用有限的資金，或者根本就是買空賣空，挪新掩舊，以求苟延殘喘。因此，行商不但與其他商人交易（其中最主要的為港腳商人與美國商人），而且也大量購買包括棉花、檀香木、胡椒、人蔘、皮草、鉛錫等在內的進口品，再轉手出售。買賣這些商品的風險較大，獲利的可能性也較差。可是大部分的行商不但不採取審慎的態度，反而常常競出高價來搶購這些商品，越是週轉困難的行商越傾向這種作風。

行商搶購進口商品其實有雙重目的。一則搶購到手的商品可以儘速求售以換取現金來應付迫在眉睫的需要。再則有了商品堆放在棧房裡，場面上比較好看，信用比較容易維持，要借錢比較容易借到，要拖欠債務也比較容易獲得債權人的首肯。然而搶購的結果是個別行商必須付出

較高的價格；儘速求現的結果卻是必須壓低售價。一來一往間，行商遂蒙受了巨大的損失。

棉花、人蔘、皮草等進口商品主要是由港腳商人和美國商人載運來華的。如前所述，港腳商人進口大量棉花到中國而出口極少商品。爲此，每當港腳商人返航時，行商就得承受極大的週轉壓力。至於美國商人，雖然他們也自中國出口相當數量的茶葉，但是這些交易有很大的一部分屬於賒欠買賣（credit sale）。由於部分美國商人經營不善，以及受到美國本土內政、外交政策（如禁止白銀出口的傑佛生主義Jeffersonism和英美之間的「1812年戰爭」）的影響，行商因而招致了很多壞賬，無法收回他們的債權，從而加深了他們的財務困難。[24]

行商籌措資金的第二種方式爲直接的借貸。不過行商的借貸往往不能遂其所願。這是因爲一則行商同業破產的實例經常發生，行商的一般信用難以建立；再則廣州市面上經常短少白銀，現金的來源就已不足。雖然在1820年代以前中國基本上出超，白銀持續地流入廣州一帶，可是這些白銀很快地又透過租稅、捐輸和商品（茶葉等）的購買等途徑迅速地流向內地，因此廣州仍然經常缺銀。在此情形下，行商要向貨幣市場尋求資金便往往不能遂其所願。即令有辦法借得，利息也很高。一般而言，18%的年利率最爲通行。然而一旦有急切短期融資的必要時，行商就不得不承受高達40%的利率。[25]

24　Frederick D. Grant, Jr., "Hong Merchant Litigation in the American Courts," *The Proceedings* (Massachusetts Historical Society), vol. IC (1987), pp. 43-62, and "The Failure of Li-ch'uan Hong: Litigation as a Hazard of Nineteenth Century Foreign Trade," *The American Neptune* (Peabody Museum of Salem), vol. XLVIII, no. 4 (Fall, 1988), pp. 243-260；John D. Forbes, "European Wars and Boston Trade," *New England Quarterly*, vol. XI (1938).

25　Michael Greenberg, op. cit., p. 153; G/12/185, p. 267, 1813/09/12. 參考William C. Hunter, *The "Fan Kwae" of Canton*, p. 24.

　　行商籌措資金的第三種方式為操作關稅。依據清朝政府的體制，不論進口貨還是出口貨都必須經由行商之手向粵海關繳納關稅。此外，外國進口船隻還得繳納一筆為數三、四千兩的「船鈔」與「規禮」（相當於噸稅和港口服務費），同樣也由行商代辦。這些稅金往往都有數個月到一整年的繳納遲滯期。迫切需要現金的行商往往先打個七折八扣向當事的中外商人預收這些現金來週轉，等到到期後才向粵海關繳納全額。一收一付之間的差額（通常約為20%-30%）就是挪用這些稅金的代價了。[26]

　　綜上所述，由於資金微薄而需要週轉的現金數額很大，行商不得不採取種種不利的籌措資金的辦法，結果使得他們的債務也隨之增加。惡性循環的結果，許多行商在破產時，僅是負欠外國債權人的債務常常就高達數十萬兩乃至一、二百萬兩【參考表八】，更不用說他們同時也都拖欠中國政府關稅，積欠中國商人大筆債務了。

五、結語

　　由於資金有限與週轉的困難，行商籌措現金的代價十分高昂，遠大於他們的可支配利潤（即商品交易的利潤減去營業設施及行商家族的維持費用，再減去官吏的榨取），因此絕大多數的行商都免不了以破產終結。這種情形當時的中國人也看得很清楚。因此時代越往下走，就越少人肯當行商。十八世紀新任的行商尚有少數是出自自願的，十九世紀的

26　麗泉行、天寶行、萬源行皆以此而享惡名，但是其他行商，如同泰行與福隆行等，也都經常採取這種作法以圖週轉。見東印度公司檔案，G/12/144, p. 60, 1803/05/06; G/12/174, p. 31, 1810/10/29; G/12/185, p. 53, 1813/06/09; G/12/207, p. 5, 1817/03/30; G/12/231, pp. 44-45, 1824/05/13; G/12/231, p. 8, 1824/05/29; Ann Bolbach White, "The Hong Merchants of Canton," pp. 112-113。

新行商則差不多都是政府強迫爲之了。這也說明了爲什麼十八世紀的新行商大多原來即已從事中外貿易，而十九世紀的新手則多來自廣州城外的小商人或原先地位很低的通事、買辦之流了。

事實上行商除了不易賺錢外，行商個人或其經理人也常常遭受到官吏的人身騷擾。因此不但清白富實的人士不願意充當行商，就是僥倖能賺錢的少數行商也想急流勇退。而行商的子孫更視洋行之業爲畏途。相反地，地方官則千方百計地想辦法來羅致稍有貲財的人士來擔任行商，而這些人一旦入其牢籠就設法不讓他們退出。義成行的葉上林可以說是唯一成功退休的例子。同文行的潘致祥雖然在1807年退休（爲此他付出了500,000兩銀子的代價），卻在1815年被迫另外開張了同孚行。當他於1820年去世時，他的長子潘正亨就設法規避政府的命令，拒絕繼任同孚行行商。潘正亨甚至說：「寧爲一隻狗，不爲行商之首。」[27] 可見得拒絕的意志有多強烈了。可是他的幼弟潘正煒卻逃不了充當行商的命運。行商中最富有的伍秉鑑三番兩次地想要退休，都得不到官府的許可（他雖然在1826年時以900,000元或900,000兩的代價將官府註冊的怡和行行商的名字改由他的兒子頂替，政府仍然要他負擔所有行商一切的責任）。他甚至說他願意把十分之八的財產（約20,000,000元）捐給政府，只要求政府允許他結束怡和行，安享他所餘下的十分之二的財產（約6,000,000元）。[28] 他的願望未能實現。鴉片戰爭期間，他的麻煩更多了。而他也已是個七十歲的老人了。他寫信給一位遠在麻薩諸塞州的美國友人J. P. Cushing，說他若不是年紀太大，經不起漂洋過海的折騰，他實在十分想移居美國。[29] 看來鼎鼎大名的伍浩官不但對洋行的工作失

27　東印度公司檔案，R/10/29, pp. 233-234, 1829/10/05；R/10/27, 1821/03/15，無頁碼。

28　Ann B. White, "The Hong Merchants of Canton", p. 121.

29　"Houqua's Letterbook" (Massachusetts Historical Society 所藏稿本), no. 33，伍秉鑑給 J. P. Cushing 的信函，1842/12/23。

望了，對整個中國的社會制度也失望了。

富有的人不肯當行商，當行商後幸而致富的人也不肯留在他的行業裡，因此政府只有強迫財力更差的人當行商。這些財力不足的人當了行商之後，自然要面對嚴重的週轉壓力。然而當事的政府官員不但沒有協助他們解決財務上的困難，反而無止休地向他們榨取金錢，加深他們的困難。因此，對絕大多數的行商而言，破產根本是必然的，早在他們一當行商的時候就已注定了。唯一的差別是能力稍強的拖得久些，能力差的早早就破產罷了。

——原刊於《新史學》，第一卷第四期（1990年12月），pp. 1-40。

舊中國貿易中的不確定性[1]
——廣東洋行福隆行的個案研究[2]

小引

在1760與1843年間,當「舊中國貿易」(the Old China Trade)處在其興盛時期的時候,在中國的這方面是由廣東行商來進行的。行商享有與願意前來中國貿易的西洋貿易家交易的壟斷性特權。既然壟斷這個貿易,想來他們也應該享有可觀的獲利。然而與一般想像大相徑庭的是:他們當中的絕大數都以倒閉歇業終局。此一現象的背後有著一些共通的理由,筆者已經把他們當成同一組商人在博士論文《論廣州行商周轉不靈的問題,1760-1843》[3]中處理過了。在該論文中,我的重點在說明行商的事業有利可圖是不成問題的,而且如果資金充裕的話,他們所得的利潤也足以支應各種經費及花費。不幸地是,事情畢竟不是這樣。行商資本不足,加上廣州市面經常缺乏現金,常常把行商拖入財務困境,終究迫使他們接受重利剝削,或者只好訴諸其他十分不利的手段以籌措金錢,周轉貿易。福隆行行商關祥、關成發父子的破產也不過是諸多這種例子當中的一個。不過,他們的經歷比起別人的情況更加曲折離奇。本文擬整理關祥、關成發經營失敗的故事,作為一個個案,藉以指出行商在經營其業務的時候所曾採用的一些飲鴆止渴的作法,並且說明「舊中國貿易」當中的不確定性。

1　本文最初曾宣讀於1996年7月3-5日在英國劍橋大學聖約翰學院舉行的「帝制中國晚期之商業、商人與城市」(Commerce, Merchants, and Cities in Late Imperial China)學術研討會。筆者謹向與會的朋友致謝,感謝他們所提出的寶貴意見。

2　本文所使用的主要材料出自兩份檔案:一是存放在英國倫敦印度辦公室圖書檔案館(the India Office Library and Records, IOLR)的英國東印度公司檔案、一是存放在劍橋大學總圖書館手稿室的怡和洋行檔案 (Jardine Matheson Archives)。筆者使用了前者的*Factory Records* (G/12)和*China Records* (R/10)、後者的*India Letter Books* (C/10)。引用時,將簡要註出系列號、冊號與頁碼。

3　Kuo-tung Ch'en, *The Insolvency of the Chinese Hong Merchants, 1760*-1843. Monograph Series No. 45, The Institute of Economics, Academia Sinica, 1990.

關祥開業時即已負債

時間是1828年2月的第四天，大約凌晨兩點鐘。在廣州開業的英商萬益洋行（Magniac & Co.）的大股東威廉・渣甸（William Jardine）熬夜寫信給他住在印度孟買的朋友占時治（Jamsetjee Jejeebhoy），這個巴斯商人（即祆教徒商人）是他的通信貿易夥伴。他無法等到天亮後再提筆寫信，因為帆船「簡西納號」（the *Jamesina*）即將揚帆前往孟買，他要趕在該船離港之前把信送出去；不過，更重要的原因是行商關祥父子的倒閉已經火燒眉頭，而占時治的利益也被牽扯進去了。渣甸心亂如麻，如果不能早一刻把信給發出去，他就一刻安不了心。稍早一段時間，占時治曾經交由帆船「拜倫戈爾號」（the *Byramgore*）裝載大量的棉花運到廣州，委託萬益洋行代為求售；關成發的福隆行買下了，可是還沒有付清全數的貨款。雖然依據廣東商場上行之有年的舊例，一旦福隆行破產確定，積欠占時治的貨款最後會由其餘的行商代賠，可是那得花上相當長的時間、忍受很多的麻煩，才能如數收回。渣甸一點也不想看到由他經手的生意給搞得烏煙瘴氣，更何況這還牽扯到他最好的朋友與長期的事業夥伴。然而事情還是發生了，與他的期待相違背，同時也是一如顧星（John Perkins Cushing）這樣經驗老到的其他作中國貿易的歐美商人所不願意想到的。顧星是一家波士頓行號在中國的代表，這家公司在這一回的事件中損失最為重大，大約介乎300,000-400,000元之間。渣甸在寄給占時治的信中寫道：

> 你一定會被嚇一大跳！就在（英國東印度）公司從大班以下，人人都對他抱持最大的信心、貸款給他好生利息的時刻，行商關祥竟處於破產，或說即將破產的境地，欠款高達一百萬銀元以上！[4]

---

4 C/10/8, 1828/02/03, pp. 305-307.

　　爲什麼一個受到英國東印度公司上上下下信賴，也受到公司以外的貿易家，像是顧星和渣甸這般人信賴有加的一家行商，會在一夕之間倒閉破產呢？這是一件值得深入探究的有趣問題。而這個個案或許也可以顯示出鴉片戰爭以前，外商與中國商人交易時所面對的困難與不確定性的景況。

　　外國人把關祥叫作 Manhop，其實他們也用這個名字叫他的兒子關成發。關祥原先在一位名字叫作「陳安官」（譯音，英國人記作 Ton Anqua）的茶商行號裏擔任職員或家僕。陳安官並沒有行商的執照，但私下賣茶葉給英國東印度公司。（這違背當時的法律規定，但並不常被取締。）在陳安官過世（1790）後，關祥繼續打著故主的名號，每年賣給公司三到四個「字號」（同一個「字號」爲同一品質的茶葉，數量多寡不定）的茶葉。[5]

　　關祥後來在廣州開張一家店舖，外國人把它叫作 "Manhop"，可能就是中文「萬福」兩個字的方言發音，而外國人也就拿店名來稱呼關祥本人。不過，對他的同胞而言，就像是收藏在怡和洋行檔案（the Jardine Matheson Archives）內中的一封中文書信所見，他通常被叫作「九官」。[6]

　　在1802年的夏天，關祥與一位原來作生絲生意的商人鄧兆祥合夥，從粵海關監督手上取得一張行商的執照，開設了一家洋行，由鄧兆祥出任行商。新的行號就叫作「福隆行」。[7]雖然鄧兆祥是名義上的行商，可是英國東印度公司在廣州的管理部門，也就是所謂的「特別委員會」（the Select Committee）因爲與關祥熟稔，於是就用他們稱呼關祥的名字

5　G/12/96, 1790/01/06, p. 128; G/12/142, 1802/12/14, p. 149; G/12/142, 1802/12/17, p. 155; G/12/174, 1810/10/31, p. 35; G/12/174, 1810/11/09, pp. 67-68; G/12/174, 1810/11/17, p. 92; G/12/174, 1811/03/10, p. 224; G/12/176, 1811/04/29, p. 94; G/12/179, 1812/01/11, p. 41.

6　楊聯陞，〈劍橋大學所藏怡和洋行中文檔案選註〉，《清華學報》，第3卷第1期(1958年9月)，p.53。

7　G/12/139, 1802/08/20, p. 88.

"Manhop" 來記錄他們與福隆行的一切交易。

在鄧兆祥的經營下，福隆行的生意作得並不好。因為對資金的需要孔急，沒多久，鄧兆祥就被一家英國的私商巴靈洋行（Baring & Co.）誘導去販賣鴉片，一直到1809年。[8] 在這幾年當中，雖然鄧兆祥不惜冒險從事非法的買賣，身受一旦被官方揭發就會受到嚴懲的風險，可是從與巴靈洋行狼狽為奸所帶來的預想的高額利潤並沒有讓鄧兆祥從財務困境中解脫出來。而在1810年時，達成行的倪秉發與會隆行的鄭崇謙都為其無可救藥的財務狀況而落跑潛逃時，鄧兆祥也依樣畫葫蘆從福隆行中落溜，逃得不知去向。[9] 一時之間，他被發現積欠外國債權人700,000兩銀子的債務，此外還有一筆應該繳給政府的未完關稅，此外，更拖欠本國同胞大筆金錢。[10]

由於福隆行的行商鄧兆祥已經逃逸，廣東當局就要求合夥人關祥來承擔包括債務在內的一切責任。也就是在此當兒，英國人的「特別委員會」也設法遊說關祥，要他承受債務，繼續把福隆行經營下去。關祥稍稍推諉，但還是很快就答應了。事實上，福隆行的負債很高。然而，不管是粵海關監督，還是英國東印度公司的「特別委員會」都希望不要讓福隆行倒閉。為何如此呢？原因很簡單：當時已經有會隆行（鄭崇謙）、達成行（倪秉發）兩家洋行風雨飄搖，他們都不想再增加新的麻煩。關祥雖然得要背負整個福隆行的債務，但是由於粵海關監督不希望福隆行就此垮掉，因此願意免費換發給他新的福隆行執照——按照當時的慣例，洋行的行東換人就必須換發執照，這通常得花上數萬兩的銀子來打通關節。關祥決定在新的執照中登記他的兒子關成發（發官）[11] 為行

8　G/12/166, 1809/02/19, p. 69.

9　G/12/174, 1810/10/30, pp. 33-34.

10　G/12/174, 1810/11/17, pp. 92.

11　G/12/176, 1811/09/27, p. 253.

東，以免將來他本人物故時，重新換照還是要花上一大筆金錢。至於掌權的，那當然還是關祥他自己。在1810-11貿易季節接近終了時，關家拿到了新的執照。[12]

關氏父子正式接手了福隆行，背負著從上一段合夥關係帶過來的沉重的債務；而在1810-11年後，他們又債上加債。於是在1813年的年初，不算欠英國東印度公司的部份，光是欠其他外國商人的債務加總起來就已高達1,237,681銀元，即891,130銀兩！顯然要看到福隆行自行清理完債務的機會是不大了。於是它的債權人互推出來三個人擔任「受信託人」（trustees），來管理福隆行的債務，設法協助該行解決財務問題。

「受信託人」管理下的福隆行債務

關祥、關成發父子在接手福隆行時，同時繼承了龐大的債務，能撐多久，廣州商場上的每一個人都很好奇。巧的是就在那時候，周轉困難的行商並不止福隆行一家。於是在各界的合作下，福隆行獲得了一個喘息的機會。

在1809和1810兩年中，有五家行商倒閉歇業。分別是周信昭（周禮官；行名不詳）、沐士方（方官、萬成行）、倪秉發（榜官、達成行）、鄭崇謙（侶官、會隆行）及鄧兆祥。當時還能繼續營業的行商，加上這兩年新開業的行商，總共爲十家。這十家當中，只有伍秉鑑（浩官、怡和行）、盧觀恒（茂官、廣利行）與劉德章（章官、東生行）三家的財務狀況良好，英國東印度公司的廣州「特別委員會」把他們叫作「大行商」（senior merchants）。相較之下，財務狀況較差、或者根本已經周轉困難

---

12 G/12/174, 1810/10/31, p. 35; G/12/174, 1810/11/09, pp. 67-68; G/12/174, 1810/11/17, p. 92; G/12/174, 1811/03/10, p. 224; G/12/176, 1811/04/29, p. 94; G/12/179, 1812/01/11, p. 41.

的行商，不管在業多久，都被叫作「小行商」（junior merchants）。1810-11 貿易季節中，小行商當中的黎顏裕（西成行）與麥覲廷（礐官、同泰行）情況岌岌可危。依照當時的慣例，當貿易季節進入尾聲、茶商要返回產茶區時，行商應該付給他們訂金、簽下茶葉買賣合同，以便下一季茶商能依約運茶來廣州。當此之際，這兩家行商完全沒辦法弄到現金。幸好大行商與「特別委員會」共同伸出援手，紓解了他們的燃眉之急，總算能讓合約生效。同樣的窘態在下一個貿易季節（1811-12）又重複發生一次。[13]

更糟糕的是：這兩家小行商還各自欠下兩筆款項：一筆是應該付給政府的關稅及各行分攤的捐輸報效，另一筆是各行分攤賠償已破產行商積欠外國商人的債務。許多小行商都沒有辦法靠自己的力量來應付這些需求，從而不得不向「特別委員會」求助，而他們周轉困難的狀況也就被攤開在眾人眼前。於是，「特別委員會」就在1812年對這些行商的情況作一通盤檢討，決議要協助把這些周轉不靈的行商給撐下來，以免行商的家數驟然減少導致剩下來的行商形成壟斷性的聯盟；回過頭來，這樣的一個聯盟將會對公司的利益造成重大的損害。他們決定，一旦接到小行商的請求，公司將從庫房中提出金錢融通給他們，然後在每個貿易季結束了時，從各該行商與公司往來的公司應付結餘款項中扣回該筆金錢。這一來，「特別委員會」也就把經理小行商的部份財務工作包攬到自己身上了。[14]

然而眾小行商的困難還沒有完全解決。他們的麻煩層出不窮。他們還積欠其他外國商人為數可觀的債務。如果債權人加速求償，他們必定應聲倒地。東印度公司的職員還是不能袖手旁觀，只能介入處理。在

13　R/10/26, 1811/04/18, p. 27; R/10/26, 1812/03/03, p. 106; R/10/26, 1812/03/26, p. 109;
　　R/10/27, 1812/04/07, n.p.

14　R/10/27, 1812/07/17, n.p.

大班們的協助下，潘長耀（崑水官、麗泉行）、黎顏裕與黎光遠（西成行）、關祥與關成發、麥觀廷（同泰行）以及謝嘉梧（東裕行）等五家小行的「私商」（公司以外的外國商人被稱爲「私商」）債權人也決定不採取進一步的動作，以免他們立即破產。這些有債權在身的「私商」相互選出三名「受信託人」（trustees），授權他們追討債務。他們同意針對這五家出問題的行商在1813年以前欠下的債務不再計算利息，靜待在未來幾年間從這幾家行商預期可獲得的商業利潤來清償他們的債務。「特別委員會」將在每一個貿易季節的終了，從他們所經理的五家小行商的帳目中，撥出一定數額的款項交付給「受信託人」，好讓他們進一步再分派給個別的債權人。「特別委員會」所以能夠辦到這點，那是因爲他們通常向行商買進比較多的貨物，而賣給他們的東西總價不到那麼多，因此在當期公司與洋行的往來帳目中，公司總有一筆差額餘款要付給行商。[15]

福隆行積欠外國「私商」的債務也交付「受信託人」管理。而「特別委員會」也緊盯著該行與公司往來的帳目，幫忙該行清償債務。在「特別委員會」及「受信託人」的細心管理下，在最初的五個年頭中，關祥、關成發父子只清還外國「私商」435,664元（313,678兩），約佔這方面債務的35.2%。雖然清償的比率看起來並不顯眼，但其償付的金額卻不亞於也在相同管理下的麗泉行、東裕行、西成行與同泰行。

在這五年間，福隆行似乎不加揀擇地與形形色色的商人交易，而「特別委員會」也指控關祥、關成發父子試圖「膨漲他們（與東印度公司往來）會計帳目的負債項」、拖延解決積欠「私商」債務的速度，而把他們的資金挪去用到別的地方。[16]受到「特別委員會」嚴厲指摘，關祥、關成發等人在隨後的幾年間就只作英國公司的生意，而不與其他外商買

15　G/12/184, 1813/02/14, p. 136; R/10/27, 1813/01/26, n.p.

16　G/12/203, 1816/10/25, p. 157; G/12/211, 1818/03/11, pp. 72-73.

賣。[17]

在1810年代後期，福隆行的景況仍然不穩。他們除了要不斷付款以逐步清償積欠外國「私商」的債務外，福隆行也不時地向「特別委員會」求助，請求他們幫忙應付支應關稅與捐輸報效的需求。[18] 有些時候，福隆行的惡劣財務也迫使他們把公司交給他們的訂金（預購茶葉或其他商品）挪去作別的用途；而這一來，他們也就經常被發現無法履行合約的義務。[19]

這樣看來，福隆行似乎完全不可能把債務給還清楚了，事實也是如此。在「受信託人」與「特別委員會」的合作管理下，其他小行商的債務一個接著一個都清理完畢了。潘長耀、謝嘉梧與麥覲廷等人在1821-22貿易季節或者更早之前，都已經還清所欠的錢。而在該季接近收尾之時，就只剩下西成行的黎光遠與福隆行的關祥還有債務未清，數目分別是200,000元和630,000元。[20]

由於黎光遠和關祥兩人顯然不可能靠自己的努力，按照「特別委員會」所希望的那樣快地清償債務，因此委員會就向全體行商建議用「行用」來替這兩家行商償債──「行用」是各行商在交易時抽取的一筆費用，原來用於支應全體行商的公共支出。委員會的論點是：反正如果福隆行倒閉了，政府還不是會要全體行商來攤還關氏父子積欠外國人的債務？不如趁早拿行用來分賠，以免福隆行破產。這樣的一個建議在1818-19季末提出過一次，1819-20又提了一次，但行商們顯然聽不進去。[21]

17　G/12/211, 1818/02/02, p. 44.

18　G/12/216, 1819/06/18, pp. 60-62.

19　R/10/28, 1820/01/06, p. 84.

20　G/12/273, 1822/04/12, pp. 371-372.

21　R/10/68, 1819/03/16, n.p., R/10/28, 1819/12/01, p. 26.

　　不過，怡和行伍秉鑑、廣利行盧文錦和東生行劉德章三家大行商還是答應用另一種方式來幫忙。辦法是在照顧這兩家周轉困難行商的名義下，三家大行商額外替英國東印度公司承作一組茶葉的買賣，因此而產生的利潤，全數拿來替這兩家小行商償債。[22] 經此安排，「特別委員會」希望黎光遠的債務能在四年內償清、而關祥、關成發的債務能在六年內解決。[23] 有別人替他做生意還債，自己落得輕鬆，關祥父子應該感激不盡、欣然接受這樣的安排了吧。可是出乎廣東商界意表的是：關祥竟然能靠自己的力量與他的債權人達成債務協商，使他能以一次付清債務總額之半的方式，在1823-24這一季解決了他的債務。他實際付出的數目爲310,000元，籌到這筆款項的方式如下[24]：

單位：銀元

來　自　親　友	60,000
來自他在當季（1823-24）與英國東印度公司交易的利潤	90,000
來自一位美國貿易商顧星（J. P. Cushing）的貸款	160,000

　　東印度公司「特別委員會」記錄道：從顧星手上借到的金額將於三年內償還，年利率10%。他們也註明：顧星之所以借錢給關祥，「一方面是出於想給那名商人一些幫忙的雅意，另一方面則是把這個借貸當成是運用其手上部份資金的一個有利的模式，因爲當時市場上幾乎沒有利

22　R/10/28, 1819/12/01, pp. 27-34; R/10/28, 1820/01/06, p. 87.

23　R/10/28, 1819/12/01, p. 89.

24　R/10/69, 1826/03/31, letter from the Court of Directors to the Select Committee (London to Canton), n.p.; Anonymous, *The Chinese Security Merchants in Canton and Their Debts* (London, 1838), p. 16; Henrietta M. Larson, "A China Trader Turns Investor – A Biographical Chapter in American Business History," *Harvard Business Review*, vol. XII (April, 1934), p .348; and "John P. Cushing as an Investor, 1828-1862," in N. S. B. Gras and Henrietta M. Larson eds., *Casebook in American Business History* (New York: Crofts & Co., 1939), p. 120; L.Vernon Briggs, *History and Genealogy of the Cabot Family, 1475-1927* (Boston: Goodspeed & Co., 1927), vol. I, p. 321.

用那筆龐大的資金的其他機會。」[25] 不過，最重要的是：顧星對關祥還債這件事情深具信心。

關祥靠一己之力清償債務所表現出來的誠意（即使這樣的誠意有可能是裝出來的）、他能與他的債權人達成債務協商的本事，還有他不只是能從親友處借到錢，而且還能從諸如顧星等這類有名望的商人處獲得融資——顧星已經在廣州作很長一段時間的生意，他並且是老牌行商、傳說中的巨富伍秉鑑的好朋友——這一切都讓關祥的商業信用在外國商人間被抬得很高。威廉・渣甸，還有「特別委員會」的一些成員都這麼想。

1827-28貿易季關祥的棉花投機事業

關祥在解決了「受信託人」管理下的債務後，大規模地買進買出，尤其是從事棉花的交易。此等作為，最後終於在1827-28那一季造成他的破產倒閉。

1827-28這個貿易季節，大約包括了從1827年陽曆7月到1828年6月的一段期間。在這一段期間內，廣州的棉花市場十分蕭條。萬益洋行在1827年7月4日寫信給一位孟買當地的商人時，就說道：

> 不管任何條件，棉花都賣不出去。名目上的價格則是每擔七兩五錢至九兩五錢。[26]

兩天之後，萬益洋行又談到廣州的棉花市場。內容說：

> 商人們出價每擔九兩，但僅限於新到的棉花，至於舊棉花……根本

25　R/10/69, 1826/03/31, letter from the Court of Directors to the Select Committee.
26　C/10/8, 1827/07/04, p. 11.

沒人出價。[27]

我們發現在下一天萬益洋行的信件中又提到：由於價格是那麼地低，因此預期手上有棉花的商人都不可能接受。[28]

廣州市上的棉花價格真的低到不行了。萬益洋行堅定地指出：就算是中國自產的棉花大豐收，市面的價格再也沒有下降的空間了。[29]於是，萬益洋行在計算印度棉花的供應量後，斷言說棉花的價格稍後一定會上揚。他們的算法如下：上一季從印度送來的棉花大約在200,000袋以上，但在本季，估計不會超過180,000袋。上一季的平均價格是十二兩，而本季的報價幾乎跌了三兩，相當於25%。既然本季的供給量比較低，那麼從長時間來看，價格也不應該再往下走。[30]還有，從其他地方（其實也就是長江三角洲）運來廣州的棉花，即使是在收成豐稔、產量過大的年份，也很少賣到一擔十二兩以下。[31]於是，他們下決心不肯把交給他們託售的棉花輕易出手。這樣的推論雖然不無道理，但恐怕也未必正是市場行情。

不過，居然連萬益洋行都這樣設想，或許福隆行的關祥心裏也打著同樣的如意算盤吧。那，其他商人呢？上一年廣州市上的棉花價格雖然平均達到每擔十二兩，可是行商與棉花商人其實都因為這項買賣而損害慘重！因此在這一季時，除了關祥以外，所有在廣州的中國商人都十分

27　C/10/8, 1827/07/06, the Magniac & Co. to Jazee Goolam Hoosine Mahary (Canton to Bombay), p. 14.

28　C/10/8, 1827/07/07, the Magniac & Co. to Jamsetjee Jejeebhoy & Co. (Canton to Bombay), p. 25.

29　同上註。

30　C/10/8, 1827/07/15, William Jardine to Jamsetjee Jejeebhoy (Canton to Bombay), p. 46.

31　C/10/8, 1827/08/28, the Magniac & Co. to the Remington, Crawford & Co. (Canton to Bombay), p. 99.

謹慎。[32]且讓我們來看看大行商怎麼做吧。在1827年10月間，三位大行商（伍秉鑑、盧文錦與劉德章）應英國東印度公司的要求，買下了他們裝載進口的棉花，隨即「以幾乎是白忙一場的價格」，轉手賣給本國的棉花商人，而不肯在手上多留一點時間。[33]威廉·渣甸和他的合夥人們想不透爲什麼這些大行商會這麼做。他們深深相信價格勢將上揚，因爲除了前面的推測之外，當前廣州市場的存貨，比起上一季同一時間點來說，已經少了很多。[34]

棉花滯銷的情勢在整個貿易季中幾乎完全無法打開。然而威廉·渣甸一夥人卻始終堅信市況應會好轉。而在11月底和12月初的少數幾天，確實也一度交易熱絡，而成交價格也抬高了一到兩錢。也就在這個階段的最後一天（1827年12月6日），萬益洋行把占時治經由「拜倫戈爾號」運交他們託售的棉花賣給了福隆行。這批已經在萬益洋行手上存放了將近半年的棉花，總數約1,800包，差不多有3,400擔重。成交條件爲每擔九兩一錢，約定一個月內付清貨款。[35]

此一價格雖然還是相當低，可是威廉·渣甸已經十分滿意。他寫信給占時治說：

這是我得到的唯一一次高過每擔八兩五錢的出價；與同一艘船載運進來、而在七、八月間售出的棉花相比，我得讓你知道堅持下來已獲得利益。[36]

---

32 C/10/8, 1827/07/07, the Magniac & Co. to Jamsetjee Jejeebhoy & Co. (Canton to Bombay), p. 25.

33 C/10/8, 1827/10/20, the Magniac & Co. to Cursetjee Jehangeer Ardaseer (Canton to Bombay), p. 150; 1827/10/20, the Magniac & Co to M. DeVitre (Canton to Bombay), p. 152.

34 C/10/8, 1827/10/20, the Magniac & Co to M. DeVitre (Canton to Bombay), p. 152.

35 C/10/8, 1827/12/06, William Jardine to Jamsetjee Jejeebhoy (Canton to Bombay), pp. 217-218.

36 同上註。

　　每擔九兩一錢的價格其實好不到那裏去。顯然威廉・渣甸或他的合夥人們還是做了一些變通，跟自己妥協，好將交給他們託售的棉花脫手。但對關祥而言，就不是這樣了。

　　我們可以從福隆行購入「拜倫戈爾號」的船貨這件事一窺關祥他大批採購棉花的心態。藉由付出比市價略高的價格買進棉花，一時之間，他就變成印度棉花的獨佔者，因爲在買進「拜倫戈爾號」的船貨之前，早在1827年11月間，他的棧房中就已經堆積了30,000包的棉花。[37]一個月之前，即1827年10月底，整廣州地區的棉花存量，包括行商、棉花商人手上的數目，也包括那些仍然留在受託人手上而尚未銷出的數量，估計爲70,000包；而在1828年1月則稍增爲73,000包。[38]光是在福隆行手上的部份就高達市場存量總數的40%！

　　關祥繼續把大量的棉花留在手邊。萬益洋行相信他是在靜待價格上揚，因爲在中國商人當中，他已經擁有絕大多數的棉花了。他們打從心底對福隆行有信心，從而向他們在印度加爾各答的通信夥伴報告廣東棉花市場的狀況，說道：

　　這些（棉花）存貨的絕大部份都由資本雄厚的人物持有在手邊，他們都是因為受到市場上低廉的價格所引誘而買進，而不願在只有一點點蠅頭小利的時候就賣出。[39]

　　威廉・渣甸和萬益洋行其餘的合夥人所謂的「資本雄厚的人物」之一，甚至於是當中最大的一個，無疑就是關祥。可是，他們錯了。他們輕忽了周轉狀況不佳的行商在棉花買賣一事上所採行的割雞取卵的作

37　G/12/240, 1828/03/06, p. 6.

38　C/10/8, 1827/10/20, the Magniac & Co. to Cursetjee Jehangeer Ardaseer (Canton to Bombay), p. 151; 1828/01/23, the Magniac & Co. to the Ferguson & Co. (Canton to Calcutta), p. 282.

39　C/10/8, 1828/01/23, the Magniac & Co. to the Ferguson & Co. (Canton to Calcutta), p. 282.

法，因為他們的內心中，早因福隆行先前能在短期間內解決債務的先入為主之見所左右，從而無法作出正確的觀察。

雖然威廉·渣甸堅稱：在福隆行破產跡象出現以前，即使是英國公司的大班也對關祥充滿信心，可是（以大班為主席的）公司「特別委員會」還是因為基於長時間的觀察而能做出比較妥貼的判斷。在稍早的幾年間，他們已經看到：各家小行商在其極不利的條件下買賣棉花所帶來禍害。我們權且引用兩段觀察來說明小行商們所採取的不利於己的棉花交易方式。

1818年時，「特別委員會」在他們的記錄中登載了如下的字句：

就印度與中國之間的貿易而言，中國方面買進的多、賣出的少，結算下來，對中國不利；而對一個短缺資金的行商而言，要在買賣棉花一事上佔到便宜，想都不要想。……雖然從歐洲人的觀點來看，在此情況下進行投機買賣是很不應當的事情，可是這正是中國商人被迫採用的短視近利的手法；他們認為場面上的生意會提昇他們在本國同胞之間的信譽，從而捨不得不這麼做。[40]

同樣地，在1822年也有如下的記錄：

小行商用超過市價二至三兩的價格買進棉花，用來換取一時的現金，好去繳納關稅或應付其他燃眉之急的款項，全然不顧最終的後果，結果招致嚴重的損失，這樣的事情經常受到（我們的）注意。[41]

就算他也有獨佔當季棉花市場的雄心，關祥大把大把地買進進口棉花，也不離以上的觀察太遠。然而想要成花棉花交易的壟斷者可沒那麼

---

40 G/12/211, 1818/03/10, pp. 74-75.

41 G/12/227, 1822/10/07, pp. 285-286.

容易。如同前面指出的,在某一特定的時間,棉花存量總數是在70,000袋左右(重量約當132,000擔)。以每擔九兩一錢的價格來合計,要買光這批棉花需要有1,201,200兩資金來應付。而在此一價格下,他只能有一個月(三十天)的時間去籌錢付款。如果他要求一個比較長的付款期限,那他就得付出更高的單價。不過,即使他願意支付任何價錢,付款期限最多也只能拉長到六個月。另一方面,如果他能找到買家,他也還是要給下手的買主三個月到一百天的期限去籌款。[42] 在這種情形下,福隆行還是得要有一大筆流通資金才能周轉,而關祥父子顯然並沒有這樣的一大筆金錢。

結果就不妙了。一旦外國賣家向福隆行索取貨款,關祥父子就不得不快速賣出他們的存貨。一旦如此,轉手出脫的價格必然對他們不利,自然也就不在話下了。這樣的道理,關氏父子不應該不懂。那麼,我們就只能說,他們之所以要買進這麼大批的棉花,無非是要撐起場面,讓世人從他們與外商之間存在著大規模交易的表象,誤判他們的財務沒有問題。

福隆行的終極失敗

1828年1月底前後,威廉・渣甸在與顧星的一場談話之後,發現到福隆行已經周轉不來了。這大概是因為關祥被發現付不出應該付給顧星的利息的緣故吧。同一個時間,人們也發現關祥應為「拜倫戈爾號」所載來的、屬於占時治的棉花付款的時間也已經超過了——付款期限的最後一天是1月5日。威廉・渣甸讓關祥延長付款期限,但抬高了

42　C/10/8, 1827/12/06, William Jardine to Jamsetjee Jejeebhoy, p.217; G/12/227, 1822/09/16, pp. 223-224; R/10/29, 1829/09/25, n.p.

價格；為了以防萬一起見，他派了一名苦力駐守在福隆行的棧房外守望，如果有任何人企圖搬走裏頭的棉花，就要儘速通知他本人。做過這些安排後，威廉‧渣甸自認為一切妥當啦！可是大大出乎他預料的是，人們很快就發現，在某一個晚上，除了不到一百袋還在外，所有的其他棉花都被搬個精光了！被搬走的不只是威廉‧渣甸經手的棉花，所有其他福隆行名下的棉花也全都不見了！不見的時間大約是道光八年的元旦（1828年2月15日）前兩個星期。[43]

關祥被指控把這些棉花挪交給他的「秘密合夥人」——一群絨布商與銀師（鑑定銀子真假及成色高低的人），要不然就是提交給他的本國債權人，因為年關將近，依照中國習俗，結清帳目的時間到了。[44] 稍後，威廉‧渣甸也找到了那些從福隆行棧房搬走棉花的人，設法要拿回占時治的財物或是取得一個令他滿意的解決辦法。【參見本文附錄】他無所不用其極，甚至於親自捧著一份陳情書到廣州城門外頭等候，意圖交給路過的官員。官員們不理睬他，還揮棒敲他的頭，他也不肯放棄。這為他贏得了「鐵頭老鼠」（Iron-headed Old Rat）這樣的綽號。[45]

外國人一鬧，關祥父子的命運也就決定了。在此當兒，他積欠外國貿易家龐大的債款。然而他並沒有立即被宣告破產，因為這時候的粵海關監督一職正好由兩廣總督暫時代理，他不想在代理期間關閉任何行商。[46] 不過，事情倒也沒有拖延太久。1828年4月7日，新任監督延隆抵達廣州，開印視事。一個月後，官方還是正式宣告福隆行破產。[47]

依照往例，監督延隆命令全體行商接下關祥父子積欠外國人的債

---

43 C/10/8, 1828/02/03, William Jardine to Jamsetjee Jejeebhoy (Canton to Bombay), pp. 305-307.

44 G/12/238, 1828/02/01, p.15; G/12/238, 1828/02/02, pp.18-19; G/12/240, 1828/03/06, p. 6.

45 Maurice Collis, *Foreign Mud* (London: Faber and Faber, 1946), p. 78.

46 G/12/240, 1828/03/10, p. 17.

47 G/12/240, 1828/05/10, p. 107.

務。原訂的還債時程爲八年，但在債權人的抗議下，先是減爲七年，後
來再進一步減爲六年。[48]他的資產全都被變賣拿來償抵一部份的債務。
扣掉這樣償抵的部份後，福隆行還積欠政府關稅餘額262,600兩、欠外
國人的債務1,099,300元（791,496兩），這兩筆大錢都要由其他行商分
攤。[49]可能還有其他安排得處理，再過一年，這個案子才被奏報到朝廷。
朝廷依慣例就把福隆行名義上的行商關成發發配到伊犁（在中國西北的
新疆）去充軍。他湊巧是最後一位被流放到該處的廣東行商。[50]

據說關成發還是有辦法帶著一萬兩銀子上路，而且還有幾名僕人跟
從服侍，[51]「風格上更適合一名富有的官員，而非一名被褫奪榮譽、即將
服刑的破產商人。」[52]至於關祥這個人，就再也沒有資料提到他了。他也
許從此逍遙自在，慶幸著重獲自由的喜悅。因爲很諷刺地是：破產是脫
離行商職務的唯一門徑！[53]

結束語

在本文的標題中，筆者提到了舊中國貿易的不穩定性這件事。筆者
意在指出，在鴉片戰爭以前廣州的中外貿易上，存在著許多難以預料的
因素，因此即使是經驗老到的外國貿易商也可能做出極錯誤的判斷。威

---

48 G/12/240, 1828/08/18, p. 251; G/12/240, 1828/09/08, p.293; R/10/30, 1830/12/28, n.p.

49 依據 Anonymous, *The Chinese Security Merchants in Canton and Their Debts* (London: J. M. Richardson, 1838), p. 17，積欠政府的款項爲385,148元、積欠外國人的債務爲1,125,538元。

50 《清代外交史料：道光朝》(北京：故宮博物院，1932-33)，3/14a-15a。這當然不是說此後破產的行商不再受到懲處，而是說他們從此不再被充軍到廣州以外的地方。

51 William C. Hunter, *The "Fan-Kwae" at Canton Before Treaty Days, 1825-1844* (Shanghai: The Oriental Affairs, 1938), pp. 23-24.

52 G/12/244, 1830/04/12, p. 13.

53 John Robert Morrison, *A Chinese Commercial Guide* (Canton, 1834), p. 14.

廉‧渣甸就是這樣一個明顯的例子。差不多在福隆行倒閉之前十年起，他就已經活躍在廣州商場上；後來他還與孖地臣（James Matheson）一起創立了渣甸洋行（後來改稱作「怡和洋行」）。這家洋行發展得很好，直到今天都還在營業。占時治也是一名成功的商人，他也是由英國維多利亞女王冊封的第一位印度籍從男爵（baronet）。在福隆行垮掉以前，占時治本人也曾三度親身到過廣州，對廣州的商務也不完全陌生。[54]而當威廉‧渣甸通知他把他委託的棉花賣給關祥時，他也沒有表示異議。結果證明他們兩個人都判斷錯了。

顧星是另一個例子。他在1800年就已經來到廣州，在當地一待就待了將近三十年。他不但是行商伍秉鑑的朋友，而且幫忙他經理部份國外的投資事業。伍秉鑑當時被公認是信用最為可靠、也最成功的行商。在福隆行歇業後兩年，顧星也從中國貿易中退休，回到故鄉美國麻薩諸塞州的水城（Watertown, Massachusetts）定居，從中國帶回了一筆高達600,000元的財產。顯然他如果不是一名精明幹練的商人，至少能力也不差。可是在福隆行這件事情上，他也作出了不恰當的判斷。

行商們當然記帳給自己用，可是外人總不得其門徑去探知帳目的內容。這些帳目從來沒讓公證人看過，因為中國並沒有公證人的制度。因此對行號外的任何人來說，行商的內部情況總是個大秘密。外人只能從表面上的徵兆來揣度行商的情況，而舊中國貿易中最大的不確定性恐怕也就在這裏。

54　Maggie Keswick ed., *The Thistle and the Jade* (London: Octopus, 1982), p. 17. 關於占時治的生平傳記，請參考 Jal H. Wahdia, *The Life of Sir Jamsetjee Jejeebhoy, First Baronet* (Bombay, 1950).

附錄

英國劍橋大學所藏怡和洋行檔案（Jardine, Matheson Archives）當中，有一件William Jardine的稟稿，可爲福隆行的破產作一註腳。抄錄如下（方括弧內文字爲筆者所加）：

稟明

兩廣總督。敬稟者於本月二十一日蒙奉鈞諭，批商等於上年十二月十九日所轉遞之稟，言及關成發詭騙，私移去屬商等棉花一千八百二十包、貨銀五萬九千八百二十三圓零。謹讀諭時，極謝大人明公施行。

惟關成發與總商等不肯依諭奉辦。伏思商等棉花交福隆行存下一事，與往常貿易買賣不同。因當下約以未【蝕毀，缺一、二字】之先，不可搬去該貨。但關成發同怡隆號伙伴之劉【蝕毀，缺一、二字】觀，一夜之間，私移該貨。且該兩人並非出其棉花之價，乃當之為舊債之長水銀，則是事與賊偷竊何異哉？商等既為外國之遠客，不能自討該賊，且洋行商不肯代理，故我們無奈何，勢必復稟大人，懇乞代伸屈，而令洋行商照前發之諭，即日料理，使商等得收福隆偷去棉花之價。特此稟上。

【以下有一段英文註記及渣甸簽名，皆為鉛筆所書】

道光八年正月廿六日　　即番一千八百二十八年三月十一日

——原刊於郝延平、魏秀梅主編，《近世中國之傳統與蛻變：劉廣京院士七十五歲祝壽論文集》（臺北：中央研究院近代史研究所，1998），pp. 889-906。原刊出時以英文發表，本次重刊之中文稿由作者自行譯出。

潘有度（潘啓官二世）：
一位成功的洋行商人

前言

清代的廣州洋商[1]經常被認爲是鴉片戰爭以前，中國最富有的商人群體之一，而其總合資本也僅略遜於兩淮鹽商。[2]但筆者過去的研究卻發現厚實的洋商其實少之又少。絕大部分的洋商都在開業後一、二十年間倒閉歇業。[3]例外的情形不多，主要爲同文行及同孚行的潘家與怡和行的伍家。不過，這兩家洋商倒是十分富裕。潘家在1820年時，財產據說高達一千萬銀元（墨西哥銀元，一銀元約等於0.72兩）；在1840年代末期則多達兩千萬銀元。伍家則在1834年時，自行估計已有兩千六百萬銀元的家產。[4]潘、伍兩家的鉅大財富實在是洋商給中外人士富厚印象的主要因素。

在過去的研究中，筆者已就大多數洋商普遍而長年周轉不靈的現象作過分析。但在同樣的時代與環境條件下，潘、伍兩家卻能累積大量資財的事實似乎也應賦予一些合理的解釋。關於伍家的材料極多，分散世界各地，要作一完整的研究一時尚有困難。然而由於伍秉鑑（浩官）本

---

* 本文的主要材料爲收藏於倫敦印度辦公室圖書檔案館(India Office Library and Records)的英國東印度公司檔案。各註均以其序列號(G/12, R/10)列出。附於序列號之後的數字則爲冊數號碼。

1 鴉片戰爭以前，在廣州從事對外貿易的中國商人通稱爲「行商」，英文也稱之爲"hong merchants"。不過，在1760至1843年間，他們的正式稱呼應爲「外洋行商人」，簡稱爲「洋商」。至於來華貿易的外國商人則被稱爲「夷商」。官方文書皆作如此用法。本文採用「洋商」這一稱呼主要在提醒讀者「洋商」才是廣東洋行商人正式簡稱的事實，非爲標新立異，敬請讀者諒察。

2 類似的說法可以何炳棣的主張爲代表。參考Ping-ti Ho (何炳棣), "The Salt Merchants of Yang-chou: A Study of Commercial Capitalism in Eighteenth-Century China," *Harvard Journal of Asiatic Studies*, vol. 17, nos. 1-2 (June 1954), p. 130.

3 陳國棟，〈論清代中葉廣東行商經營不善的原因〉，收入本書，pp. 343-372。

4 同上註。

人與美國商人的密切關係，使他格外地受到重視，因此相關的研究並不缺乏。[5] 相反地，關於潘家的研究則甚爲少見。爲了彌補這項缺憾，筆者乃決定先對潘氏洋行作一探討。

不過，潘氏洋行存在於廣州的時間前後長達一百年左右，歷經祖孫三代，牽涉的範圍很廣，不可能在一篇短文裡加以處理。爲了縮短篇幅，筆者選擇了潘家第二代潘有度擔任洋商的一段時間作爲研究的對象。這段時間，相當於1788年到1820年。就大環境而言，這是廣州貿易歷經重大變遷，同時全體洋商遭遇來自官方強大需索的時代。就潘氏家族而言，這是他們的洋行事業在穩定發展中，面對家族內部爭議與改組的時代。藉著對潘有度的研究，我們或許可以看出他個人的風格與智慧如何使他平安地渡過一個多變而困難重重的階段，順利而成功地發展事業與累積鉅額的財富。

一、 潘有度及其家族

潘有度的父親潘文巖（潘啓官一世）爲潘能敬堂一支入粵的始祖。他大約在1740年左右到達廣州，在一陳姓洋商的行中經理事務。迨陳姓洋商結束營業，潘文巖便自行開設了一家洋行——同文洋行。潘文巖生

5　有關怡和行伍家的商業文書，除了美國的公、私收藏外，英國及印度也有極豐富的資料可資參考。直接研究伍家的文獻以劉廣京先生的"Houqua: The Sources and Disposition of His Wealth"(手稿)最出名。參考Dilip K. Basu, "Asian Merchants and Western Trade: A Comparative Study of Calcutta and Canton, 1800-1840," (Ph.D. dissertation, University of California at Berkeley, 1975); Yen-p'ing Hao (郝延平), *The Commercial Revolution in Nineteenth-Century China: The Rise of Sino-Western Mercantile Capitalism* (Berkeley and Los Angeles: University of California Press, 1986); Asiya Siddiqi, "The Business World of Jamsetjee Jejeebhoy," *The Indian Economic and Social History Review*, vol. 19, nos. 3-4 (July-December 1982), pp. 301-324.

於康熙五十三年（1714），所以他到廣東之時至少已二十七歲。這之前，他可能從事中國沿海或南洋一帶的帆船貿易事業，所以瑞士籍的航海家Charles de Constant稱他爲「前水路運輸家」（*ancien porteur d'eau*）[6]。據說他曾三度前往呂宋（菲律賓），並於1770年到過瑞典。[7] 可以說他是洋行商人中極少數到過國外的人士之一。而他作生意的對象也很廣泛，除了與英國、法國、瑞典的商人往來外，自己還一直有船作馬尼拉生意。[8] 要言之，他擁有開闊的胸襟與拓展商業的魄力。[9]

潘文巖在1770年時協助英國東印度公司促成中國政府取消「公行」的組織，而在1780年又協助中國政府處理兩位破產洋商張天球（裕源行）、顏時瑛（泰和行）的債務，因而成爲中外公認的洋商領袖，在官方文書中被稱爲「商總」或「首名商人」。[10] 在他死後，能敬堂七房子孫並未分產，大家公議由潘有度負責經理同文行，利潤則由各房子孫均霑。[11]

潘有度爲潘文巖的兒子，並且是他洋行事業的繼承人。張維屏（1780-1859）云：

6　Louis Dermigny, *Les Mémoires de Charles de Constant sur le Commerce à la Chine* (Paris: S.E.V.P.E.N., 1964), p. 411.

7　Dillip Basu, op. cit., p. 355 及 p. 376, note 77。

8　Kuo-tung Anthony Ch'en, *The Insolvency of the Chinese Hong Merchants, 1760-1843* (Taipei: Academia Sinica, 1990), p. 278.

9　以上參考Ann B. White, "The Hong Merchants of Canton," (Ph. D. dissertation, University of Pennsylvania, 1967), pp. 47-79; Dillip K. Basu, op. cit., pp. 354-355; W. E. Cheong (張榮洋), "The Hong Merchants of Canton," *Hong Kong-Denmark Lectures on Science and Humanities* (Hong Kong: Hong Kong University Press, 1983), pp. 19-20; 梁嘉彬, 《廣東十三行考》（臺中：東海大學，1960），pp. 205-208。

10　廣東洋商領袖在1813（嘉慶十八年）以前只稱爲「商總」或「首名商人」。1813年後，因爲監督德慶有仿鹽商制度設總商之舉，故此後官方文書也常使用「總商」這樣的稱呼。參考Kuo-tung Anthony Ch'en, *Insolvency of the Chinese Hong Merchants*, pp. 22-23.

11　G/12/273, 1821/10/11, pp. 101-107.

潘有度，字容谷，番禺人，官鹽運使司銜。容谷之父曰潘啓官。夷人到粵必先見潘啓官。啓官卒，容谷承父業，夷仍以啓官稱之。蓋自乾隆四十年至嘉慶二十年，夷事皆潘商父子經理。潘商 （有度） 歿而伍商 （秉鑑） 繼之。12

這一段記述對於兩代的潘啓官作爲廣東洋商領導人的年代略有出入，但卻清楚地點明潘啓官父子在廣東對外貿易上的重要性。

潘有度在官方登記的名字爲潘致祥。在東印度公司的檔案中，他確實與他的父親一樣被稱爲潘啓官（Puan Khequa）。但在後世的著述中，爲了與潘文巖作區別，通常將之稱作潘啓官二世（Puan Khequa II）。13他生於1755（乾隆二十年），14 卒於1820年11月18日（嘉慶二十五年十月十三日）。15虛歲六十六歲。

潘文巖有七個兒子。16 知名的有四個。梁嘉彬引潘月槎〈潘啓傳略〉，由於係節錄之故，引文中「啓生七子，長有能……次有度」一段易使人誤以爲有度是次子。其實，潘文巖的次子叫有爲。英國東印度公司的職員在1821年時正確地記錄了：

Puan Yuou-wei （*the second brother, who died this year, the Squire*）.17

---

12 張維屏，《藝談錄》卷下，p. 16a。

13 最先這樣作的例子當推 H. B. Morse, *The Chronicles of the East India Company trading to China* (Oxford: Oxford University Press, 1926-29)一書。

14 Lawrence Waters Jenkins, "An Old Mandarin Home", *Essex Institute Historical Collections*, vol. 71, no. 2 (April 1935), p. 105。由於Jenkins該文所載潘有度的卒年並不正確，因此1755年是否真的爲有度的生年仍待其他資料證實。此處姑且採用這個說法以供參考。

15 G/12/221, 1820/11/18, pp. 6-7.

16 G/12/273, 1821/10/11, pp. 101-107；梁嘉彬，前引書，p. 206引潘月槎，〈潘啓傳略〉。

17 G/12/273, 1821/10/11, p. 102.

《河南龍溪潘氏族譜》更清楚地記載：

有為乃文巖次子，生乾隆九年，終道光元年。[18]

潘有為可能是移居番禺的龍溪潘氏家族中最早獲得進士功名的一員。他於乾隆三十五年（1770）中順天舉人，三十七年（1772）進士及第，官內閣中書，與修四庫全書。在京十餘年，然後回到廣東河南，退居林下。[19] 因此，潘文巖過世時（1788），他可能已回到了廣東。無論如何，潘有度繼任為同文行的洋商是曾獲得有為的支持的。[20] 有為無子，過繼遠房的姪子潘正錦為嗣子。[21] 不過，有為顯然與有度的兒子們相處融洽。張維屏記載：

（潘有為）晚好聲樂，嘗畜梨園菊部，演戲為壽母娛。余時未弱冠，讀書之暇，輒偕先生猶子伯臨昆季往觀焉。笙歌院落、燈火樓臺，歷歷若前日事。越十餘年，先生歸道山，所藏書畫鼎彝亦皆星散。惟張樗寮書〈古柏行〉一卷，銀鉤鐵畫，墨寶堪珍，今歸伯臨比部，可謂得所矣。[22]

伯臨即正亨，為潘有度的長子。張維屏因為其父張炳文受聘為正亨兄弟的老師，而他本人自十二歲至二十歲（1791-1799）的九年中也在潘家伴讀，對潘有度的家庭相當熟悉。[23] 這段記載很能反映有為與正亨兄弟的良好關係。由於潘有能早卒，[24] 潘有為為眾兄弟之長，同時又有功

18　黃佛頤，《廣州城坊志》(廣州，1948)，6/37b。

19　《番禺縣志》(1871)，45/5ab；《廣州府志》(1879)，130/19ab；汪兆鏞(1961)，3/12。不知何故，張維屏在《國朝詩人徵略》(40/22ab)及《藝談錄》(卷下，p. 17a)潘有為的傳記中均只提到當事人為庚寅舉人，而未提到他中進士的事。

20　G/12/273, 1821/10/11, pp. 101-107.

21　黃佛頤，《廣州城坊志》，5/48a 引潘福燊，《河南龍溪潘氏族譜》云：「潘有量，號涵谷，生十四子。……十一子正錦，出嗣能敬堂有為。」

22　張維屏，《國朝詩人徵略》，40/22b。

23　黃佛頤，《廣州城坊志》，6/38a、39a。

名，因此在家族中應有崇高的地位。而他對潘有度的支持，對於有度的事業發展自然有不可忽略的重要性了。

潘有度可能排行第三或第四。東印度公司記載了他有一位排行第五的弟弟叫Coqua。Coqua或許即「五官」的譯音。至於本名為何，尚未查出，但知他有一長子名Ching-hung。[25] Ching-hung大概即正衡的譯音。正衡字鈞石，《廣州府志》及《番禺縣志》有傳。[26] Coqua與潘有度同卒於1820年，但早了幾天。生前曾積極地以個人的身分參與廣東的對外貿易。[27] 潘正衡則於潘有度死後，強烈地爭取潘家洋行的經營權，但沒有成功。[28]

至於潘文巖的其他幾個兒子，我們一無所知。但他們可能都曾支持潘正衡，想分潘氏家族洋行的一杯羹。[29]

潘有度有幾位堂兄弟。其中一位也曾經活躍於廣州外貿商場，並且開設自己的洋行。他的名字叫作潘長耀，通稱為潘崑水官（一作坤水官），西人稱之為Conseequa。潘長耀在十八世紀末，當潘啓官一世（潘文巖）還在世時，即已活躍地以個人身分從事對外貿易；並在1796年，在粵海關監督的脅迫下取得洋行的執照，開設了麗泉洋行。他本人卒於道光三年（1823），而麗泉行也隨即破產。[30]

潘有度有四個兒子。據英國東印度公司的記載，長子為Shinqua（或作Ashinqua），次子能力不佳，三子先潘有度而逝，四子為

24 R/10/6, 1764/06/20, p. 35。潘文巖的另一子亦先他而卒，見G/12/68, 1780/09/08, p. 183。
25 G/12/273, 1821/10/11, pp. 101-107。
26 《廣州府志》(1879)，130/29ab；《番禺縣志》(1871)，45/5b。
27 G/12/220, 1820/10/31, p. 214, Coqua 卒於十月三十日。參考Kuo-tung Anthony Ch'en, *The Insolvency of the Chinese Hong Merchants*, pp. 105-106.
28 G/12/273, 1821/10/11, pp. 101-107.
29 G/12/273, 1821/10/11, pp. 101-107.
30 Kuo-tung Anthony Ch'en, *The Insolvency of the Chinese Hong Merchants*, pp. 330-339.

Heemqua。[31] 依張維屏的記載，這四個兒子的情形分別如下：

> 潘正亨，字伯臨，番禺人，官員外郎。伯臨為容谷之子。工制藝、工書法，而不獲青一衿。……
>
> 伯臨弟正綱，讀宋儒書，言動不苟，人見而遠之，遂得心病。
>
> 正常工制藝，嘉慶已巳進士，選庶吉士，數年病卒。
>
> 正煒性好收藏書畫，數年前病卒，書畫亦出售矣。
>
> 三人無詩可錄，故附於其兄之後，略存其人。[32]

　　潘有度雖然有四個兒子，卻始終未曾培養其中的任何一位接任洋商的工作。因為洋商的職責其實很令他痛苦（參考第四小節），他顯然不願自己的孩子步入他的後塵。藉由同孚行缺乏適當繼承人的事實，或許他的子孫可以逃脫洋商這項職務的枷鎖。可惜事與願違。當他死後，廣東當局執意要同孚行推出一人擔任洋商，繼續洋行的事業；同時，英國東印度公司也極力推動維持同孚行的存在。他們均希望潘正亨能繼任當洋商，但為正亨極力拒絕。因為正亨深深了解當洋行商人的苦處；在他與東印度公司的通譯Robert Morrison談話時即露骨地表示：「寧為一隻狗，不為洋商之首。」[33] 結果潘正煒由於排行最末，就被安排擔任名義上的洋商，而由一名名叫亭官的堂兄弟經理實際的業務。[34]

　　正亨與正煒在廣州的地方志中都可找到他們的傳。《番禺縣志》提及潘正亨云：

> （潘有為）從子正亨，字伯臨，縣貢生。捐刑部員外郎，負用世志，遇事能見其大。嘗言於廣州知府程含章，令洋船隨時載米，免其舶稅。含

31　R/10/27, 1821/02/27, 無頁碼。

32　張維屏，《藝談錄》，卷下，p. 17a。

33　R/10/29, 1829/10/05, pp. 233-234.

34　G/12/273, 1821/10/11, pp. 101-107; G/12/273, 1822/03/27, pp. 353-356.

章以其言白大府，行之，於是洋米船絡繹而至，廣州遂鮮荒患。正亨弱冠能文，以善書名，尤工詩，有《萬松山房詩集》。[35]

《番禺縣續志》則記載潘正煒說：

潘正煒，字季彤，捕屬人，世居河南龍溪。父有為，從兄正亨。[36]

這段文字不太正確，因為他應是有為之姪，正亨之弟。梁嘉彬《廣東十三行考》引《潘氏族譜》云：

四房諱正煒，字榆庭，號季彤，乃容谷公四子。……生於乾隆五十六年……，終於道光三十年。[37]

又引潘月槎〈潘啓傳略〉云：

正煒，字榆庭，號季彤，附貢生。即用郎中，欽加道銜。開設同孚洋行，為十三洋行之一。道光間毀家紓難，特賞道銜，並賜花翎。建「聽颿樓」，貯書極宏富。刻《古（銅）印譜》四卷、《（聽颿樓）書畫記》正、續編七卷、《藏珍帖》六冊。[38]

同孚洋行始於嘉慶二十年（1815）潘有度重為洋商之時，而非道光元年（1821）潘正煒繼任之時，梁嘉彬已曾辯明。不過梁嘉彬卻因正煒字（或號）榆庭而推測他即「庭官」（Tinqua），[39] 則顯然有誤。

東印度公司的文獻說 Tinqua 為潘長耀的姪子，並且早在1801年時即已經以個人的身分在廣州商場上從事中外貿易。[40] 潘正煒生於乾隆五

---

35 《番禺縣志》(1871)，45/5b。
36 《番禺縣續志》(1931)，19/30b-31a。
37 梁嘉彬，前引書，p. 215，註24所引。
38 同上註，p. 207所引。
39 同上註，p. 209。

十六年（1791），在那時候只不過十一歲，自然不可能是 Tinqua。東印度公司的文獻又說Tinqua名 Puan Ching-wei，爲潘啓官二世（潘有度）的姪子。[41] Puan Ching-wei 的讀音雖然與潘正煒相近，中文卻當作潘正威，而Tinqua則當作亭官。依潘福燊，《河南龍溪潘氏族譜》，潘正威爲潘有量的次子，「字瓊侯，號梅亭。由閩入粵，爲怡怡堂始祖。」[42] 當1821-1822年潘正煒繼任同孚行洋商後，由於他不通外文，所有涉外的事件全由亭官處理。由於外國人來往的對象爲亭官，加上潘正煒、潘正威的讀音相仿，因此許多西文的著述常常誤以潘正威爲潘啓官三世，其實並不正確。較正確的說法當如香港大學的張榮洋教授根據英商怡和洋行（Jardine Matheson and Co.）檔案所主張的：

> 亭官其實是潘啓官正支的一位貧乏而相當沒用的親戚。在潘啓官三世經手的年代，他經常被用作一個「檯前人物」(frontman)。[43]

潘正威從十九世紀初年起即已在廣東活動，經常透過潘長耀麗泉行行照的掩護與英國東印度公司交易，偶而也到潘有度的洋行裡幫點忙。他不只一次地想要取得執照，自己當洋商，但都未能得到粵海關監督批准。[44]

潘正威卒於1838年11月20日。[45] 其妻則以七十五高齡卒於1843年。[46]

---

40 H. B. Morse, The *Chronicles*, vol. II, p. 354; G/12/134, 1801/08/03, p. 109; G/12/150, 1805/03/06, p. 27.

41 G/12/273, 1821/10/11, pp. 101-107.

42 轉引自黃佛頤，《廣州城坊志》，5/48a。

43 W. E. Cheong, *Mandarins and Merchants*, p. 206, note 85.

44 G/12/167, 1809/03/17, p. 54; G/12/168, 1809/11/04, p. 65; G/12/229, 1823/12/02, pp. 118-119; R/10/27, 1821/02/27, 無頁碼。

45 *The Chinese Repository*, vol. 7 no. 11 (March, 1839), pp. 573-574。執業於廣州的的美國醫生伯駕 (Peter Parker) 在他的醫事報告上寫下了：「這個人與外國人差不多有四十年左右的來往，並且也累積了一份屬於自己的財富。」

因此可以推斷潘正威卒時也應該在七十歲左右。他的兒子即赫赫有名的海山仙館主人潘仕成。梁嘉彬引張錫麟〈先祖通守公事略〉說「潘公梅亭爲德興廉訪父」。[47] 潘德興即潘仕成，《廣州府志》及《番禺縣續志》有傳。[48] 他與廣州的外商相當熟習，但與洋行業的關係應該不深。

總之，潘有度繼任洋商時，他的父親潘文巖已爲他立下良好的基礎。而他擔任同文行洋商期間雖然免不了其他家族成員的競爭，但因獲得擁有進士功名、且曾服官北京的兄長潘有爲的支持，所以基本上也沒有遭逢太大的阻力。他的親族中，潘長耀也同時爲洋商，而Coqua和潘正威也都與外國商人從事交易。由於他的善於應付與防範未然的審慎作風，這些其他家族成員的商業活動並沒有爲他帶來不良的影響。（參考第五小節）他雖然有四個兒子，並且爲他們延聘教師教讀，其中一子還中過進士，但他卻未曾培養當中的任何一人接辦他的洋行事業。這使得潘家洋行在他死後一時面臨了找不到事業繼承人的困難。

二、潘有度的個性與生活態度

潘有度的平常日子過得更像一位文人，而非商人。張維屛爲他寫的傳記即說：

容谷丈理洋務數十年。暇日喜觀史，尤喜哦詩。有園在河南，曰「南墅」。方塘數畝，一橋跨之。水松數十株，有兩松交幹而生，因名其堂曰「義松」，所居曰「漱石山房」，旁有小室曰「芥舟」。[49]

46　Ibid., vol. 13, no. 6 (June, 1844), p. 309.

47　轉引自梁嘉彬，前引書，p. 213。

48　《廣州府志》，131/26b-27b；《番禺縣續志》，19/29b-30b。

49　張維屛，《國朝詩人徵略》，56/6a。

他也作詩，留下了少數的詩句。這些詩句中固然免不了有一般文人描寫風花雪月的文字，如〈贈珠江校書〉這樣的字句：

薄暮雲鬟重整後，素馨如雪為誰開？[50]

但長期接觸外國人與外國文物、風俗也使他在詩句中留下一些印象。如〈西洋雜詠〉裡的片段字句：

鏡中照見炊煙起，可是人家住廣寒。（用大千里鏡照見月中有煙起如炊煙云。）

忽吐光芒生兩孔，圭形三尺此星奇。（用觀星鏡照見一星圭形，長三尺，頭尾各穿一孔。）

昏姻自擇無媒妁，縫縫闓闔只一妻。（夷人男女自擇配。既娶妻，不得納妾。違者以犯法論。）

素衣減食悲三月（夷人喪服：父、母、妻皆期年，朋友三月），易簀遺囊友亦分。（夷人重友誼，臨終分財，友亦與焉。）[51]

這少數幾句詩境界或許不高，觀察或許不夠正確，但卻看得出潘有度這個人對於外國事務有一些好奇心。美國學者Lawrence Waters Jenkins根據一位曾於1815（嘉慶二十）年，受邀到南墅訪問的波士頓（Boston）商人Bryant Parrott Tilden日記的描述，形容潘有度這個人：

雖然舉止十分威嚴，但與聰明的外國人在一起時則和藹可親。他愛探詢有關中國以外其他國家的事情；而與他大多數的同胞不同，他坦誠而自在地談論宗教等題目。1819年時，他還成了麻州農學會（the Massachusetts Agricultural Society）的會員。[52]

50　張維屏，《藝談錄》，卷下，p. 16a。
51　張維屏，《國朝詩人徵略》，56/6a-b。

　　「麻州農學會會員」對潘有度而言，當然只是個榮譽頭銜。而這個榮譽頭銜卻也正是美國商人對他的求知精神的肯定。

　　根據Tilden的記載，南墅要比伍浩官（怡和行伍秉鑑）的宅院來得典雅，且更純然爲傳統中國式風格，幾乎不夾雜任何外國飾物。南墅的收藏也以圖書及古董爲主。這些古董包括一些鼎彝，也有一些Tilden認爲很奇異的古老中國世界地圖。但Tilden也同時提到，在廣州洋行的住所中，潘有度卻保有一些當時最佳的世界地圖與航海圖。這些地圖與航海圖的原件是外國商人與航海家帶到中國的，潘有度借來仔細地抄繪，並在英文地名旁邊標註上國家、大城與海港的中文名字以供他自己使用。這些地圖的原件有的還是探險家剛剛完成，尚來不及在歐洲出版的作品呢！除此之外，在廣州，潘有度也還收集了一些羅盤。這些東西在他想要與人討論外國事務的時候就拿出來展示。當他聽 Tilden 等人談過航海經驗後，曾一度感歎地說：「啊！爲甚麼能這樣把船放在海上兩個月、四個月而不讓它們看到陸地？爲甚麼能由歐洲、美洲經海而來而船不碰上礁石？啊！眞的，實在有很多奇怪的事情中國人都不能照樣做啊！」潘有度也與他的貴賓討論拿破崙戰爭，證明他對歐洲的時事有些知識。他很關心有關英國的話題，知道她的國力強盛，並且在印度開疆拓土。[53] 由此可以看出潘有度這個人對於海事活動與世界知識至少都有相當高的興趣。

　　潘有度在他的洋商世界裡，表現得進取與好學。但他卻不是一個愛好誇耀展示其身分與財力的人。1793-94年間馬戛爾尼（Macartney）出使中國時，分別與潘有度與石中和見面。他的觀察也說明了這兩大洋商的處事態度：

52　Lawrence Waters Jenkins, "An Old Mandarin Home", pp. 105-106.
53　Ibid., pp.110-111 and 117.

我與此間的主要洋商有過一些談話。潘啓官為主要洋商之一，是一個精明有概念的人物。從重要性的觀點來說，石鯨官排名居次，但從富有的程度來看，則毫不遜色。後者較年輕，個性較率直。對我而言，他表現得對英國十分尊重，而且毫無保留地宣示他願意嘗試交易任何我們商館要他去嘗試的新事物。……潘啓官在他帽子上頭戴了一個白色半透明的頂子，而石鯨官則戴著一個水晶頂子，（其代表的官銜）比潘啓官的高了一級。但我很快就知道其中的緣故。潘啓官比較審慎，而石鯨官則較愛炫耀。石鯨官告訴我說他（潘啓官）還有一個藍頂子，可是他在家與家人在一起的時候雖然常戴它，卻從不戴出門，以免衙門裡的官老爺因此而找上門，而且以此為藉口向他索賄，想當然爾地假定一個曾經付出萬兩銀子……以取得這種榮耀的人當然拿得出來。[54]

潘有度的求知精神使他或多或少比同時代的其他洋行商人更能準確地掌握時代的脈動，察覺商場上的有利與不利因素的變化，而成功地作出適當的對策。而他的審慎態度不但使他規避了一些官府的騷擾，而且事先防止了一些可能使他陷於萬劫不復的困境。

三、 潘有度的時代背景

潘有度出任行商的年代，包括他退休在家的幾個年頭，為乾隆五十三年（1788）到嘉慶二十五年（1820）。 這三十多年期間，直接影響到國際貿易的中外環境有很大的變化。

---

54 J. L. Cranmer-Byng, *An Embassy to China: Being the Journal Kept by Lord Macartney during His Embassy to the Emperor Ch'ien-lung, 1793-1794* (London: Longmans. 1962), p. 207。按：「白色半透明的頂子」為車磲頂子，相當於六品官銜。水晶頂子為五品官銜。藍頂子可能為青金石頂子，四品官銜；或是藍寶石頂子，三品官銜。參考中川忠英，《清俗紀聞》，第一冊 (東京：平凡社，1989)，p. 132。

在整個中國大環境方面：自乾隆末期始，吏治敗壞，貪污盛行，國勢轉衰。由於行政上統治能力的衰退、社會上不公義情況的嚴重，以及一般人民生計上的困難，這也是民間叛亂迭起的一段期間。由政府負責維修的公共工程也因行政效率不佳與貪贓橫行而敗壞，搶修與救濟又加重了財政的負擔。

由於國用無節，又因祖訓不得加賦，因此財政上的負擔便要轉嫁給農人以外的其他百姓。商人以其富厚，自然首當其衝。政府擴大財政收入的途徑少不了捐納與捐輸，兩者皆以富人為對象。有錢或公認有錢的商人大都逃不了被剝削的命運。其中尤以捐輸對商人的影響最大，數額往往很高。以廣東洋商所承受的捐輸負擔而言，1787年（乾隆五十二年）才因臺灣軍需（林爽文、莊大田之役）強迫洋商捐銀三十萬兩。隨後自1788年到1820年，前後三十三年中間，又以廓爾喀軍需、湖廣軍需、川陝軍需、北京工賑、惠州勦匪、黃河河工、征勦海盜、嘉慶萬壽及山東勦匪等理由為藉口，共向洋商勒捐了三百五十一萬五千兩。平均洋商每年的負擔超過了十萬兩。除此之外，自乾隆五十一年起，廣東洋商還得以「備貢」的名義，每年繳交給內務府五萬五千兩銀子。[55]

廣東洋商還有一項共同的負擔，即破產洋商所積欠外國商人的債務（稱為「夷債」）的清償問題。在潘文巖還在世的1780年（乾隆四十五年），由於張天球（裕源行）、顏時瑛（泰和行）兩名洋商積欠外商債務近兩百萬兩，被政府宣告破產。他們的債務經過處分財產清算後，所有不足的數目，政府下令由全體開業中的洋商共同清償。為此，洋商只得就某些特定的商品（以茶葉為主）的交易值收取3%作為「行用」來分年償付。原先擬定在清完張、顏兩人的債務之後應該停止收取這種行用的。

---

55 陳國棟，〈論清代中葉廣東行商經營不善的原因〉，表五：「行商歷年捐輸總額表，1773-1835」；陳國棟，〈清代前期粵海關的利益分配〉，《食貨月刊》，12：1（1982年4月），p. 22。

但是1780年以後，洋商破產的情形卻日益嚴重。其中多家破產時，也因資產有限，債欠皆由全體洋商共同負擔。收取行用的事也就無法中止。由於行用的存在，洋商自然以此收入來支付紛至遝來的捐輸負擔。同時也因有此行用的名目，政府更放心大膽地擴大捐輸的要求。對整個洋商團體而言，捐輸加上夷債的負擔也就日益沉重了。行用的徵收原先是以設置專櫃（稱爲「公櫃」）的方式，於每筆交易之後即將應收的款項置入此一專櫃。有所需要時即自此一專櫃中取出所需數目，年終時再將剩餘的部分依當初交納的比例退還給個別洋商。但在十八世紀末以後則改變方式，由個別洋商保有應收的行用，有需要時再依各商應該負擔的比例分別支付。這一來，個別的洋商就把行用當成是自己正當收入的一部分，隨意支配，而必須支付捐輸與夷債時則視之爲額外的重大負擔了。[56]

乾隆末年由於皇帝寵信和珅，和珅又招權納賄，使得貪黷之風盛行。加上乾隆皇帝本人的好大喜功、揮霍無度，一般人民，尤其是商人的負擔日益加重。和珅的貪婪前人研究已詳。[57] 以下之例，亦可爲一佐證：

吳縣石遠梅，名鈞，善吟詩，嘗刻詩集，亦倜儻人也。以販珠爲業。每至揚州，未三十里，迓者如州縣之接督撫……而鹽賈日候其門。遠梅出一小匣，錦囊緼裹。以赤金作丸，破之，則大珠在焉。重者一粒價二萬，輕者或一萬，至輕者亦八千。爭買之，唯恐不可得。余嘗以問遠梅，遠梅曰：「所以獻和中堂也。中堂每日清晨以珠作食，服此珠則心竅靈明，過目即記……。珠之舊者與已穿孔者不中用，故海上採珠之人不憚風濤，雖死不恤。今日之貨，無如此物之奇者也。」[58]

56　Kuo-tung Anthony Ch'en, *The Insolvency of Chinese Hong Merchants*, pp. 88-92.

57　代表作品如：David S. Nivison, "Ho-shen and His Accusers：Ideology and Political Behavior in the Eighteenth Century," in David S. Nivison and Arthur F. Wright eds., *Confucianism in Action* (Stanford: Stanford University Press, 1959)；牟潤孫，〈論乾隆時期的貪污〉，《注史齋叢稿》(臺北：商務，1990)。

　　爲了應付在上位者的貪婪需索，官員們自然只好轉而剝削百姓。洋商不但被認爲有錢，而且能提供特殊商品，無疑也不能倖免。和珅被查抄時，抄出的財產清單中出現了大量的鐘錶。[59] 而1794年（乾隆五十九年）洋商石中和（石鯨官二世，而益行）破產時，價值約二十萬兩的存貨幾乎全都是鐘錶。東印度公司的職員推斷這些鐘錶是用來行賄的。[60] 粵海關監督無疑是他行賄的直接對象，但和珅絕對是這些賄賂的最後收受人之一。應付上官的需索只是粵海關監督等廣東官員索賄的動機之一。此外，除了個人貪婪的習性外，還有一些制度上的因素使得粵海關監督更不得不向洋商施展巧取豪奪的壓力。

　　自從乾隆年間開始，出任各處稅關監督的官員（大多是內務府包衣）必須負責讓每年所收的稅金不少於前一個年度的收入。如有不足，除了要受到行政上的處分之外，還得負責賠補差額。然而由於國內經濟情況的變化，中國國內的長距離貿易到了乾隆末年已處在衰退的趨勢中，因而大部分的關差均很難收足稅額。爲了應付此一趨勢，嘉慶初年曾經爲各稅關制定了一個較低的稅額標準表，監督們只要達到表列的數字即可不用賠補，不再因爲要與上年比較而得一年多收過一年。然而，由於長

58　焦循，《憶書》，(收在上海：商務「叢書集成初編」，第2966冊，1936)，2/15。

59　佚名，〈查抄和珅家產清單〉，收在《明武宗外紀》，(臺北：廣文，「中國近代內亂外禍歷史故事叢書」，1967)，p. 279記錄了和珅被查抄時，抄出的財物中有「大自鳴鐘十座、小自鳴鐘一百五十六座、桌鐘三百座、時辰表八十個。」此外當然還有多種顯然來自廣州的外洋商品。這些包括鐘錶在內的外洋商品顯然透過粵海關監督取得，並有一大部分轉呈給皇帝本人，所以嘉慶查抄和珅家產的上諭也提到：「朕自嘉慶元年至三年凡御用衣服和珅自稱係伊備辦……朕方謂所需用項……未必係伊……自出己貲，或係……於包衣人員中之現任鹽政、關差得項較厚者派令承辦，而和珅……則自居其名以爲進奉見好之地。」衣服一項如此，其他物件想亦相仿。見《史料旬刊》(臺北：國風，1963)，p. 150。

60　G/12/108, 1794/11/29, p. 139；Kuo-tung Anthony Ch'en, *The Insolvency of the Chinese Hong Merchants*, p. 111.

距離貿易衰退的趨勢沒有改變，絕大多數的稅關收入仍在遞減之中，每個監督在離任時都爲自己招來一大筆債務。僅有的例外是粵海關。由於中外貿易的繁榮，稅收年年都在成長之中。粵海關監督一般都不會在職務上增加新的債務。政府爲了調劑在其他關差任上因爲賠補稅餉缺額而積欠債務的內務府官員，最後都把他們派到粵海關擔任監督。表面上，這些監督因爲不會增添債務，因此可以從容籌款。實際上等於也默許了監督們在廣州以非法的方式取得償債所需的款項。[61]

由於賠補欠帑以及應付餽贈上司而來的財政壓力，粵海關監督自然就只有訴諸剝削洋商的手段以取得金錢了。他們榨取洋商的一般情形，照英國東印度公司職員的記載，監督蘇楞額（在職：乾隆五十八年八月至五十九年九月）離任時，共帶走了超過三十萬兩的銀子。其繼任者舒璽（在職：乾隆五十九年十月至嘉慶元年七月十四日）到任後，於六個月內即已收受了二十四萬元（約十七萬兩）。由此可見粵海關監督貪婪的一斑。大致說來，粵海關監督每年取自洋商的金額約在二、三十萬兩之間。[62]

粵海關監督向洋商榨取賄賂的途徑主要有三：一是在有人申請成立新洋行或者舊洋行更換行東（即洋商）等場合，監督因爲握有核准執照的權力，因而能向當事人需索大筆金錢；二是藉著將洋商羅織到莫須有的罪名下，造成當事人極大的不方便，因而只好拿錢出來賄賂求免；第三種則是赤裸裸的直接索取。最後這種情形在嘉慶初年起甚至還有「制度化」的傾向！大約自1796年起，粵海關監督乾脆按照個別洋商與英國

---

61 參考陳國棟，〈清代前期粵海關的利益分配〉，pp. 19-21；陳國棟，〈清代中葉以後重要稅差專由內務府包衣擔任的幾點解釋〉，收在許倬雲等主編，《第二屆中國社會經濟史研討會論文集》（臺北：漢學研究及服務中心，1983），p. 183；Kuo-tung Anthony Ch'en, *The Insolvency of the Chinese Hong Merchants*, pp. 131-137.

62 G/12/108, 1795/04/28, p. 276.

東印度公司交易數額的多寡，每一份交易（東印度公司將其交易分成
二、三十個等份，每家洋行可能擁有一個到數個等份）的所有人交給他
一定數額的現金。以1806年爲例，每一份交易要交出三到四千元；而
1812年時每份交易的持有人要交出八千元！[63]

在廣州的對外貿易上，潘有度的時代與他父親潘文巖所處的時代也
有顯著的差異。造成此種差異的變化始於潘文巖在世時，但在潘有度的
時代才對廣州貿易產生重大的影響。這些變化差不多都發生在1784年，
當時潘有度已在潘文巖的同文行中擔任左右手。

1784年所發生的重大事件可分幾個方面來觀察：

首先爲英國東印度公司開始成爲中國茶葉的支配性出口者。中國茶
葉在歐洲的最終市場主要爲英國，但在當時除了英國東印度公司之外，
其他歐陸的商人也自中國進口茶葉到歐洲。英國的法律禁止這些歐陸商
人將茶葉賣到英國，但因英國茶稅（包括進口稅與國內通過稅）過高，
歐陸商人乃將其自中國進口的茶葉走私傾銷到英國，造成英國財政收入
的重大損失。爲了對付這個問題，英國國會在1784年通過了首相庇特
（William Pitt）所提的「折抵法案」（The Commutation Act），大幅度降
低茶稅（由原來平均125%左右遽減爲劃一的12.5%），因而招致的財政
損失則以收取一種名爲「窗戶稅」（Window Tax）的新稅來補足。這個
措施不但大幅度減低了走私客的利潤，從而解決了走私的問題；同時由
於英國國內的茶價也大幅度降低，更促成英國人飲茶風氣的盛行。結果
一方面整個歐洲對中國茶葉的需要大量增加，另一方面這些茶葉也幾乎
全由英國東印度公司來載運。相反的，其他歐陸商人在失去英國市場
後，也就減少在中國購買茶葉。不過，在「折抵法案」通過時，由於法
案規定英國東印度公司必須隨時保有足供英國全國一年消費需要的茶

63　Kuo-tung Anthony Ch'en, *The Insolvency of the Chinese Hong Merchants*, pp. 129-130.

葉，而派船前往中國增加採購尙需一、兩年的時間，因此英國東印度公司一時還到歐陸採買。到了1790年前夕，英國東印度公司已有能力滿足「折抵法案」的規定，其他歐陸商人則因失去英國市場而式微。其中原本在中國貿易中佔有相當份量的荷蘭東印度公司（VOC）更因受到法國大革命的波及，幾乎無法派船前往中國。最後更在1799年解散了。其他歐陸公司，如瑞典、丹麥及法國也都日益凋零。[64] 因此，「折抵法案」通過後的幾年中，英國東印度公司迅速獨霸了歐洲與中國的貿易。換言之，英國東印度公司也就成了洋商最大、最主要的交易對象。由於英國東印度公司在購買茶葉時容許洋商有四至五兩的淨利潤，[65] 因此洋商與他們交易不但風險低，而且享有穩定的獲利機會。他們因此成爲洋商極力爭取的交易對象。

　　1784年左右發生的第二項重大變化爲所謂的「港腳商人」的興起。十八、九世紀的英國人將當時亞洲境內的區間貿易稱之爲"country trade"，而從事此一貿易的商人則稱之爲"country traders"，中國方面因此稱之爲「港腳商人」。對華貿易的港腳商人以印度爲基地，從事中、印之間的貿易。他們大致可分爲兩類。一類是居留於印度的歐洲人，尤以英國人爲主。由於英國東印度公司自認爲是一個「公共的」（public）團體，他們便把這些獨立於公司之外的英國商人稱之爲「私商」（private traders）。另一類的港腳商人爲印度一帶的商人，主要爲亞美尼亞人（Armenians）及波斯裔的祆教徒（*Parsis*, Parsees），尤以後者爲最重

64　C. R. Boxer, "The Dutch East India Company and the China Trade," *History Today*, vol. 29 (1979), pp. 741-750; C. J. A. Jörg, *Porcelain and the Dutch China Trade* (The Hague: Martinus Nijhoff, 1982), pp. 43-45。

65　陳國棟，〈1760-1833年間中國茶葉出口的習慣作法〉，收入本書，pp. 313-342。

要。港腳商人的發達與中英貿易的不平衡有關。由於英國自中國出口的茶葉價值遠超過東印度公司自本國進口到中國的商品與現銀所能支付，因此經常得設法彌補這類差額。而自1757年普列西之役（the Battle of Plassey）之後，東印度公司開始在印度擁有領土，隨之而來有許多稅收。因此東印度公司先是仰賴印度的財政收入來支付在中國採購商品之所需。不過，在哈斯汀（Warren Hastings）擔任英國東印度公司在印度最高的指揮官孟加拉總督（the Governor-General of Fort William）的年代，爲了防止白銀大量外流對印度本地經濟產生不利的影響，禁止白銀出口。於是東印度公司改變方式，鼓勵港腳商人運送印度本地的物產到中國，以其售價交給公司在廣州辦事處的人員支付購買中國產品的貨款，而廣州辦事處則開立在印度或倫敦兌現的匯票給當事的港腳商人。由於東印度公司給予港腳商人的條件相當優渥，於是大量的印度商品就被輸入中國。從1780年代到1820年代初期，棉花是印度輸入中國的主要商品，1820年代以後，棉花每年的輸入量仍然有增無減，但由於鴉片進口的急速成長，棉花的相對重要性退居第二位。要之，在潘有度的時代，棉花是港腳商人的主要商品。活躍於印度棉花主要產地固加拉特（Gujerat）附近孟買（Bombay）的祆教商人也就具有舉足輕重的地位了。然而棉花的進口在1784年以後，每年都在二十萬擔以上，1800年以後更超過了三十萬擔。進口數量大，市場價格也因而趨於激烈，交易此項產品的風險也就跟著擴大了。然而風險雖大，獲利的可能性卻不高，因此財務狀況良好的洋商並不輕易從事棉花的買賣。[66]

　　1784年左右發生在廣東國際貿易上的第三個重大事件是美國商人的

66　Kuo-tung Anthony Ch'en, *The Insolvency of the Chinese Hong Merchants*, pp. 31-34；袁傳偉、袁放生譯(N. Benjamin 原著)，〈印度孟買與中國之間的「港腳貿易」(1765-1865年)〉，收在中外關係史學會、復旦大學歷史系編，《中外關係史譯叢》，第四輯(上海：譯文出版社，1988)，pp. 101-114。

加入。1783年，北美十三州的獨立獲得英、法等國承認後，新獨立的美
國發現英國及其殖民地都封閉了與她貿易的大門。於是她的子民嘗試開
拓與遙遠的中國之間的貿易，發現這個貿易極為有利可圖。在1784年，
紐約市的「中國皇后號」（the *Empress of China*）首先到達中國，隨後
中美貿易即蓬勃展開。美國人最初開發的商品原為人參，但隨後因人參
為清皇室的專賣品而被禁止。美國商人因而改行進口皮草。他們自北美
洲哥倫比亞河流域的努特佳海峽（Nootka Sound）一帶大量採取海狸、
海獺、海狗的皮毛來供應中國市場。大約到了1820年代初期，由於過度
捕殺這些海洋動物，結果造成努特佳海峽皮草的急遽減產。中國市場則
因供給價格過高而縮小，皮草貿易變得無利可圖，於是絕大多數的美國
商人都轉而加入當時方興未艾的鴉片貿易。[67] 至於美國商人自廣州出口
的中國商品則以茶葉為主。由於他們比較不計較茶葉的品質，同時資金
也較微薄，廣東的洋商往往在每年貿易季節終了時（約為陽曆5月前後）
將手上未曾賣完的茶葉（稱為「冬茶」，winter teas）以「賒欠交易」
（credit sale）或「委託貿易」（consignment trade）的方式交給美國商人
運往美國或歐陸轉售。等到貨款到手後才將茶價匯交廣東洋商。這樣的
交易雖然一時解決了洋商的存貨問題，然而卻因債權不易收回，洋商常
因被美國商人倒帳而虧本。[68]

　　總而言之，茶葉出口的大量增加、歐陸商人的衰微、英國東印度公

67　Jacques M. Downs, "American Merchants and the China Opium Trade, 1800-1840,"
　　Business History Review, vol. 42, no. 4 (Winter 1968); "Fair Game: Exploitive Role-Myths
　　and the American Opium Trade," *The Pacific Historical Review*, vol. 41, no. 2 (May 1972);
　　Samuel Eliot Morison, *The Maritime Trade of Massachusetts*, 1783-1860 (Boston, 1921).

68　Frederic D. Grant, Jr., "Hong Merchant Litigation in the American Courts," *The
　　Massachusetts Historical Society Proceedings*, vol. 99 (1987); "The Failure of Li-ch'uan
　　Hong: Litigation as a Hazard of Nineteenth Century Foreign Trade," *The American
　　Neptune*, vol. 48, no. 4 (Fall 1988).

司的獨霸歐洲貿易，以及港腳商人、美國商人的興起，在在都使得潘有度所面臨的貿易環境迥異於他父親的時代。其實，當時的國際貿易受到國際局勢的影響也非常大。英國東印度公司在印度半島的霸業發展固然影響到公司與港腳商人的活動，法國大革命所帶來的歐洲擾攘與拿破崙（Bonaparte Napoleon）稱帝後所引起的拿破崙戰爭（the Napoleonic Wars）及間接受此影響的英美1812年戰爭（the War of 1812），促使交戰各方在海上攔劫對方船隻，也為潘有度時代的中外貿易投入許多不穩定的因素。[69]

面對一個嶄新而多變的時代，潘有度一方面儘早透過與外國商人的交談擴展自己的見聞以增加應變的能力，他方面則採取了一貫審慎的作風，竭力維持與英國東印度公司有最大的交易額，同時而避免與美國及印度的商人作買賣。藉著這樣的作風，他既確保了穩定的獲利，而且避免了不必要的風險。這對他的財富的擴大與確保是很有關鍵性的意義的。當然，潘有度能這樣自由地選擇交易的對象與商品，是需要自己有充裕的資金與良好的信用作後盾的。這點除了他本人的努力之外，也得感謝他的父親為他所奠下的穩固的基礎。

四、潘有度的事業經營

潘文巖卒於1788年1月10日。在家族的同意下，潘有度接手擔任起同文行的洋商，[70] 在守喪期間透過行裡的夥計開始與英國東印度公司有所接觸。[71] 潘有度的行事方針大抵十分謹慎。他的父親潘文巖在世的最

---

69 John D. Forbes, "European Wars and Boston Trade," *New England Quarterly*, vo. 11 (1938).

70 G/12/88, 1788/01/10, p. 80; G/12/88, 1788/01/18, p. 95 ff, letter to the Court of Directors, Canton to London.

後一、二十年一直擔任衆洋商的領袖，也就是所謂的「商總」或「首名商人」。潘有度一開始就力圖迴避這個頭銜與伴隨而來的麻煩。因此，當1787-88年貿易季終了，英國東印度公司必須與洋商展開磋商下一年度的合約時，潘有度斷然婉拒了由他爲第一個磋商對象的要求，以避免被當成第一順位的商人。他建議第一順位應讓給石中和（石鯨官，而益行）或其他洋商。表面上的理由是這些人在洋行界的資歷都比他深。[72] 隨後在1788年8月28日，即貿易季終了後東印度公司的職員在澳門「壓冬」時，大班布朗（Browne）接到了潘有度的信，聲明他已婉拒了首名商人之職，而蔡世文（蔡文官，萬和行）則在監督的命令下出掌該職。信中並說明他在衆洋商中的排名應爲第三，列於蔡世文與陳文擴（源泉行）之後。[73] 事實上，若以行號來說，同文行、萬和行與源泉行皆在1760年以前即已開業爲洋行。只是潘有度以他本人新任洋商爲藉口，故意把同文行的排名拉到第三位而已。否則，同文行無論在財力上或是營運情況上都是所有洋商中最好的。就是在潘有度接手的1780年代末期與1790年代初期，同文行與英國東印度公司的交易額也最大（同時也即在整個廣東對外貿易額中佔有最大的比率），僅有而益行堪與之頡頏。[74] 而東印度公司的職員在貿易季終了後往澳門「壓冬」時，手頭用

71　G/12/88, 1788/01/17, p. 91; G/12/88, 1788/01/18, p. 93.

72　G/12/88, 1788/04/02, p. 188.

73　G/12/89, 1788/08/28, p. 77.「他已經婉拒了首名商人之職」一句，原文作"[H]e had declined acting as first Hong Merchant." H. B. Morse, The *Chronicles*, vol. II, pp. 152-153 敘述更換首名商人一事，記載如下："Consequent on the death of old Puankhequa it became necessary to designate a new head of the Cohong. His son, also called Puankhequa, having declined the honour, Munqua was appointed to the position."梁嘉彬依此段文字卻說：「自 Puankhequa I 死後，總商之繼任人選遂發生問題：以 Puankhequa I 之子……名望未孚，遂於乾隆五十三年……由蔡世文……代理總商。」"Declined"是婉拒而非名望未孚；蔡世文是真的被任命爲商總，而非代理。梁嘉彬對整個事件的瞭解有誤。見梁嘉彬，前引書，p. 208。

74　舉例而言，1788-89年洋商與東印度公司的合約，潘有度佔有十六分之五，石中和十

存的資金也都交予這兩家洋行代爲保管。[75] 只不過是潘有度是眞有實力，而石中和表面上場面做得很大，但實際上則東挪西掩，一時未被察覺而已。直到1794年時，石中和挪用了代爲保管的東印度公司資金，他的窘境才被發覺，而益行也隨即破產。[76]

由於潘有度的信用佳，財務狀況穩定，加上其他的因素，因此他雖然名義上不擔任首名商人，清朝政府卻不只一次地要他負起一些原本應由首名商人負責的義務。例如，1793年當源泉行的繼承人陳文擴的兒子（Chowqua II）因爲被粵海關剝奪了一位得力的助手（倪秉發；他被任命爲獨立的洋商，因而無法繼續在源泉行服務），而在經營上出現嚴重困難，無能力履行契約義務，有破產之虞時，潘有度即與蔡世文、伍國釗、倪秉發三人一起被粵海關監督要求負責清理與清償源泉行的債務。其中蔡世文是首名商人，伍國釗是陳文擴的好朋友，倪秉發原爲源泉行夥計，都與當事人有些牽聯。潘有度也被要求分擔義務，則純粹只因他是最有錢的洋商罷了。[77]

又如1794-95年間，石中和的而益行周轉不靈時，粵海關監督舒璽也要求包括潘有度在內的五名主要洋商（其他四名分別爲蔡世文、伍國釗、盧觀恆及伍秉鈞）出面清理。舒璽的理由是1778年而益行開業時，同文行（潘文巖）曾經爲之作保；但何嘗不是看上潘有度有錢，必要時可以從他身上榨出錢來彌補而益行的債務？同時，東印度公司與其他外國

六分之四；1790-91年合約，潘有度與石中和亦各爲十六分之五與十六分之四；1793-94年合約則同爲十六分之四。見G/12/88, 1788/04/03, p. 194; G/12/96, 1790/02/12, p. 145; G/12/103, 1793/02/09, pp. 234-241.

75 例見 G/12/103, 1792/11/26, p. 134.

76 G/12/108, 1794/11/17, p. 117。參考 Kuo-tung Anthony Ch'en, *The Insolvency of the Chinese Hong Merchants*, pp. 299-300.

77 G/12/105, 1793/03/15, p. 10。參考 Kuo-tung Anthony Ch'en, *The Insolvency of the Chinese Hong Merchants*, pp. 294-296.

商人因為潘有度的財力與能力，也都把索回債權的希望寄託在潘有度一人身上。[78] 在處理石中和的債務問題上，潘有度的特殊能力展露無疑。

石中和由於本人與家族的奢華，而在事業經營上又不肯務實，結果累積了一筆爛帳。有欠本國商人的，有欠外國商人的，也有一筆應付給粵海關的關稅。由於官員的本位主義作風，因此首先就得先確保稅餉。潘有度很技巧地處理掉這個難題。在粵海關監督的默許下，他設法從石中和的行夥與親友中逼使他們拿出二十萬兩銀子，付清了當期而益行名下的關稅，粵海關監督遂答應由洋商團體私下解決石中和的債務問題。這二十萬兩中，葉仁官（葉上林）因為曾與石中和的兄長合作過，被迫拿出了五萬兩，而同文行以保證者的關係，原本應負責清繳而益行關稅的，卻不用拿出一分錢！[79]

在初步解決了關稅的問題之後，潘有度接著必須處理的是而益行的「夷債」。因為自1780年張天球、顏時瑛破產的案例以後，如果當事洋商無法清償這一部分的債務，則其他洋商必須代為清償。而益行名目上雖然以石中和為洋商，實際上的行務則都由他的弟弟石懷連（Wyequa，懷官）所左右。在石懷連的影響下，而益行意圖隱匿大部分的資產，不肯拿出來償債。潘有度認為，而益行的負債非常龐大，若非石氏兄弟有相當數目的資產，何以能取得如許大的信用？然而石氏兄弟提交給粵海關監督及眾行商的資產負債表[80] 卻顯示他們已無多少可支配的財產。由於石中和、石懷連兄弟堅拒承認有隱匿的財產，並且而益行當時最大的外國債主為英國東印度公司，雙方在當年尚有未履行的茶葉合約，而東印度公司事先已為該契約付過高額的訂金，構成而益行債務的一大部

---

78 G/12/108, 1794/11/17, p. 117; G/12/108, 1795/01/12, p. 167; G/12/108, pp. 195-196, letter to the Court of Directors, Canton to London; G/12/110, 1795/06/22, p. 32.

79 G/12/108, 1795/01/19, p. 197, letter to the Court of Directors, Canon to London.

80 Kuo-tung Anthony Ch'en, *The Insolvency of the Chinese Hong Merchants*, p. 302.

分，當時內地茶商已將石氏兄弟所訂的茶葉運到廣州，只要他們能拿到貨款自然就肯交貨，潘有度於是建議粵海關監督對石氏兄弟施加壓力。石中和與石懷連果然有辦法拿出相當於百分之七十五的貨款給茶商，於是茶商就將茶葉提交給東印度公司。由於這些茶葉能抵消的價格大於而益行的成本，而益行的債務因而大幅度減少。[81] 茶商交茶完畢之後，石氏兄弟原本應付給他們剩餘的茶價（約十五萬兩），石懷連兄弟卻唆使茶商向潘有度索取，但陰謀沒有得逞。茶商回頭逼迫石家兄弟，他們遂將房地契拿出來交給茶商。[82] 這又大大出乎潘有度的意料。因為照他的計劃，而益行的房地產將來出售後，所得也是要拿來替而益行償付夷債的。現在房地契交給了茶商，即少掉了這部分的資源，將來眾洋商必須代償的債務總額自然就無法減輕了。

原先粵海關監督答應讓眾行商私下處理而益行的債務，因此外國債權人也同意不控告石家兄弟，所以石家兄弟也沒有被逮捕。潘有度認為石中和、石懷連兩人既無誠意，而外國債權人也知道有關房地契的問題，因此不堅持私下解決的辦法。外國商人於是正式控告而益行。石家兄弟遂被逮捕。在石中和經過嚴刑拷打後，石家兄弟才拿出了相當於十萬兩銀子的黃金，贖回了房地契。[83] 由於外國商人已經首告，粵海關監督只好將整個案子奏報朝廷，而依1780年的先例，在完清所有關稅的前提下，所有積欠外國人的債務就交給全體行商來分賠了。（至於本國商人的債務就不了了之了。） 而益行的債務被認定為六十萬兩，分六年攤還。[84] 依慣例，各洋行分擔的數額是以各行當年應收「行用」的多寡

---

81 G/12/108, 1795/03/24, p. 245 ff.
82 G/12/108 1795/04/07, p. 267.
83 G/12/110, 1795/05/14, p. 4.
84 G/12/110, 1795/12/26, pp. 99-100; G/12/110, 1796/05/222, pp. 259-261; 梁廷枏，《粵海關志》，25/10a。

爲準，有的商品交易應收行用（如茶葉），有的則否（如絨布），因此善加處理即可減輕夷債的負擔。潘有度在這一點上也充分取巧，因此只分擔了極少數的債務。舉例而言，1799-1800年潘有度佔了英國東印度公司總交易額的十八分之四（22.22%）[85]，但他對而益行第五期債務的負擔卻不到0.45%。【參考表一】

表一　洋行公所議定清償石而益行第五期夷債各行分攤額數表

（單位：兩）

行名	英國東印度公司部分	個別外商部分	總計
同文行（潘有度）	130.862	317.846	448.708
廣利行（盧觀恆）	9,655.394	23,451.629	33,107.023
怡和行（伍秉鈞）	5,455.882	13,252.588	18,708.470
義成行（葉上林）	1,146.808	2,785.441	3,932.249
達成行（倪秉發）	4,050.902	9,839.087	13,889.989
東生行（劉德章）	3,910.308	9,497.600	13,407.908
會隆行（鄭崇謙）	4,489.682	10,904.821	15,394.503
麗泉行（潘長耀）	262.687	638.030	900.717
	29,102.525	70,687.042	99,789.567

資料來源：G/12/128, 1800/03/21, p. 137.

　　依年資排名在潘有度之前的源泉行在1792年失敗，而財力上與潘有度相當的而益行也在1795年破產。因此在1795年時，潘有度在眾洋商之中僅排名在商總蔡世文之後。但論起事實上的財力與能力，其他洋商實在無一堪與潘有度相提並論。蔡世文的萬和行多年來其實早已周轉不靈，而首名商人一職更使他在金錢與精力上兩相陷於困頓。終於他在1796年4月10日清晨吞服鴉片自殺。[86] 潘有度再次被粵海關監督要求與蔡世文的好友盧觀恆負責清理萬和行的財產。[87] 而此時無論從洋行歷史的長短或資力的大小來看，眾洋商都遠不及潘有度，於是他終究推辭不

85　G/12/126, 1799/02/14, p. 48; G/12/124, 1799/01/27, p. 48.

86　G/12/110, 1796/04/10, p. 238; G/12/113, 1796/06/24, p. 7, letter to the Court of Directors, Canton to London.

87　G/12/110, 1796/04/19, p. 243.

了首名商人的頭銜與責任。[88]

　　蔡世文的自殺使得潘有度不得不成為名實相符的首名商人，在他個人而言，是十分不情願的。當他沒有這項頭銜的時候，政府雖然偶爾要求他出面解決某些與廣州對外貿易有關的難題，但畢竟這類義務只是臨時性質，不是揮之不去的長久壓力。一旦他成了名義上的商總，除了要定期到粵海關及督、撫衙門聽候指示之外，而且他還得處理所有有關外國商人與政府之間的交涉以及有關全體行商共同利害的種種事務，這不但浪費他許多時間與精力，而且常常要拿錢出來取悅有關的當事人。因此，當形勢上他無法拒絕充當商總的時候，他便興起辭去洋商的職務，以徹底脫離所有麻煩的念頭。到了1800年年初，廣州商界果然盛傳他要歇業的消息。這一點隨著盧觀恆（盧茂官，廣利行）被任命與他一起擔任商總的工作而增加了幾分可靠性。[89] 但是實際上潘有度暫時仍不能逐其所願，而且有了更大的麻煩。因為在1799年9月11日到1801年11月17日之間擔任粵海關監督的佶山不但以貪婪出名，[90] 而且行事乖張，對資財富厚的潘有度更是充滿敵意。在此情況下，潘有度根本不可能提出停業的要求。

---

88 G/12/114, 1796/12/16, pp. 53-54. 潘有度的排名自此時起自然也就居於首位了。

89 G/12/128, 1802/03/07, p. 110-111; G/12/128, 1802/03/08, p. 111.

90 H. B. Morse, *The Chronicles*, vol. II, pp. 347-356在敘述佶山擔任監督的一段歷史時乾脆就以「貪婪的監督」(The Rapacious Hoppo)作為他的篇名。筆者懷疑出版於嘉慶九年(1804)的《蜃樓志》這本小說中，有關粵海關監督赫廣大壓迫洋商總蘇萬魁的故事就是影射佶山與潘有度的關係。詳細的考證尚需假以時日。但如下述廣州糧道勸阻監督莫做過份無理壓迫的事件也完整地出現在《蜃樓志》故事中的事實，恐怕不能不說作者是有意將現實的歷史編入這本譴責意味濃厚的小說中的意圖了。參考王孝廉，〈《蜃樓志》──一部承先啟後的譴責小說〉，收入禺山老人，《蜃樓志》(中國古豔稀品叢刊，第三輯第二冊)，pp. 303-339。佶山於嘉慶四年初曾受命參與查抄和珅家產的工作，獲得「交部議敘」的獎勵。同年夏天即以「武備院卿」銜出任粵海關監督。參考《清實錄：嘉慶朝》，39/33b-34a，嘉慶四年二月乙卯(二十七日)上諭內閣。

　　潘有度與佶山的衝突中有一件是關於行用方面的。自從1780年因爲要清償張天球、顏時瑛的夷債以來，絨布類一向是不收取行用的。佶山爲了增加收取行用的對象，擴大洋商的支付能力，以便利政府與官員的剝削，於是一方面遍翻檔案，尋求對所有商品收取行用的依據，一方面要潘有度特別爲絨布類商品免收行用的理由提出說明。潘有度則提出絨布類一向無利可圖，且經常有15%到25%的損失，所以從前徵得前任監督的同意，不收取行用以免增加洋商的損失。[91] 潘有度的說辭言而有據，使得佶山一時無法可想，但彼此的衝突也變得更加嚴重。

　　就在這個問題懸而未決的時候（1801年，嘉慶六年），北京一帶因爲永定河大水造成災害，政府下令全國捐款賑災。佶山以此爲藉口要全體行商捐輸二十五萬兩，其中潘有度出了五萬兩。若依過去的慣例，捐輸由各洋商應徵收的行用比率來分攤，潘有度原本不用出這麼高的數字。然而，即使如此，佶山仍然不滿足。他認爲以潘有度和同文行的財力及事業規模，五萬兩太少。於是他毫無理由地要潘有度再獨力捐出五十萬兩銀子。[92]

　　佶山威脅：如果潘有度不照辦，他馬上會上奏皇帝，加以後者嚴重的罪名──這可能會使潘有度招致被抄家、財產被充公，而本人被充軍的命運。潘有度招集族人商議（因爲同文行的產權是由他父親的七個兄弟所共有），決定捐獻十萬兩銀子，但也絕不增加。佶山自然不滿意，一再對潘有度施加壓力。潘有度與親戚、朋友、同行多次磋商，最後仍然決定捐款以十萬兩爲限，並且立即解交粵海關銀庫。在面子盡失的情形下，惱羞成怒的佶山眞的在1801年10月18日拜發奏摺。然而他的鹵莽作法連廣州的其他高級官員也深不以爲然，因爲潘有度與同文行事實上並無任何不法的情事。在總督及巡撫均表達了他們的不滿情緒與廣東糧

91　G/12/134, 1801/09/03, p. 149; G/12/136, 1801/10/14, pp. 4-5.
92　G/12/136, 1801/10/16, pp. 11-12.

道親赴粵海關衙門遊說的情形下，三天之後，佶山只得派人半途攔截摺差，收回奏摺。不到一個月，新任監督三義助上任，不但退回潘有度已經繳納的十萬兩捐獻，而且也與總督共同決定不再要求洋商增加對既有應收行用以外的其他商品（包括絨布類）收取行用。東印度公司還特別記載佶山離任時，廣州官員無一人到碼頭相送，與中國官場的禮節大相逕庭，也顯示了潘有度本人的堅持使他獲得了重大的勝利。[93]

佶山的離任固然讓潘有度大大地舒了一口氣，但是作為一名洋商，同時又是眾洋商之首的商總，伴隨而來的種種麻煩仍是如影隨形，成為他揮之不去的夢魘。於是在接下來的幾年中，退出這個行業的計劃仍然縈繞於他的胸懷。

嘉慶初年，洋商一般在事業的維持上都遭遇到很大的困難。如前所述，一方面歐洲各國間的戰爭（拿破崙戰爭）增加了中西貿易上的不穩定性，使得洋商在經營上面臨了許多不可預測的因素，風險因而擴大。另一方面洋商被政府要求捐輸報效的次數與數目也越來越多，為破產同行攤賠的夷債負擔也越來越重。而主管貿易的粵海關監督除了不斷地向洋商要錢之外，也沒有幫助洋商脫離困境的能力。研究此一時期的學者 H. B. Morse 即有以下的觀察：

> 監督……的首要任務是散發禮物給宮廷及朝臣，其後他可以累積一筆為數不少的盈餘以充實他個人的錢包。他通常沒有什麼行政經驗，又是一個一向貪婪的宮廷──自從嘉慶君嗣位以來，也是一個唯錢是圖而又放蕩浪費的宮廷──的臣僕。因此，除了與金錢的收受有關的事務外，他在面對任何問題的時候，自然也就畏葸不前了。[94]

---

93 G/12/136, 1801/10/16, pp. 11-13; G/12/136, 1801/10/17, p. 14; G/12/136, 1801/10/18, p. 16; G/12/136, 1801/10/26, p. 32; G/12/136, 1801/11/18, p. 74; G/12/136, 1802/01/06, p. 214; G/12/136, 1802/01/11, p. 226; G/12/138, 1802/02/13, pp. 111-112.

　　事實上，皇帝本人也意識到捐輸過重對洋商的永續經營的可能性有
很大的負面影響，所以曾在嘉慶六年的上諭中提到：

　　捐輸報效已非一次，自當培養商行，令其家道殷實，方不致稍行賠
累。[95]

　　但也不過是說說而已！前不久，佶山建議政府將洋商每年以「備貢」
（買東西送給皇帝）名義捐給政府的數目，由五萬五千兩調整爲十五萬
兩。皇帝雖然沒有同意長期這麼做，卻也指示嘉慶七、八兩年每年先繳
十五萬兩，等到嘉慶九年才恢復年繳五萬五千兩。[96] 而在往後的數年，
由於財政上的壓力，政府強迫洋商捐輸的狀況，更是日甚一日。[97]

　　大體而言，到了嘉慶初年，洋商的事業幾乎都面臨極端的困難。面
對這種情況，周轉不靈的洋商只能設法買空賣空，苟延殘喘。因爲他們
若想中止洋行業務，必然因無法償清關稅及個人的夷債而被宣告破產，
進而抄家流放。反過來。有幸能清償債務的洋商則個個都想求去。

　　潘有度早在1800年即已表達了辭去洋商職務的意圖，但一時未能遂
其所願。隨後葉上林在1803年開始著手與中國政府及他主要的貿易對手
英國東印度公司安排結束營業的事，並且出人意表地獲得有關各方面的
同意，而在1804年成功地離開洋行業。[98] 葉上林的成功給一些財務狀況
較好的洋商很大的鼓勵。盧觀恆（盧茂官，廣利行）、伍秉鑑（伍浩

94　H. B. Morse, *The Chronicles,* vol. II, p. 329. 參考陳國棟，〈清代前期粵海關的利益分
　　配〉，p. 21。

95　宮中檔奏摺原件，嘉慶朝，第007167號，嘉慶七年一月十一日，兩廣總督覺羅吉
　　慶、粵海關監督三義助會銜摺。

96　同上註。

97　參考陳國棟，〈論清代中葉廣東行商經營不善的原因〉，表五「行商歷年捐輸總額
　　表，1773-1835」。

98　G/12/142, 1803/01/30, pp. 213-214。 參考Kuo-tung Anthony Ch'en, *The Insolvency of the*
　　Chinese Hong Merchants, p. 315.

官，怡和行）也都先後醞釀辭去洋商的工作，但都無法取得相關官員的首肯。[99]

在這期間，潘有度也再次表示了想要退休的強烈意願，並且也積極著手與官方及東印度公司磋商退出洋行業務的種種安排。與官方的交涉表面上看起來曠時費日，困難重重。但只要肯花大筆金錢來取得有關官員、胥吏的合作，還是有取得同意的可能。英國東印度公司的廣州職員原先以為潘有度是絕不肯付出任何賄款來買取中國官吏的許可的。[100]但是他們顯然判斷錯誤。潘有度這回的決心十分強烈，因此也就不擇手段。事後他雖然不肯表示曾經付出多少金錢，但廣州商界則盛傳他花了五十萬兩銀子的代價才取得有關官吏的同意。[101]

由於潘有度的能力與財力，英國東印度公司原本極其不願意同意他離開廣州的洋行業，因此想盡辦法要說服他打消辭職的念頭。但是發生在1806-1807年的一個事件卻使他們改變了立場。

嘉慶十一年（1806）初，廣州糧價高漲，一擔米售至四、五銀元。而受到前一年臺灣府鳳山縣吳淮四事件的影響，加上數年以來海盜蔡牽、朱濆等持續騷擾中國東南沿海的考慮，都使廣州的官員深信糧食的供給可能會有困難，因而擔心米價暴漲。透過洋行首名商人潘有度，廣州官員向東印度公司表達了希望自印度進口食米的願望。進一步並由潘有度與公司大班多林文（James Drummond）達成口頭協議：港腳商人若在中曆九月底（西曆十一月九日）以前載米到廣州，粵海關監督同意免除該進口船隻的進口規禮及船料（二者合稱為 port charges）。在這有

99 G/12/145, 1804/02/16, p. 229; G/12/154, 1807/01/04, p. 136, letter to the Court of Directors, Canton to London; G/12/170, 1810/0/24, p. 67.
100 G/12/153, 1806/03/31, pp. 21-22.
101 宮中檔奏摺原件，嘉慶朝，第009868號附件，嘉慶十三年二月一日，粵海關監督奏摺；G/12/160, 1808/01/07, p. 21; G/12/160, 1807/12/10, p. 78; G/12/162, 1801/01/07, p. 21, letter to the Court of Directors, Canton to London.

利條件的鼓勵下，多林文估計可能會有三十艘以內的港腳船載來約二十萬袋米（重約二十四萬六千擔）。他並估計這些米到達廣州時的成本每擔約爲3.25元（2.34兩）。對多林文所提供的訊息，潘有度表示滿意，並且聲明他本人以及盧觀恆、伍秉鑑、潘長耀幾位洋商將爲此各自認捐銀元二萬五千元（共十萬元）來購買這樣進口的一部分白米。於是多林文寫信給東印度公司在印度半島的三個行政區（Presidencies）請求當地的政府協助。印度當地的反應很好。在1806-1807這一年的貿易季中，共有三十萬零八千擔米進口到廣州。這些米從西曆九月間開始到達，可是廣州的米價在稍早之前卻已開始大幅度下跌，跌到每擔2.34兩以下。進口者面臨此一情況，於是請求東印度公司的廣州委員會出面協調，希望能至少免於賠本。盧觀恆及伍秉鑑都同意以一袋四元（即每擔2.34兩）的成本價格收購。但潘有度卻認爲他與多林文的協議中並不包括以成本無條件收購的承諾而執意拒絕東印度公司的請求。[102]

　　如何處理這批進口米的問題一時遂被懸宕著。到了1806年11月，粵海關監督要求潘有度出面與他研究解決此一難題的辦法。潘有度卻以身體不適爲由避不見面。最後，除了潘有度以外的所有洋商協議，由各商依其承攬東印度公司交易的比例分別認買。由於潘有度佔有東印度公司交易額的十六分之四，理應負責承購同比率的進口米，但他卻拒絕分攤這個數目。[103]最後，盧觀恆與伍秉鑑作了犧牲，各自再多認買了三十二分之一，使潘有度應該分攤的比率減爲十六分之三，才使這個問題得到解決。[104]潘有度減少承購十六分之一的進口米只減少支出四萬五千兩銀子。轉售後的損失，若以成本的三分之一計算，也只有一萬五千兩左

---

102 以上參考 H. B. Morse, *The Chronicles*, vol. III, pp. 27, 38-39; G/12/153, 1806/10/08, p. 131 ff.

103 G/12/157, 1807/05/02, p. 45; G/12/153, p. 220 ff.

104 G/12154, 1806/11/29, p. 31.

右。對他而言並不是一個很大的數目。但他的作法一方面違背了慣例上依照與東印度公司交易的規模分攤洋商共同義務的原則，一方面也引起了該公司職員的反感，若非他此刻已下定決心不再當洋商，對他的事業必有不利的影響。或許引起東印度公司職員的不快正是他策略上的運用，以免他們為了自身的利益而阻撓他的退休計劃。無論如何，這個事件果然引起東印度公司廣州委員會的成員十分不快，他們因此也就不再強烈地反對潘有度從洋行業上退休。

東印度公司的職員回顧整個進口米事件，以及過去十年來因為潘有度擔任首名商人的關係，他們都不得不透過他與中國官府交涉。對他們而言，這些經驗相當不愉快。但是即使在嚴厲批評潘有度的同時，多林文等人也不得不承認，作為一名洋商，潘有度擁有一些其他商人難以望其項背的優點，使他們認為潘有度如果能留下來繼續當洋商，也依然有很高的價值。

首先，潘有度在眾洋商中居於絕對優越的地位。這除了他的財富優勢外，多林文認為潘有度比其他洋商懂得官場上的酬酢，與官方議事時能保持堅定的態度，並且也很會適時送禮。這一切都使他能與官府維持良好的關係，並且在有所交涉時較能成功地達到目的。在其他方面，多林文認為潘有度至少還有以下兩項優點：（一）潘有度的事業穩定，經營認真，一向供應優良商品。（二）同文行年代久遠，與所有的歐洲商人都有大筆生意往來，一般的商譽極佳。而潘有度本人在各方面也比其他商人優秀。[105]

基於以上各種因素的考量，東印度公司決定，只要潘有度願意繼續當洋商，他們仍然要與同文行作生意，只是針對潘有度在進口印度米一事上的表現，決定削減他一份交易額 （由原來的十六分之四減為十六

---

105 G/12/154, 1806/12/04, pp. 45-50.

分之三），以示薄懲。[106] 他們將此決議通知潘有度。但這樣帶著羞辱目的的處分其實也只能加重潘有度退休的決心而已。

另一個發生於1807年年初，但潘有度並沒有直接牽連在內的事件也可能強化了他急流勇退的念頭。此即著名的「海神號」事件。在這年西曆二月二十四日，東印度公司船「海神號」（the *Neptune*）上岸渡假的水手與廣州當地居民發生衝突，導致一名華人死亡而兇手逃逸。廣利行的盧觀恆由於是「海神號」的保商，因此被廣州官員責成緝訪兇手到案。為了應付官府，盧觀恆只得上下使錢，又出賞格緝兇。結果一無所獲，財產損失大半，本人則受到官吏的拷打與羞辱。[107] 這看在潘有度的眼裡，只有暗自慶幸自己不是當事的保商而已。於是他更積極地展開結束與東印度公司交易的行動。

1807年3月間，潘有度向東印度公司新任大班喇佛（John William Roberts）表明了絕對離開洋行業的決心。他也請求公司買下他手上餘存未出清的茶葉（1806-1807季末的「冬茶」），喇佛也同意了。這些茶葉在四月三日交貨後，公司職員在其日誌上寫下了潘有度「這個商人，在過去數年中與公司從事非常龐大的交易，而其作法也最具信用，最令人滿意。」這樣的讚揚。[108]

潘有度還有一個要求。他希望廣州的東印度公司的職員在寫信給倫敦的理事會（the Court of Directors）時，向理事們說明除了其它因素外，他的健康情況不佳，而且多年來尚未能將其父母的靈柩送回福建安葬⋯⋯等原因都是他必須離開洋行業的考慮。公司職員由於已經不反對他退休，因此也樂得作這個人情給他。同時，他們也再次表達了對潘有度處理商務的準時與信實的讚揚。[109]

---

106 G/12/154, 1806/12/04, p. 53; G/12/154, 1806/12/06, p. 62.
107 有關整個事件的摘要敘述，見 H. B. Morse, *The Chronicles*, vol. III, pp. 49-50.
108 G/12/154, 1807/03/02, pp. 283-284; G/12/154, 1807/04/03, pp. 163-165.

　　自1807-1808年貿易季節開始，潘有度已完全停止商業活動。他也處分了同文行的財產，與他六房兄弟的家人辦好分家的手續。[110] 不過，官方的核准動作來得稍遲。直到嘉慶十二年十一月（1807年12月），常顯擔任粵海關監督時，准許他退休的公告才在廣州張貼出來，初步確認他不再是洋商。[111] 到了次年年初，准許他退商的上諭也送達廣州，完成了全部的官方手續。上諭同時要求他繳出十萬兩銀子充公。這是他在佶山任監督時被迫捐輸，而在三義助任內退回的一筆錢。現在他不再繼續當洋商，政府乃再度要他捐出這筆款項，作為退休的公開代價。[112]

　　退休後潘有度大部分的時間仍然留在廣州。他曾表明有意前往北京，但不知何故並未成行。[113] 他雖然曾於嘉慶十三年返回福建原籍待過一段時間，[114] 但作為他退休藉口之一的歸葬父母一事卻一直未付諸實現。事實上，他要到嘉慶二十三年春夏之交才護送乃父（潘啓官一世，潘文巖） 的靈柩回福建。此時他早已重作馮婦，重新回到洋行業有三年左右的時光了。[115] 留在廣州，潘有度與當地的商場與官場仍有一些瓜葛。

　　首先是他還欠英國東印度公司一筆尚未到期的債務。但是就在1807-1808年時，由於公司在印度的三個行政區缺乏現銀，需要廣州委員會的協助。當公司職員向潘有度表達這種需要時，潘有度毫不遲疑地將所欠的全部款項（211,598.232元，或152,350.720兩）提前交給該公

109 G/12/154, 1807/04/03, pp. 166-167; G/12/157, 1807/04/29, pp. 24-25.

110 G/12/273, 1821/10/11, pp. 101-107.

111 G/12/160, 1807/12/10, p. 78; G/12/163, 1808/03/09, p. 26.

112 G/12/162, 1808/02/24, p. 112.

113 G/12/163, 1808/03/09, p. 26, Letter to the Court of Directors, Canton to London.

114 宮中檔奏摺原件，嘉慶朝，第012706號附件3，嘉慶十三年十二月九日，粵海關監督　　常顯奏摺附片。

115 G/12/212, 1818/05/07, pp. 49-50.

司。[116]

第二件事是當他停業之初，瑞典東印度公司還欠他數筆債務。爲了索回這些債務，他先將有關的單據寄給以前曾在廣州服務而當時已經返回英國的英國東印度公司職員（John Harrison, C. E. Pigou, Richard Hall 及Samuel Peach等人），委託他們就近在歐洲爲他索債。他並且進一步透過廣州委員會請求倫敦的理事會准許該公司的職員爲他做這些事情，同時請該公司利用自有的管道將收回的債款匯寄給他。這些要求英國公司全都答應了。我們也發現，遲至1819年，倫敦理事會還爲代他收回的瑞典公司債務匯了六千英鎊（約一萬八千兩銀子）的款項給他。[117]

在廣州，潘有度雖然不再具有洋商的身分，但他卻爲過去曾有這樣的身分而免不了地方官員的騷擾。嘉慶十三年，政府因爲南河河工之需，要求廣州洋商捐輸三十萬兩銀子，並且要求已退休的葉上林、潘有度兩人捐輸報效。有此藉口，廣州的官員們終於強迫潘有度捐出了十二萬兩銀子。[118] 潘有度獨自捐輸了這麼大一筆款項，可能與當時廣州謠傳他即將被召回重爲洋商有關。[119] 而嘉慶十三年十月十七日的上諭也確曾查問「該商資本寬裕，充商日久，辦理正資熟手，前此因何告退？」[120] 同一年年初，皇帝才核准潘有度的退休，此時竟有此一問，不禁令人納悶。或許這只是作爲強迫潘有度捐輸的一種動作吧！當時的粵海關監督仍是當初核准潘有度退休的常顯，他更不好意思出爾反爾，於是回奏道：「竊查潘致祥於嘉慶十二年退行時，奴才曾經詳細訪察。該商近年來因病久未與夷人交易，兼之精力難支，是以告退。」[121] 大概是得

---

116 G/12/162, 1808/02/16, p. 104; G/12/162, 1808/02/22, p. 110.
117 G/12/163, 1808/03/09, p. 26; R/10/28, 1819/04/28, 無頁碼；G/12/171, p. 62引1809/01/11, Court's Instruction to the Select Committee, London to Canton.
118 G/12/167, 1809/03/03, p. 25; 並參見宮中檔奏摺原件，嘉慶朝，第012706號附件3。
119 G/12/167, 1803/03/03, p. 25.
120 宮中檔奏摺原件，嘉慶朝，第012706號附件3。

到了潘有度這一大筆捐輸，清廷一時也就放過了潘有度，而他也暫時得以維持退休的狀態。隨後在嘉慶十九年（1814），因爲前一年有天理教（八卦教）之亂，朝廷又要求廣州官、商捐輸。結果，洋商負擔了二十四萬兩、鹽商十六萬兩，而退休在家的潘有度也被迫捐出白銀二萬兩。[122]

嘉慶二十年（1815）左右的廣州洋行界，事實上是處在一個十分困難的情況下。在潘有度剛退休不久的1809-1810年間，就有五家洋商倒閉。其他倖存的洋商中，至少有七家（麗泉行、西成行、福隆行、同泰行、東裕行、天寶行及萬源行）都陷入嚴重周轉不靈的困境中。在中國政府不願意看到有更多的洋行破產，而東印度公司與洋商領袖伍秉鑑（怡和行）又都願意加以極力扶持之下，這些周轉不靈的洋商雖然得以苟延殘喘，但整個洋行界的普遍困難卻也展露無疑。[123] 廣州缺乏有實力的商人，對政府而言，畢竟有種種的不便。於是在兩廣總督蔣攸銛的主導下，潘有度重新被召回充當洋商。蔣攸銛的奏摺說：

其（潘有度）身家素稱殷實，洋務最爲熟練，爲夷人及內地商民所信服。從前退商，本屬取巧。現當洋商疲弊之時，何得任其置身事外，私享厚利？應飭仍充洋商，即令同總商伍敦元等清理一切。[124]

到了1815年3月3日，廣州商場已獲悉在上諭的指示下，潘有度即將重任洋商，並與伍秉鑑同爲總商。[125] 而伍秉鑑更通知東印度公司此後潘有度的排名應居首位，他自己則居於第二。[126] 至遲到同年四月二

121 宮中檔奏摺原件，嘉慶朝，第012706號附件3。
122 G/12/189, 1814/02/23, p. 189; H. B. Morse, *The Chronicles*, vol. III, p. 194.
123 Kuo-tung Anthony Ch'en, *The Insolvency of the Chinese Hong Merchants*, pp. 241-249.
124《清嘉慶朝外交史料》(1932-33)，4/23b-24a，嘉慶十九年十月十九日，〈兩廣總督蔣攸銛等奏退商潘致祥熟練洋務請另仍充洋商片〉。
125 G/12/193, 1815/03/03, p. 64; G/12/200, 1815/12/01, p. 25.
126 G/12/271, 1815/04/10, pp. 9-10.

日，潘有度亦已以總商的資格執行職務。[127]

對於潘有度的重作馮婦，英國東印度公司深表歡迎。它的職員說：

> 看來潘啓官重操舊業可以被期待會帶來有利的效果。這是可能的。我們可以期望他會擁有足以壓制任何惡意企圖的權力，而他為人所知的堅定不移也將使他能更自在地向政府的高級官員們解釋事情。[128]

由於1807年潘有度退休時已經結束了同文行，並與其兄弟分割了家產，重爲洋商時他便爲新開設的洋行取了一個新名字「同孚行」，以示與同文行有所區別。[129] 他自1815-16年度與東印度公司有兩份交易，次一個年度起曾加了一份。[130] 他的基本行事作風仍與往昔相同。如他善於利用其交易品的結構以減少行用負擔的作法，也無改變。【參考表二】而他受到東印度公司信賴的情形，也與過去相仿。東印度公司仍在貿易季終了將用剩的白銀交給他保管。[131] 他這樣繼續經營了四年多，而在1820年11月18日逝世。東印度公司的職員在其日誌上寫下了：

> 由於此一想都想不到的事件，公司損失了一位最為正直而極可尊敬的商人，而我們每一個人也都哀悼這一位最親切、最周到的朋友。[132]

由於只要與英國東印度公司維持大量的交易即有穩定的鉅額利潤可得，因此潘有度的事業經營，最主要的課題，其實只在想盡一切的辦法來減少或者避免中國政府強加在他身上的任務所造成的財產損失而已。

從以上的敘述，我們發現潘有度是一位很有決心的商人，他十分清

---

127 G/12/193, 1815/04/02, p. 84.

128 G/12/193, 1815/03/03, p. 64.

129 G/12/271, 1815/04/30, p. 17, letter to the Court of Directors, Canton to London.

130 G/12/271, 1815/04/10, p. 9; R/10/26, 1816/03/04, p. 22.

131 G/12/207, 1817/04/02, p. 11.

132 G/12/221, 1820/11/18, pp. 6-7.

楚地瞭解自己的處境，而能盡量配合有利於自己的狀況將他的計劃付諸實行。他不惜代價地在1807-1815年間退出洋行業，使他在大多數洋行都處在極度困難的情況下時免於遭到波及。而他巧於利用分攤行用的原則也使他比一般洋商爲夷債與捐輸的負擔支付較低的金錢。他敢於在某種程度上與粵海關監督對抗，也成功地維護了他的產業。此外，他的信實、正直也得到主要貿易對手東印度公司職員的尊敬。這一切對他事業的成功均有積極的作用。

表二　廣東洋商分攤達成、會隆兩行夷債第六期債務表

（單位：兩）

行名		數額
怡和行	（伍秉鑑）	32,166.896
廣利行	（盧文錦）	15,197.890
同孚行	（潘有度）	5,776.776
東生行	（劉德章）	21,643.445
麗泉行	（潘長耀）	10,307.597
西成行	（黎光遠）	8,651.908
福隆行	（關成發）	5,818.359
同泰行	（麥覲廷）	7,372.111
東裕行	（謝嘉梧）	6,498.449
天寶行	（梁經國）	20,964.388
萬源行	（李協發）	11,088.229
總計		145,486.048

資料來源：G/12/205, 1817/01/11, p. 137.

五、潘有度成功的其他因素

筆者過去的研究發現清代中葉廣東洋行商人普遍經營不善的現象，最根本的原因在於資金不足。爲了籌措周轉金，經常不得不透過（一）擴大交易對象，增加買賣商品；（二）向貨幣市場借貸；（三）操作關稅等幾種方式以解決燃眉之急。[133] 結果一般洋商都必須爲此付出重大

---

133 陳國棟，〈論清代中葉廣東行商經營不善的原因〉。

的代價，加重了己身的債務負擔，因而陷入周轉不靈的境地。

潘有度自他父親那裡繼承了良好的基礎，資金基本上不成問題。因此他能慎選交易對手與商品，而作合理的經營。這可以說是他成功的基本條件。此外，他在事業經營上還有一些其他優點。

茶葉一般是洋商獲利的主要商品。[134] 潘有度一直和東印度公司維持很大的交易量，掌握了鉅額的利潤來源。事實上，潘有度在茶葉的交易上一般也比其他洋商獲得較高的利潤。這一方面是他的資金充裕，可以直接到產地批購茶葉，減低他的成本。另一方面則是因為他供應品質較高的茶葉，並且作好較佳的品質管制，從而能賣得較多的價錢。以1798年初眾洋商與英國東印度公司簽訂1798-99年的茶葉合同為例，單就功夫茶而言，倪秉發的茶葉每擔價格為26-29兩；葉上林的茶葉27-30兩；而潘有度的茶葉則賣到27-32兩。[135] 東印度公司的職員回顧1797-98年交易的情形時也有如下的評論：

> 由於潘啟官的茶葉平均高於任何其他商人，我們必須在此指出：在與他訂的契約中經常規定如果驗貨時他的功夫被認定較優，他應得到相符的價錢。而我們也不得不承認，在本季整體的比較上，它們（潘有度的功夫茶）值得我們所給予的特別看待。[136]

潘有度所以能維持茶葉的品質，一方面是因為他有固定的貨源，一方面則是他絕不因貪作生意而隨便向不熟悉的茶商進貨。同樣以1798年的例子作說明。當一般的契約都簽定後，東印度公司想要向潘有度為下一季（1798-99）多訂五千箱屯溪茶時，潘有度立即加以婉拒。他說：

---

134 陳國棟，〈1760-1833年間中國茶葉出口的習慣作法〉；Kuo-tung Anthony Ch'en, *The Insolvency of the Chinese Hong Merchants*, pp. 44-53.

135 G/12/119, 1798/01/05, p. 54; G/12/119, 1798/01/13, p. 73.

136 G/12/119, 1798/01/13, p. 74.

因為他通常只向特定的某些人購買某些特定的牌子，而他與這些人已有多年來往。他不希望為了增加它們的數量而損及其品質。[137]

當1806年年底，英國東印度公司在考慮是否停止與潘有度交易時，他們還特別考慮是否可能繼續取得原先由潘有度供應的幾種牌子的茶葉。公司大班多林文認為：潘有度所以能取得這些品質優良的茶葉，一方面可能是他與產地的茶農長期相熟，一方面則可能是因為它資金充裕，能直接到產地購買。[138]

潘有度的茶葉有較佳的品質管制也可從東印度公司退貨求償的情形獲得了解。通常洋商交茶給東印度公司，公司驗貨只進行抽驗。但是茶葉在倫敦拍賣後，如果發現品質不符或有瑕疵，仍可送回廣州向賣主（洋商）求償。表三所列為1800年東印度公司向各洋商求償的資料，出問題的茶葉是1795-96或1796-97自廣州出口的。在5,145兩的求償總值中，潘有度應付的只有440兩，不到8.6%。但1795-96及1796-97兩季東印度公司的交易中，潘有度均分別佔有十六分之四（25%）。[139] 相較之下，潘有度品質不符的茶葉偏低。【參考表三】

潘有度的成功一方面也表現在他迴避捲入發生問題的洋商事務，以免為自己招致麻煩或損失上。他的這種行事作風，英國東印度公司的職員看得很清楚。他們曾拿他與劉德章（劉章官，東生行）的為人處世風格作一比較，他們認為：

---

137 G/12/121, 1798/04/26, p. 66.
138 G/12/154, 1806/12/04, p. 50。洋商派人攜帶資金前往產地收購得來的茶葉稱作「本莊」。一般而言，「本莊」的品質較高，同時洋商又可省去應付給茶商的佣金，獲利的程度因此也更大。參考陳國棟，〈1760-1833年間中國茶葉出口的習慣作法〉。
139 G/12/110, 1795/05/27, pp.22-25; G/12/110, 1796/05/23, pp. 264-266.

表三　1800年東印度公司向各洋商索償之壞茶價值表

（單位：兩）

行名	數額
同文行　（潘有度）	439.927
廣利行　（盧觀恆）	1,516.506
怡和行　（伍秉鈞）	1,026.873
義成行　（葉上林）	471.894
達成行　（倪秉發）	1,080.663
東生行　（劉德章）	159.765
會隆行　（鄭崇謙）	176.538
麗泉行　（潘長耀）	272.728
總計	5,144.894

資料來源：東印度公司檔案G/12/128, 1800/03/21, p. 138。

　　潘啓官在專業上不受成規拘泥，然而不大願意採取任何他的人身或荷包可能會受到傷害的手段。[140]

　　他的這種審慎態度，我們可以舉兩個例子作說明：

　　第一個例子是佶山當監督的時候積極辦理一些他所認定爲走私的事件。由於外國船隻及其商人、水手在入港時都必須尋求一名洋商作爲他們的「保商」。這些保商不但要爲稅餉的完納負完全的責任，而且也得爲其所保的船隻及人員的任何越軌的行爲負完全的責任，儘管洋商實際上並沒有約束這些船隻或人員的手段。外國人攜帶物品進入廣州而未經合法上稅，一經查獲即視爲走私，依慣例保商必須於原關稅之外多付一倍的罰金，稱爲「罰倍銀」。但在佶山任上，一方面對走私行爲沒有一個客觀的認定標準，是否爲走私全憑監督的好惡來決定，他方面則是他對自己所認定的走私經常向當事的保商課以數十倍於原稅額的懲罰。如1801年一月二十九日佶山就爲一件應由伍秉鈞（怡和行）負責的走私手錶事件處罰伍秉鈞五十倍於原額的罰款。[141] 稍後，潘長耀因所保的東印度公

---

140 G/12/148, 1804/01/03, p. 55.
141 G/12/133, 1801/01/29, p. 270.

司船「昔巾西沙來的號」（the *Cirencester*）涉及一件四十八疋羽紗（cam-
lets）的走私案，被佶山處以一百倍於原稅額的懲罰。即在原關稅之外，
潘長耀被迫繳交48,384兩（即西班牙銀元67,200元）的罰款，這是一筆相
當大的數目，對正式開業才四年的麗泉行而言是個很沉重的負擔。雖然
潘長耀是潘有度的堂兄弟，而且英國東印度公司也請求潘有度出面干
涉，希望能減輕潘長耀罰款的數額。但是潘有度卻以包括兒女婚事在即
等托辭爲藉口而拒絕爲潘長耀向兩廣總督或粵海關監督交涉。[142]

　　第二個例子則與倪秉發（倪榜官，達成行）有關。倪秉發自充當洋
商以來，經營狀況一直不佳，周轉極度困難，一再瀕於破產邊緣。而在
1803年時幾乎要立即倒閉。英國東印度公司爲他請求潘有度出面幫他度
過難關。潘有度卻斷然拒絕，理由是他自己在北京與南京（即華北與江
蘇一帶）均有廣泛的交易，不可能介入倪秉發的事務，以免使他個人的
商譽受到影響，進而使的事業合夥人退出與他合作的行列。[143]

　　潘有度不僅不願介入倪秉發的事務，而且他還試圖阻止他的親人捲
入倪秉發的困難中。潘有度有一名女婿，名叫Foqua（科官？），爲倪秉
發的至交。他願意出面替倪秉發處理洋行事務，助他脫離難關。潘有度
斷然反對。Foqua原來替潘有度經理一家絨布店。潘有度威脅他，如果
他執意爲倪秉發處理行務，則他必須立即結清帳目，並且交出爲數不小
的帳面結餘。[144] 這年夏初，Foqua伴隨倪秉發前往澳門，與在當地「壓
冬」的東印度公司廣州委員會研商解決倪秉發困境的辦法。事爲潘有度
發覺，潘有度立即透過Foqua的母親寫信將他召回廣州。[145] Foqua後來

---

142 G/12/134, 1801/05/06, p. 13 ff; G/12/134, 1801/08/31, p. 145; Public Records Office
　　(London) 檔案，F.O. 233/189, no. 45.
143 G/12/144, 1803/05/14, p. 63.
144 G/12/144, 1803/05/06, p. 63; G/12/144, 1803/05/27, p. 66.
145 G/12/144, 1803/05/28, pp. 68-69.

還是私底下幫了倪秉發的忙，暫時解決了達成行的難題，但畏於潘有度的權威，終究不敢正式公開為倪秉發工作。[146] 潘有度這種不願自己或親人介入的態度，顯然是怕一旦達成行破產，自己會被捲入。這樣的顧慮並非毫無因由，潘有度本人在1790年代的經歷使他確實有理由這麼想。而事實也證明達成行並不能支撐多久，它在1810年終告完全破產。潘有度與Foqua當時大概都與倪秉發無所瓜葛，因此不必出面為達成行清理債務。同時，潘有度當時已因退休而失去洋商的身分，因此也沒有參與全體洋商分攤賠償達成行夷債的義務。

潘有度的成功與他慎選交易對手也有關係。他的父親潘文巖曾與瑞典商人交易。在十八世紀末，我們也看到潘有度與瑞典、丹麥商人來往的記載。但對十八世紀末以來新興的港腳商人與美國商人，卻只有選擇性的交易。所以當伍秉鑑、潘長耀等洋商都捲入美國商人的壞債糾紛時，或像伍國釗（釗官，源順行）、沐士方（方官，萬成行）等洋商因與港腳商人交易而蒙受重大損失的情形，都沒有發生在潘有度身上。[147]

潘有度的事業也不僅限於洋行業。可能他還繼續他父親的南洋貿易事業。或許因為這個緣故，他雖然已是定居於廣州的潘能敬堂第二代，但仍與故鄉保持密切的關係。例如1789年10月8日，他便提供英國公司有關一艘港腳船在廈門以船艙漏水為藉口而獲准就地開艙卸貨的消息。[148] 我們已曾提到他擁有一家絨布行，此外他還擁有多家夷館。其中至少包括了豐泰行、保和行及隆順行。這幾家夷館分別租予英、美商人，而在1810年時著手進行出售給潘長耀的手續，但後來卻因官方的阻撓，

---

146 Kuo-tung Anthony Ch'en, *The Insolvency of the Chinese Hong Merchants*, pp. 324-325.

147 Yen-p'ing Hao, *The Commercial Revolution in Nineteenth-Century China*, pp. 309-310; Kuo-tung Anthony Ch'en, *The Insolvency of the Chinese Hong Merchants*, pp. 311-312, 317-322 and 330-339.

148 G/12/96, 1789/10/08, p. 52.

這筆交易並沒有成功。潘有度因此繼續擁有這些夷館，享有收租的權利。[149]

總之，潘有度在茶葉上的經營建立有很高的商譽，得到英國東印度公司極大的信任，不但享有很大的交易配額，而且能得到比其他洋行商人更高的售價，從而累積大量利潤。他審慎地選擇交易對象，聰明地避免捲入於己不利的瓜葛，事先防止了許多不必要的損失。至於他在洋行業以外所從事的其他商業行為，顯然對他的財富累積也有所幫助。

六、結語

潘有度充當洋商的年代，中國對外貿易的規模日見擴張，但絕大多數的洋商卻陷入周轉不靈的窘境。在同樣的環境下，潘有度卻能平穩地度過這個驚濤駭浪的時代，成功地積聚大量的財富。以上的研究發現他是一位能準確掌握各方面訊息，並能謹慎小心地處理事務的人。他一方面懂得追求低風險、高利潤的商業經營，一方面也有迴避或減輕損失的智慧。在他父親留下的良好基礎上，他的傑出能力得到充分地發揮，因此他的成功在眾洋商中雖屬異數，但絕對不是意外。

——原刊於張彬村主編，《中國海洋發展史論文集》，第五輯（臺北：中央研究院中山人文社會科學研究所，1993），pp. 245-300。

---

149 G/12/173, 1810/03/11, p. 7; G/12/171, 1801/03/05, p. 102; G/12/171.2, 1810/07/10, pp. 207-208。並請參考《清嘉慶朝外交史料》(1932-33)，4/23b-24a。

清代中葉廈門的海上貿易
（1727-1833）

前言

本文的目的在探討清代中葉廈門海上貿易的演變。時間的上限爲1727年，即雍正五年。[1] 這一年清廷取消了康熙五十六年（1717）禁止中國人前往南洋貿易的禁令。時間的下限爲1833年，即道光十三年，也就是有關廈門的重要文獻《廈門志》終止記事的一年。在這一百多年當中，廈門的海上貿易大致經歷了一段由興起、繁榮到衰退的過程。

要討論廈門（或其他海港）貿易的演變，最理想的情形是分析進出這個港口的商品價值的變化。可惜這樣的材料甚爲缺乏。然而海上貿易畢竟非由船隻來運載不可，因此船隻數目及其總載重量的變化應該也可以用來觀察整個貿易演變的趨勢。其次，依清朝的制度，船隻進、出口都必須經由牙行報關、納稅，因此牙行數目的增減及其生意的隆替也可以作爲整個貿易景氣與否的指標。最後，進、出口貿易都必須納稅。廈門海關稅收的消長，或多或少也反映了當地海上貿易的興衰起落。

清代中葉廈門的海上貿易幾乎全是中國船隻的天下。外國船隻極少，可以不必加以考慮。[2] 中國船隻因爲航線的不同，依廈門一帶當時的習慣，分爲「商船」及「洋船」兩大類。[3] 「商船」乃從事中國沿海貿易的船隻；

---

1 關於廈門在1727年以前的發展，吳振強已有深入的研究。見Ng Chin-keong, *Trade and Society: The Amoy Network on the China Coast, 1683-1735* (Singapore: Singapore University Press, 1983).

2 傅衣凌，〈清代前期廈門洋行〉，收入其《明清時代商人及商業資本》(北京：人民出版社，1956)，pp. 203-204；趙泉澄，〈十八世紀呂宋一咾哥航船來華記〉，《禹貢半月刊》，6:11 (1937年2月)，pp. 1-10。

3 周凱，《廈門志》(臺北：臺灣銀行經濟研究室，「臺灣文獻叢刊」第95種，1961)，p. 193云：「廈門海關……凡商船越省及往外洋貿易者，出入官司微稅。」即將一般商船作此二類劃分。唯依廈門當地的習慣，「商船」一詞雖亦泛指所有從事貿易活動的船隻，但更取其狹義，專指從事於本國沿海貿易者，而不將從事國際貿易的「洋船」包括在內。

「洋船」則從事國外貿易。廈門洋船前往貿易的國外地區原本有南洋、日本兩地。南洋的貿易在雍正五年取消禁令後，大抵維持著相當程度的規模。日本的貿易則自康熙末年以來即已急遽地衰退，以致於在清代中葉廈門的海上貿易中不再佔有任何份量。[4] 可以說，清代中葉廈門洋船的貿易地點只有南洋一隅。

由於船隻有商船與洋船之分，因此為這些船隻報關、納稅的牙行也就順理成章地分為商行與洋行兩大類。同理，廈門海關的稅收也就分成商稅與洋稅兩個科目。以下便依這樣的分類對廈門海上貿易的演變加以觀察，並提出一些粗淺的分析，請讀者指教。

一、洋船與商船

對於船隻的大小、數量的多寡以及總載重量的變化，我們大致上可以從航程遠近、個別船隻的載重量、船隻的體積、水手人數、船隻造價，以及每年船隻出口、進口的數目等方面加以探討。

1. 洋船

前面已經提及廈門洋船貿易的主要目的地為南洋地方。《廈門志》

4　廈門赴日船隻的減少，首先肇因於康熙五十四年(日本正德五年，1715)日本採用「信牌」制度，規定必須持有信牌的船隻方能進出長崎。在隨後分配信牌的爭執中，福建商人落了下風。在全數三十張的信牌中，只分到四張(其中廈門兩張、臺灣兩張)。其次，中國自日本進口的主要商品為鑄錢用的日本銅。為了確保全數收購這些「洋銅」，清代中葉規定只有政府指定的商人(官商和額商)才可從事中日貿易。長蘆及兩淮的鹽商由於貲力雄厚並且與政府的關係良好，因而迅速壟斷了這項貿易。最後，在地緣上，乍浦由於便利聯絡蘇、杭等重要商業城市，距離日本又近，也使得廈門無法與之頡頏。因此，乾隆二十六年以前廈門前往日本的船隻一年也不過一、兩艘，而在這一年後更連一艘也沒有了。參考劉序楓，〈清代前期の福建商人と長崎貿易〉，《九州大學東洋史論集》，第16期(1988年1月)，pp. 140、146、148。

云：

服賈者，以販海為利藪，視汪洋巨浸如衽席。……外至呂宋、蘇祿、實力、噶喇吧，冬去夏回，一年一次。5

藍鼎元的〈南洋事宜書〉則云：

南洋番族最多：呂宋、噶喇吧為大；文萊、蘇祿、麻六甲、丁機宜、啞齊、柔佛、馬承、吉里門等數十國皆渺小。……安南、占城勢與兩粵相接；此外有東【柬】埔寨、六坤、斜仔、大泥諸國，而暹羅為西南之最。6

以上兩段文字所提到的南洋地方即今日菲律賓、中南半島、印度尼西亞（蘇門答臘、爪哇、婆羅洲、西里伯）及蘇祿群島一帶。【參考圖一】這些地方距離下門遠近不同，因此廈門當地的習慣就依其往來的地方將洋船分成大船、中船、次中船及小船等四個等級。乾隆二十九年，奉派到廈門查案的欽差裘日修、舒赫德云：

廈門出入洋船，以往來噶喇吧、馬辰者為大船；……往網加薩等處者為中船；……往把揀、一老戈者為小船；……其餘各項洋船俱酌中作為次中船。7

這四個等級的劃分是廈門洋行為分攤同行所負擔的各項開支（主要為應付官員的需索）而定下的標準。雖然這裡提到的只是洋船的目的地，但是劃

---

5 《廈門志》，p. 644。同書，p. 177亦有一稍詳的南洋地名清單。本註及下註並參考《史料旬刊》，pp. 428-429，乾隆七年二月三日，署兩廣總督慶復奏摺所提及的南洋地名。

6 藍鼎元，〈論南洋事宜書〉，《鹿洲初集》(1880年閩漳素位堂刊本)，卷3，p. 2a。參考《清實錄》：康熙朝，卷277，pp. 20b-21a(康熙五十七年二月初八日丁亥條)。

7 《宮中檔乾隆朝奏摺》，第21輯，pp. 224-227，乾隆二十九年四月初五日，裘日修、舒赫德摺。

圖一　臺灣及南洋地區圖

分的標準顯然與船隻本身的大小有絕對的關聯。

關於洋船的大小,從載重量上來說,福州將軍新柱於乾隆十六年的一個奏摺提到:

洋商船大者載貨七、八千石,其次載貨五、六千石。8

這是廈門洋船的情形。乾隆十七年兩廣總督阿里袞的奏摺提及一位名叫林權的本港洋船商自暹羅返回廣州。除了其他貨物之外,還載米五千一百餘石。9 則廣州的洋船恐怕也有載重七、八千石的能力,與廈門的大洋船相仿。

自乾隆以後,閩、廣洋商自暹羅進口米穀很受清朝政府的鼓勵,訂有減稅等獎勵辦法。10 於是大多數的廈門洋船回航時都同時載回一些米穀。據福建水師提督李有用的奏摺,乾隆十九年,當年在七月六日以前入口廈門的洋船共四十二艘,共帶回食米八萬三千四百五十餘石。11 平均每船約載兩千石。乾隆二十年,在七月八日以前入口的洋船共二十六艘,共帶回食米七萬三千一百餘石。12 平均每船接近三千石。這兩千石或三千石的平均量當然不能視爲洋船的一般裝載能力。因爲雖然清廷訂有減稅等措施,載米的實際利益恐怕不大。正如藍鼎元在稍早(雍正初年)時所言:「洋船所載貨物,一擔之位,收船租銀四、五兩。一擔之米,所值幾何?」13 一擔(一百斤)之米的售價很難達到四、五兩。換言之,同樣的載重空間

---

8 《宮中檔乾隆朝奏摺》,第1輯,p. 815,乾隆十六年九月二十八日。

9 同上註,第3輯,pp. 771-772,乾隆十七年九月初五日。

10 高崎美佐子,〈十八世紀における清タイ交涉史──暹羅米貿易の考察を中心として──〉,《お茶の水史學》,第10期(1967年12月),pp. 18-32;Sarasin Viraphol, *Tribute and Profit: Sino-Siamese Trade, 1652-1853* (Cambridge: Harvard University Press, 1977), pp. 107-120.

11 《宮中檔乾隆朝奏摺》,第9輯,pp. 96-97,乾隆十九年九月初六日。

12 同上註,第12輯,p. 74,乾隆二十年七月初八日。

13 藍鼎元,〈論南洋事宜書〉,p. 5a。

還不如租給客商載貨來得有利。洋商所以願意載米，純粹是因為載米回國，同船所載的其他商品可以享受優惠關稅的緣故。因此，李有用所提到的廈門洋船可能都只使用部分的空間來運載米穀。同時，並非所有的洋船都是由暹羅或其他產米的地方回航，因此也不見得每艘洋船都搭載食米。這樣看來，前述的兩千石或三千石的平均載重量當然遠小於洋船實際的平均載重能力。如果我們假定洋船的一半載重量是用來載米，則洋船的平均載重能力當在四千到六千石之間。這與前引新柱奏摺所說的七、八千石大船和其次的五、令千石船隻的載重能力也相去不遠。不過，新柱並未提及較小的洋船，否則平均起來也當在五千石上下。五千石等於六千擔，或三百五十（長）噸。[14] 這樣的噸位比十八世紀上半期來華貿易的英國東印度公司船顯得略小。[15]

廈門洋船的大小還可以從其體積的三向度（及長、寬、高）的情形來加以考量。然而，直接記載廈門船隻船身向度的資料杳不可尋。所幸因為徵稅的目的，有關所謂「樑頭」寬度的材料還有記載，我們可以拿來作為參考的標準。廈門船隻樑頭的寬度一般指通過船身中間一處稱為「含檀」的地方至左、右兩舷（兩舨）內側的橫樑寬度，並不含兩舷及舷上「水溝」的寬度。通常船隻愈大，樑頭佔船身寬度的比例愈小，反之則愈大。[16] 廈門船含的樑頭，依據《大清會典事例》有關閩海關樑頭的資料，自七尺以上至一丈八尺以上分成八個等級。[17] 廈門大洋船的樑頭大致即在一丈八尺

---

14 關於容積單位「石」與重量單位「擔」之間的換算問題，請參考Han-sheng Chuan and Richard A. Kraus, *Mid-Ch'ing Rice Markets and Trade: An Essay in Price History* (Cambridge: Harvard University Press, 1975), p. 79.

15 關於英國東印度公司船舶的載運能力，請參考Jean Sutton, *Lords of the East: The East India Company and Its Ships* (London: Conway Maritime Press, 1981), pp. 162-168.

16 關於樑頭寬度的測量原則及船稅的計算方式，參考樊百川，《中國輪船航運的興起》（成都：四川人民出版社，1985），pp. 67-68；嘉慶《大清會典事例》，卷188，pp. 9ab；《福建省例》（臺北：臺灣銀行經濟研究室，「臺灣文獻叢刊」第199種，1968），pp. 682-686、706；《廈門志》，pp. 167、170。

以上。

　　關於廈門洋船的長度與高度，由於文獻不足，不能直接探究。不過，廣東洋船與廈門洋船的型制差別不大，因此有關的數據不妨也可拿來參考。粵海關徵收船稅，不僅考慮樑頭大小，同時也考慮船隻長度。兩者相乘（以平方丈爲單位）即爲課稅基數，如表一所示：

表一　粵海關樑頭稅的徵收標準

等級	樑頭	長度	課稅基數	單位稅額
1	2.2丈以上	7.3丈以上	16.06	15兩
2	2丈以上	7丈以上	14	13兩
3	1.8丈以上	6丈以上	10.8	11兩
4	1.6丈以上	5丈以上	8	9兩

資料來源：嘉慶《大清會典事例》，卷188，pp. 15ab。

依上表，樑頭在一丈八尺以上復分成三個等級。大號洋船的長度在七丈三尺（約21.9公尺）以上，寬度在二丈二尺（約6.6公尺）以上。小號洋船長度在五丈（約15公尺）以上，寬度則大於一丈六尺（約4.8公尺）。廣東洋船的高度資料也付之闕如。不過宋、元以來中國海船的寬度與高度的比率經常接近於一，[18] 廈門洋船的高度亦可準此原則加以推測。

　　洋船有大有小，因此搭載的水、商人的人數也有多寡。《國朝柔遠記》

17　嘉慶《大清會典事例》，卷188，pp. 9ab。
18　泉州灣宋代海船復原小組、福建泉州造船廠，〈泉州灣宋代海船復原初探〉，《文物》，1975年第10期(10月)，p. 29之表。依據該表，中國歷代海船寬度以略小於高度爲常，以略大於高度爲例外。關於廈門以外，清代海船的實際大小，田汝康於其《17-19世紀中葉中國帆船在東南亞洲》(上海：上海人民出版社，1957)一書中曾舉出了三艘出使琉球的使臣所搭乘的官、民船的實際尺寸，長、寬、高俱全。這三艘船的樑頭分別爲二丈七尺五寸、二丈二尺及二丈八尺，顯得相當大。類似的資料在中琉關係文書《歷代寶案》中也可以發現。不過，值得留意的一點是：官方在測量樑頭時，採用的實測標準差異甚大，因此不同海關所處理船舶資料未必能簡單地加以比對。田汝康的數字見該書，p. 17註4及p. 20註2。

引雍正五年福建總督高其倬的奏摺說：

開洋一途，前經嚴禁。但察富者為船主、商人；貧者為頭、舵、水手，一船幾及百人。[19]

同一時期，藍鼎元則云「洋船人數，極少百餘」。[20] 則一船百人當指較小號的洋船的情形。大號洋船則載人甚多。嘉慶十四年時，一艘廈門洋船在南中國海失事，被兩艘英國兵船分別救起五百六十一人。[21] 單單獲救的人數就多達五百多人，則全船所搭載的人數當然更多。十八世紀末年，據田汝康言，南洋華僑所擁有的帆船可以載客一千二百至一千六百人。不過，南洋華僑的船隻可能較大，載重能力在五百至一千噸間，因此所載的人數當然也較多。[22] 但最大的廈門船隻也有五百噸，載客人數達到千人並非不可能。

洋船的大小相差相當大，造價也有很大的變化。十八世紀初年的資料有如下的記載。〈康熙五十六年兵部禁止南洋原案〉說：

打造洋船，每隻需用數千金或千餘金。其船主多係紳衿富戶。[23]

雍正初年，藍鼎元則因評論禁止南洋貿易之不當而有這樣的說法：

（南洋）既禁以後，百貨不通，民生日蹙。……故有（富戶）以四、五千金所造之洋艘繫維朽蠹於斷港荒岸之間。……

內地造一洋船，大者七、八千金，小者二、三千金。[24]

19　王之春，《國朝柔遠記》（臺北：華文，1968），p. 172。

20　藍鼎元，〈論南洋事宜書〉，p. 5b。

21　倫敦Public Records Office所藏檔案：F. O. 233/189, no. 220。

22　田汝康，前引書，pp. 32-35。

23　中央研究院歷史語言研究所，《明清史料》丁編第八本，p. 774b。

24　藍鼎元，〈論南洋事宜書〉，pp. 3a-4b。

稍後，在乾隆六年（1741）時，因為前一年在印尼爪哇發生華僑集體被荷蘭人屠殺的事件，[25] 清廷再度考慮禁止南洋貿易。當時廈門所在地漳州府的學者蔡新不贊成禁止貿易的作法。在他論理的過程中，提到：

> 閩、粵洋船不下百、十號。每船大者造作近萬金，小者亦四、五千金。一旦禁止，則船皆無用，已棄民間五、六十萬之業矣。[26]

照這幾條資料來推斷，洋船的一般造價，在十八世紀上半時，平均約在白銀五千兩左右。大船造價當然高些，而小船則較少。不過，再少也要一、兩千兩以上吧。因此若非由富戶獨資，往往就得由若干人共同出資，方成打造一船。[27]

當然，物價不可能長期不變。清代的物價，長期而言，更有上漲之趨勢。因此船隻造價也越來越高昂。在十九世紀上半葉，《廈門志》已經提到「造大船費數萬金」[28] 的事實，比上個世紀高出很多，正是反應了造船成本增加的動向。

其次，讓我們看看廈門洋船數量消長的情形。廈門的洋船，大抵在冬季和春季時出口，而在夏季和秋季時返回廈門，也就是所謂的「冬去夏回」。[29] 重新開放南洋貿易的那一年，依據福建總督高其倬的奏摺，「雍正

25　此一事件，史稱「紅溪慘案」。事件的過程可參考包樂史著、莊國土譯，《中荷交往史，1601-1989》(Amsterdam: Otto Cramwinckel, 1989), pp. 120-121。

26　光緒三年重刻《漳州府志》，卷33，p. 64a，〈蔡新傳〉。

27　《廈門志》，p. 649說：「閩俗……合數人開一店舖或製造一舶，則姓『金』。『金』猶合也。[不]惟廈門，臺灣亦然。」提到合夥開店或造船的事，在廈門和臺灣都很常見。必須注意的是，合夥有時確實是因為個人資金有限的緣故；但是至少在造船的場合可能也有分攤風險的考慮在內。一個人將他的資金分散投資打造不同的船，萬一有一、兩艘失事，不會損失全部的投資。許多人合造一船，失事時，每位投資者只負擔一部分的損失。

28　《廈門志》，p. 645。

29　《宮中檔乾隆朝奏摺》，第5輯，p. 8，乾隆十八年三月二十九日，福州將軍新柱摺。

五年十月以後，六年三月以前，共船二十一隻由廈門出口。」隨後在六年六月及七月間，已經有「商船戶」（按：船牌登記的洋船名字）「魏勝興、林萬春、謝合興、陳永盛、高陞、魏長興、甘弘源、陳得勝、許隆興、蘇永興、陳國泰、楊若心」等十二艘船回到了廈門。[30] 下一個年度，依據高其倬的另一件奏摺所云：自雍正六年十二月至七年三月，廈門販洋的船隻共有二十五隻。[31] 由於奏摺所報告的出航及返港期間，爲主要行船時間，我們差不多可以說雍正年間廈門的南洋貿易船大約就在二十五艘左右。

自此以後，廈門的洋船數目顯然頗有增加。前引漳州學者蔡新的觀察提及乾隆六年時，「閩、粵洋船不下百、十號」。他的意思應該是說，當時福建、廣東兩省洋船總數，加起來爲數十艘或近百艘。

廣東的南洋貿易船（當地稱爲「本港船」而不稱「洋船」。「洋船」一名經常用來指外國船，也就是「夷船」）有多大的規模呢？依據粵海關的相關報告，在雍正九年時，全年共有二十餘隻入口。這被認爲是很多的一年。[32] 雍正十年閏五月十一日至九月十五日則共有十七隻入口。[33] 經過了二十年，在乾隆十七年時，兩廣總督阿里袞的奏摺仍然說：「今歲本港洋船到關一十八隻。」[34] 數字變化不大。顯然，從雍正後期到乾隆二十年左右，廣東省的南洋貿易船只不過二十艘上下罷了。由此推斷，乾隆初年

「冬去夏回」主要是因爲行船必須利用季風的緣故。帆船自廈門出發，利用東北季風。東北季風吹拂於陽曆十月至三月間。考慮到必須於季風轉向前抵達目的地，最好是在陽曆十月至一、二月間就離開廈門港；從東南亞返回中國，利用西南季風。西南季風吹拂於陽曆四至九月間，考慮到路上所花費的時間，東南亞歸帆大多於陽曆六至九月間到達廈門。

30　同上註，第11輯，pp. 70-72，雍正六年八月初十日。

31　同上註，第12輯，pp. 751-752，雍正七年三月二十七日。

32　同上註，第20輯，pp. 247-248，雍正十年七月二十三日，廣州城守副將毛克明摺。

33　同上註，第20輯，pp. 590-592，雍正十年九月二十九日，毛克明摺。

34　同上註，第3輯，pp. 771-772，乾隆十七年九月初五日，阿里袞摺。

閩、粵兩省爲數近百艘的洋船中，福建（以廈門港爲主）所擁有的數目遠多於廣東。確實也是如此。依據福州將軍新柱的報告，當乾隆十六年時，「內地販洋商船每年出口自五十餘隻至七十餘隻不等。」[35] 加上廣東的二十艘，差不多爲近百艘或少些。從其他類似的報告中，我們還可以找到如下的數字：

〔乾隆十七年〕向年進口洋船多則五十餘隻。……本年七月初七、八等日，據船戶稟稱，外洋並無颶風，回棹洋船暨上年壓冬之船，先後到廈門者，共計六十五隻。[36]

〔乾隆十八年〕竊照上年冬季及本年春季，時際北風盛發，正洋船陸續出口，往番貿易之候。……資據委員彭馨具報，現在洋船先後出口，計六十五隻。[37]

〔乾隆十九年〕閩海關於乾隆十九年閏四月末旬起至八月中旬止，一切往洋貿易船隻陸續回棹，共計六十八隻，收入廈門關口。[38]

從以上連續三、四年的資料看來，福建廈門的販洋船隻大約略少於七十艘。

隨後在乾隆二十五年至二十九年之間，廈門的洋船數目曾經顯著地減少。減少的原因，據當時的洋行商人李錦等人的說法是「近年物價稍昂，而二十四、五等年廈門洋行連遭回祿，出洋船隻比前較少。」[39] 因此在乾隆二十五年到二十九年間「每年往來洋船在四十隻內外」而已。[40]

---

35 同上註，第1輯，p. 815，乾隆十六年九月二十八日。

36 同上註，第3輯，p. 777，乾隆十七年九月初五日，福州將軍新柱摺。

37 同上註，第5輯，p. 8，乾隆十八年三月二十九日。

38 同上註，第9輯，pp. 626-627，乾隆十九年九月二十四日，福州將軍新柱摺。

39 同上註，第21輯，pp. 224-227，乾隆二十九年四月十五日，裘曰修、舒赫德摺；pp. 247-249，乾隆二十九年四月二十日，裘曰修、舒赫德。

乾隆三十年後廈門洋船的數目變化，不得其詳。但經手洋船事務的洋行數目在乾隆二十六年時只有六家，嘉慶元年時則有八家。[41] 經過三十年，洋行的數目不減反增，因此我們可以推斷在乾隆三十年以後，廈門洋船的數目可能略有增加，也許就恢復到乾隆二十年代初期的水準（七十隻左右）。

不過，廈門洋船衰退的因素在乾隆後期業已出現。這些因素當中，最主要的有三點。一是廣東洋船的競爭，一是貿易地點的變化，最後是福建當地商船的競爭。

廣東洋船的數目在乾隆二十年以前，很少多過二十隻。但在乾隆二十九年時，廣東的「本港船」已有三、四十隻。[42]

廣東洋船數目的增長自然對廈門洋船產生競爭的作用，不利於廈門洋船的營業。

其次是南洋的幾個主要的貿易地點在政治和商業上的變化也不利於廈門。暹羅原為廈門洋船的一個主要的去處，但是在乾隆二十四年至三十二年間（1759-1767），當政的阿猶地亞（Ayuthia）王朝因內亂而招致緬甸的入侵。暹羅的內憂外患使得中、暹之間的貿易瀕於中斷。雖然稍後鄭昭的曼古（Bangkok）王朝與繼之而起的拉瑪（Rama）王朝驅逐外患、重建了暹羅的社會秩序，可是中、暹之間的貿易卻未能在短期之內恢復到雍正末、乾隆初的水準。[43]

南洋的另外兩個主要的貿易地點為巴達維亞和馬尼剌。這兩個地方分

40　同上註，第21輯，pp. 224-227，乾隆二十九年四月初五日，裘曰修、舒赫德摺。

41　請見討論「洋行」的一節。

42　《宮中檔乾隆朝奏摺》，第23輯，pp. 88-90，李侍堯、方體浴摺云：「今粵省本港洋船林長發等係往咖喇吧、暹羅港口、安南、嗎辰、叮嘰呶、舊港、東(柬)埔寨等處貿易。……況本港洋船僅有三、四十隻。」

43　高崎美佐子，前引文，p. 24。

別為荷蘭和西班牙的殖民地。廣州十三行的洋商（外洋行商人）由於經手這些國家來華貿易的事務，與他們維持一定的良好關係。他們進而利用這一層關係，挾著遠比一般商人雄厚的資本，插手經營廣州與馬尼剌及巴達維亞之間的帆船貿易。[44] 這樣的競爭同樣對廈門的洋船貿易構成威脅。

不過，乾隆末年以後廈門洋船的經營遭遇到的最大挑戰，還是來自福建本身的商船（國內沿海貿易船）。福建由於糧食不足，因此必須從臺灣輸入米穀。為了便利運糧、並且打擊走私的行為，乾隆四十九年開放泉州的蚶江對渡臺灣的鹿港；五十三年，又開放福州的五虎門對渡臺灣淡水的八里坌。廈門原本為對渡臺灣的唯一口岸，往來南臺灣的鹿耳門。兩岸對渡口岸的增加，自然使廈門失去既有的壟斷性的地位。福建開放的港口增加，商船可以假借赴臺之名，利用蚶江和五虎門從事「商船」無權經營的南洋貿易，使得廈門合法的洋船業受到嚴重的打擊。《廈門志》云：

> 後因蚶江、五虎門（與廈門）三口並開，奸商私用商船為洋駁，載貨挂往廣東虎門等處，另換大船販夷，或徑自販夷。回棹，則以貴重之物由陸運回，粗物仍用洋駁載回，倚匿商行。關課僅納日稅而避洋稅。以致洋船失利，洋行消乏、關課漸絀。[45]

---

44 參考倫敦印度辦公室檔案館(India Office Library and Records)所藏英國東印度公司檔案：G/12/73, 1781/12/20, p. 92；G/12/76, 1782/06/25, p. 33；G/12/76, 1782/09/03, pp. 77-78；G/12/76, 1782/09/08, pp. 84-85；G/12/76, 1782/09/09, pp. 85-86；G/12/76, 1782/09/18, pp. 103-104；G/12/76, 1782/12/12, p. 174；G/12/76, 1782/12/23, p. 194；G/12/77, 1783/01/04, p. 2；G/12/77, 1783/02/08, p. 12。這些外洋行商人或許與荷蘭東印度公司有所往來，或許經手與馬尼拉西班牙人交易，因此對這兩個地方的帆船貿易具有相當程度的影響力。乾隆四十七、四十八年間(1782-1783)，當英國與荷蘭處在交戰狀態(第四次英荷戰爭)，英國戰船在南洋大行私掠(privateering)活動的時候，外洋行商人潘啓官(潘文巖)還出面為自廈門出口的洋船向英國東印度公司索取證明，藉以避免這些洋船因為被懷疑為荷蘭東印度公司載貨前往噶喇吧(巴達維亞)而遭受攻擊。再參考G/12/77, 1782/01/04, p. 2。

45 《廈門志》，p. 180。

　　基於以上各種因素，廈門的洋船到了嘉慶年間（1796-1820）便日漸零落。如同前面所指出的情形，在嘉慶十四年時（1809）還能有搭載五、六百人以上的大洋船自廈門往販東南亞，因此至少到那時候爲止都還有眞正的「洋船」出口。不過，這已是強弩之末了。後文將提到：到了嘉慶十八年（1813），經手洋船業務的洋行只剩下一家。而這一家洋行大概也由於沒有洋船的生意可做，因而呈請當局將「洋駁歸洋行保結」，爭取一點生意。洋駁其實是「商船」，不是「洋船」，因此相關的業務原本是由廈門「商行」經手辦理的。這唯一的一家洋行原本想要爭取一些生意，可是沒有成功。道光元年（1821），它也倒閉了。在這時節，廈門地方「以商船作洋駁者，尚有十餘號。」但在隨後的幾年間，廈門商船業也沒落了，因此洋駁也就所剩無幾。資料提到在道光十二、三年（1832-1833）左右，必須「每歲飭令地方官勸諭，始有洋駁一、二號販夷。」[46] 出洋貿易處於被動勉強爲之，廈門的洋船與洋駁到此算是走到了末路。

　　從以上的資料加以歸納，我們對廈門的洋船得到以下的印象：（一）大洋船載重量約在七、八千石之間，搭乘人員可以多達千人，造價在十八世紀上半時約爲白銀8,000兩左右。中洋船載重在五千石上下，搭乘人員可至數百人，造價約在5,000兩附近。小洋船載重量差不多爲二、三千石，載人一百名左右，造價約爲2,000兩。（二）雍正年間，廈門洋船的總數約在二十隻上下。乾隆年間，除去二十五至二十九年衰退期間約爲四十隻上下外，其他時間大約有七十艘左右。假設中洋船足以代表全部洋船的平均狀況，則可以算出雍正年間各年份洋船的總載重量約爲100,000石，或7,000噸；總造價約爲100,000兩。乾隆年間洋船總載重量約爲350,000石，或24,500噸；總造價約爲350,000兩。

46　同上註。

2. 商船

　　文獻上關於廈門商船外形上的大小，還是只有樑頭寬度的資料。 前引《大清會典事例》已經說明了廈門的洋船、商船依樑頭丈尺共分爲自七尺以上至一丈八尺以上的八個等級來課稅。事實上，廈門商船的樑頭，有的竟連七尺寬都不到！乾隆四十二年的一個文件指出，爲了規定商船可以攜帶的鐵釘、油灰、棕絲、黃麻等船舶用品的數量，而將商船作了以下三個等級的區分：

> 　　今該船户等船隻出海貿易，近則福〔州〕、興〔化〕、泉〔州〕、漳〔州〕四府；遠而粵東、江、浙、山東，以抵蓋州、天津、關東、錦州等處，【參考圖二】雖屬內地而海洋浩淼。……樑頭一丈五尺以外者為大船，……樑頭七尺以上者為中船，……樑頭七尺以下者為小船。[47]

　　當然，小商船可能只從事短程的、省內的沿海貿易，而大商船才從事較遠的航行與貿易。關於從事越省貿易的長距離航行商船，《廈門志》還指出有如下的分類：

> 　　商船自廈門販貨往來南洋及南北通商者，有「橫洋船」、「販艚船」。橫洋船者，由廈門對渡臺灣鹿耳門，涉黑水洋。黑水南北流甚險，船則東西橫渡，故謂之「橫洋」。船身樑頭二丈以上。……橫洋船亦有自臺灣載糖至天津貿易者，其船較大，謂之「糖船」，統謂之「透北船」。以其違例，加倍配穀。……
>
> 　　販艚船又分「南艚」、「北艚」。南艚者，販貨至漳州、南澳、廣東各處貿易之船。北艚者，至溫州、寧波、上海、天津、登、萊、錦州貿易之船。船身略小，樑頭一丈八、九尺至二丈餘不等。[48]

---

47 《福建省例》，卷5，p. 639。
48 《廈門志》，p. 166。

圖二　清代沿岸圖

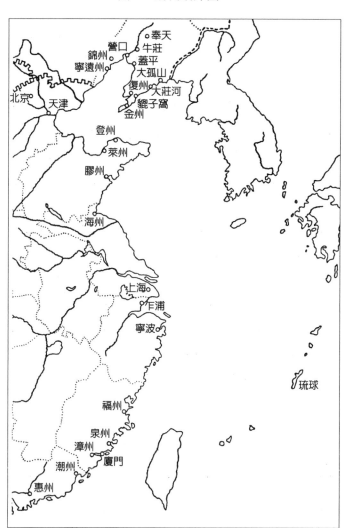

奉天
營口　牛莊
錦州　　蓋平
寧遠州　大孤山
　　　　復州　大莊河
北京　天津　　　貔子窩
　　　　　　金州
　　　　登州
　　　　　萊州
　　　　膠州
　　　　海州

上海
乍浦
寧波

琉球

福州
泉州
漳州
潮州　廈門
惠州

資料來源：取自松浦章，〈清代における沿岸貿易について──帆船と商品流通〉，p. 616。

「橫洋船」的樑頭寬度長達二丈以上,與航行南洋的「洋船」中最大的已相去不遠;而其中的「糖船」或「透北船」的樑頭更寬,則與大號洋船不分上下了。只是洋船樑頭在二丈二尺以上的,並沒有更進一步的詳細資料,因此不知道它們可以大到怎樣的程度,也難以再與大商船作比較。至於《廈門志》在此處所提到的「商船」,指的都是樑頭至少在一丈八尺以上的較大型商船。至於說到「糖船」或「透北船」因為樑頭寬度過大而「違例」,因此在雍正三年以後開始的「臺運」制度(詳後)下被要求加倍配運臺灣的米穀到廈門。這大概是指乾、嘉以後的事情。否則以上《廈門志》所載的商船樑頭,依康熙四十二年的規定,都是違例的。康熙四十二年的規定是:

> 商賈船許用雙桅,其樑頭不得過一丈八尺,舵水人等不得過二十八名。其一丈六、七尺樑頭者,不得過二十四名。[49]

若僅從舵工、水手的人數來看,康熙四十二年的規定一直到雍正年間都被嚴格遵守。尤其是行走於福建、天津間的船隻更是如此。[50]

「糖船」或「透北船」雖然由臺灣直接航行天津或華北、東北各港口,但是船籍大致上都屬於廈門。如黃叔璥《臺海始槎錄》所云:「(臺灣)海

---

49 同上註。

50 香坂昌紀,〈清代前期の沿岸貿易に關する一考察——特に雍正年間・福建——天津間に行われていたものについて——〉,《文化》,第35卷第1-2期合刊(1971年12月),pp. 39-40。參考松浦章,〈清代における沿岸貿易について——帆船と商品流通——〉,收在小野和子編,《明清時代の政治と社會》(京都:京都大學人文科學研究所,1983),pp. 595-650;Ng Chin-keong,前引書;Bodo Wiethoff, "Interregional Coastal Trade between Fukien and Tientsin during the Yung-jeng Period, a Numerical Appraisal," 《中央研究院第二屆國際漢學會議論文集:明清與近代史組》(上冊)(臺北:中央研究院,1989),pp. 345-355。

51 黃叔璥,《臺海使槎錄》(臺北:臺灣銀行經濟研究室,「臺灣文獻叢刊」第4種,1957),卷2,〈赤嵌筆談〉,p. 47,「商販」條。

船多漳、泉商賈貿易。」[51] 又如姚瑩在〈籌議商運臺穀〉一文所稱：「臺灣商船，皆漳、泉富民所製。」[52] 這些船在泉州蚶江開港以前，想來都是由廈門出口的。[53]

透北船直航天津，有以下的例子。嘉慶二十一年（1816），英國使臣阿美士德（Amherst）來華。當他離開山東洋面之後，天津鎮總兵奉命繼續打探他下一步的行蹤。隨後在報告中，該總兵提到他於當年七月

初二日在洋面遇見福建裝貨商船一隻。……據稱商船於六月十五日自臺灣開行，閏六月初八日住泊廟島賣糖，二十八日開船放洋赴天津。[54]

據此，這艘帆船自臺灣出發前往廟島，前後只花了十四天。[55] 雖然其最終的目的地為天津，但在到達目的地之前，也停靠其他港口作生意。從現在已受到廣泛注意的十八世紀初年福建與天津之間的貿易資料看來，每年接近五十隻的福建商船中，恐怕有不少就是由臺灣出發的糖船或透北船。

當然，這些行走於福建、天津間的商船，也有自廈門直接出口的北艚船。其他則是自福州或興化府出口的。有關十八世紀天津與福建間的貿易，已有松浦章、香坂昌紀、吳振強等人的研究，此處應不必贅言。[56] 不過，還是有兩點可以補充：（一）廈門並未壟斷這一條商路的貿易。即使把漳州籍和泉州籍的船隻都算作是廈門船，則廈門船也不過佔總數的三分之二而已。[57] 換言之，廈門（包含臺灣）走天津的商船在康熙末年與雍正

52　姚瑩，《東溟文集》。收在丁曰健，《治臺必告錄》(臺北：臺灣銀行經濟研究室，「臺灣文獻叢刊」第17種，1958)，p. 169。

53　《福建省例》，卷5，p. 627：「今溪邑(漳州府龍溪縣)大小商船，均係寄泊廈港，俱由廈防廳查驗出入。」此為乾隆四十一年的資料。

54　《文獻叢編》，p. 359，乾隆二十一年七月初五日，天津鎮總兵官李東山摺。

55　藍鼎元，《鹿洲初集》，〈奏疏：漕糧兼資海運疏〉。同文亦提及一艘由福建廈門出發的商船，「十餘日即至天津。」

56　其作品見註50。

57　見附錄，表三。

年間，一年也不過三十艘左右罷了。（二）由於閩、粵商人前往天津貿易的人數可能不少，天津很早就設有閩粵會館。[58]

至於福建船往江、浙一帶貿易的自然相當多。江蘇方面，如乾隆十八年提督江南總兵官左都督林陞君的奏摺就提到：

> 劉河、川沙、吳淞、上海各口，有閩、粵糖船，肆、伍月南風時候來江貿易；玖、拾月間置買棉花回棹。[59]

在上海方面，由於閩人來此貿易的頗多，泉州同安、漳州龍溪、海澄三縣商人於乾隆二十二年（1757）時，在當地捐建了一座漳泉會館。道光初年，汀州、漳州、泉州三府經營棉花、蔗糖與洋貨的商人更在同一地方設立了一座名為「點春堂」的公所。[60]

浙江由於地緣上與福建相鄰，往來貿易想必更加發達。如乾隆十六年浙江缺糧時，廈門同知許逢元就指出了：光是廈門一地，就有謝鴻恩、林合興、林劉興等十艘船運米到溫州。[61] 溫州便有全閩會館的組織。[62] 此外，浙江其他港口也有閩商的會館和公所，如乍浦。[63] 而乍浦的天后宮則更為「閩人之商於乍者」所崇祀。[64]

至於南艚往廣東的，更不在話下。廣東的牙行，有所謂的「福潮行」，

---

58 天津會館的起始年代不詳。可以了解的是它在嘉慶二十二年以前已經存在相當長一段時間。見全漢昇，《中國行會制度史》（上海，1935），pp. 110-111及117-118。

59 《宮中檔乾隆朝奏摺》，第5輯，pp. 689-690，乾隆十八年七月初四日。

60 上海博物館圖書資料室編，《上海碑刻資料選輯》（上海：上海人民出版社，1980），pp. 233-235，〈上海縣為泉漳會館地產不准盜賣告示碑〉；民國《上海縣續志》（臺北：成文，1970），pp. 251及259。

61 《宮中檔乾隆朝奏摺》，第1輯，pp. 447-448，乾隆十六年八月十八日，福建巡撫潘思榘摺。

62 東亞同文會，《支那省別全志》，卷13，〈浙江省〉(1919)，p. 766

63 郭松義，〈清代國內的海運貿易〉，《清史論叢》，第4輯(1982)，p. 97。

64 許瑤光，光緒《嘉興府志》，卷11，pp. 20b-21a。

專門負責申報及繳納廣州地區往來本省潮州及福建省一帶之船隻的關稅。這正反襯了閩、廣兩省間貿易發達的事實。[65] 而在嘉慶十八年至二十一年間，福建茶葉經由海路運往廣州的，一年由七千多擔增加到接近七萬擔。[66] 其中廈門的商船想必承載了相當高比例的數量。

廈門的商船，在康熙、雍正年間，樑頭較窄（不得多於一丈八尺），船身當然較小。有關其造價也都說只要一、兩千兩。例如康熙五十二年，皇帝諭大學士說：

商船載重，入水數尺方能壓浪。每造一船，費至一、二千金。[67]

又如雍正七年，福建觀風整俗使劉師恕的奏摺也提到：

上年有民鄭合，住鼓浪嶼。弟兄四、五人造船三、四隻。內一最大者，價值千餘金，牌名「林萬春」，已經出口多次。

這「林萬春」船也跑臺灣，算的上是一艘「橫洋船」。[68]

商船在乾隆、嘉慶年間越造越大，幾與洋船相當。因此最大的商船，造價也應與洋船相仿。至於小商船，如樑頭不及七尺的，造價可能就少得多了。物價的長期變化當然也影響商船的造價，其一般趨勢大約也與洋船的情形相去不遠。

廈門商船的載重能力如何呢？前面既說最大號的商船足以與洋船相頡

65 梁廷枏，《粵海關志》，卷25，pp. 1、10-11。廣東省往北行(通常前往潮州及福建)的商船，即通稱爲「福潮船」。見臺北故宮博物院，軍機處奏摺錄副，第032765號，乾隆四十八年四月二十五日，廣東巡撫尚安摺。

66 以一船兩千石計，七千擔需要三個船次，七萬擔需要三十個船次方能載完。參考《廈門志》，pp. 180-181及陳國棟，〈鴉片戰爭以前清朝政府對進出口商品的管理〉，收入本書，pp. 271-282。

67 《清實錄：康熙朝》，卷253，pp. 2b-3a，康熙五十二年三月初二日(己卯)條。

68 《宮中檔雍正朝奏摺》，第14輯，p. 715，雍正七年十月十六日，劉師恕摺。

頎，那麼其載重能力也可能超過五千石了。道光年間，姚瑩便說：

> 商船大者載貨六、七千石，小者二、三千石。[69]

但是姚瑩這裡提到的其實還都是中等以上的透北船，而不包括較小的類型。因為緊接著上文，姚瑩說：

> 商船自臺載貨至寧波、上海、膠州、天津；遠者或至盛京，然後還閩。往返經半年以上。[70]

也就是針對透北船而論。一般說來，不計小型商船，一般以載重兩、三千石的中型商船較為常見。例如《廈門志》提及官方僱用民間商船載運臺灣米穀前往福建，每船即「以二千石為率」。[71] 又如乾隆十六年浙江缺糧時，福建船隻運米前往接濟。廈門共派出十艘船，共

> 運赴溫州穀二萬石。內謝鴻恩等四船裝穀七千九百石；……林合興等四船，裝穀八千一百石；……林劉興等二船，裝穀四千石。[72]

平均載重量即為兩千石。再如大陸學者郭松義引齊學裘的《見聞筆記》，也說艚船的載重能力「大者能裝三千石，小者能裝一千六百石。」[73]天津閩粵會館的規約則認定「一千四百擔以上者為大船，一千四百擔以下者為小船。」[74] 就此看來，中型商船的載重能力以二千石（240,000斤或140噸）

---

69 見丁曰健編，《治臺必告錄》，p. 169。

70 同上註。

71 《廈門志》，p. 192。

72 《宮中檔乾隆朝奏摺》，第1輯，pp. 447-448，乾隆十六年八月十八日，福建巡撫潘思榘摺。根據這份資料，當年也有莆田船運米至台州。其中「高捷進等六船，裝穀五千九百五十石；……金元亨等六船，裝穀五千五百五十石；……余德順等七船，裝穀八千五百石。」平均載重量在九百至一千兩百石左右。相較於廈門船，莆田船顯然平均要小得多。

73 郭松義，前引文，pp. 94-95。

來估計，應該頗爲接近事實。

至於小商船，有的樑頭尚不及七尺，載重能力自然也不大。乾隆二十九年重修的《鳳山縣志》便提及了三種雙桅小商船的情形：一種稱爲「艕仔船」，可裝穀四、五百石至七、八百石；一種稱爲「杉板頭船」，可裝三、四百石至六、七百石；另一種稱爲「一封書船」，則只可裝二、三百石。[75] 或許廈門的小商船的情形與此相差不遠。

廈門商船總數如何呢？這是一個不容易估計的問題。傅衣凌在〈清代前期廈門洋行〉一文中，提及廈門，於洋船之外，還有一千隻商船，往來南北洋間。自臺灣平後，政府復有四千餘艘的軍糧船運入廈門，名曰「臺運」。[76]

這是一段沒有具體根據並且講不清楚的文字。傅衣凌可能並未眞正瞭解「臺運」是怎麼回事，而他所謂涉及「臺運」的船隻數目太多，事實上不可能存在。尤其是他所謂的「軍糧船」也不知是戰船還是商船。如果指商船，數目還是太大。《廈門志》提到過「廈門商船對渡臺灣鹿耳門」最多的時候爲「千餘號」，一千多艘或一千多個船次。[77]《廈門志》舉出渡臺商船千餘號這件事，爲的是要反襯道光年間渡臺商船數目（約四、五十號）的稀少。由此可知，一千多號是曾經有過的最高數字。

至於傅衣凌提到廈門「有一千隻商船，往來南北洋間」這件事，也無史實根據。傅衣凌未曾指出其資料來源。我們推斷他是從以下所引的《廈門志》裡的一段話做出他的敘述。該書云：

至嘉慶元年，尚有洋行八家、大小商行三十餘家；洋船、商船千餘

---

74 全漢昇，前引書，p. 111。

75 王瑛曾，《重修鳳山縣志》(臺北：臺灣銀行經濟研究室，「臺灣文獻叢刊」第146種，1962)，p. 118。

76 傅衣凌，前引書，p. 199。

77 《廈門志》，p. 171。

號。[78]

這段話是說廈門的洋船、商船的總數共一千餘隻。除掉洋船（不及百隻），廈門商船在嘉慶元年時是該有一千艘左右。但是這一千艘商船，是把全部的「橫洋船」與「販艚船」都計算在內了。如果扣除往來臺灣的船隻，則往來於南北洋之間越省貿易的商船以及在福建本省沿海貿易的商船，總數就達不到一千艘了。

嘉慶元年的船數，代表著商船業尚很發達的時期的情形。乾隆年間可能總數稍多，但相差亦有限。乾隆二十九年欽差舒赫德、裘日修在查辦廈門洋行陋規弊案的報告[79]中，曾經提及了「鄉船」一詞。依其奏摺所言：

> 各項洋船之外，尚有淡水、杉板等項船隻，土人謂之「鄉船」。[80]

「淡水」、「杉板」這兩種船，在《廈門志》中是被歸類為「小船」，有些也用於攬載客貨。[81] 一般的商船正介乎「洋船」與「小船」之間。可怪的是裘日修與舒赫德的報告既然提到了洋船，也提到了「鄉船」，也就是「小船」，卻幾乎沒有提及商船！

我個人猜想：裘日修與舒赫德兩人奉命到閩，負責查辦有關洋行、洋船的弊端。他們似乎不想將問題牽連太廣，因此有意將有關商船、商行的事情加以淡化。因此他們用「淡水、杉板等項船隻」一語就算是把洋船以外的其他種類的船隻都點到了。其實，所有的「鄉船」，與「洋船」的情形相同，「出口、入口亦各有陋規」。[82] 而較大隻的商船才有能力付出稍有分

---

78 《廈門志》，p. 180。

79 有關此一弊案的初步研究及相關文獻，見唐瑞裕，〈乾隆廿九年廈門商船陋規案的探討〉，《中華文化復興月刊》，第17卷第8期(1984年8月)，pp. 62-72。

80 《宮中檔乾隆朝奏摺》，第21輯，pp. 224-227，乾隆二十九年四月初五日，裘日修、舒赫德摺。

81 《廈門志》，pp. 175-177。

量的陋規吧。依據該二名欽差大臣的奏摺，廈門總共有「鄉船」二千餘隻。[83] 這兩千餘隻的「鄉船」假定就是全部的商船和小船的總和，那麼扣除掉小船，在乾隆二十九年左右，廈門地區真正的商船最多也不過一千數百隻。

前文提及雍正年間廈門行走天津一線的商船約在三十隻左右。乾隆二十九年，裘曰修、舒赫德兩人的報告則提及了在諸種「鄉船」之中，有一種「大鄉船」，為數七、八十隻。[84] 如果這裡所說的「大鄉船」正好就是指行走天津、錦州、蓋平一帶的北艚船或透北船，則廈門與華北之間的貿易，在乾隆中葉時遠比雍正時期發達。

至於往來江蘇、浙江方面的商船數目，我們只有道光年間的資料。道光年間，商船的活動相當蕭條，因此以下的數字僅代表相當不景氣時的狀況。（一）首先，在江蘇方面，上海為福建商船往來的主要口岸。依據道光十二年〈興修泉漳會館碑〉捐款名錄的記載，除開洋船不計外，共有金晉德、新景萬、黃春合等四十一艘船參與捐助興修上海漳泉會館的工作。[85] 就算是這些船全都來自廈門港，那麼在道光中期廈門往來上海的商船也不過四十隻以上。至於乾隆年間的數目，不得其詳。但總不至於多於百艘（道光時船數的兩倍）吧！（二）其次，在浙江方面，舟山群島的普陀山為廈門商船的一個重要的停泊港。道光十一年（1831）時，停泊該處的商船因為遭到颶風而損失慘重。《廈門志》記載此事如下：

> 商船半傷於道光十一年七月，在浙江之普陀山，颶風沉船七十餘號；

---

82 《宮中檔乾隆朝奏摺》，第21輯，pp. 224-227，乾隆二十九年四月初五日，裘曰修、舒赫德摺。

83 《宮中檔乾隆朝奏摺》，第21輯，pp. 753-757，乾隆二十九年六月十三日，裘曰修、舒赫德摺。

84 同上註。

85 《上海碑刻資料集》，pp. 235-238。

計喪資百餘萬。86

如果引文中的「半」字可以取字面的意思來理解，則道光十一年七月前夕廈門商船的總數當是七十餘艘的兩倍，約爲一百五十艘左右。只是依《廈門志》的文義，這一百五十艘船應該是廈門港商船的總數，而非長年造訪普陀山的廈門船數。再者，普陀山只是一個中繼港，不是貿易船的終點港。商船經由該地，除了可以續航前往寧波、乍浦之外，也可以繼續前往上海、華北或東北。因此，道光初年以浙江爲貿易終點的廈門商船數目應該只是這一百五十艘船中的一小部分。

至於廈門往來廣東或在福建本省沿海貿易的商船數目，尚無資料可以估計。不過，從距離較近這一點來推想，用於這一目的的商船應該是屬於較小型的船隻才是。

前面已經提及廈門對渡臺灣鹿耳門的橫洋船，最發達的時候可能達到一千多艘。不過，至遲在乾隆年間以後，橫洋船的數目就已急速減少。到了道光十二年（1832）左右，竟然只剩下四、五十艘。對於這樣激烈萎縮的現象，《廈門志》的作者提出這樣的解釋：

近因臺地物產漸昂，又因五口並行，87 並以鹿耳門沙線改易，往往商船失利，日漸稀少。至邇年渡臺商船，僅四、五十餘號矣。88

這裡主張（一）臺灣本地物價的上揚；（二）廈門之對渡港──鹿耳門港口淤塞，船隻出入不便；（三）新開放的臺灣其他合法口岸（並不以廈門爲對渡點）搶走鹿耳門的生意……等因素爲橫洋船沒落的主要

86 《廈門志》，p. 171。
87 同上註，pp. 169-170：「按、道光四年，又奏開彰化之五條港（即海豐港）、噶瑪蘭之烏石港。自此，五口通行。五百石之有照漁船，報稱因風漂泊，皆得橫洋往來；而廈口商船，日漸稀少矣。」
88 同上註，p. 171。

原因。

對於同一個問題，曾任臺灣道的姚瑩也有他的看法。他還考慮到別的因素。他說：

> 臺灣商船，皆漳、泉富民所製。乾隆五十九年水災後，二府械鬥之風大熾。蔡牽騷擾海上，軍興幾二十年。[89]漳、泉之民益困，臺灣亦散，百貨蕭條。海船遭風，艱於復製，而泛海之艘日稀。[90]

姚瑩提到了（一）漳、泉械鬥對物資的浪費，影響到漳、泉兩府一般的造船能力；（二）官兵與海盜的長期戰鬥阻撓海上貿易的進行；（三）以及個別商人資金有限，船舶失事之後就沒有再造的能力。

《廈門志》與姚瑩所舉的原因對橫洋船的沒落的確都有影響。但在此之外，姚瑩與《廈門志》都另外提到的「臺運」以及「大運」或「專運」更是不可忽略的原因。

「臺運」始於雍正三年。凡是廈門渡臺的船隻都按照樑頭寬度的大小，配運兵米和眷穀回廈門。其方式為：

> 商船大者載貨六、七千石，小者二、三千石。定制：樑頭寬二丈以上者，配官穀一百八十石；一丈六尺以上者，配官穀一百三十石。[91]

以三千石的船配載一百三十石穀子來算，商人需要騰挪出來的空間並不

---

89 關於乾隆末、嘉慶初中國沿海的海盜問題，請參閱 Wei Peh-ti, "Internal Security and Coastal Control: Juan Yuan and the Pirate Suppression in Chekiang, 1799-1809," *Ch'ing-shih Wen-t'i*, vol. 4, no. 2 (December 1979)；Dian H. Murray, *Pirates of South China Coast*, 1790-1810 (Stanford: Stanford University Press, 1987)。《福建省例》，卷5，p. 667所收錄的一件乾隆六十年的文件也說：「查得閩省近年以來，洋匪充斥。商船被劫之案，殆無虛日。」

90 丁曰健，《治臺必告錄》，p. 169。

91 同上註。

大。但是在三個方面，卻造成了他們的損失或不便。（一）萬一商船失事，行保及船戶必須經過曠日費時的調查，僥倖獲得官府同意，才可豁免責任；否則，行保及船戶必須負責賠補。（二）商船運民貨一石，運費三至六錢；配運官穀，官方發給的運費每石才六分六釐，商人蒙受一部分運費的損失。（三）最重要的是配穀對「糖船」或「透北船」造成以下的麻煩：

> 商船自臺灣載貨至寧波、上海、膠州、天津，遠者或至盛京，然後還閩，往返經半年以上。92 官穀在艙久，懼海氣蒸變，故臺地配穀，私皆易銀買貨。其返也，亦折色交倉。不可，然後買穀以應。官吏挾持為利，久之遂成陋規。93

於是商船設法規避，而兵米、眷穀積壓待運的也越來越多。這種情形在乾隆末年、嘉慶初年趨於嚴重。於是嘉慶十六年便以「大運」代替了「臺運」。

「大運」又稱為「專運」。政府放棄原來由全部商船分攤配運的作法，改為封僱少數商船的方式來搬運臺米。當時為了「大運」的目的，政府每年封僱大船十隻。雖然只是十隻，可是每一艘大商船都可能被選中。船隻一旦被官府封僱，船戶的損失就十分可觀。《廈門志》云：

> 不得已，為官僱商船，委員專運之舉。載民貨一石，水腳錢三錢至六錢不等。官穀例價，每石六分六釐。大運由司捐廉，酌加二分，合計每石止八分有奇。每船以二千石為率，船戶僅得運腳銀一百餘兩，不敷舵水飯食、工資、篷索、修理之需；加以兵役、供應、犒賞，行商賠累甚鉅。94

---

92 《福建省例》，卷5，p. 629亦云：「商船載貨報往江、浙、廣東、山東等省，必須遲待數月及經年始行駕回。」並請參考全漢昇，前引書，pp. 117-118。

93 丁曰健，《治臺必告錄》，p. 169。

94 《廈門志》，p. 191。

在必然賠本的情形下，當然不會有人願意製造兩千石以上的大船，航行臺、廈之間，以致於淪為「大運」的運輸工具了。

最後還有一項原因也影響了橫洋船的急遽減少。那就是臺灣的主要出口貨米和糖遇到競爭，市場縮小，出口減少，對橫洋船的需要跟著減少。文獻上說：

> 臺灣所產，只有糖、米二種。近來粵省產糖充旺，紛紛外販，致臺地北販之糖獲利較薄。米穀一項，又以生齒日煩（？繁），其存積不能如昔日之多。……臺米既多外販，致本地價亦增昂，彰（？漳）、泉一帶船戶赴臺販米者常虞虧本，因而裹足不前。[95]

綜上所述，廈門商船的數目當以乾隆年間（1736-1795）為最多；而道光十一、二年間為最少。方其盛時，大、小商船共有一千餘艘；及其沒落，大、中型商船加起其來總共僅有一百多艘，而在其同時小商船也為了規避「臺運」，早已紛紛改作漁船。[96] 因此，廈門商船數目前後變化非常大。而影響此一變化最大的因素則為搬運臺灣兵米、眷穀的「臺運」與「大運」，其次則為漳、泉械鬥，沿海海盜以及颱風為患等問題。至於商船的總載重能力，以平均每艘二千石計，乾隆中葉（一千餘船）當在2,000,000石或140,000噸以上；道光初期（以一百五十船計）則降至300,000石或21,000噸左右。

二、洋行與商行

對於出入沿海的各式各樣船隻，廈門（乃至整個清代中國）都以牙行

---

95 《明清史料》，戊編第2本，p. 189。
96 《廈門志》，p. 172。依《福建省例》，pp. 632-633，小商船改換漁船牌照是完全合法的事。

爲主要的管理工具之一。[97]如《福建省例》云：

> 廈門大小船隻出入，向俱投行保結。凡有奸梢冒頂等弊，均係責成行
> 保稽查舉報。……廈門出口各船梢水，如有更換，取具行保、船戶互結。
> [98]

這些牙行有種種的稱呼，如云：行保、行戶、行商、船行、船保、稅行……
……等等。[99]

廈門的船隻有洋船，有商船（含「小船」），此外還有漁船。因此相關
的牙行也大別爲洋行、商行與魚行三類。

關於魚行，《廈門志》云：

> 廈門漁船，屬魚行保結。朝出暮歸，在大擔門南北採捕，風發則魚貫
> 而回。[100]

《福建省例》也指出「漁船到埠投牙」。[101]

關於洋行，《廈門志》云：

> 商民整發往夷貿易，設立洋行經理。其有外省洋船收泊進口，亦歸洋
> 行保結。[102]

---

97 最著名的例子自然是廣州十三行。參考傅衣凌，前引書，p. 213，註9。在八里坌設
　口時，有關官員就提到「查八里坌新設口港，應行召募行保、海保及口差、經書。」
　見《福建省例》，卷5，p. 712。《廈門志》，p. 169亦云：「乾隆五十五年，又覆准臺
　灣府屬淡水八里坌對渡五虎門，設口開渡。往臺灣商民，令行保具結，報福防同知
　就近給照。……均可直達臺灣。」
98 《福建省例》，卷5，pp. 658-659。
99 這種種的叫法在《福建省例》中隨處可見。
100《廈門志》，p. 174。
101《福建省例》，卷5，p. 623。參考同書，p. 634。
102《廈門志》，pp. 177-178。

又云：

　　洋船由廈門洋行保結出洋，海關徵稅，廈防同知、文武汛口查驗放行。[103]

　　洋行的稱呼有時候也有變化。乾隆二十九年裘日修、舒赫德查辦廈門洋行陋關案時，就隨意地使用洋行、行戶、船行、洋船行等種種的叫法。[104]

　　至於商行，《廈門志》云：

　　向來南北船商由商行保結出口。[105]

　　商船有大有小，商行也有大有小。所以「大小商行」或「大小行商」的名詞也成為慣用的語彙。[106]

　　魚行姑且不論。洋行與商行既為牙行，其基本性格自然是代替商人買賣貨物、租賃船舶。因此，「整發」船隻出口就成為他們的主要功能。如嘉慶十四年（1809）失事的金順源船，就是由廈門崑和行的「家長」（經理）李西老（李寬）整發前往狪狔貿易的。[107] 這艘船有板主（船隻所有人）羅奎、阮耀兩人，財副為周沛，夥長為江膽。不過，出事後的善後事宜仍然由洋行經理李寬負責。【參考圖三】[108] 因為行商是站在客商與船主之間，擔任彼此的仲介，也向雙方負責。

　　對政府而言，牙行的主要功能是保納稅餉，這也就是它們也經常被稱

---

104 參考唐瑞裕，前引文。

105《廈門志》，p. 180。

106 同上註。參考《福建省例》，卷5，p. 666。

107 狪狔也寫作仝狔或同狔，它也叫作鹿洞或農耐大鋪，當時屬於越南邊和省。該地位於今西貢東北方30-50公里處，是西貢興起以前南圻的第一大城，為明鄭舊部陳上川所建。參考陳荊和，〈清初鄭成功殘部之移殖南圻(下)〉，《新亞學報》，第8卷第2期（1968），p. 424。

108 PRO, F.O. 233/189, nos. 220、227。

圖三　金順源船失事獲救文獻

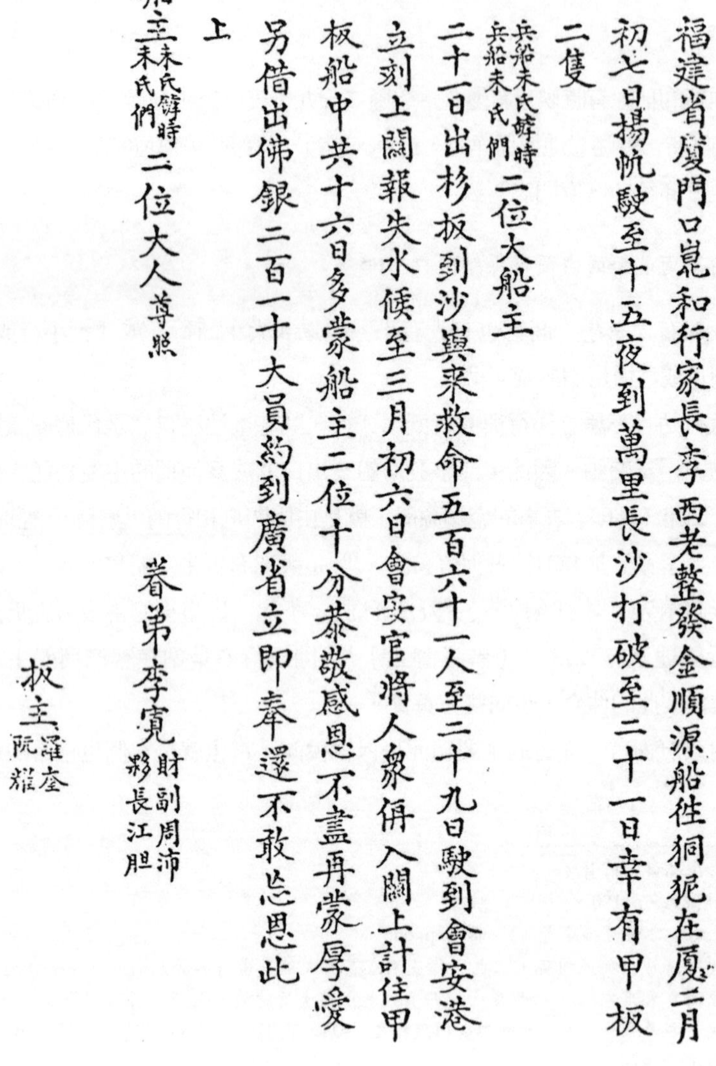

福建省廈門口崑和行家長李西老整發金順源船往桐犯在廈二月

初七日揚帆駛至十五夜到萬里長沙打破至二十一日幸有甲板

二隻

兵船未氏蕚時
兵船未氏們　二位大船主

二十一日出杉板到沙嶼來救命五百六十一人至二十九日駛到會安港

立刻上關報失水候至三月初六日會安官將人衆俱入關上計住甲

板船中共十六日多蒙船主二位十分恭敬感恩不盡再蒙厚愛

另借出佛銀二百一十大員約到廣省立即奉還不敢忘恩此

上

船主未氏蕚時
　　未氏們　二位大人尊照

眷弟李寬　財副周沛　影長江胆

板主阮耀

資料來源：Public Records Office, F. O. 233/189, no. 220.

爲「稅行」的原因。牙行保結船隻出口，除了保納稅餉之外，也負責查驗水手年齡、籍貫等資料，並且保證這些資料的可靠性。例如《福建省例》提到船隻水手，「倘有臨期更換，著令該船戶同稅行具結稟明。」[109] 就查驗水手一事而言，牙行的責任與船主相同。但是遇到船隻失事時，牙行就獨自負起保識獲救水手的責任。福州將軍新柱在乾隆十七年時，曾經提起過這樣的一個例子：

今據廈門口委員會同廈防同知詳報：……郭元美船內水手劉祐、周喜等一十九名，於本年八月十二日附搭劉捷興船隻回閩。查閱年貌，并令原保行鋪識納，實係原出洋船戶水手，應即發回原籍安插。[110]

船戶出海是由牙行保結的，因此遇到承載官物而船隻失事時，牙行還要負責將官物賠償予政府。例如，乾隆五十五年時，當時權宜准許一種名爲「白底艍」的漁船巡渡臺灣鹿港，從事商業活動。既然從事商業活動，因此比照商船，

如遇配運官穀，應以每船裝米六十石，穀則倍之。倘有遭風失水，照例著落原保行戶賠補。[111]

關於洋行、商行的數目與個別行商的名稱，雍正五年以前的資料只提及廈門行戶許藏興一家。[112] 乾隆二十年李有用的奏摺提到廈門的「鋪戶林廣和、鄭德林二人」。傅衣凌認爲這兩個人應該就是「洋行中人」。[113] 可是並沒有恰當的證據。九年之後，裘日修、舒赫德提到廈門洋行有李錦、辛華

109《福建省例》，卷5，pp. 620-622。

110《史料旬刊》，p. 469，乾隆十七年十月初七日，新柱摺。

111《福建省例》，卷5，p. 663；參見p. 665。

112《文獻叢編》，pp. 325-326，雍正四年十月十二日，福建巡撫毛文銓摺。

113《史料旬刊》，p. 350，乾隆二十年十一月十七日，李有用摺；傅衣凌，前引書，p. 206。

等六家。[114] 嘉慶元年，廈門洋行有八家。到嘉慶十八年時，洋行只剩下陳班觀一家（行名「和合成」），而這碩果僅存的一家最後也在道光元年（1821）時倒閉。[115]

廈門洋行在乾隆時期較為興盛，入嘉慶以後開始式微，而在道光元年走入歷史。這種發展趨勢與洋船的興衰過程頗為一致。不過，講到洋行的沒落，也不得不提到洋行的額外負擔。洋行因為經手南洋商品的買賣，因此被政府要求代購燕窩和黑鉛。就像一般替官方採購的例子一樣，官方發價給得很低，經手的胥吏還要再剋扣一些，因此行商吃了極大的虧。採買之外，政府（或官員）又向洋行索取陋規。這類需索，在洋行生意好時尚可應付；等到洋行處於逆境時，官員仍不知節制，於是陋規的榨取對洋行的失敗就產生了雪上加霜的作用。[116]

在商行方面，乾隆二十九年時舒赫德及裘曰修曾提及「商戶三十餘家」。這或許就是當時商行的總數。[117] 乾隆六十年的資料則指出，那時候有「大小商行金裕豐」等，未提及總數。[118] 次年（嘉慶元年，1796）則說共有「大小行商三十餘家。」[119] 這樣看來，乾隆年間商行的數目大致就在三十家左右。嘉慶年間商行的家數不詳。知名的有嘉慶十一年的金藏和和嘉慶二十三年時的蔣元亨。[120] 到了道光五年，商行只剩下十四家，即金豐

---

114 《宮中檔乾隆朝奏摺》，第21輯，pp. 224-227，乾隆二十九年四月十五日，裘曰修、舒赫德摺；pp. 247-249，乾隆二十九年四月二十日，裘曰修、舒赫德摺；pp. 454-455，乾隆二十九年五月十二日，裘曰修、舒赫德摺。

115 《廈門志》，pp. 179-180。

116 參見傅衣凌，前引書，p. 208；唐瑞裕，前引文。

117 《宮中檔乾隆朝奏摺》，第21輯，pp. 753-757，乾隆二十九年六月十三日，裘曰修、舒赫德摺。

118 《福建省例》，卷5，p. 666。

119 《廈門志》，p. 180。

120 《福建省例》，卷5，p. 696及《廈門志》，pp. 174-180。傅衣凌，前引書，p. 209將蔣元亨當作是洋行商人，那是不正確的。因為陳班觀舉他自代並沒有成功。

泰、金萬成、金源豐、金恒遠、金瑞安、金源泉、金長安、金豐勝、金元吉、金源益、金源瑞、金晉祥、金源發與金全益。過了十一、二年，這十四行又銳減爲五、六家。[121]

商行興於乾隆，漸衰於嘉慶，而在道光年間遽減的過程，與商船發展的歷史也很一致。不過，前文曾提及乾隆末、嘉慶初，許多商船改作洋駁，倚匿商行，似乎對商行有利。但是這種好處並不能持久。因爲洋駁搶了洋船的生意，終於使得洋行在道光元年全部倒閉。結果政府裁決由現存十四家商行共同負擔起原來洋行的義務。可是這時候作洋駁生意的商船一則減少了，再則它們規避廈門，「私往詔安等小口整發」。[122] 這回輪到商行失去生意。其他商船的數目在道光年間也少了很多，因此商行獲利的可能性也降低了許多。然而商行還得承擔起原來洋行代官方採買燕窩、黑鉛等賠錢工作；更要繳交給官府原來由洋行負擔的陋規。在這種情形下，商行難以支撐的事實也就不難想像。[123]

三、洋稅與商稅

福建往販東南亞的船隻，全部由廈門出入；越省往華中、華北和廣東的商船，來自廈門的比率也很高。加以對渡臺灣的商船在鹿港、八里坌開放以前，廈門也是對渡鹿耳門的唯一口岸。因此，廈門的海上貿易佔整個福建省海上貿易的一大部分乃是極自然的事。從關稅上來看，閩海關的關稅收入，「廈口居其過半」[124] 也就毫不意外。

由於廈門海關的稅收佔整個閩海關稅收的一大部分，因此閩海關稅收

121《廈門志》，p. 180。
122 同上註。
123 同上註。
124《廈門志》，p. 195。

的消長，在相當一定的程度上也就反映了廈門海上貿易的興衰。依表二所示，閩海關的稅收在雍正十三年爲二十萬兩出頭；乾隆初年略少於三十萬兩；乾隆十六年以後則多於三十萬兩。到了乾隆二十二至四十一年間，更經常維持在三十五萬兩以上。嘉慶十六年，稅收減爲二十一萬兩，次年略升爲二十三萬兩，但是嘉慶二十五年又下降到十九萬兩。道光十七年時，該年稅收也還是在十九萬兩左右。這個趨勢顯示出乾隆中期是閩海關稅收最高的一段時間，而嘉慶年間則有了顯著下降的現象。到了嘉慶末、道光年間，閩海關每年的稅收還不及雍正十三年的水準。整個趨勢與廈門洋船、商船的興衰也頗爲一致。

表二　閩海關稅收：雍正十三年 - 道光十二年

年份	期間	閩海關稅收（單位：兩）
雍正十三年	雍正13/02/20—乾隆01/01/19	203,336,410
乾隆五年	乾隆05/03/06—06/03/02	(277,821.582)
乾隆七年	乾隆07/03/03—08/0/02	(267,696.321)
乾隆八年	乾隆08/03/03—09/03/23	(291,677.169)
乾隆十年	乾隆10/03/24—11/03/23	(291,597.469)
乾隆十五年	乾隆15/12/16—16/11/15	308,885.760 (338,515.970)
乾隆十六年	乾隆16/11/16—17/11/15	332,418.120 (364,211.453)
乾隆十七年	乾隆17/11/16—18/11/15	314,448.160
乾隆二十二年	乾隆22/09/16—23/09/15	358,641.421
乾隆二十七年	乾隆27/07/16—28/07/15	355,497.730
乾隆二十八年	乾隆28/07/16—29/07/15	356,822.890
乾隆三十年	乾隆30/06/16—31/06/15	357,173.290
乾隆三十一年	乾隆31/06/16—31/06/15	357,149.610
乾隆四十年	乾隆40/03/16—41/02/15	354,297.640
乾隆四十一年	乾隆41/02/16—42/02/15	352,861.300
嘉慶十六年	嘉慶	280368.200
嘉慶十七年	嘉慶	232,440.600
嘉慶二十五年	嘉慶25/10/16—道光01/10/15	192,688.456
道光十七年	道光17/04/16—18/04/15	191,665.077

說明：括弧內數字係彭澤益從檔中整理出來的結果。見彭澤益〈清初四榷關地點和貿易量的考察〉。《社會科學戰線》，1984年第3期（1984年7月），p. 132。

資料來源：《史料旬刊》（臺北：國風，1963），pp. 593，785及790-791；《宮中檔乾隆朝奏摺》（臺北：故宮博物院），卷22，pp. 457-458；卷27，pp. 582-583；卷29，pp. 189-190；卷33，pp. 107-108；卷37，pp. 264-265；卷38，pp. 114-115。

　　閩海關的稅收，依洋船、商船的區分，也分成洋稅和商稅兩個部分。如乾隆十八年福州將軍新柱的奏摺說：

　　今年洋船回棹，所帶番錫、胡椒甚少遂致廈門洋稅較諸乾隆十七年分計少收銀一萬二千餘兩。……又查閩省今年出口花生、油麻等物，進口棉花、布疋等物，較諸乾隆十七年分亦皆減少，遂至日徵商稅計少收銀五千餘兩。[125]

　　如果我們能計算出洋稅與商稅在閩海關關稅上的相對貢獻，也當能推測出洋船與商稅在福建一省海上貿易的相對重要性。洋稅包含船稅和貨物稅；後者又分成進口和出口兩項。閩海關的船稅依樑頭的寬度折換成課稅基數，每個基數科稅五錢。最高的基數為八，科稅不過四兩。以一年五十艘洋船，進口、出口各計一次，船稅也不會多過四百兩。[126] 為數極少。

　　至於洋船的入口貨物稅，依乾隆十七年福州將軍新柱的報告，在當年，

　　回棹洋船……內六十二隻業經查驗上稅，共收稅銀三萬七千八百六十九兩零。[127]

平均每船六百一十兩。新柱於乾隆十九年的報告則說：

　　閩海關於乾隆十九年閏四月末旬起至八月中旬止，一切往洋貿易船隻陸續回棹，共計六十八隻，收入廈門關口，徵收洋貨稅銀三萬一千九百二十五兩零。[128]

125《宮中檔乾隆朝奏摺》，卷7，pp. 174-175，乾隆十八年十二月十六日。
126 嘉慶《大清會典事例》，卷188，p. 9a。
127《宮中檔乾隆朝奏摺》，卷3，p. 777，乾隆十七年九月初五日。
128《宮中檔乾隆朝奏摺》，卷9，pp. 626-627，乾隆十九年九月二十四日。

平均每船的進口貨物稅爲四百七十兩。以上兩個年份通計，平均每艘回國的洋船，各自支付了五百四十兩左右的貨物稅。

關於出口貨物稅，新柱在乾隆十八年的另一件奏摺中有如下的資料：

> 現在洋船先後出口，計六十五隻，共徵洋稅銀五千八百四十八兩零。……臣查出口洋船所收貨稅，較諸乾隆十六年分徵五千八百二十六兩零之數，有盈無絀。[129]

依此，則乾隆十七年份（即乾隆17/11/16-18/11/15），洋船出口貨物稅平均每船才九十兩而已！

乾隆十七年度閩海關的總稅收爲三十一萬四千四百四十八兩。洋船出入皆以六十五艘計，船稅（進、出口各計一次）、進出口貨物稅合計約爲四萬一千四百七十兩，差不多只佔閩海關總稅收的八分之一。其餘的八分之七自然就是廈門與福建其他港口商船的貢獻了。

當然，乾隆十七年前後的情形並不能代表各個時期洋稅、商稅的相對分量。我們只能說這是洋船與洋行較發達時的情形。至於乾隆末年洋船業日趨式微，洋稅自然跟著減少。到了道光年間，洋船與洋行都不復存在，洋稅自然也消失了。

四、結語

清代中葉廈門的海上貿易大致上以乾隆時期最興盛，而以道光十二年左右最衰微。方其盛時，商船總載重能力在兩百萬石以上、洋船在三十五萬石以上。商船的總噸位遠大於洋船，因而閩海關所徵收的商稅也遠多於洋稅。同樣的道理，乾隆時期洋行只有六至八家，商行則有三十餘家，商

129《宮中檔乾隆朝奏摺》，第5輯，p. 8，乾隆十八年三月二十九日，福州將軍新柱摺。

行也遠多於洋行。因此從數量上來說，清代中葉國內沿海的貿易對廈門而言，遠比南洋貿易重要。另一方面，南洋貿易的衰落在時間上也比沿海貿易來得早，程度上也來得更徹底。

附錄

　　有關康熙、雍正年間，福建商船入口天津的資料，松浦章已經完全指出。[130] 依據這些資料，我們可以依船籍整理出表三，以顯示出廈門與福建其他港口在天津貿易上的相對地位。表四則以資料較完整的雍正九年、十年來計算各船的水手人數。結果我們發現除船主和客商外，沒有一艘船的水手超過二十四名的規定。

表三　入口天津之福建商船船籍

年份	西元	龍溪縣	同安縣	晉江縣	莆田縣	閩縣	福清縣	漳州府	泉州府	興化府	福州府	不詳	全省
康熙五十六年	1717			2					2				2
康熙五十七年	1718												
康熙五十八年	1719												
康熙五十九年	1720												
康熙六十年	1722												
雍正元年	1723	2	1	2				2	3				5
雍正二年	1724	3	1					3	1			3	7
雍正三年	1725	2	2	1		2		2	3		2		7
雍正四年	1726		1	1					2				2
雍正五年	1727												
雍正六年	1728												
雍正七年	1729	3	4	10		3	1	3	14		4		21
雍正八年	1730											5	5
雍正九年	1731	10	9	13	8	12		10	22	8	12		52
雍正十年	1732	10	7	6	2	17		10	13	2	17		42
雍正十一年	1733												
雍正十二年	1734												
雍正十三年	1735												
總計		30	25	35	10	34	1	30	60	10	35	8	143

---

130 松浦章，前引文，pp. 635-636，註18及19。

表四　入口天津之福建商船水手人數

船數／水手人數	雍正九年	雍正十年
16	1	0
17	4	5
18	6	2
19	2	7
20	3	2
21	11	8
22	5	1
23	20	17
總船數／水手人數	52	42
平均數（mean）	20.98	20.83
中位數（medium）	20.91	20.63
眾數（mode）	23	23

資料來源：參考註50。

——原刊於吳劍雄主編《中國海洋發展史論文集》，第四輯（臺北：中央研究院中山人文社會科學研究所，1991），pp. 61-100。

V4902 **殖民地臺灣的近代學校**
許佩賢◎著　定價◎ 380 元

　　我們現在習以為常的學校，是日本統治臺灣以後，隨著殖民地統治被引進來的西方式近代學校。日本殖民政府透過學校教育塑造兵士型及產業型的新人種，其特徵是順從、勤勞、規律、且能有效生產。另一方面，對當時的臺灣人來說，近代學校是一個充滿魅力、新鮮的媒體樂園。這個樂園的入口雖然吸引人，裡面卻有二重、三重的迷宮。向學心旺盛的臺灣人，被吸引進入後，卻在迷宮中嘗到挫折，甚至引起認同危機。本書透過殖民地時代的教育，思考「教育」與「國家」、「社會」之間的關係，也思考殖民地教育下臺灣人的心性。

V4903 **臺灣的山海經驗**
陳國棟◎著　定價◎ 450 元

　　臺灣四面環海，幾乎所有居民的祖先都曾渡海而來；臺灣平地面積有限，半數以上的土地皆為丘陵與高山。然而亙古以來，直到百餘年前，居民與山、海的接觸卻不多。雖然不多，臺灣的歷史與臺灣人的山海經驗卻有著糾結不開的關係。探索這種關係，有助於深層理解臺灣的歷史。

　　作者陳國棟的主要研究領域為經濟史與海洋史，但因機緣所致，也時而從事臺灣的歷史研究，而這些研究所處理的問題又湊巧和山及海密切相關。本書選錄作者過去二十多年間，針對臺灣歷史所發表的十八篇作品。

　　《臺灣的山海經驗》分為「總論」、「臺灣交通」、「淡水」、「十七世紀」與「清代臺灣」五大區塊。內容包括對臺灣歷史的深入分析與通論性的看法。作者自認為臺灣史研究非其專精，但亦因非其專精，故能別出心裁。書中所收文章，分別在議題、論點以及資料的發掘與應用上，有其創新的看法，期能為臺灣史研究注入另類的思惟。

V4914 **東亞海域一千年**（增訂新版）
陳國棟◎著　定價◎ 500 元

　　亞洲海域的周邊孕育著幾個世界上最古老的文明。藉諸大海的聯繫，千百年來，沿海的居民斷斷續續地進行著種種形式的交往。

　　作者陳國棟的研究，在議題上側重於經濟與貿易；在時間軸上先以清代前期的十七、八世紀為重心，再往上、下延伸，嘗試在較寬廣的時空架構下，尋找中國人參與海事活動的軌跡。

　　本書共收錄論文十五篇，依內容的時間先後排序。有考證，有分析；在經濟、貿易之外，更涉及人員的互訪與文化的交流。有些議題，如鄭和下西洋，讀者可能早已耳熟能詳；另一些議題，如清代海洋貿易政策的形成與貿易所衍生的問題，則稍微需要費點精神才能掌握。翻開目錄、打開書頁，將可窺知過去一千年間發生在東亞海域的大小故事。增訂新版將原本收錄於初版的三篇英文文章全數改寫為中文，其他各篇則作了些微的訂正。

V4905 福爾摩沙如何變成臺灣府？

歐陽泰（Tonio Andrade）◎著　鄭維中◎譯　定價◎ 480 元

從十七世紀開始，臺灣是個海盜出沒、橫行的島嶼。約百年之後，此地成為大清帝國所管轄的一個府，數以萬計的漢人自唐山移民到此。是什麼因素造成了這樣的變化？

《福爾摩沙如何變成臺灣府？》這本書，帶領我們追尋一六二三年起到一六六二年止，這段臺灣歷史上的關鍵時代——西班牙、荷蘭人治理時期的史事。我們瞭解了海盜如何對荷蘭殖民體系見縫插針、胡攪蠻纏的故事；日本武士又如何帶領原住民赴日，企圖說服幕府將軍發兵攻擊荷蘭人；原住民殺退漢人獵戶的經過；哭嚎著「殺！殺！殺！殺死紅毛狗」的草地農民；還有關於國姓爺，也是海商鄭成功率軍掃除荷蘭人，建立漢人王國等等事蹟。

荷據時期的臺灣人事物，就在這裡，讓我們回溯彼時的福爾摩沙歷史。

V4906 殖民地的邊區：東臺灣的政治經濟

林玉茹◎著　定價◎ 400 元

年鑑史學大師布勞岱（Fernand Braudel）曾經指出，歷史學家必須優先考慮空間因素，並提出「地理的歷史」的研究取徑。這種以地理空間為出發點的研究取向，卻是歷史學傳統中較少重視的。事實上，不同區域由於地理環境和天然資源的差異，使得發生於自然界和歷史上的事件對於各區域的影響不一。區域差異及其形構的動態過程，是值得討論的課題。本書即以東臺灣地區此一特定地理空間及其歷史遭遇的獨特性作為研究對象，試圖釐清該地域的特色與內涵以及其在臺灣史研究上的意義。

臺灣東部在自然環境、族群以及歷史經驗與發展上，與西部有相當大的差異，邊陲性格相當顯著。這種特質也使得國家對該地政治和經濟的發展具有強大的支配性，國家政策與治理形態影響該地的發展。自十七世紀至今，臺灣歷經荷西、鄭氏、清朝、日本以及中華民國各政權的統治。這些政權有各自的統治基礎和目的，對臺灣島上各地域也有不同的認知和政策。本書即透過國家對東部行政空間的規劃、賦稅制度的施行、漁業移民的移入以及近代化企業的改造等實證研究，論證不同形態的國家治理對於東部政治、經濟發展上的影響。特別著力於日本殖民統治時期，殖民帝國如何面對殖民地的邊區，亦即如何制訂位於政治、經濟版圖邊緣的東臺灣的發展策略及其演變。

V4907 **台灣人的抵抗與認同**
陳翠蓮◎著　定價◎ 480 元

　　台灣這塊土地上的人們，何時出現全台灣為規模的集體意識？何時開始以「台灣人」自我命名？又如何思考群體的處境與未來？以近代國家的概念來看，即是國族主義與國族認同問題，這在任何國家的政治史上都是最核心的議題之一。

　　一九二○年代日治中期以來，知識份子以「台灣是台灣人的台灣」為號召，對抗日本殖民帝國統治；二次大戰結束，迎來了祖國政府，卻在短短時間內爆發全面性抵抗，台灣人國族認同受到劇烈衝擊。從一九二○年代至一九五○年代，是台灣政治史上國族主義初始形成的重要階段，本書從政治與文化、情感與理性兩大主軸，分析此期間台灣人的國族主義與認同傾向，並探討菁英與群眾的、平時與戰時的、正式與非正式的反殖民抵抗行動。

V4908 **六堆客家與清代屏東平原**
林正慧◎著　定價◎ 420 元

　　目前臺灣史對於南部客家移民的研仍顯不足，本書嘗試對清代屏東平原的客家移民作一全面性的概觀與了解；包含客家人墾拓背屏東平原的背景、過程、所發展的組織及拓墾成果，六堆組織形成的原因與演變，以及當地客家人與官方及其他族群間的關係。

　　全書概分為五個部分：一、說明客家人離鄉渡臺的背景及其可能的渡臺路線；二、客家移民在屏東平原形成聚落的過程與特色；三、試圖了解六堆形成的原因，其建構的過程，及該組織的內容；四、分析清代屏東平原六堆客家與官府關係演變的過程；五、探討清代屏東平原六堆客家與其他漢人移民關係演變的過程。

V4909 **臺灣經濟史中的臺灣總督府**
黃紹恆◎著　定價◎ 450 元

　　日本在甲午戰後雖取得殖民地臺灣，卻沒有相應的經濟實力立即改變臺灣的經濟結構，致使臺灣總督府的經濟施政受到各種主客觀的限制；第一次世界大戰以降，發生在日本的歷次經濟恐慌，也由於臺灣總督府受限於所處權力結構的位階，連帶使臺灣受到影響。

　　然而臺灣總督府的施政對島內還是有決定性的影響，此點可證諸於臺北帝大的辦學方針，以及臺灣年輕學子的負笈日本。而在保存臺灣總督府公文文書方面，則因缺乏周延的保存計畫，而造成文件四處散佚。故研究者在運用臺灣總督府史料時，必須特別留意被視為次要的周邊相關資料。

　　本書就上述各點分成：一、臺灣總督府的經濟施政權限；二、臺灣總督府與臺灣的經濟學；三、臺灣總督府與史料等三大部分，描述臺灣總督府於臺灣經濟史中所扮演的角色。

V4910 近代臺灣造船業的技術轉移與學習

洪紹洋◎著　定價◎ 350 元

過去對臺灣早期產業發展所進行的討論，較少針對特定產業進行深入的個案研究。從經濟發展的歷史觀點而言，身為後進國家的臺灣，如何以殖民地時期的遺產為基礎，在戰後如何受到中國經驗的影響，再藉由引入先進國家的技術和政府產業政策的協助來發展工業，以逐步脫離對先進國家在技術上的依賴等，是值得研究的課題。

本書對臺灣造船業中，規模最大的「臺灣造船公司」進行實證研究，以了解該產業的發展過程：自日治時期建造小型船舶滿足地區性的需求，到戰後以修船業務為開端，經由技術引進，開始建造小型、乃至大型船舶。

本書的特點在於，對戰前、戰後臺灣造船業的發展作為一個整體展開連續性的討論，並對戰後初期臺灣造船公司如何填補日本籍技術人員離開後所產生的管理與技術缺口。此外，也就各時期的技術學習、技術者的養成與政府的產業政策進行論述。

V4913 臺灣日治時代的租佃制度

葉淑貞◎著　定價◎ 450 元

過去研究臺灣租佃制度的學者，絕大多數都主張日治時代租佃制度有口頭租約、租期不定、租期太短等諸多不良慣行，致使佃農缺乏投資意願；且地租過高，降低佃農的投資能力，造成佃農的生產效率不如自耕農，最終導致佃農所得的低落。

然而，本書的研究卻發現，日治時代佃耕農場的經營效率並未低於自耕農場，而地租也未高於合理水準；此外，1920 年代底，當經濟、社會環境產生一些變化，業佃會的適時成立，推動租佃制度若干轉變：最主要者為租約轉而以書面訂立，且租期延長。最後，本書也發現戰後實施的三七五減租，並未使佃農的技術效率提高得比自耕農多，因此前人主張土地改革提升了佃農的耕作意願，這個說法可能有待商榷。

本書應用經濟理論建構分析方法，然後透過統計方法處理實際資料，並對所整理的資料進行嚴謹的分析。過去少有人如此研究臺灣日治時代的租佃制度，作者因此得到不同於前人的結論：從效率的原則來看，日治時代租佃制度運行良好。

V4911 利邦上尉東印度航海歷險記：
一位傭兵的日誌（1617-1627）

艾利‧利邦（Élie Ripon）◎著
賴慧芸◎譯
包樂史（Leonard Blussé）、鄭維中、蔡香玉◎校注　定價◎ 750 元

　　一八六五年，瑞士格魯耶區布爾市一幢房子的閣樓中發現了一疊厚厚的法文手稿，不知通過何種神秘的管道流落至此。這是十七世紀中葉，有人以非常工整的字體抄寫下了一位傭兵的海上冒險回憶錄，書中真實呈現大航海時代記述者所見的亞洲各國風土人情，精采刺激。利邦是荷蘭東印度公司的傭兵，親眼見證並寫下當時修築澎湖風櫃尾紅毛城及大員沙洲上小型防禦工事（熱蘭遮城前身）的珍貴第一手史料，這是可靠文獻紀錄下，外來者在臺灣最早的築城嘗試。

　　利邦筆下有十七世紀臺灣麻豆原住民的速寫，還有當時的鹿皮貿易盛況。隨著他的腳步，我們走在荷蘭人在東亞海域發展初期篳路藍縷的歷史中，每個商站的設立過程都一樣，而相同的劇本也不斷重演：登陸新據點，通常是找一個有生產利益或戰略價值的島嶼，快速建立堡壘，保障安全的退路，保護船隻，然後控制當地原住民，並擊退西班牙、葡萄牙、英國等競爭對手，再開始通商。在這份記述中，不僅看到令人血脈賁張的患難歷險，窺見十七世紀亞洲各國的原始面貌，也幫助我們理解十七世紀的臺灣。

　　★中文版獨家收錄澎湖與臺灣三章原始手稿
　　★附贈利邦上尉航行路線圖彩色海報

V4912 近世臺灣鹿皮貿易考：
青年曹永和的學術啟航

曹永和◎著　陳宗仁◎校注
定價◎ 890 元

　　1947 年二二八事件後，臺北實施戒嚴，一位二十七歲的年輕人走入軍警駐守的臺灣大學，前往圖書館報到，成為一位館員。爾後，這位毫無史學訓練的年輕人，就在圖書館的一個小角落裡，慢慢地耕耘出他的學術天地，並意外成為臺灣早期歷史研究承先啟後的先行者。他就是曹永和先生，未來的中央研究院院士、著名的東亞海域史專家、一位自學成功的典範。

　　曹永和憑藉著辛勤的自學，閱讀臺北帝大圖書館的龐大書籍，五年後寫出戰後臺灣人的第一篇長篇臺灣史學論文〈近世臺灣鹿皮貿易考〉。這份手稿是曹永和學術生涯的起點，雖因故未能及時發表，但六十年後，由中央研究院臺灣史研究所研究人員協助重編、補校，以新的面貌出版為這本《近世臺灣鹿皮貿易考――青年曹永和的學術啟航》。

　　書中包括曹永和原作手稿復刻（包括黏貼、刪補等均以原貌呈現）、珍貴史料圖片與老照片、手稿打字、現代注釋與補充等。既是一本從鹿皮貿易切入荷蘭時期台灣史學的論述，也是一本具有典藏意義的手稿復刻本。

臺灣史海洋史 03

東亞海域一千年（增訂新版）

作　　　者／陳國棟
策　　　劃／財團法人曹永和文教基金會
執 行 編 輯／高竹馨
主　　　輯／張詩薇
總　編　輯／黃靜宜
企　　　劃／叢昌瑜、葉玫玉
封 面 設 計／翁翁

合 作 出 版／財團法人曹永和文教基金會
　　　　　　臺北市 106 羅斯福路三段 283 巷 19 弄 6 號 1 樓（02）2363-9720
　　　　　　遠流出版事業股份有限公司
　　　　　　臺北市 100 南昌路二段 81 號 6 樓

發 行　人／王榮文
發 行 單 位／遠流出版事業股份有限公司
地　　　址／臺北市 100 南昌路二段 81 號 6 樓
電　　　話／（02）2392-6899　　傳真／（02）2392-6658　　劃撥帳號／0189456-1
著作權顧問／蕭雄淋律師

印　　　刷／鴻柏印刷事業股份有限公司
一 版 一 刷／2005 年 11 月 15 日
新 版 二 刷／2019 年 5 月 20 日

訂價 新臺幣 500 元

ISBN 9978-957-32-7192-5（精裝）
YLib 遠流博識網
http：//www.ylib.com　E-mail：ylib@ylib.com

國家圖書館出版品預行編目(CIP)資料

東亞海域一千年 / 陳國棟作. -- 二版. -- 臺北
　市：遠流, 2013.05
　　面；　公分. --（臺灣史與海洋史；03）

　ISBN　978-957-32-7192-5（精裝）

1.國際貿易史　2.東亞

558.093　　　　　　　　　　102006580